税务系统督察内审岗位通关宝典及全真模拟测试

本书编写组　主编

中国商业出版社

图书在版编目(CIP)数据

税务系统督察内审岗位通关宝典及全真模拟测试/《税务系统督察内审岗位通关宝典及全真模拟测试》编写组主编.--北京：中国商业出版社，2023.5
ISBN 978-7-5208-2459-0

Ⅰ.①税… Ⅱ.①税… Ⅲ.①税收管理-监督-内部审计-中国-岗位培训-习题集 Ⅳ.①F239.64-44

中国国家版本馆 CIP 数据核字(2023)第 065164 号

责任编辑：王　静

中国商业出版社出版发行
（www.zgsycb.com　100053　北京广安门内报国寺 1 号）
总编室：010-63180647　编辑室：010-83114579
发行部：010-83120835/8286
新华书店经销
涿州汇美亿浓印刷有限公司印刷
*
787 毫米×1092 毫米　16 开　23.25 印张　550 千字
2023 年 5 月第 1 版　2023 年 5 月第 1 次印刷
定价：98.00 元
* * * *

前　言

习近平总书记指出:“中国共产党人依靠学习走到今天,也必然要依靠学习走向未来。”梦想从学习开始,事业从实践起步。习近平总书记在不同场合反复强调要坚持学习,并围绕为什么学、学什么、向谁学、怎样学等一系列问题进行了深入阐释。只有把学习作为一种追求、一种爱好、一种习惯,坚持自觉学习、主动学习、终身学习,才能使自己真正成为工作上的行家里手。

为深入贯彻国家税务总局持续提升新时代税务干部队伍税收治理能力新要求,进一步提高新阶段税务系统广大督审干部业务素养、业务能力、业务作风,我们精心筹划、有的放矢,认真组织督察内审专家骨干编写了这本《税务系统督察内审岗位通关宝典及全真模拟测试》。本书是以税务系统督察内审最新政策规定为依据编写的大容量、高质量习题辅导用书。本书共分为四章,第一章至第三章为督察内审相关知识点汇总。第四章为督察内审习题演练。本书紧跟立法,依据准确,内容全面,知识结构设置独特、新颖。希望本书成为督审干部学习的参考书、督察审计的工具书、练兵比武的备考书,对进一步规范开展督察内审工作、提升督察内审工作质效提供有效帮助。

本书在编写过程中由于时间仓促,加之编者水平所限,难免有疏漏或不足之处,敬请广大读者谅解并批评指正,以便及时修正和完善。

本书编写组

2023 年 3 月

目　录

第一章　内部控制

第一节　内部控制概述

一、内部控制的概念

内部控制，是指以风险防控为导向，通过查找、梳理、评估税务工作中的各类风险，制定、完善并有效实施一系列制度、流程、方法和标准，对税务工作风险进行事前防范、事中控制、事后监督和纠正的动态管理过程和机制。

二、内部控制的目标

内部控制目标，主要包括：(一)服务中心工作，提高工作质效，有效履行税收职能，贯彻落实好党中央、国务院决策部署。(二)坚持依法治税，规范税收执法行为，有效维护行政管理相对人合法权益，各项税收业务活动合法合规。(三)严格内部管理，规范政务运转，提高行政效能，各项行政管理工作安全有序。(四)规范权力运行，筑牢反腐防线，防范职务风险，促进廉洁从税。

三、内部控制的原则

建立和实施内部控制，应当遵循以下原则：(一)全面覆盖。涵盖税务工作的所有领域，贯穿决策、执行、监督的全过程，覆盖所有单位、部门、岗位和人员。(二)突出重点。重点加强对税务工作重点领域、关键环节、重要岗位风险的防范和控制。(三)权力制衡。分事行权、分岗设权、分级授权，在机构设置、层级管理、岗责配置、业务流程等方面实现相互制约、相互监督、相互协调。(四)融合联动。与政策制定、税收执法、行政管理和党风廉政建设等工作紧密结合、深度融合、高度契合，形成整体联动效应。(五)持续改进。强化动态管理，及时发现和纠正存在的问题，根据内外部工作环境和工作要求的变化不断优化完善，使内部控制与人员规模、业务重点、风险水平相适应。

四、内部控制制度体系

内部控制制度体系，包括：（一）基本制度，是指国家税务总局制定的，用于指导全国税务系统建立和实施内部控制的基本准则。（二）专项制度，是指国家税务总局依据基本制度制定的，用于指导税务工作特定领域风险防控的专门制度。省税务机关可以结合实际制定本单位（系统）的专项制度。（三）操作规程，是指各级税务机关依据基本制度和专项制度制定的，用于防控税务工作特定领域具体风险的有关职责、措施、流程和程序的集合。（四）管理制度，是指各级税务机关依据基本制度制定的，用于规范内部控制自我评估、监督检查、考核评价、结果运用等工作的制度或办法。

五、内部控制责任

各级税务机关主要负责人对本单位内部控制工作负总责，所属部门和单位主要负责人对职责范围内的内部控制工作负责。各级税务机关应当明确内部控制管理部门，确保内控管理职能相对独立。各级税务机关所属部门和单位应当设置内部控制管理岗，明确内部控制联络员，负责组织和实施内部控制工作。大力培育内部控制文化，推动税务人员牢固树立内部控制理念，增强风险防控意识，提升风险防控能力和水平。

第二节　内部控制内容

税务系统内部控制的内容包括政策制定风险、税收执法风险、行政管理风险以及由此产生的廉政风险。

一、政策制定风险

政策制定风险，是指税务机关在制定税收政策的过程中，因目标或导向失误、制定依据不充分、与上位法相抵触、制定程序违规等，造成国家利益或行政管理相对人利益损失的可能性。

二、税收执法风险

税收执法风险，是指税务机关及其工作人员在税收执法过程中，因故意或过失，损害国家利益或行政管理相对人合法权益的可能性。包括以下内容：（一）税款征收风险，主要指在税款的征收、缴库、退库、调库、追征和办理税收优惠等工作中存在的风险。（二）税务管理风险，主要指在税务登记、发票管理、认定管理、纳税申报、税额确认、行政许可、凭证管理、证明办理、对纳税人备案事项的后续管理等工作中存在的风险。（三）纳税服务风险，主要指在宣传咨询、信用评价、权益维护、中介机构管理等工作中存在的风险。（四）税务稽查风险，主要指在选案、检查、审理、执行等稽查工作中存在的风险。（五）出口退（免）税风险，主要指在出口退（免）税申报受理、审核、核准、办理等工作中存在的风险。（六）税收法制风险，主要指在行政处罚、行政复议、行政诉讼、行政强制、行政赔偿等工作中存在的风险。（七）其他税收执法风险。

三、行政管理风险

行政管理风险，是指税务机关及其工作人员在内部管理过程中，因故意或过失，损害国家利益、管理秩序或相关当事人合法权益的可能性。包括以下内容：（一）人事管理风险，主要指在机构编制、人员录用和调配、干部选拔任用、干部监督、考核奖惩、工资福利、干部档案管理、教育培训等工作中存在的风险。（二）财务管理风险，主要指在预算管理、会计和决算管理、国库集中收付管理、国有资产管理、基本建设管理等工作中存在的风险。（三）政府采购风险，主要指在采购预算管理、立项管理、采购需求管理、采购计划管理、采购实施、合同管理、验收和资金支付、档案管理等工作中存在的风险。（四）政务管理风险，主要指在公文处理、会议管理、印章管理、保密管理、档案管理、舆情应对、信访管理、信息公开、应急管理、绩效管理等工作中存在的风险。（五）信息系统管理风险，主要指在信息系统建设、业务流程控制、数据应用管理和信息安全等工作中存在的风险。（六）内部监督风险，主要指在巡视巡察、纪检监察、督察审计、督查督办等工作中存在的风险。（七）其他行政管理风险。

四、廉政风险

廉政风险，是指税务机关及其工作人员在政策制定、税收执法和行政管理工作中利用职权谋取不正当利益等腐败行为的可能性。

第三节　内部控制活动

内部控制活动，是指对税务工作风险进行识别、定级和应对的过程。各级税务机关应当针对制度设计、岗责体系、管理机制、职权行使和内外部环境等因素，结合本地实际，排查梳理政策制定、税收执法和行政管理工作中的风险事项，确定各类风险点。

一、税务工作风险分类

根据涉及事项或环节的重要程度、自由裁量权大小、发生概率、危害程度等因素，定性与定量相结合，采取样本分析、问卷调查、群众评议、专家评审等方式，将税务工作风险确定为高、中、低三个等级。

国家税务总局确定全国税务系统通用风险点的风险等级，省以下税务机关可根据实际情况，确定本地区个性化风险点的风险等级。

二、制约控制方法

各级税务机关应当针对不同等级风险，综合运用制约、监督等控制方法，制定具体控制措施，实现对各类风险点的有效控制。

制约控制方法，包括：（一）职责分工控制。优化内设机构设置，合理划分、科学配置内设机构职能，明确不同岗位之间的权限和职责，构建权责一致、边界清晰、协调配合、运转高效的职能体系，强化责任落实。（二）不相容岗位（职责）分离控制。对一人履职可能发生错误或舞弊风险，并可能自我掩盖的岗位（职责），采取相应岗位（职责）分离措施，明确细化责任，形成横向、纵向相互制约监督的工作机制。（三）授权审批控制。建立与税务工作相适应的内部授权管理体系，明确权限范围、审批程序和相关责任，确保各单位及关键岗位人员在授权范围内行使职权、办理业务。（四）流程控制。将内部控制嵌入工作流程，对各环节实行模块化管理，对流程进行持续的监督、评价和优化，使风险点在流程中得到控制和解决，形成顺向相互支撑、有效制衡，逆向真实反馈、有效监督的完整体系。（五）过程预警控制。根据工作规程和业务运转的内在逻辑，在重要节点预设监控指标进行检索、比对，对应办事项及时提醒，对错办事项及时干预、强制阻断。（六）集体决策控制。建立重大事项集体决策和重要事项会签制度，明确集体决策和会签事项范围，规范集体决策和会签程序，加强对重大事项和重要事项风险的事前控制。（七）公开运行控制。根据国家有关规定和本单位的实际情况，建立健全信息公开、公示制度，明确公开、公示的内容、范围、方式和程序，为外部监督和内部监督提供保障。（八）痕迹记录控制。利用有效手段保留完整的工作记录、台账、表单、票据和文书等，通过运行痕迹记录对工作事项处理进行过程控制，确保工作过程可查询、可追溯、可比较。（九）其他制约控制方法。

三、监督控制方法

监督控制方法，包括：（一）日常监督控制。上级税务机关业务主管部门应对下级税务机关及税务人员遵守和执行职责范围内相关制度、流程情况实行日常监督管理。（二）专门监督控制。各级税务机关专门监督部门应依据职责分工和管辖权限对税务机关及税务人员遵守和执行相关制度、流程情况实行专门监督检查。

第四节　内部控制管理

各级税务机关所属部门和单位应将职责范围内涉及的风险点识别、定级、应对措施等情况向本级内控管理部门报备，由内控管理部门统一编制风险目录并实行动态管理。

各级税务机关及其所属部门和单位每年应当定期开展内部控制自我评估，针对发现的各类风险事项或内部控制薄弱环节提出应对措施和建议，形成评估报告，向上级和本级内控管理部门报备。各级税务机关应当对本级和下级税务机关建立、组织和实施内部控制情况开展督促检查，形成检查报告，提出改进建议。各级税务机关及其所属部门和单位应当根据评估和检查报告适时改进内部控制工作。对下级税务机关上报的改进建议，上级有关部门应当及时研究答复，并向本级内控管理部门报备。各级税务机关应当加强对所属部门和单位内部控制执行情况的考核评价，定期通报考核评价结果。实现内部控制工作与党风廉政建设、巡视巡察、督察审计、绩效管理、数字人事等工作有机衔接，强化激励和问责机制，增强内部控制结果运用实效。

一、内部控制管理概念

本制度所称内部控制管理，是指针对内部控制开展的风险日常管理、自我评估、监督检查、考核评价等工作。

二、内部控制管理原则

内部控制管理，应当遵循以下原则：（一）统一领导，分级管理；（二）各司其职，协调配合；（三）问题导向，持续改进；（四）科学合理，客观公正。

各级税务机关应当充分运用信息技术手段，开展内部控制管理工作，提升内部控制管理质量。

三、内部控制管理职责分工

各级税务机关应当成立内部控制工作领导小组（以下简称“领导小组”），主要负责人任组长，其他局领导任副组长，各部门（单位）主要负责人为成员。领导小组的主要职责包括：（一）研究审定内部控制制度及管理措施；（二）审定内部控制工作计划和实施方案；（三）研究审定风险目录、考核评价结果及结果运用方案；（四）研究部署内部控制信息化建设重要工作；（五）研究部署内部控制其他重大事项和管理措施。

领导小组下设办公室，由分管内部控制管理部门的局领导任主任，内部控制管理部门主要负责人任副主任，各部门（单位）内部控制管理岗人员为成员。领导小组办公室的主要职责包括：（一）牵头拟定内部控制工作计划、实施方案并组织落实；（二）初审内部控制制度、风险目录、考核评价结果及结果运用方案；（三）指导、协调、督促内部控制日常工作，定期向领导小组汇报；（四）承办领导小组会议，完成领导小组交办的其他事项。

各级税务机关督察内审部门（或者承担督察内审职能的部门）是内部控制管理部门，主要职责包括：（一）组织制定、完善内部控制制度；（二）应用内部控制监督平台开展任务推送、风险目录管理、监督检查、考核评价等，研究内部控制存在的问题，提出处理意见；（三）组织内部控制宣传和培训工作；（四）办理内部控制管理工作的其他事项。

各级税务机关所属部门（单位）是内部控制主责部门，主要职责包括：（一）制定和完善内部控制相关制度；（二）开展风险识别、风险定级、风险应对，编制和完善风险目录，并向内部控制管理部门报备；（三）落实内部控制内生化工作，开展风险防控；（四）开展内部控制自我评估并提出应对和改进措施；（五）应用内部控制监督平台开展风险发布、需求响应、建议落实等；（六）指导下级税务机关相关部门的内部控制工作；（七）办理内部控制工作的其他事项。

四、内部控制风险日常管理

风险日常管理，包括风险识别、风险定级、风险应对、风险报备、风险目录编制等管理内容。

（一）内部控制主责部门识别风险

内部控制主责部门可以采取内部排查、外部推送等方式，及时、全面地识别职责范围内的风险信息。内部控制主责部门应当确定风险点的风险等级，一般分为高、中、低三个等级。风险定级应当根据风险事项或风险环节的重要程度、发生概率、危害程度、行政裁量权大小等因素，采取定性与定量相结合的方法进行。

（二）内部控制主责部门制定风险控制措施

内部控制主责部门应当根据风险识别和风险定级情况，综合运用制约控制和监督控制等方法，及时制定、实施有效的风险控制措施。内部控制主责部门应当对风险事项、风险等级和控制措施进行汇总和梳理，形成风险目录，并根据内外部环境的变化，对风险目录进行动态管理。

(三)内部控制主责部门风险报备

内部控制主责部门应当向本级税务机关内部控制管理部门进行风险报备。报备内容主要包括:(1)风险事项收集识别情况,特别是风险点增加、修改和删除的情况及原因;(2)风险定级的标准、方式和结果,特别是风险定级调整情况及原因;(3)风险事项的控制措施和建议,特别是控制措施的增加、修改和删除的情况及原因;(4)风险目录。

风险报备每年开展1次。如发现新的高风险点,应当及时报备。

(四)内部控制主责部门编制目录

内部控制管理部门负责汇总内部控制主责部门的风险目录,统一编制本级税务机关的内部控制风险目录。风险目录实行动态管理,每年调整1次,特殊情况下可以根据工作需要适时调整。

五、内部控制自我评估

(一)自我评估内容

各级税务机关及其所属部门(单位)应当定期对内部控制建设和实施情况开展自我评估。评估内容主要包括:(1)内部控制制度建设和落实情况;(2)风险识别、定级和应对情况;(3)内部控制监督平台的运行和应用情况;(4)内部控制工作的管理情况。

(二)自我评估评分方式

自我评估采取评分方式,对内部控制建设和实施情况预先设置评价要点和分值,对照评价要点和分值进行自我评分。税务机关自我评估由内部控制管理部门牵头组织实施,每年开展1次。

自我评估结束后,应当形成评估报告,内容包括:自我评估结果、发现的漏洞和薄弱环节、应对措施及改进建议,以及内部控制的经验做法、工作成效等。税务机关自我评估报告应当按要求向上级税务机关内部控制管理部门报送。

六、监督检查

各级税务机关应当定期对本级税务机关所属部门(单位)以及下级税务机关的内部控制建立、组织和实施情况开展监督检查。监督检查内容主要包括:(一)内部控制组织领导情况;(二)内部控制相关制度的建设和落实情况;(三)风险识别、定级和应对情况;(四)内部控制监督平台的运行和应用情况;(五)内部控制工作的宣传和培训情况;(六)内部控制自我评估情况;(七)内部控制内生化落实情况;(八)内部控制工作其他情况。

监督检查由内部控制管理部门负责牵头组织,可以采取案头审查、重点抽查、实地核查等方式开展。监督检查结束后,应当针对检查情况提出整改意见和建议,形成检查报告,向被检查单位(部门)进行反馈。被检查单位(部门)应当针对监督检查提出的整改意见和建议,制定可行的整改方案,并于收到监督检查报告之日起30日内反馈整改情况。

七、考核评价

各级税务机关应当根据税务总局绩效管理的相关规定,于每年年初由内部控制管理部门会同绩效管理部门编制相关绩效指标,统一纳入税务系统绩效指标体系,对本级税务机关所属部门(单位)以及下级税务机关建立、组织和实施内部控制情况进行考核评价。考核评价内容主要包括：(一)内部控制组织领导情况；(二)内部控制相关制度的建设和落实情况；(三)内部控制监督平台的运行和应用情况；(四)内部控制内生化落实情况；(五)内部控制工作培训情况；(六)内部控制发现问题整改情况；(七)内部控制工作其他情况。

考核评价开展时间、方式、异议处理以及结果运用等均按照税务总局绩效管理相关规定执行。

第五节　内部控制信息化

全面推进内部控制信息化建设，运用信息技术手段固化内部控制方法，提升内部控制效能，实现税务工作风险的信息化防控全覆盖。各级税务机关应当对现有税务工作软件进行优化升级，将控制方法、控制措施嵌入其中，实现各类软件内部控制功能的内生化。新开发的工作软件应当具有内部控制功能，不具备内部控制功能的，不予立项。利用信息化成果，依托信息系统，通过税务系统内部控制监督平台，整合内部控制的管理、监督、考核、展示和评价功能，提升内部控制监管能力和整体效能。

依照有关法律法规和信息资源标准化、规范化要求，促进税收业务数据、行政管理数据及其他工作软件内部控制痕迹化数据的融合利用，打破数据信息壁垒，实现信息资源共享，满足跨业务、跨部门风险防控的各项需求。加强信息安全管理，做好身份认证、权限管理、信息加密、安全审核等工作，严格限定有关数据的知悉、使用范围，防止后台信息被篡改、伪造、窃取和泄露，实现信息及系统操作留痕、存取可控、存储有效和数据真实完整。

第六节　内部控制组织保障

内部控制实行统一领导、分工负责，分级管理、层层落实，形成横向协调、纵向联动、统筹推进的工作机制。

一、领导班子管理权限

各级税务机关领导班子按照管理权限负责审定重大风险和重要业务流程的管理制度，部署内部控制的重大事项和管理措施，指导和督促本系统建立和完善内部控制制度、程序和管理措施。领导班子每半年听取一次内部控制工作情况汇报，对重大问题及时进行研究。

二、国家税务总局内控管理部门的职责

国家税务总局内控管理部门的职责包括：(一)统筹、协调、指导全国税务系统内部控制工作；(二)拟定全国税务系统内部控制基本制度和管理制度，组织税务总局局内各单位制定专项制度和操作规程；(三)负责全国税务系统内部控制监督平台建设，指导业务软件内部控制功能内生化建设；(四)组织对全国税务系统内部控制工作的检查、考核和评价，对内部控制存在的问题进行研究，提出处理意见；(五)负责处理内部控制日常事务；(六)办理其他相关事项。

三、省以下税务机关内控管理部门的职责

省以下税务机关内控管理部门的职责包括：(一)统筹、协调、指导本系统内部控制工作；(二)组织本机关所属部门和单位制定、完善相关制度和操作规程；(三)组织对本系统内部控制工作的检查、考核和评价，对内部控制存在的问题进行研究，提出处理意见；(四)负责处理内部控制日常事务；(五)办理其他相关事项。

四、各级税务机关所属部门和单位的职责

各级税务机关所属部门和单位的职责包括：(一)根据有关内部控制制度完善操作规程；(二)组织实施风险识别、风险定级和风险应对；(三)开展内部控制自我评估；(四)办理其他相关事项。各级税务机关督察内审部门应将各单位内部控制制度执行情况作为督察审计的重要内容，结合督察审计发现的问题，对各单位内部控制完整性、合规性和有效性提出改进建议。人事、纪检监察部门对内部控制制度执行不力产生不良后果或影响的，应依照有关规定处理。注重内部控制人力资源开发与管理，强化教育培训和岗位锻炼，提升专业素养和业务技能，为开展内部控制提供人才支撑和智力保障。

第二章　税收执法督察

第一节　税收执法督察的概念

税收执法督察，是指县以上（含县）各级税务机关对本级税务机关内设机构、直属机构、派出机构或者下级税务机关的税收执法行为实施检查和处理的行政监督。

执法督察应当服从和服务于税收中心工作，坚持依法督察，客观公正，实事求是。被督察单位及其工作人员应当自觉接受和配合执法督察，积极为执法督察工作提供便利，不得拒绝或者弄虚作假对抗执法督察工作。

第二节　执法督察的组织管理

一、督察内审部门职责

各级税务机关督察内审部门或者承担税收执法监督检查职责的部门，代表本级税务机关组织开展执法督察工作，履行以下职责：（一）依据上级税务机关执法督察工作制度和计划，制定本级税务机关执法督察工作制度和计划；（二）组织实施执法督察，向本级税务机关提交税收执法督察报告，并制作《税收执法督察处理决定书》、《税收执法督察处理意见书》或者《税收执法督察结论书》；（三）组织实施税务系统税收执法责任制工作，牵头推行税收执法责任制考核信息系统，实施执法疑点信息分析监控；（四）督办执法督察所发现问题的整改和责任追究；（五）配合外部监督部门对税务机关开展监督检查工作；（六）向本级和上级税务机关报告执法督察工作情况；（七）通报执法督察工作情况和执法督察结果；（八）指导、监督和考核下级税务机关执法督察工作；（九）其他相关工作。

二、执法督察工作安排

执法督察实行统筹规划，归口管理。督察内审部门负责执法督察工作的具体组织、协调和落实。税务机关内部相关部门应当树立全局观念，积极参与、支持和配合执法督察工作。各级税务机关根据工作需要，可以将执法督察与其他具有监督性质的工作协同开展。

三、执法督察工作经费

执法督察工作设有专门的工作经费，各级税务机关应当统一安排专门的执法督察工作经费，根据年度执法督察工作计划和具体执法督察工作的开展情况，做好经费预算，并保障经费的正确合理使用。

四、税务机关督察权限

上级税务机关对执法督察事项可以直接进行督察，也可以授权或者指定下级税务机关进行督察。上级税务机关认为下级税务机关作出的执法督察结论不适当的，可以责成下级税务机关予以变更或者撤销，必要时也可以直接作出变更或者撤销的决定。

各级税务机关可以采取复查、抽查等方式，对执法督察人员在执法督察工作中履行职责、遵守纪律、廉洁自律等情况进行监督检查。

五、税收执法督察人才库建设

各级税务机关应当建立税收执法督察人才库，为执法督察储备人才。根据执法督察工作需要，确定执法督察人才库人员基数，实行动态管理，定期组织业务培训。下级税务机关应当向上级税务机关执法督察人才库输送人才。

执法督察可以由督察内审部门人员独立完成，也可以抽调本级和下级税务机关税务人员实施，优先抽调执法督察人才库成员参加。相关单位和部门应当予以配合。

第三节　执法督察的内容和形式

一、执法督察的内容

执法督察的内容主要包括：(一)税收法律、行政法规、规章和规范性文件的执行情况；(二)国务院和上级税务机关有关税收工作重要决策、部署的贯彻落实情况；(三)税务机关制定或者与其他部门联合制定的涉税文件，以及税务机关以外的单位制定的涉税文件的合法性；(四)外部监督部门依法查处或者督查、督办的税收执法事项；(五)上级机关交办、有关部门转办的税收执法事项；(六)执法督察所发现问题的整改和责任追究情况；(七)其他需要实施执法督察的税收执法事项。

二、执法督察的开展形式

执法督察可以通过全面执法督察、重点执法督察、专项执法督察和专案执法督察等形式开展。

全面执法督察是指税务机关对本级和下级税务机关的税收执法行为进行的广泛、系统的监督检查。

重点执法督察是指税务机关对本级和下级税务机关某些重点方面、重点环节、重点行

业的税收执法行为所进行的监督检查。

专项执法督察是指税务机关对本级和下级税务机关某项特定内容涉及的税收执法行为进行的监督检查。

专案执法督察是指税务机关对上级机关交办、有关部门转办的特定税收执法事项，以及通过信访、举报、媒体等途径反映的重大税收执法问题所涉及的本级和下级税务机关的税收执法行为进行的监督检查。

各级税务机关应当积极运用信息化手段，对与税收执法活动有关的各类信息系统执法数据进行分析、筛选、监控和提示，为各种形式的执法督察提供线索。

第四节 执法督察实施程序

执法督察工作要有计划、有组织、有步骤地开展，主要包括准备、实施、处理、整改、总结等阶段，根据工作需要可以进行复查。

一、制定执法督察工作计划

督察内审部门应当科学、合理制定年度执法督察工作计划，报本级税务机关批准后统一部署实施。

未纳入年度执法督察工作计划的专案执法督察和其他特殊情况下需要启动的执法督察，应当在实施前报本级税务机关批准。

二、制定执法督察方案

实施执法督察前，督察内审部门应当根据执法督察的对象和内容，制定包括组织领导、工作要求和执法督察的时限、重点、方法、步骤等内容的执法督察方案。

三、成立执法督察组

实施执法督察的税务机关应当成立执法督察组，负责具体实施执法督察。执法督察组人员不得少于2人，并实行组长负责制。

执法督察组组长应当对执法督察的总体质量负责。当执法督察组组长对被督察单位有关税收执法事项的意见与其他组员的意见不一致时，应当在税收执法督察报告中进行说明。

实施执法督察的税务机关应当根据执法督察的对象和内容对执法督察组人员进行查前培训，保证执法督察效率和质量。

四、下发税收执法督察通知

实施执法督察，应当提前3个工作日向被督察单位下发税收执法督察通知，告知执法督察的时间、内容、方式，需要准备的资料，配合工作的要求等。被督察单位应当将税收执法督察通知在本单位范围内予以公布。

专案执法督察和其他特殊情况下，可以不予提前通知和公布。

五、执法督察工作方式

执法督察可以采取下列工作方式：(一)听取被督察单位税收执法情况汇报；(二)调阅

被督察单位收发文簿、会议纪要、涉税文件、税收执法卷宗和文书,以及其他相关资料;(三)查阅、调取与税收执法活动有关的各类信息系统电子文档和数据;(四)与被督察单位有关人员谈话,了解有关情况;(五)特殊情况下需要到相关纳税人和有关单位了解情况或者取证时,应当按照法律规定的权限进行,并商请主管税务机关予以配合;(六)其他方式。

六、执法督察工作配合

执法督察中,被督察单位应当及时提供相关资料,以及与税收执法活动有关的各类信息系统所有数据查询权限。被督察单位主要负责人对本单位所提供的税收执法资料的真实性和完整性负责。

七、制作《税收执法督察工作底稿》

实施执法督察应当制作《税收执法督察工作底稿》。发现税收执法行为存在违法、违规问题的,应当收集相关证据材料,在工作底稿上写明行为的内容、时间、情节、证据的名称和出处,以及违法、违规的文件依据等,由被督察单位盖章或者由有关人员签字。拒不盖章或者拒不签字的,应当说明理由,记录在案。

收集证据材料时无法取得原件的,应当通过复印、照相、摄像、扫描、录音等手段提取或者复制有关资料,由原件保存单位或者个人在复制件上注明"与原件核对无误,原件存于我处",并由有关人员签字。原件由单位保存的,还应当由该单位盖章。

八、执法督察后续工作

执法督察组实施执法督察后,应当及时将发现的问题汇总,并向被督察单位反馈情况。

被督察单位或者个人可以对反馈的情况进行陈述和申辩,并提供陈述申辩的书面材料。

执法督察组实施执法督察后,应当起草税收执法督察报告,内容包括:(一)执法督察的时间、内容、方法、步骤;(二)被督察单位税收执法的基本情况;(三)执法督察发现的具体问题,认定被督察单位存在违法、违规问题的基本事实和法律依据;(四)对发现问题的拟处理意见;(五)加强税收执法监督管理的建议;(六)执法督察组认为应当报告的其他事项。

执法督察组实施执法督察后,应当将税收执法督察报告、工作底稿、证据材料、陈述申辩资料以及与执法督察情况有关的其他资料进行整理,提交督察内审部门。

督察内审部门收到税收执法督察报告和其他证据材料后,应当对以下内容进行审理:(一)执法督察程序是否符合规定;(二)事实是否清楚,证据是否确实充分,资料是否齐全;(三)适用的法律、行政法规、规章、规范性文件和有关政策等是否正确;(四)对被督察单位的评价是否准确,拟定的意见、建议等是否适当。

督察内审部门在审理中发现事实不清、证据不足、资料不全的,应当通知执法督察组对证据予以补正,也可以重新组织人员进行核实、检查。

督察内审部门在审理中对适用税收法律、行政法规和税收政策有疑义的问题,以及涉嫌违规的涉税文件,应当书面征求本级税务机关法规部门和业务主管部门意见,也可以提交本级税务机关集体研究,并做好会议记录;本级税务机关无法或者无权确定的,应当请示上级税务机关或者请有权机关解释或者确定。

督察内审部门根据审理结果修订税收执法督察报告，送被督察单位征求意见。被督察单位应当在 15 个工作日内提出书面反馈意见。在限期内未提出书面意见的，视同无异议。

督察内审部门应当对被督察单位提出的意见进行研究，对税收执法督察报告作必要修订，连同被督察单位的书面反馈意见一并报送本级税务机关审定。

督察内审部门根据本级税务机关审定的税收执法督察报告制作《税收执法督察处理决定书》、《税收执法督察处理意见书》或者《税收执法督察结论书》，经本级税务机关审批后下达被督察单位。

《税收执法督察处理决定书》适用于对被督察单位违反税收法律、行政法规和税收政策的行为进行处理。《税收执法督察处理意见书》适用于对被督察单位提出自行纠正的事项和改进工作的建议。《税收执法督察结论书》适用于对未发现违法、违规问题的被督察单位作出评价。

受本级税务机关委托，执法督察组组长可以就执法督察结果与被督察单位主要负责人或者有关人员进行谈话。

九、违纪违法行为处理

对违反税收法律、行政法规、规章和上级税收规范性文件的涉税文件，按下列原则作出执法督察决定：(一)对下级税务机关制定，或者下级税务机关与其他部门联合制定的，责令停止执行，并予以纠正；(二)对本级税务机关制定的，应当停止执行并提出修改建议；(三)对地方政府和其他部门制定的，同级税务机关应当停止执行，向发文单位提出修改建议，并报告上级税务机关。对其他不符合税收法律、行政法规、规章和上级税收规范性文件的税收执法行为，按下列原则作出执法督察处理决定：(一)执法主体资格不合法的，依法予以撤销；(二)未履行法定职责的，责令限期履行法定职责；(三)事实不清、证据不足的，依法予以撤销，并可以责令重新作出执法行为；(四)未正确适用法律依据的，依法予以变更或者撤销，并可以责令重新作出执法行为；(五)严重违反法定程序的，依法予以变更或者撤销，并可以责令重新作出执法行为；(六)超越职权或者滥用职权的，依法予以撤销；(七)其他不符合税收法律、行政法规、规章和上级税收规范性文件的，依法予以变更或者撤销，并可以责令重新作出执法行为。

十、税收执法督察结果执行

被督察单位收到《税收执法督察处理决定书》和《税收执法督察处理意见书》后，应当在规定的期限内执行，并以书面形式向实施执法督察的税务机关报告下列执行结果：(一)对违法、违规涉税文件的清理情况和清理结果；(二)对违法、违规的税收执法行为予以变更、撤销和重新作出执法行为的情况；(三)对有关责任人的责任追究情况；(四)要求报送的其他文件和资料。

被督察单位对执法督察处理决定有异议的，可以在规定的期限内向实施执法督察的税务机关提出复核申请。实施执法督察的税务机关应当进行复核，并作出答复。

实施执法督察的税务机关应当在本单位范围内对执法督察结果和执法督察工作情况予以通报。执法督察事项应当保密的，可以不予通报。各级税务机关应当建立执法督察结果报告制度。督察内审部门应当对执法督察所发现的问题进行归纳和分析，提出完善制度、加强管理等工作建议，向本级税务机关专题报告，并作为有关业务部门的工作参考。发现税收政策或者税收征管制度存在问题的，各级税务机关应当及时向上级税务机关报告。各级税务机关每年应当在规定时间内，向上级税务机关报送年度执法督察工作总结和报表等相关材料。

督察内审部门应当按照有关规定做好执法督察工作资料的立卷和归档工作。执法督察档案应当做到资料齐全、分类清楚，便于质证和查阅。

第五节　责任追究及奖惩

一、执法督察中违法违规问题的处理

执法督察中发现税收执法行为存在违法、违规问题的，应当按照有关规定和管理权限，对有关负责人和直接责任人予以责任追究。

执法督察中发现纳税人的税收违法行为，实施执法督察的税务机关应当责令主管税务机关调查处理；情节严重的，移交稽查部门处理。

执法督察中，被督察单位不如实提供相关资料和查询权限，或者无正当理由拒绝、拖延、阻挠执法督察的，由实施执法督察的税务机关责令限期改正；拒不改正的，对有关负责人和直接责任人予以责任追究。

被督察单位未按照《税收执法督察处理决定书》和《税收执法督察处理意见书》的要求执行，由实施执法督察的税务机关责令限期改正，并对其主要负责人和有关责任人予以责任追究。

二、执法督察整改落实的考核

执法督察结果及其整改落实情况应当作为各级税务机关考核的重要内容。各级税务机关应当对执法规范、成绩突出的单位和个人给予表彰和奖励，并予以通报，同时将其先进经验进行推广。存在重大执法问题的单位、部门及其主要负责人和有关责任人，不得参加先进评选。

对执法督察人员在执法督察中滥用职权、徇私舞弊、玩忽职守或者违反廉政建设有关规定的，应当按照有关规定追究其责任。

对在执法督察工作中业绩突出的执法督察人员，各级税务机关应当给予表扬和奖励，并将其业绩作为在优秀公务员等先进评选活动中的重要依据。

第三章　内部审计和外部审计

规范和加强税务系统领导干部经济责任审计评价工作，进一步明确领导干部经济责任，充分发挥经济责任审计作用，才能更好地促进领导干部履职尽责和税收事业科学发展。

第一节　领导干部经济责任审计

一、领导干部经济责任审计评价

经济责任，是指税务系统各级主要领导干部在任职期间因其所任职务，对所在单位的税收管理、财务管理以及有关经济活动依法应当履行的职责、义务。

经济责任审计，是指税务系统负责督察内审工作的部门依法依规对各级主要领导干部经济责任履行情况进行监督、评价和鉴证的活动。

领导干部经济责任审计评价，是指组织实施领导干部经济责任审计的税务机关，按照规定的审计评价内容、程序、方法，对被审计领导干部履行经济责任的情况进行审计鉴证，作出审计结论的行为。

二、领导干部经济责任审计评价原则

领导干部经济责任审计评价，应当遵循以下原则：(一)相关性原则。审计评价的内容和事项应当与领导干部履行经济责任的职责和行为具有关联性，不相关的不纳入审计评价。(二)重要性原则。突出对领导干部组织贯彻落实税收方针政策和上级决策部署；进行重大经济事项决策；建立、完善和执行税收管理、财务管理基本制度；加强内部风险防范与治理；本人遵守有关制度规定和廉政准则等事关全局性、基础性、关键性情况的审计评价。(三)可行性原则。纳入审计评价的事项应当可审计鉴证。现有审计技术、手段、条件难以鉴证的事项，不纳入审计评价。(四)规范性原则。审计评价活动应当以法律、法规和有关规定为依据，按照统一、规范、科学的方法、步骤、程序进行。(五)谨慎性原则。审计评价应

当从实际出发，实事求是。坚持以审计事实为基础，客观反映和科学评价被审计领导干部履行经济责任的业绩和存在的问题。未经审计核实，或者审计依据不足、证据不充分的事项不予评价。

三、分类分项审计评价

实行分类分项审计评价。各级税务局应当明确领导干部审计评价内容类别及其分项审计评价指标，对领导干部履行经济责任的情况实行分类分项的审计评价。有条件的地方，可以在分类分项审计评价的基础上实行评分定级的综合评价。

四、加强组织领导

各级税务局应当加强领导干部经济责任审计评价工作的组织领导，支持督察内审部门依法独立开展审计评价工作，重视审计结果的运用，完善审计结果运用机制，发挥领导干部经济责任审计结果作为考核、任免、奖惩领导干部依据的作用。省以下税务系统领导干部应当按照有关文件规定要求，履行有关经济责任，积极配合上级税务局的经济责任审计评价实施工作。

负责经济责任审计的部门和审计人员应当遵守审计准则、审计纪律，对被审计领导干部履行经济责任取得的主要成绩、存在的问题以及应承担的责任进行独立、客观、公正的鉴证和评价。

领导干部经济责任审计评价内容包括以下内容：(一)推动税收事业科学发展情况。(二)税收管理和财务管理工作目标责任制落实情况。(三)内部控制制度建立和执行情况。(四)重大经济决策情况。(五)财政收支、财务收支的真实、合法、效益情况。(六)税务行政审批、税收保全与强制执行、税务行政处罚、重大税务案件审理情况。(七)政府采购项目实施、重大项目建设管理、国有资产管理使用情况。(八)对下属单位有关税收活动和财务活动监管情况。(九)本人遵守有关廉洁从政规定情况。(十)以往督察审计发现问题整改情况。(十一)与领导干部履行经济责任相关的其他情况。

领导干部经济责任审计评价应当根据审计评价内容类别，设置细分的审计评价项目指标。审计评价项目指标，按照定性指标与定量指标相结合、总体指标与明细指标相结合的原则设置。总体指标由国家税务总局统一规定。各级税务局可以根据总体指标设置明细指标。

领导干部经济责任审计评价总体指标有以下几个方面。

(一)推动税收事业科学发展情况

1. 组织贯彻执行党和国家有关税收工作方针政策和上级重大决策部署的及时性、一致性、有效性；

2. 履行领导职责，解决本系统、本单位突出矛盾和问题，组织推动税收管理和财务管理工作改革发展的主要措施及其成效。

(二)税收管理和财务管理工作目标责任制落实情况

1. 上级税务局确定和下达的有关税收收入和税收工作指标完成率；

2. 上级税务局确定和下达的有关财务政策性目标完成率。

（三）内部控制制度建立和执行情况

内部控制制度的健全性、合法性、有效性。内部控制制度主要包括重大经济决策、税收规范性文件管理、个案批复、税务稽查、重大税务案件审理、预算管理、财务收支管理、基本建设、政府采购、资产管理、内部审计等确保有关内部管理工作和行政权力规范运行的基本制度。

（四）重大经济决策情况

单位重大经济决策行为的合规性、效益性。

（五）财政收支、财务收支的真实、合法、效益情况

1.税收收入的真实性、合法性；

2.预算编制与执行的真实性、合法性；

3.单位财务收支的真实性、合法性、效益性。

（六）税务行政审批、税收保全与强制执行、税务行政处罚、重大税务案件审理情况

1.税务行政审批的合法性；

2.实施税收保全和税收强制执行措施的合法性；

3.实施税务行政处罚的合法性；

4.重大税务案件审理行为的合法性。

（七）政府采购项目、重大项目建设管理、国有资产管理使用情况

1.政府采购项目实施的合规性、效益性；

2.重大项目建设管理的合规性、效益性；

3.国有资产管理使用的合规性、效益性。

（八）对下属单位有关税收活动和财务活动的监管情况

1.领导干部经济责任审计的审计率、审结率；

2.税收执法责任考核的全面性、及时性和过错责任追究率；

3.执法督察、财务审计、基建审计、政府采购审计项目计划执行率。

（九）本人遵守有关廉洁从政规定情况

本人有无违反廉洁从政规定的行为。

（十）以往督察审计发现问题的整改情况

督察审计发现问题的项目整改率和金额整改率。

（十一）与领导干部经济责任履行相关的其他情况

第二节　配合外部审计检查

税务总局和各省税务局接受审计署（含驻各地特派员办事处）、审计署委派的地方审计机关的审计与财政部（含驻各地财政监察专员办事处）的监督检查。配合外部审计检查工作应坚持依法依规、实事求是、分级负责、严格保密的原则。

一、各部门职责

税务总局督察内审司是税务总局配合外部审计检查工作的归口管理部门。各省税务局督察内审处是本单位配合外部审计检查工作的归口管理部门。有关部门(单位)应认真履行本规范所列职责,与督察内审部门共同做好外部审计检查配合工作。

督察内审部门在配合外部审计检查中主要履行以下职责:(一)联络接洽外部审计检查单位;(二)协调有关部门(单位)做好办公环境搭建和审计检查资料提供工作;(三)对延伸审计检查事项提供必要协助;(四)协调有关部门(单位)做好与审计检查组的沟通解释工作;(五)收集汇总有关部门(单位)对审计检查征求意见文书的意见及有关资料,起草正式反馈意见;(六)督促有关部门(单位)落实整改要求,收集汇总整改情况及有关资料,起草整改报告;(七)及时向局领导报告配合外部审计检查中的重大事项;(八)完成其他审计检查配合工作。

有关部门(单位)在配合外部审计检查中主要履行以下职责:(一)办公厅(室)、征管和科技发展部门、财务管理部门、机关服务中心、电子税务管理部门按照要求做好审计检查办公环境搭建工作,开通信息系统查询权限等;(二)按照审计检查要求依法及时提供所需资料,对提供资料的真实性、准确性、完整性负责;(三)对审计检查资料和取证事项、发现问题等做好沟通解释工作;(四)对审计检查征求意见文书反馈意见,将书面意见及有关资料送交督察内审部门;(五)按照要求对审计检查发现问题进行整改,将整改报告及有关资料送交督察内审部门;(六)及时向局领导报告配合外部审计检查中的重大事项,并与督察内审部门沟通情况;(七)完成其他审计检查配合工作。

二、应对流程

被审计检查单位收到审计检查通知后应按照要求做好准备,有关部门(单位)确定联络员负责联络事宜。各省税务局应在收到审计检查通知后五个工作日内,将审计检查有关事项上报税务总局。

被审计检查单位收到审计检查资料需求文书后,督察内审部门应将审计检查资料需求根据职责分送至有关部门(单位),并建立《外部审计检查提供资料台账》。有关部门(单位)应按照要求收集整理资料,在规定时限内送交审计检查组;在办理资料交接时应逐项清点,核对无误后填写《外部审计检查提供资料清单》,移交资料清单一式三份,移交双方各留存一份,送督察内审部门备案一份。被审计检查单位收到审计检查取证文书后,督察内审部门应将审计检查取证文书根据职责分送至有关部门(单位),并建立《外部审计检查取证台账》。有关部门(单位)应对审计检查取证事项逐项核实,无异议的,由部门(单位)主要负责人签字并加盖公章确认;有异议的,应在审计检查取证文书后附意见及有关资料,并视情况报分管局领导审核后送交审计检查组。有关部门(单位)应同时将取证反馈意见及有关资料复印送交督察内审部门备案。

有关部门(单位)应做好与审计检查组的沟通工作,并根据审计检查资料需求、审计检查组取证事项,结合实际情况,对审计检查重点、风险点及与审计检查组的意见分歧进行整理分析,及时向督察内审部门反馈。

督察内审部门应协调有关部门(单位)与审计检查组进行沟通,收集整理审计检查有关情况,及时向局领导报告。

审计检查需要延伸的事项,被审计检查单位应予配合。延伸对象为税务机关及所属单位的,由督察内审部门负责联系协调延伸单位。延伸单位应按照本规范做好配合工作。延伸对象为纳税人的,由督察内审部门负责联系协调主管税务机关。主管税务机关应按规定办理,并及时向督察内审部门报告有关情况。

被审计检查单位收到审计检查征求意见文书后,督察内审部门应根据职责及时将征求意见文书内容分送至有关部门(单位)。有关部门(单位)应在规定时限内核实文书内容,将书面意见及有关资料报分管局领导审核后送交督察内审部门。督察内审部门起草正式反馈意见,经局领导审定后送交外部审计检查单位。被审计检查单位对审计检查期间能够整改的问题,应立即整改,并将整改情况及时向外部审计检查单位报告。被审计检查单位收到审计检查结论性文书后,督察内审部门应根据职责及时将审计检查提出的问题及整改要求分送至有关部门(单位),并建立《外部审计检查整改台账》。有关部门(单位)应在规定时限内落实整改要求,将整改情况及有关资料报分管局领导审核后送交督察内审部门。

督察内审部门起草整改报告,经局领导审定后送交外部审计检查单位。对审计检查组退还的资料,有关部门(单位)应逐项清点,核对无误后填写《外部审计检查退还资料清单》,退还资料清单一式三份,移交双方各留存一份,送督察内审部门备案一份。

第四章　督察内审练习题

一、单选题

1. 下列关于督察内审部门代表本级税务机关组织开展执法督察工作职责的表述错误的是（　　）。

A. 督办执法督察所发现问题的整改和责任追究

B. 指导、监督和考核本级税务机关执法督察工作

C. 配合外部监督部门对税务机关开展监督检查工作

D. 组织实施税务系统税收执法责任制工作，牵头推行税收执法责任制考核信息系统，实施执法疑点信息分析监控

【参考答案】 B

【答案解析】 根据国家税务总局文件的规定，各级税务机关督察内审部门或者承担税收执法监督检查职责的部门（以下简称督察内审部门），代表本级税务机关组织开展执法督察工作，履行以下职责：

（一）依据上级税务机关执法督察工作制度和计划，制定本级税务机关执法督察工作制度和计划；

（二）组织实施执法督察，向本级税务机关提交税收执法督察报告，并制作《税收执法督察处理决定书》、《税收执法督察处理意见书》或者《税收执法督察结论书》；

（三）组织实施税务系统税收执法责任制工作，牵头推行税收执法责任制考核信息系统，实施执法疑点信息分析监控；

（四）督办执法督察所发现问题的整改和责任追究；

（五）配合外部监督部门对税务机关开展监督检查工作；

（六）向本级和上级税务机关报告执法督察工作情况；

(七)通报执法督察工作情况和执法督察结果;

(八)指导、监督和考核下级税务机关执法督察工作;

(九)其他相关工作。

2. 税收执法督察实行(　　)。

A. 统筹规划,逐级管理　　B. 统筹规划,分级管理

C. 统筹规划,协同管理　　D. 统筹规划,归口管理

【参考答案】 D

【答案解析】 根据国家税务总局文件的规定,执法督察实行统筹规划,归口管理。督察内审部门负责执法督察工作的具体组织、协调和落实。税务机关内部相关部门应当树立全局观念,积极参与、支持和配合执法督察工作。

各级税务机关根据工作需要,可以将执法督察与其他具有监督性质的工作协同开展。

3. 下列关于税收执法督察的说法中错误的是(　　)。

A. 执法督察实行统筹规划,归口管理

B. 各级税务机关根据工作需要,可以将执法督察与其他具有监督性质的工作协同开展

C. 上级税务机关对执法督察事项可以直接进行督察,也可以授权或者指定下级税务机关进行督察

D. 上级税务机关认为下级税务机关作出的执法督察结论不适当的,必须责成下级税务机关予以变更或者撤销

【参考答案】 D

【答案解析】 根据国家税务总局文件的规定,上级税务机关认为下级税务机关作出的执法督察结论不适当的,可以责成下级税务机关予以变更或者撤销,必要时也可以直接作出变更或者撤销的决定。

4. 各级税务机关可以采取复查、抽查等方式,对执法督察人员在执法督察工作中(　　)等情况进行监督检查。

A. 履行职责、遵守党规、廉洁自律　　B. 履行职责、遵守纪律、廉洁自律

C. 履行职务、遵守纪律、廉洁自律　　D. 履行职责、遵守纪律、廉洁奉公

【参考答案】 B

【答案解析】 根据国家税务总局文件的规定,各级税务机关可以采取复查、抽查等方式,对执法督察人员在执法督察工作中履行职责、遵守纪律、廉洁自律等情况进行监督检查。

5. 下列关于税收执法督察人才库的说法中错误的是(　　)。

A. 实行动态管理

B. 定期组织业务培训

C. 下级税务机关可以向上级税务机关执法督察人才库输送人才

D. 执法督察优先抽调执法督察人才库成员参加

【参考答案】 C

【答案解析】 根据国家税务总局文件的规定，各级税务机关应当建立税收执法督察人才库，为执法督察储备人才。根据执法督察工作需要，确定执法督察人才库人员基数，实行动态管理，定期组织业务培训。下级税务机关应当向上级税务机关执法督察人才库输送人才。执法督察可以由督察内审部门人员独立完成，也可以抽调本级和下级税务机关税务人员实施，优先抽调执法督察人才库成员参加。相关单位和部门应当予以配合。

6. 下列不属于税收执法督察的内容的是(　　)。

A. 税收法律、行政法规、规章和规范性文件的执行情况

B. 税务机关以外的单位制定的涉税文件的合理性

C. 上级机关交办、有关部门转办的税收执法事项

D. 外部监督部门依法查处或者督查、督办的税收执法事项

【参考答案】 B

【答案解析】 根据国家税务总局文件的规定，执法督察的内容包括：

(一)税收法律、行政法规、规章和规范性文件的执行情况；

(二)国务院和上级税务机关有关税收工作重要决策、部署的贯彻落实情况；

(三)税务机关制定或者与其他部门联合制定的涉税文件，以及税务机关以外的单位制定的涉税文件的合法性；

(四)外部监督部门依法查处或者督查、督办的税收执法事项；

(五)上级机关交办、有关部门转办的税收执法事项；

(六)执法督察所发现问题的整改和责任追究情况；

(七)其他需要实施执法督察的税收执法事项。

7. 下列属于执法督察形式的是(　　)。

A. 综合执法督察　　B. 全税种执法督察

C. 单税种执法督察　　D. 专案执法督察

【参考答案】 D

【答案解析】 根据国家税务总局文件的规定，执法督察可以通过全面执法督察、重点执法督察、专项执法督察和专案执法督察等形式开展。

8. 下列不属于执法督察形式的是(　　)。

A. 重点执法督察　　B. 专项执法督察

C. 日常执法督察　　D. 专案执法督察

【参考答案】 C

【答案解析】 根据国家税务总局文件规定，执法督察可以通过全面执法督察、重点执法督察、专项执法督察和专案执法督察等形式开展。

9. 下列关于税收执法督察的说法正确的是(　　)。

A. 全面执法督察是指税务机关对本级和下级税务机关的税收执法行为进行的具有针对性的监督检查

B. 重点执法督察是指税务机关对下级税务机关某些重点方面、重点环节、重点行业的

税收执法行为所进行的监督检查

C. 专项执法督察是指税务机关对下级税务机关某项特定内容涉及的税收执法行为进行的监督检查

D. 对有关部门转办的特定税收执法事项进行的监督检查属于专案执法督察

【参考答案】 D

【答案解析】 选项A，根据国家税务总局文件的规定，全面执法督察是指税务机关对本级和下级税务机关的税收执法行为进行的广泛、系统的监督检查。选项B，重点执法督察是指税务机关对本级和下级税务机关某些重点方面、重点环节、重点行业的税收执法行为所进行的监督检查。选项C，专项执法督察是指税务机关对本级和下级税务机关某项特定内容涉及的税收执法行为进行的监督检查。选项D，专案执法督察是指税务机关对上级机关交办、有关部门转办的特定税收执法事项，以及通过信访、举报、媒体等途径反映的重大税收执法问题所涉及的本级和下级税务机关的税收执法行为进行的监督检查。

10. 下列不属于专案执法督察的是（　　）。

A. 税务机关对上级机关交办的特定税收执法事项进行的监督检查

B. 税务机关对有关部门转办的特定税收执法事项进行的监督检查

C. 税务机关对通过信访、举报、媒体等途径反映的重大税收执法问题进行的监督检查

D. 税务机关对本机关自查过程中发现的重大税收执法问题进行的监督检查

【参考答案】 D

【答案解析】 根据国家税务总局文件的规定，专案执法督察是指税务机关对上级机关交办、有关部门转办的特定税收执法事项，以及通过信访、举报、媒体等途径反映的重大税收执法问题所涉及的本级和下级税务机关的税收执法行为进行的监督检查。

11. 执法督察工作主要包括（　　）等阶段。

A. 准备、实施、处理、整改、总结

B. 计划、准备、实施、处理、整改、总结

C. 计划、准备、实施、处理、整改、总结、报告

D. 准备、实施、处理、整改、总结、报告

【参考答案】 A

【答案解析】 根据国家税务总局文件的规定，执法督察工作要有计划、有组织、有步骤地开展，主要包括准备、实施、处理、整改、总结等阶段，根据工作需要可以进行复查。

12. 未纳入年度执法督察工作计划的专案执法督察和其他特殊情况下需要启动的执法督察，应当（　　）。

A. 在实施前报上级税务机关批准

B. 在实施前报本级税务机关批准

C. 不可在本年度实施

D. 纳入年度执法督察工作计划中后再实施

【参考答案】 B

【答案解析】 根据国家税务总局文件的规定，督察内审部门应当科学、合理制定年度执法督察工作计划，报本级税务机关批准后统一部署实施。

未纳入年度执法督察工作计划的专案执法督察和其他特殊情况下需要启动的执法督察，应当在实施前报本级税务机关批准。

13. 下列关于执法督察的说法中不正确的是（　　）。

A. 执法督察工作要有计划、有组织、有步骤地开展，主要包括准备、实施、处理、整改、总结等阶段，根据工作需要可以进行复查

B. 督察内审部门应当科学、合理制定年度执法督察工作计划，报上级税务机关批准后统一部署实施

C. 专项执法督察是指税务机关对本级和下级税务机关某项特定内容涉及的税收执法行为进行的监督检查

D. 执法督察可以通过全面执法督察、重点执法督察、专项执法督察和专案执法督察等形式开展

【参考答案】 B

【答案解析】 根据国家税务总局文件的规定，督察内审部门应当科学、合理制定年度执法督察工作计划，报本级税务机关批准后统一部署实施。

未纳入年度执法督察工作计划的专案执法督察和其他特殊情况下需要启动的执法督察，应当在实施前报本级税务机关批准。

14. 实施执法督察前，督察内审部门应当根据（　　），制定执法督察方案。

A. 执法督察的对象和范围　　B. 执法督察的对象和内容

C. 执法督察的层级和范围　　D. 执法督察的层级和内容

【参考答案】 B

【答案解析】 根据国家税务总局文件的规定，实施执法督察前，督察内审部门应当根据执法督察的对象和内容，制定包括组织领导、工作要求和执法督察的时限、重点、方法、步骤等内容的执法督察方案。

15. 执法督察组实行（　　），（　　）应当对执法督察的总体质量负责。

A. 局长负责制，局长　　B. 一把手负责制，一把手

C. 组长负责制，组长　　D. 全体负责制，全体成员

【参考答案】 C

【答案解析】 根据国家税务总局文件的规定，实施执法督察的税务机关应当成立执法督察组，负责具体实施执法督察。执法督察组人员不得少于 2 人，并实行组长负责制。

执法督察组组长应当对执法督察的总体质量负责。当执法督察组组长对被督察单位有关税收执法事项的意见与其他组员的意见不一致时，应当在税收执法督察报告中进行说明。

16. 当执法督察组组长对被督察单位有关税收执法事项的意见与其他组员的意见不一致时，应当（　　）。

A. 按照组长的意见执行　　　　　　　　　B. 按照组员的意见执行

C. 按照少数服从多数的原则执行　　　　　D. 在税收执法督察报告中进行说明

【参考答案】 D

【答案解析】 根据国家税务总局文件的规定，实施执法督察的税务机关应当成立执法督察组，负责具体实施执法督察。执法督察组人员不得少于 2 人，并实行组长负责制。

执法督察组组长应当对执法督察的总体质量负责。当执法督察组组长对被督察单位有关税收执法事项的意见与其他组员的意见不一致时，应当在税收执法督察报告中进行说明。

17. 下列关于执法督察的说法中错误的是（　　）。

A. 实施执法督察的税务机关应当根据执法督察的对象和内容对执法督察组人员进行查前培训

B. 执法督察组人员不得少于 2 人

C. 实施执法督察，均应当提前向被督察单位下发税收执法督察通知

D. 执法督察组组长应当对执法督察的总体质量负责

【参考答案】 C

【答案解析】 根据国家税务总局文件的规定，实施执法督察，应当提前 3 个工作日向被督察单位下发税收执法督察通知，告知执法督察的时间、内容、方式，需要准备的资料，配合工作的要求等。被督察单位应当将税收执法督察通知在本单位范围内予以公布。

专案执法督察和其他特殊情况下，可以不予提前通知和公布。

18. 下列不属于执法督察工作方式的是（　　）。

A. 听取被督察单位税收执法情况汇报

B. 调阅被督察单位收发文簿、会议纪要、涉税文件、税收执法卷宗和文书，以及其他相关资料

C. 查阅、调取与税收执法活动有关的各类信息系统电子文档和数据

D. 约谈被督察单位有关人员

【参考答案】 D

【答案解析】 根据国家税务总局文件的规定，执法督察可以采取下列工作方式：

（一）听取被督察单位税收执法情况汇报；

（二）调阅被督察单位收发文簿、会议纪要、涉税文件、税收执法卷宗和文书，以及其他相关资料；

（三）查阅、调取与税收执法活动有关的各类信息系统电子文档和数据；

（四）与被督察单位有关人员谈话，了解有关情况；

（五）特殊情况下需要到相关纳税人和有关单位了解情况或者取证时，应当按照法律规定的权限进行，并商请主管税务机关予以配合；

（六）其他方式。

19. 下列关于执法督察的说法中错误的是（　　）。

A. 专案执法督察和其他特殊情况下，可以不予提前通知和公布

B. 被督察单位执法人员对所提供的税收执法资料的真实性和完整性负责

C. 一般情况下，实施执法督察应当提前 3 个工作日向被督察单位下发税收执法督察通知

D. 执法督察组组长应当对执法督察的总体质量负责

【参考答案】 B

【答案解析】 根据国家税务总局文件的规定，执法督察中，被督察单位应当及时提供相关资料，以及与税收执法活动有关的各类信息系统所有数据查询权限。被督察单位主要负责人对本单位所提供的税收执法资料的真实性和完整性负责。

20. 执法督察中，发现税收执法行为存在违法、违规问题的，应当收集相关证据材料，在工作底稿上写明行为的内容、时间、情节、证据的名称和出处，以及违法、违规的文件依据等，由（　　）。

A. 被督察单位盖章

B. 有关人员签字

C. 被督察单位盖章并由有关人员签字

D. 被督察单位盖章或者由有关人员签字

【参考答案】 D

【答案解析】 根据国家税务总局文件的规定，实施执法督察应当制作《税收执法督察工作底稿》。

发现税收执法行为存在违法、违规问题的，应当收集相关证据材料，在工作底稿上写明行为的内容、时间、情节、证据的名称和出处，以及违法、违规的文件依据等，由被督察单位盖章或者由有关人员签字。拒不盖章或者拒不签字的，应当说明理由，记录在案。

收集证据材料时无法取得原件的，应当通过复印、照相、摄像、扫描、录音等手段提取或者复制有关资料，由原件保存单位或者个人在复制件上注明“与原件核对无误，原件存于我处”，并由有关人员签字。原件由单位保存的，还应当由该单位盖章。

21. 下列关于执法督察的说法中错误的是（　　）。

A. 对于在税收执法督察工作底稿上拒不盖章或者拒不签字的，应当说明理由，记录在案

B. 被督察单位主要负责人对本单位所提供的税收执法资料的真实性和完整性负责

C. 被督察单位或者个人可以对反馈的情况进行陈述和申辩，但不要求必须提供书面陈述申辩材料

D. 税收执法督察报告的内容应当包括加强税收执法监督管理的建议

【参考答案】 C

【答案解析】 根据国家税务总局文件的规定，执法督察组实施执法督察后，应当及时将发现的问题汇总，并向被督察单位反馈情况。

被督察单位或者个人可以对反馈的情况进行陈述和申辩，并提供陈述申辩的书面

材料。

22. 执法督察组实施执法督察后，应当起草税收执法督察报告，税收执法督察报告的内容不包括(　　)。

A. 执法督察的时间、内容、方法、步骤

B. 被督察单位税收执法的基本情况

C. 对发现问题的拟处理意见

D. 被督察单位对问题的陈述和申辩情况

【参考答案】 D

【答案解析】 根据国家税务总局文件的规定，执法督察组实施执法督察后，应当起草税收执法督察报告，内容包括：

(一)执法督察的时间、内容、方法、步骤；

(二)被督察单位税收执法的基本情况；

(三)执法督察发现的具体问题，认定被督察单位存在违法、违规问题的基本事实和法律依据；

(四)对发现问题的拟处理意见；

(五)加强税收执法监督管理的建议；

(六)执法督察组认为应当报告的其他事项。

23. 下列关于执法督察的说法中错误的是(　　)。

A. 督察内审部门收到税收执法督察报告和其他证据材料后，应当对执法督察程序是否符合规定进行审理

B. 督察内审部门在审理中发现事实不清、证据不足、资料不全的，应当重新组织人员进行核实、检查

C. 督察内审部门在审理中对适用税收法律、行政法规和税收政策有疑义的问题，以及涉嫌违规的涉税文件，应当书面征求本级税务机关法规部门和业务主管部门意见，也可以提交本级税务机关集体研究，并做好会议记录

D. 执法督察组实施执法督察后，应当将税收执法督察报告、工作底稿、证据材料、陈述申辩资料以及与执法督察情况有关的其他资料进行整理，提交督察内审部门

【参考答案】 B

【答案解析】 根据国家税务总局文件的规定，督察内审部门在审理中发现事实不清、证据不足、资料不全的，应当通知执法督察组对证据予以补正，也可以重新组织人员进行核实、检查。

24. 督察内审部门在审理中发现事实不清、证据不足、资料不全的，应当(　　)。

A. 通知执法督察组对证据予以补正

B. 重新组织人员进行核实、检查

C. 通知执法督察组对证据予以补正，也可以重新组织人员进行核实、检查

D. 重新组织人员进行核实、检查，或者在查实的基础上直接改变拟处理意见

【参考答案】 C

【答案解析】 根据国家税务总局文件的规定，督察内审部门在审理中发现事实不清、证据不足、资料不全的，应当通知执法督察组对证据予以补正，也可以重新组织人员进行核实、检查。

25. 督察内审部门收到税收执法督察报告和其他证据材料后进行的操作错误的是（　　）。

A. 审理适用的法律、行政法规、规章、规范性文件和有关政策等是否正确

B. 审理拟定的意见、建议等是否适当

C. 督察内审部门在审理中发现事实不清、证据不足、资料不全的，应当通知执法督察组对证据予以补正，也可以重新组织人员进行核实、检查

D. 督察内审部门在审理中对适用税收法律、行政法规和税收政策有疑义的问题，以及涉嫌违规的涉税文件，应当请示上级税务机关或者请有权机关解释或者确定

【参考答案】 D

【答案解析】 根据国家税务总局文件的规定，督察内审部门在审理中对适用税收法律、行政法规和税收政策有疑义的问题，以及涉嫌违规的涉税文件，应当书面征求本级税务机关法规部门和业务主管部门意见，也可以提交本级税务机关集体研究，并做好会议记录；本级税务机关无法或者无权确定的，应当请示上级税务机关或者请有权机关解释或者确定。

26. 下列说法中正确的是（　　）。

A. 督察内审部门根据审理结果形成《税收执法督察处理决定书》，送被督察单位征求意见。被督察单位应当在 15 个工作日内提出书面反馈意见。在限期内未提出书面意见的，视同无异议

B. 督察内审部门根据本级税务机关审定的税收执法督察报告制作《税收执法督察处理决定书》、《税收执法督察处理意见书》连同《税收执法督察结论书》，一并经本级税务机关审批后下达被督察单位

C. 由执法督察组组长决定就执法督察结果与被督察单位主要负责人或者有关人员进行谈话

D.《税收执法督察结论书》适用于对未发现违法、违规问题的被督察单位作出评价

【参考答案】 D

【答案解析】 选项 A，根据国家税务总局文件的规定，督察内审部门根据审理结果修订税收执法督察报告，送被督察单位征求意见。被督察单位应当在 15 个工作日内提出书面反馈意见。在限期内未提出书面意见的，视同无异议。

督察内审部门应当对被督察单位提出的意见进行研究，对税收执法督察报告作必要修订，连同被督察单位的书面反馈意见一并报送本级税务机关审定。

选项 B 和 C，督察内审部门根据本级税务机关审定的税收执法督察报告制作《税收执法督察处理决定书》、《税收执法督察处理意见书》或者《税收执法督察结论书》，经本级税务机

关审批后下达被督察单位。

《税收执法督察处理决定书》适用于对被督察单位违反税收法律、行政法规和税收政策的行为进行处理。

《税收执法督察处理意见书》适用于对被督察单位提出自行纠正的事项和改进工作的建议。

《税收执法督察结论书》适用于对未发现违法、违规问题的被督察单位作出评价。

受本级税务机关委托，执法督察组组长可以就执法督察结果与被督察单位主要负责人或者有关人员进行谈话。

27. 督察内审部门对违反税收法律、行政法规、规章和上级税收规范性文件的涉税文件，下列处理原则不正确的是（　　）。

A. 对下级税务机关制定，或者下级税务机关与其他部门联合制定的，责令停止执行，并予以纠正

B. 对本级税务机关制定的，应当停止执行并提出修改建议

C. 对地方政府和其他部门制定的，同级税务机关应当停止执行，向发文单位提出修改建议，并报告上级税务机关

D. 对地方政府和其他部门制定的，同级税务机关应当停止执行，向发文单位提出修改建议，并报告同级政府部门备案

【参考答案】 D

【答案解析】 根据国家税务总局文件的规定，对违反税收法律、行政法规、规章和上级税收规范性文件的涉税文件，按下列原则作出执法督察决定：

（一）对下级税务机关制定，或者下级税务机关与其他部门联合制定的，责令停止执行，并予以纠正；

（二）对本级税务机关制定的，应当停止执行并提出修改建议；

（三）对地方政府和其他部门制定的，同级税务机关应当停止执行，向发文单位提出修改建议，并报告上级税务机关。

28. 督察内审部门根据本级税务机关审定的税收执法督察报告制作相应文书，经本级税务机关审批后下达被督察单位。制作的文书不包括（　　）。

A.《税收执法督察结论书》　　B.《税收执法督察会议纪要》

C.《税收执法督察处理意见书》　　D.《税收执法督察处理决定书》

【参考答案】 B

【答案解析】 根据国家税务总局文件的规定，督察内审部门根据本级税务机关审定的税收执法督察报告制作《税收执法督察处理决定书》、《税收执法督察处理意见书》或者《税收执法督察结论书》，经本级税务机关审批后下达被督察单位。

《税收执法督察处理决定书》适用于对被督察单位违反税收法律、行政法规和税收政策的行为进行处理。

《税收执法督察处理意见书》适用于对被督察单位提出自行纠正的事项和改进工作的

建议。

《税收执法督察结论书》适用于对未发现违法、违规问题的被督察单位作出评价。

受本级税务机关委托，执法督察组组长可以就执法督察结果与被督察单位主要负责人或者有关人员进行谈话。

29. 税收执法督察工作中，对不符合税收法律、行政法规、规章和上级税收规范性文件的税收执法行为，下列处理原则错误的是（　　）。

A. 执法主体资格不合法的，依法予以撤销

B. 未履行法定职责的，予以确认违法

C. 事实不清、证据不足的，依法予以撤销，并可以责令重新作出执法行为

D. 超越职权或者滥用职权的，依法予以撤销

【参考答案】 B

【答案解析】 根据国家税务总局文件的规定，对其他不符合税收法律、行政法规、规章和上级税收规范性文件的税收执法行为，按下列原则作出执法督察处理决定：

（一）执法主体资格不合法的，依法予以撤销；

（二）未履行法定职责的，责令限期履行法定职责；

（三）事实不清、证据不足的，依法予以撤销，并可以责令重新作出执法行为；

（四）未正确适用法律依据的，依法予以变更或者撤销，并可以责令重新作出执法行为；

（五）严重违反法定程序的，依法予以变更或者撤销，并可以责令重新作出执法行为；

（六）超越职权或者滥用职权的，依法予以撤销；

（七）其他不符合税收法律、行政法规、规章和上级税收规范性文件的，依法予以变更或者撤销，并可以责令重新作出执法行为。

30. 被督察单位收到《税收执法督察处理决定书》和《税收执法督察处理意见书》后，应当在规定的期限内执行，并以书面形式向实施执法督察的税务机关报告执行结果，其中不包括（　　）。

A. 对违法、违规涉税文件的清理情况和清理结果

B. 对违法、违规的税收执法行为予以变更、撤销和重新作出执法行为的情况

C. 对违反法定职责的执法行为确认违法的情况

D. 对有关责任人的责任追究情况

【参考答案】 C

【答案解析】 根据国家税务总局文件的规定，被督察单位收到《税收执法督察处理决定书》和《税收执法督察处理意见书》后，应当在规定的期限内执行，并以书面形式向实施执法督察的税务机关报告下列执行结果：

（一）对违法、违规涉税文件的清理情况和清理结果；

（二）对违法、违规的税收执法行为予以变更、撤销和重新作出执法行为的情况；

（三）对有关责任人的责任追究情况；

（四）要求报送的其他文件和资料。

31. 下列关于税收执法督察工作的说法中错误的是(　　)。

A. 被督察单位对执法督察处理决定有异议的,可以在规定的期限内向实施执法督察的税务机关提出复核申请

B. 实施执法督察的税务机关应当在本单位范围内对执法督察事项一律予以通报

C. 督察内审部门应当对执法督察所发现的问题进行归纳和分析,提出完善制度、加强管理等工作建议,向本级税务机关专题报告,并作为有关业务部门的工作参考

D. 发现税收政策或者税收征管制度存在问题的,各级税务机关应当及时向上级税务机关报告

【参考答案】 B

【答案解析】 根据国家税务总局文件的规定,实施执法督察的税务机关应当在本单位范围内对执法督察结果和执法督察工作情况予以通报。

执法督察事项应当保密的,可以不予通报。

32. 下列关于税收执法督察工作的说法中错误的是(　　)。

A. 执法督察中发现税收执法行为存在违法、违规问题的,应当按照有关规定和管理权限,对有关负责人和直接责任人予以责任追究

B. 执法督察中,被督察单位不如实提供相关资料和查询权限,或者无正当理由拒绝、拖延、阻挠执法督察的,由实施执法督察的税务机关责令限期改正;拒不改正的,对有关负责人和直接责任人予以责任追究

C. 被督察单位未按照《税收执法督察处理决定书》和《税收执法督察处理意见书》的要求执行,由实施执法督察的税务机关责令限期改正,并对直接责任人予以责任追究

D. 存在重大执法问题的单位、部门及其主要负责人和有关责任人,不得参加先进评选

【参考答案】 C

【答案解析】 根据国家税务总局文件的规定,被督察单位未按照《税收执法督察处理决定书》和《税收执法督察处理意见书》的要求执行,由实施执法督察的税务机关责令限期改正,并对其主要负责人和有关责任人予以责任追究。

33. 根据国家税务总局文件规定,(　　)负责组织开展税收执法考评与过错责任追究相关工作。

A. 各级税务机关　　B. 县以上税务机关

C. 市以上税务机关　　D. 省以上税务机关

【参考答案】 B

【答案解析】 根据国家税务总局文件的规定,各级税务机关开展税收执法考评与过错责任追究工作。县以上税务机关负责组织开展税收执法考评与过错责任追究相关工作。

34. 根据国家税务总局文件规定,所称税收执法过错,是指税收执法人员因(　　),导致税收执法行为违法或者不履行法定职责的情形。

A. 故意　　B. 过失

C. 故意或者过失　　D. 故意或者重大过失

【参考答案】 C

【答案解析】 根据国家税务总局文件的规定,本办法所称税收执法过错,是指税收执法人员因故意或者过失,导致税收执法行为违法或者不履行法定职责的情形。

本办法所称税收执法过错责任追究,是针对税收执法人员的执法过错给予相应的内部行政处理。

35. 根据国家税务总局文件规定,税收执法考核、税收执法过错责任追究、税收执法质量评价应当坚持的原则不包括(　　)。

A. 教育为主、惩戒为辅　　B. 依法依规、实事求是

C. 公平公正、权责统一　　D. 过罚相当、奖惩结合

【参考答案】 A

【答案解析】 根据国家税务总局文件的规定,税收执法考核、税收执法过错责任追究、税收执法质量评价应当坚持依法依规、实事求是,公平公正、权责统一,过罚相当、奖惩结合的原则。

36. 根据国家税务总局文件规定,税收执法责任制工作领导小组组长由(　　)担任,副组长由(　　)担任。

A. 单位主要负责人,分管督察内审部门的局领导

B. 单位主要负责人,分管督察内审、人事部门的局领导

C. 分管督察内审部门的局领导,督察内审部门的负责人

D. 分管督察内审部门的局领导,督察内审、人事部门的负责人

【参考答案】 B

【答案解析】 根据国家税务总局文件的规定,各级税务机关应当成立税收执法责任制工作领导小组,负责税收执法考核、税收执法过错责任追究、税收执法质量评价的组织领导。

税收执法责任制工作领导小组组长由单位主要负责人担任,副组长由分管督察内审、人事部门的局领导担任,成员部门包括督察内审、办公室、法制、人事等部门。

税收执法责任制工作领导小组下设办公室,主任由分管督察内审部门的局领导兼任,副主任由督察内审、人事部门主要负责人担任,成员包括督察内审、办公室、法制、人事等部门相关负责人。

37. 根据国家税务总局文件的规定,下列不属于税收执法责任制工作领导小组职责的是(　　)。

A. 研究审议税收执法考评与过错责任追究工作相关制度

B. 研究审议税收执法考评与过错责任追究工作中的特殊、重大事项

C. 研究审议评价结果和结果运用方案

D. 研究指导下级税务机关税收执法考核、税收执法过错责任追究工作

【参考答案】 D

【答案解析】 根据国家税务总局文件的规定,税收执法责任制工作领导小组职责

包括：

(一)研究审议税收执法考评与过错责任追究工作相关制度；

(二)研究审议税收执法考评与过错责任追究工作中的特殊、重大事项；

(三)研究审议评价结果和结果运用方案；

(四)负责其他需研究审议事项。

38. 根据国家税务总局文件规定，下列说法中错误的是(　　)。

A. 税收执法责任制工作领导小组及办公室成员在研究税收执法考核、税收执法过错责任追究、税收执法质量评价相关工作时，与税收执法过错责任人、被评价机关负责人、被评价人员有利害关系的，应当回避

B. 组织相关部门落实税收执法过错责任追究决定及结果运用决定属于税收执法责任制工作领导小组办公室职责

C. 对税务机关和税收执法人员的考核由本级税务机关或者具有人事管理权的税务机关实施

D. 在事实表述、法条引用、文书制作等方面存在执法瑕疵，不影响执法结果的正确性及效力的，不予追究税收执法过错责任

【参考答案】 C

【答案解析】 根据国家税务总局文件的规定，税收执法考核包括对税务机关的考核和对税收执法人员的考核。对税务机关的考核由上一级税务机关实施；对税收执法人员的考核由具有人事管理权的税务机关实施。

39. 根据国家税务总局文件规定，税收执法考核应当按(　　)实施。

A. 月　　B. 季

C. 半年　　D. 年

【参考答案】 A

【答案解析】 根据国家税务总局文件的规定，税收执法考核应当按月通过以下方式实施：

(一)内部控制监督平台定期扫描税收业务，获取税收执法数据和过错信息；

(二)过错信息推送至税务机关、税收执法人员；

(三)税务机关、税收执法人员对推送的过错信息核实、申辩、确认，并予以反馈；

(四)考核结果告知相关税务机关、税收执法人员。

40. 根据国家税务总局文件规定，税务机关监督部门、其他主管部门、配合外部监督部门以及负责核查舆论、社会公众反映问题的部门应当自确认税收执法问题之日起(　　)内，向本级税务机关税收执法责任制工作领导小组办公室书面提交结论性文书。

A. 5 个工作日　　B. 7 个工作日

C. 5 日　　D. 7 日

【参考答案】 A

【答案解析】 根据国家税务总局文件的规定，以下税收执法问题应当纳入考核范畴：

(一)税务机关监督部门开展督察、审计、巡视等工作确认的税收执法问题;

(二)税务机关其他主管部门发现并确认的税收执法问题;

(三)审计、财政等外部监督部门查出的税收执法问题;

(四)舆论监督及社会公众反映并查实的税收执法问题;

(五)行政复议决定、行政诉讼判决或者裁定未支持原行政行为的税收执法问题;

(六)通过其他形式发现的税收执法问题。

税务机关监督部门、其他主管部门、配合外部监督部门以及负责核查舆论、社会公众反映问题的部门应当自确认税收执法问题之日起 5 个工作日内,向本级税务机关税收执法责任制工作领导小组办公室书面提交结论性文书。

41. 根据国家税务总局文件的规定,不属于税收执法过错责任追究形式的是(　　)。

A. 取消评选先进的资格　　　　B. 通报批评

C. 取消执法资格　　　　D. 降级

【参考答案】 D

【答案解析】 根据国家税务总局文件的规定,税收执法过错责任追究形式包括:(一)批评教育;(二)责令作出书面检查;(三)通报批评;(四)取消评选先进的资格;(五)责令待岗;(六)调离执法岗位;(七)取消执法资格。

上述追究形式可以单独适用,也可以合并适用。

42. 根据国家税务总局文件的规定,下列税收执法过错可以从轻或者免予追究的情形是(　　)。

A. 业务流程或者税收业务相关软件存在疏漏或者发生改变的

B. 法律、法规、规章、税收规范性文件不明确或者有争议的

C. 税务行政相对人提供虚假材料、隐瞒涉税信息等其他不依法诚信履行纳税义务的

D. 在国务院,省、自治区、直辖市和计划单列市人民政府,以及国家税务总局批准的探索性、试验性工作中发生税收执法过错并及时纠正、有效避免损失的

【参考答案】 D

【答案解析】 根据国家税务总局文件的规定,可以从轻或者免予追究:

(一)税收执法过错情节显著轻微,主动发现并及时纠正,未造成危害后果的;

(二)在国务院,省、自治区、直辖市和计划单列市人民政府,以及国家税务总局批准的探索性、试验性工作中发生税收执法过错并及时纠正、有效避免损失的;

(三)其他可以从轻或者免予追究的情形。

43. 根据国家税务总局文件的规定,下列税收执法过错关于从重追究的情形表述错误的是(　　)。

A. 税收执法人员因主观故意或者不作为导致税收执法过错发生的

B. 因故意或重大过失导致国家税款流失并且数额较大的

C. 被责令限期改正逾期不改正,又无正当理由的

D. 隐瞒事实真相、出具伪证、毁灭证据,或者以其他方式阻碍、干扰税收执法过错调查的

【参考答案】 B

【答案解析】 根据国家税务总局文件的规定，有下列情形之一的，应当从重追究：

(一)税收执法人员因主观故意或者不作为导致税收执法过错发生的；

(二)导致国家税款流失并且数额较大的；

(三)被责令限期改正逾期不改正，又无正当理由的；

(四)税收执法过错发生后瞒报或者不采取有效措施，致使损害后果扩大的；

(五)隐瞒事实真相、出具伪证、毁灭证据，或者以其他方式阻碍、干扰税收执法过错调查的；

(六)因税收执法过错形成负面涉税舆情、造成恶劣社会影响的；

(七)因税收执法过错导致税务机关承担国家赔偿责任的；

(八)其他应当从重追究的情形。

44. 根据国家税务总局文件的规定，税收执法过错责任追究应当自确认执法过错之日起(　　)日内完成。

A. 30　　B. 20

C. 15　　D. 10

【参考答案】 A

【答案解析】 根据国家税务总局文件的规定，税收执法过错责任追究应当自确认执法过错之日起 30 日内完成。

45. 根据国家税务总局文件规定，税收执法责任制工作领导小组办公室应当自收到申诉材料之日起(　　)个工作日内组织调查核实，形成调查结论，并作出答复。

A. 30　　B. 15

C. 20　　D. 10

【参考答案】 B

【答案解析】 根据国家税务总局文件的规定，税收执法责任制工作领导小组办公室应当自收到申诉材料之日起 15 个工作日内组织调查核实，形成调查结论，并作出答复。

46. 根据国家税务总局文件规定，下列关于税收执法责任制说法错误的是(　　)。

A. 税务机关、税收执法人员对过错责任追究决定有异议的，应当自追究结果告知之日起 5 个工作日内，提出申诉

B. 税收执法责任制工作领导小组办公室应当自收到申诉材料之日起 15 个工作日内组织调查核实，形成调查结论，并作出答复

C. 对答复有异议的，有关税务机关或者税收执法人员可以自收到答复之日起 5 个工作日内向上一级税务机关税收执法责任制工作领导小组办公室提出书面复核申请

D. 申诉、复核期间，暂停执行原决定

【参考答案】 D

【答案解析】 根据国家税务总局文件的规定，申诉、复核期间，不停止决定执行。

47. 根据《中华人民共和国审计法》，审计机关对财政收支或者财务收支的(　　)依法

进行审计监督。

A. 真实、合法和效益　　B. 真实、合法和效率

C. 真实、合法和合理　　D. 真实、合法和关联

【参考答案】 A

【答案解析】《中华人民共和国审计法》第二条规定，国家实行审计监督制度。坚持中国共产党对审计工作的领导，构建集中统一、全面覆盖、权威高效的审计监督体系。

国务院和县级以上地方人民政府设立审计机关。

国务院各部门和地方各级人民政府及其各部门的财政收支，国有的金融机构和企业事业组织的财务收支，以及其他依照本法规定应当接受审计的财政收支、财务收支，依照本法规定接受审计监督。

审计机关对前款所列财政收支或者财务收支的真实、合法和效益，依法进行审计监督。

48. 根据《中华人民共和国审计法》的规定，县级以上地方人民政府应当每年向(　　)提出审计工作报告。

A. 本级人民代表大会　　B. 本级人民代表大会常务委员会

C. 上级人民代表大会　　D. 上级人民代表大会常务委员会

【参考答案】 B

【答案解析】《中华人民共和国审计法》第四条规定，国务院和县级以上地方人民政府应当每年向本级人民代表大会常务委员会提出审计工作报告。审计工作报告应当报告审计机关对预算执行、决算草案以及其他财政收支的审计情况，重点报告对预算执行及其绩效的审计情况，按照有关法律、行政法规的规定报告对国有资源、国有资产的审计情况。必要时，人民代表大会常务委员会可以对审计工作报告作出决议。

49.《中华人民共和国审计法》所称财政收支不包括(　　)。

A. 未纳入预算管理的行政事业性收费

B. 未纳入预算管理的国有资产收入

C. 未纳入预算管理的国有资本经营收益

D. 未纳入预算管理的政府举借债务筹措的资金

【参考答案】 C

【答案解析】《中华人民共和国审计法实施条例》第三条规定，审计法所称财政收支，是指依照《中华人民共和国预算法》和国家其他有关规定，纳入预算管理的收入和支出，以及下列财政资金中未纳入预算管理的收入和支出：

(一)行政事业性收费；

(二)国有资源、国有资产收入；

(三)应当上缴的国有资本经营收益；

(四)政府举借债务筹措的资金；

(五)其他未纳入预算管理的财政资金。

50. 根据《中华人民共和国审计法实施条例》的规定，不属于应当回避的情形的是(　　)。

A. 与被审计单位负责人或者有关主管人员有其他利害关系

B. 与被审计单位负责人或者有关主管人员有近姻亲关系

C. 与被审计单位有经济利益关系

D. 与审计事项有经济利益关系

【参考答案】 A

【答案解析】《中华人民共和国审计法实施条例》第十二条规定,审计人员办理审计事项,有下列情形之一的,应当申请回避,被审计单位也有权申请审计人员回避:

(一)与被审计单位负责人或者有关主管人员有夫妻关系、直系血亲关系、三代以内旁系血亲或者近姻亲关系的;

(二)与被审计单位或者审计事项有经济利益关系的;

(三)与被审计单位、审计事项、被审计单位负责人或者有关主管人员有其他利害关系,可能影响公正执行公务的。

审计人员的回避,由审计机关负责人决定;审计机关负责人办理审计事项时的回避,由本级人民政府或者上一级审计机关负责人决定。

51. 根据《中华人民共和国审计法实施条例》的规定,不属于撤换审计机关负责人的情形的是(　　)。

A. 因犯罪被追究刑事责任的

B. 因严重违法受到处分,不适宜继续担任审计机关负责人的

C. 因失职受到处分,不适宜继续担任审计机关负责人的

D. 因健康原因不能履行职责的

【参考答案】 D

【答案解析】《中华人民共和国审计法实施条例》第十四条规定,审计机关负责人在任职期间没有下列情形之一的,不得随意撤换:

(一)因犯罪被追究刑事责任的;

(二)因严重违法、失职受到处分,不适宜继续担任审计机关负责人的;

(三)因健康原因不能履行职责 1 年以上的;

(四)不符合国家规定的其他任职条件的。

52. 审计机关对被审计单位的违法行为,有权予以制止;必要时,经县级以上人民政府审计机关负责人批准,有权封存有关资料和违反国家规定取得的资产。正常情况下封存的期限为(　　)日以内。

A. 5　　B. 7

C. 10　　D. 15

【参考答案】 B

【答案解析】《中华人民共和国审计法实施条例》第三十二条规定,审计机关依照审计法第三十四条规定封存被审计单位有关资料和违反国家规定取得的资产的,应当持县级以上人民政府审计机关负责人签发的封存通知书,并在依法收集与审计事项相关的证明材料

或者采取其他措施后解除封存。封存的期限为7日以内;有特殊情况需要延长的,经县级以上人民政府审计机关负责人批准,可以适当延长,但延长的期限不得超过7日。

对封存的资料、资产,审计机关可以指定被审计单位负责保管,被审计单位不得损毁或者擅自转移。

53. 根据《中华人民共和国审计法》的规定,下列说法中错误的是(　　)。

A. 被审计单位应当自接到审计组的审计报告之日起十日内,将其书面意见送交审计组

B. 向有关单位和个人进行调查时,审计人员应当不少于二人,并出示其工作证件和审计通知书副本

C. 审计机关在实施审计三日前,必须向被审计单位送达审计通知书

D. 上级审计机关认为下级审计机关作出的审计决定违反国家有关规定的,可以责成下级审计机关予以变更或者撤销,必要时也可以直接作出变更或者撤销的决定

【参考答案】 C

【答案解析】 《中华人民共和国审计法》第四十二条规定,审计机关根据经批准的审计项目计划确定的审计事项组成审计组,并应当在实施审计三日前,向被审计单位送达审计通知书;遇有特殊情况,经县级以上人民政府审计机关负责人批准,可以直接持审计通知书实施审计。

54. 直接送达审计文书的,以(　　)为送达日期。

A. 审计文书上注明的日期　　B. 审计人员送达该的日期

C. 被审计单位收到审计文书的日期　　D. 被审计单位在送达回证上注明的签收日期

【参考答案】 D

【答案解析】 《中华人民共和国审计法实施条例》第四十六条规定,审计机关送达审计文书,可以直接送达,也可以邮寄送达或者以其他方式送达。直接送达的,以被审计单位在送达回证上注明的签收日期或者见证人证明的收件日期为送达日期;邮寄送达的,以邮政回执上注明的收件日期为送达日期;以其他方式送达的,以签收或者收件日期为送达日期。

审计机关的审计文书的种类、内容和格式,由审计署规定。

55. 被审计单位违反本法规定,拒绝、拖延提供与审计事项有关的资料的,或者提供的资料不真实、不完整的,或者拒绝、阻碍检查、调查、核实有关情况的,由审计机关责令改正,可以(　　),给予警告。

A. 批评教育　　B. 通报批评

C. 罚款　　D. 书面检讨

【参考答案】 B

【答案解析】 《中华人民共和国审计法》第四十七条规定,被审计单位违反本法规定,拒绝、拖延提供与审计事项有关的资料的,或者提供的资料不真实、不完整的,或者拒绝、阻碍检查、调查、核实有关情况的,由审计机关责令改正,可以通报批评,给予警告;拒不改正的,依法追究法律责任。

56. 下列选项中不属于审计决定可以停止执行的情形的是(　　)。

A. 继续执行可能引发争议的

B. 审计机关认为需要停止执行的

C. 受理裁决的人民政府认为需要停止执行的

D. 被审计单位申请停止执行，受理裁决的人民政府认为其要求合理，决定停止执行的

【参考答案】 A

【答案解析】《中华人民共和国审计法实施条例》第五十二条第一款规定，被审计单位对审计机关依照审计法第十六条、第十七条和本条例第十五条规定进行审计监督作出的审计决定不服的，可以自审计决定送达之日起60日内，提请审计机关的本级人民政府裁决，本级人民政府的裁决为最终决定。

审计机关应当在审计决定中告知被审计单位提请裁决的途径和期限。

裁决期间，审计决定不停止执行。但是，有下列情形之一的，可以停止执行：

(一)审计机关认为需要停止执行的；

(二)受理裁决的人民政府认为需要停止执行的；

(三)被审计单位申请停止执行，受理裁决的人民政府认为其要求合理，决定停止执行的。

57. 根据《税务系统主要领导干部经济责任审计规定》，税务系统领导干部经济责任审计对象不包括(　　)。

A. 各级税务局党委书记、局长

B. 税务总局驻各地特派办主要负责人

C. 上级领导干部兼任下级单位的正职领导职务且不实际履行经济责任时，实际负责本单位工作的副职领导干部

D. 各级税务局、税务总局驻各地特派办的副职领导干部

【参考答案】 D

【答案解析】《税务系统主要领导干部经济责任审计规定》第四条规定，税务系统领导干部经济责任审计对象包括：(一)各级税务局党委书记、局长，税务总局驻各地特派办主要负责人；(二)各级税务局、税务总局驻各地特派办主持工作1年以上的副职领导干部；(三)各级税务局所属独立核算派出机构和事业单位正职领导干部或者主持工作1年以上的副职领导干部；(四)上级领导干部兼任下级单位的正职领导职务且不实际履行经济责任时，实际负责本单位工作的副职领导干部；(五)其他需要审计的领导干部。

各级税务局非独立核算派出机构和事业单位主要负责人或者主持工作1年以上的副职领导干部是否进行经济责任审计，由各省、自治区、直辖市和计划单列市税务局确定。

58. 根据《税务系统主要领导干部经济责任审计规定》，在同一单位任职的领导干部距上次经济责任审计不到(　　)时间离任的，可以不再安排经济责任审计。

A. 3个月　　　　B. 半年

C. 1年　　　　D. 2年

【参考答案】 C

【答案解析】《税务系统主要领导干部经济责任审计规定》第五条规定，经济责任审计可以在领导干部任职期间进行，也可以在领导干部离任后进行，以任职期间审计为主。领导干部调任、转任、免职、辞职、退休的，原则上应当在离任前对其进行经济责任审计，做到"凡离必审"。特殊情况下，可以在离任后进行。拟提拔且符合经济责任审计对象要求的领导干部，原则上应当在考察环节对其进行经济责任审计，做到"凡提必审"。在同一单位任职的领导干部距上次经济责任审计不到1年时间离任的，可以不再安排经济责任审计。

59. 根据《税务系统主要领导干部经济责任审计规定》，下列表述错误的是（　　）。

A. 各级税务局的副职领导干部满足条件时，可以成为领导干部经济责任审计的对象

B. 经济责任审计可以在领导干部任职期间进行，也可以在领导干部离任后进行，以任职期间审计为主

C. 在同一单位任职的领导干部距上次经济责任审计不到1年时间离任的，可以不再安排经济责任审计

D. 各级税务局负责下级任命的领导干部的经济责任审计

【参考答案】 D

【答案解析】《税务系统主要领导干部经济责任审计规定》第六条规定，领导干部的经济责任审计按照干部管理权限确定，各级税务局负责本级任命的领导干部的经济责任审计。干部管理权限与财政财务隶属关系等不一致的，由对领导干部具有干部管理权限的单位组织实施审计。

60. 根据《税务系统主要领导干部经济责任审计规定》，下列表述错误的是（　　）。

A. 经济责任审计领导小组成员单位应当包括督察内审、人事、党建等部门以及纪检机构

B. 经济责任审计领导小组办公室主任由督察内审部门领导担任

C. 领导干部任中经济责任审计和符合退休年龄规定的领导干部经济责任审计的年度审计计划由督察内审部门独立拟定，报经济责任审计领导小组审定

D. 制定领导干部经济责任审计的年度审计计划时，应统筹考虑巡视巡察、综合督查以及其他监督检查工作的年度计划

【参考答案】 C

【答案解析】《税务系统主要领导干部经济责任审计规定》第十四条规定，领导干部任中经济责任审计和符合退休年龄规定的领导干部经济责任审计的年度审计计划由督察内审部门商人事部门拟定，报经济责任审计领导小组审定。人事部门应当在每年年底前提供督察内审部门拟定计划所需的任职满1年和符合退休年龄的领导干部人员名单及有关信息。制定领导干部经济责任审计的年度审计计划时，应统筹考虑巡视巡察、综合督查以及其他监督检查工作的年度计划。

61. 根据《税务系统主要领导干部经济责任审计规定》，被审计领导干部被有关部门采取强制措施、纪律审查等特殊情况，督察内审部门商同级人事、党建等部门以及纪检机构提出意见，报经济责任审计领导小组批准后（　　）。

A. 中止审计　　B. 中断审计
C. 终止审计　　D. 暂停审计

【参考答案】 C

【答案解析】《税务系统主要领导干部经济责任审计规定》第十七条规定，被审计领导干部遇有被有关部门采取强制措施、纪律审查、监察调查或者死亡等特殊情况，以及存在其他不宜继续进行经济责任审计情形的，督察内审部门商同级人事、党建等部门以及纪检机构提出意见，报经济责任审计领导小组批准后终止审计。

62. 根据《税务系统主要领导干部经济责任审计规定》，经济责任审计实行（　　）工作报告制度。

A. 年度　　B. 半年
C. 季度　　D. 月度

【参考答案】 A

【答案解析】《税务系统主要领导干部经济责任审计规定》第十六条规定，经济责任审计实行年度工作报告制度。督察内审部门应当向同级经济责任审计领导小组报告年度经济责任审计工作开展情况，在向上级督察内审部门报送督察内审年度工作总结报告时一并报送年度经济责任审计工作开展情况。

63. 根据《税务系统主要领导干部经济责任审计规定》，下列不属于税务系统领导干部经济责任审计的主要内容的是（　　）。

A. 贯彻执行党和国家经济方针政策、决策部署情况，贯彻落实上级税务机关有关政策、决策部署情况

B. 对本单位税费管理和财务管理活动的管理、监督情况

C. 重要发展规划和政策措施的制定、执行和效果情况

D. 在经济活动中落实有关党风廉政建设责任和遵守廉洁从政规定情况

【参考答案】 B

【答案解析】《税务系统主要领导干部经济责任审计规定》第十九条规定，税务系统领导干部经济责任审计的主要内容：(一)贯彻执行党和国家经济方针政策、决策部署情况，贯彻落实上级税务机关有关政策、决策部署情况；(二)重要发展规划和政策措施的制定、执行和效果情况；(三)重大经济事项的决策、执行和效果情况；(四)税费管理、财务管理和各类风险防范化解情况，内部控制制度的制定和执行情况，以及在预算管理中执行机构编制管理规定情况；(五)对下属单位税费管理和财务管理活动的管理、监督情况；(六)在经济活动中落实有关党风廉政建设责任和遵守廉洁从政规定情况；(七)以往督察审计发现问题的整改情况；(八)其他需要审计的内容。

64. 根据《税务系统主要领导干部经济责任审计规定》，下列表述中正确的是（　　）。

A. 对同一单位 2 名以上领导干部的经济责任审计，可以同步组织实施，分别认定责任

B. 年度经济责任审计项目计划一经确定不得变更

C. 经济责任审计年度应覆盖被审计领导干部的全部任职期间，不可以追溯至其他年

度，延伸至其他单位

D. 上级领导干部兼任下级单位的正职领导职务，且实际履行经济责任的，对其进行经济责任审计时，审计内容不仅限于该领导干部所兼任职务应当履行的经济责任

【参考答案】 A

【答案解析】 选项B,《税务系统主要领导干部经济责任审计规定》第十五条规定，年度经济责任审计项目计划一经确定不得随意变更。确需调整变更的，应当按照原制定程序，报经济责任审计领导小组批准。选项C,第二十一条规定，经济责任审计年度应覆盖被审计领导干部的全部任职期间。根据实际需要，可以追溯至其他年度，延伸至其他相关单位。选项D,第二十二条规定，上级领导干部兼任下级单位的正职领导职务，且实际履行经济责任的，对其进行经济责任审计时，审计内容仅限于该领导干部所兼任职务应当履行的经济责任。

65. 根据《税务系统主要领导干部经济责任审计规定》，督察内审部门根据制定审计项目实施方案的需要，可以对被审计领导干部所在单位进行（　　）。

A. 组织约谈　　B. 函询

C. 审前调查　　D. 巡视巡察

【参考答案】 C

【答案解析】《税务系统主要领导干部经济责任审计规定》第二十八条规定，督察内审部门根据制定审计项目实施方案的需要，可以对被审计领导干部所在单位进行审前调查。

66. 根据《税务系统主要领导干部经济责任审计规定》，被审计领导干部及其所在单位，以及其他有关单位应当及时、准确、完整地向审计组提供与被审计领导干部履行经济责任有关的资料，其中不包括（　　）。

A. 机构设置、编制使用以及有关规定的执行情况

B. 制定或执行的税费管理、财务管理等制度和内部控制制度

C. 行政许可、个案批复、税收保全与强制执行等有关文书和业务档案

D. 行政复议和行政诉讼等有关法律文书和档案

【参考答案】 D

【答案解析】《税务系统主要领导干部经济责任审计规定》第三十三条规定，被审计领导干部及其所在单位，以及其他有关单位应当及时、准确、完整地向审计组提供与被审计领导干部履行经济责任有关的下列资料：(一)被审计领导干部经济责任履行情况报告；(二)机构设置、编制使用以及有关规定的执行情况；(三)制定或执行的税费管理、财务管理等制度和内部控制制度；(四)行政许可、个案批复、税收保全与强制执行、行政处罚、稽查管理和重大税务案件审理等有关文书和业务档案；(五)工作计划、工作总结、工作报告、会议记录、会议纪要、决议决定、请示、批示、目标责任书、经济合同(协议)、考核检查结果等；(六)财务收支相关会计凭证、账簿和报表等资料；(七)税费管理、财务管理、资产管理、政府采购、基建管理、行政管理等信息系统最高查询权限及有关电子数据和必要的技术文档；(八)审计机关、财政监督机关以及上级单位以往审计出具的报告、意见书和处理决定等文

书以及审计发现问题整改情况等资料;(九)审计所需的其他资料。

67. 根据《税务系统主要领导干部经济责任审计规定》,审计工作底稿须经(　　)审核、签字。

A. 审计组组长　　B. 主审

C. 审计组组长和主审　　D. 审计领导小组组长

【参考答案】 C

【答案解析】 《税务系统主要领导干部经济责任审计规定》第三十六条规定,审计人员应当按照审计组职责分工和审计工作要求进行审计,在取得充分、相关、可靠的审计证据的基础上,编制审计工作底稿。审计工作底稿须经审计组组长和主审审核、签字。现场审计结束前,审计组可与被审计领导干部及其所在单位交换意见。

68. 根据《税务系统主要领导干部经济责任审计规定》,下列表述中错误的是(　　)。

A. 审计组实施审计后,应当向派出审计组的督察内审部门提交审计报告

B. 审计报告的内容应当包括被审计领导干部履行经济责任的总体评价和主要业绩

C. 督察内审部门应当书面征求被审计领导干部及其所在单位对审计报告的意见。根据工作需要,经督察内审部门领导批准,可以征求有关单位的意见

D. 审计发现的严重违法违规问题或者线索应当在审计报告中着重反映

【参考答案】 D

【答案解析】 《税务系统主要领导干部经济责任审计规定》第三十九条规定,审计发现的严重违法违规问题或者线索应当另行报告,可以不在审计报告中反映。

69. 根据《税务系统主要领导干部经济责任审计规定》,被审计领导干部及其所在单位应当自收到审计报告征求意见稿之日起(　　)个工作日内提出书面反馈意见。

A. 7　　B. 10

C. 15　　D. 30

【参考答案】 B

【答案解析】 《税务系统主要领导干部经济责任审计规定》第四十一条规定,被审计领导干部及其所在单位应当自收到审计报告征求意见稿之日起 10 个工作日内提出书面反馈意见,书面反馈意见须经被审计领导干部本人签字,并加盖被审计单位公章。10 个工作日内未提出书面意见的,视同无异议。

70. 根据《税务系统主要领导干部经济责任审计规定》,经济责任审计结果报告是指督察内审部门在经济责任审计报告的基础上,精简提炼形成的反映审计结果的报告,重点反映被审计领导干部(　　)。

A. 履行经济责任的主要情况、审计发现的主要问题和责任认定

B. 履行经济责任的主要情况、审计发现的主要问题和整改情况

C. 主要业绩、审计发现的主要问题和整改情况

D. 履行经济责任的主要情况、审计发现的主要问题和审计处理意见、建议

【参考答案】 A

【答案解析】《税务系统主要领导干部经济责任审计规定》第四十三条第二款规定，经济责任审计结果报告是指督察内审部门在经济责任审计报告的基础上，精简提炼形成的反映审计结果的报告，重点反映被审计领导干部履行经济责任的主要情况、审计发现的主要问题和责任认定。督察内审部门可以根据实际情况，参照本规定第三十八条，确定审计结果报告的主要内容。

71. 根据《税务系统主要领导干部经济责任审计规定》，督察内审部门自收到申诉之日起（　　）日内提出复查意见，报经济责任审计领导小组批准后作出复查决定。

A. 10　　B. 30

C. 60　　D. 90

【参考答案】 D

【答案解析】《税务系统主要领导干部经济责任审计规定》第四十七条规定，被审计领导干部及其所在单位对经济责任审计报告有异议的，可以自收到经济责任审计报告之日起30日内向出具审计报告的税务局督察内审部门申诉。督察内审部门应当组成复查工作小组，并要求原审计组人员回避，自收到申诉之日起90日内提出复查意见，报经济责任审计领导小组批准后作出复查决定。复查决定为最终决定。

72. 根据《税务系统主要领导干部经济责任审计规定》，下列表述中错误的是（　　）。

A. 领导干部经济责任审计评价的依据包括党内法规、法律法规、规章，但不包括规范性文件

B. 领导干部所在单位的“三定”规定和有关领导的职责分工文件，有关内部管理制度和绩效目标可以作为领导干部经济责任审计评价的依据

C. 审计评价应当有充分的审计证据支持，对审计中未涉及的事项不作评价

D. 审计评价应当与审计内容相统一，一般包括领导干部任职期间履行经济责任的业绩、主要问题以及应当承担的责任

【参考答案】 A

【答案解析】《税务系统主要领导干部经济责任审计规定》第五十条规定，领导干部经济责任审计评价的依据包括：（一）党内法规、法律法规、规章和规范性文件；（二）党和国家经济方针政策、决策部署；（三）国家统一的财政、财务管理制度；（四）税务系统有关发展规划、年度计划和责任制考核目标；（五）税务总局制定的内部管理工作规范和内部控制制度；（六）领导干部所在单位的“三定”规定和有关领导的职责分工文件，有关内部管理制度和绩效目标；（七）有关职能部门、主管部门发布或者认可的统计数据、考核结果和评价意见；（八）其他依据。

73. 根据《税务系统主要领导干部经济责任审计规定》，被审计领导干部对履行经济责任过程中的下列行为应当承担领导责任的是（　　）。

A. 贯彻执行党和国家经济方针政策、决策部署不坚决不全面不到位，造成公共资金、国有资产损失浪费，公共利益损害等后果的

B. 直接违反有关党内法规、法律法规、国家有关政策规定和单位内部管理规定的

C. 违反上级税务机关、单位内部管理规定造成公共资金、国有资产损失浪费，公共利益损害等后果的

D. 未完成有关法律法规规章、政策措施、目标责任书等规定的领导干部作为第一责任人(负总责)事项，造成公共资金、国有资产损失浪费，公共利益损害等后果的

【参考答案】 C

【答案解析】 《税务系统主要领导干部经济责任审计规定》第五十三条规定，被审计领导干部对履行经济责任过程中的下列行为应当承担领导责任：(一)民主决策时，在多数人同意的情况下，决定、批准、组织实施重大经济事项，由于决策不当或者决策失误造成公共资金、国有资产损失浪费，公共利益损害等后果的；(二)违反上级税务机关、单位内部管理规定造成公共资金、国有资产损失浪费，公共利益损害等后果的；(三)参与相关决策和工作时，没有发表明确的反对意见，相关决策和工作违反有关党内法规、法律法规、国家有关政策规定和单位内部管理规定，或者造成公共资金、国有资产损失浪费，公共利益损害等后果的；(四)疏于监管，未及时发现和处理所管辖范围内本级或者下一级单位违反有关党内法规、法律法规、国家有关政策规定和单位内部管理规定的问题，造成公共资金、国有资产损失浪费，公共利益损害等后果的；(五)除直接责任外，不履行或者不正确履行职责，对造成的后果应当承担责任的其他行为。

74. 根据《税务系统主要领导干部经济责任审计规定》，被审计领导干部对履行经济责任过程中的下列行为应当承担直接责任的是(　　)。

A. 贯彻执行党和国家经济方针政策、决策部署不坚决不全面不到位，造成公共资金、国有资产损失浪费，公共利益损害等后果的

B. 民主决策时，在多数人同意的情况下，决定、批准、组织实施重大经济事项，由于决策不当或者决策失误造成公共资金、国有资产损失浪费，公共利益损害等后果的

C. 违反上级税务机关、单位内部管理规定造成公共资金、国有资产损失浪费，公共利益损害等后果的

D. 参与相关决策和工作时，没有发表明确的反对意见，相关决策和工作违反有关党内法规、法律法规、国家有关政策规定和单位内部管理规定，或者造成公共资金、国有资产损失浪费，公共利益损害等后果的

【参考答案】 A

【答案解析】 《税务系统主要领导干部经济责任审计规定》第五十二条规定，被审计领导干部对履行经济责任过程中的下列行为应当承担直接责任：(一)直接违反有关党内法规、法律法规、国家有关政策规定和单位内部管理规定的；(二)授意、指使、强令、纵容、包庇下属人员违反有关党内法规、法律法规、国家有关政策规定和单位内部管理规定的；(三)贯彻执行党和国家经济方针政策、决策部署不坚决不全面不到位，造成公共资金、国有资产损失浪费，公共利益损害等后果的；(四)未完成有关法律法规规章、政策措施、目标责任书等规定的领导干部作为第一责任人(负总责)事项，造成公共资金、国有资产损失浪费，公共利益损害等后果的；(五)未经民主决策程序或者民主决策时在多数人不同意的情况下，直接

决定、批准、组织实施重大经济事项，造成公共资金、国有资产损失浪费，公共利益损害等后果的；(六)不履行或者不正确履行职责，对造成的后果起决定性作用的其他行为。

75. 根据《税务系统主要领导干部经济责任审计规定》，督察内审部门对审计发现的典型性、普遍性、倾向性问题和有关建议，以(　　)等形式报送局党委和上级督察内审部门，推送有关业务主管部门。

A. 综合报告、专题报告　　B. 综合报告、专项报告

C. 专题报告、专项报告　　D. 专题报告、意见反馈

【参考答案】 A

【答案解析】 《税务系统主要领导干部经济责任审计规定》第五十七条规定，督察内审部门在审计结果运用中的主要职责：(一)对审计中发现的问题提出整改意见和建议，重要情况及时通报纪检机构和党建部门，需要移送处理的事项依法依规移送有关部门处理；(二)坚持信息共享、结果共用，以适当方式向人事、党建等部门以及纪检机构提供审计结果以及与审计项目有关的其他情况，会同考核考评、人事部门将审计结果计入数字人事；(三)协助配合人事、党建等部门以及纪检机构落实与审计项目有关的问题和事项；(四)按照有关规定以适当方式通报经济责任审计结果；(五)对审计发现问题的整改情况进行监督检查；(六)对审计发现的典型性、普遍性、倾向性问题和有关建议，以综合报告、专题报告等形式报送局党委和上级督察内审部门，推送有关业务主管部门。

76. 根据国家税务总局文件的规定，下列关于税收违法行为检举的表述错误的是(　　)。

A. 检举人可以实名检举，也可以匿名检举

B. 被检举人包括被检举的纳税人、扣缴义务人、税务人员

C. 市(地、州、盟)以上税务局稽查局设立税收违法案件举报中心

D. 各级跨区域稽查局和县税务局应当指定行使税收违法案件举报中心职能的部门

【参考答案】 B

【答案解析】 根据国家税务总局文件的规定，本办法所称检举，是指单位、个人采用书信、电话、传真、网络、来访等形式，向税务机关提供纳税人、扣缴义务人税收违法行为线索的行为。

采用前款所述的形式，检举税收违法行为的单位、个人称检举人；被检举的纳税人、扣缴义务人称被检举人。

检举人可以实名检举，也可以匿名检举。

77. 根据国家税务总局文件的规定，下列关于税收违法行为检举的表述错误的是(　　)。

A. 12366 纳税服务热线接收电话检举后，对应开具而未开具发票、未申报办理税务登记及其他轻微税收违法行为的检举事项，按照有关规定直接转交被检举人主管税务机关相关业务部门处理

B. 多人来访提出相同检举事项的，应当推选代表，代表人数应当在 3 人以内

C. 接收电话、来访检举，应当进行录音、录像

D. 以来访形式实名检举的，检举人应当提供营业执照、居民身份证等有效身份证件的原件和复印件

【参考答案】 C

【答案解析】 根据国家税务总局文件的规定，接收来访口头检举，应当准确记录检举事项，交检举人阅读或者向检举人宣读确认。实名检举的，由检举人签名或者盖章；匿名检举的，应当记录在案。

接收电话检举，应当细心接听、询问清楚、准确记录。

接收电话、来访检举，经告知检举人后可以录音、录像。

接收书信、传真等书面形式检举，应当保持检举材料的完整，及时登记处理。

78. 根据国家税务总局文件的规定，下列关于税收违法行为检举的表述正确的是（　　）。

A. 举报中心决定不予受理的，应当以书面方式解释不予受理原因

B. 检举事项管辖有争议的，报请共同的上一级税务机关协调或者决定

C. 对已经受理尚未查结的检举事项，再次检举的，不予重复受理

D. 举报中心应当在检举事项受理之日起十五个工作日内完成分级分类处理，特殊情况除外

【参考答案】 D

【答案解析】 选项A，根据国家税务总局文件的规定，举报中心可以应实名检举人要求，视情况采取口头或者书面方式解释不予受理原因。选项B，检举事项管辖有争议的，由争议各方本着有利于案件查处的原则协商解决；不能协商一致的，报请共同的上一级税务机关协调或者决定。选项C，检举事项受理后，应当分级分类，按照以下方式处理：……（四）已经受理尚未查结的检举事项，再次检举的，可以合并处理。

79. 根据《中国共产党廉洁自律准则》，不属于党员领导干部廉洁自律规范的是（　　）。

A. 廉洁从政，自觉保持党员干部本色　　B. 廉洁用权，自觉维护人民根本利益

C. 廉洁修身，自觉提升思想道德境界　　D. 廉洁齐家，自觉带头树立良好家风

【参考答案】 A

【答案解析】 《中国共产党廉洁自律准则》规定，党员领导干部廉洁自律规范包括：廉洁从政，自觉保持人民公仆本色。廉洁用权，自觉维护人民根本利益。廉洁修身，自觉提升思想道德境界。廉洁齐家，自觉带头树立良好家风。

80. 根据《中国共产党纪律处分条例》，党员受到严重警告处分（　　）内，不得在党内提升职务和向党外组织推荐担任高于其原任职务的党外职务。

A. 半年　　B. 一年

C. 一年半　　D. 两年

【参考答案】 C

【答案解析】 《中国共产党纪律处分条例》第十条规定，党员受到警告处分一年内、受

到严重警告处分一年半内，不得在党内提升职务和向党外组织推荐担任高于其原任职务的党外职务。

81. 不属于《中共中央办公厅、国务院办公厅关于完善审计制度若干重大问题的框架意见》中完善审计制度应遵循的基本原则是（　　）。

A. 坚持党的领导　　B. 坚持依法有序

C. 坚持问题导向　　D. 坚持系统推进

【参考答案】 D

【答案解析】《中共中央办公厅、国务院办公厅关于完善审计制度若干重大问题的框架意见》基本原则包括：坚持党的领导，坚持依法有序，坚持问题导向，坚持统筹推进。

82.《中共中央办公厅、国务院办公厅关于完善审计制度若干重大问题的框架意见》规定，完善审计人员选任机制，审计专业技术类公务员和综合管理类公务员分类招录，对专业性较强的职位可以实行（　　）。

A. 聘任制　　B. 选任制

C. 委任制　　D. 选拔制

【参考答案】 A

【答案解析】《中共中央办公厅、国务院办公厅关于完善审计制度若干重大问题的框架意见》规定，完善审计人员选任机制，审计专业技术类公务员和综合管理类公务员分类招录，对专业性较强的职位可以实行聘任制。健全审计职业岗位责任追究机制。完善审计职业保障机制和职业教育培训体系。

83. 根据《关于实行审计全覆盖的实施意见》的规定，坚持问题导向，对问题多、反映大的单位及领导干部要加大审计频次，实现（　　）的全覆盖。

A. 有统筹、有重点、有步骤、有深度、有成效

B. 有重点、有步骤、有深度、有成效

C. 有重点、分步骤、加深度、重成效

D. 总统筹、有重点、分步骤、加深度、重成效

【参考答案】 B

【答案解析】《关于实行审计全覆盖的实施意见》规定，对重点部门、单位要每年审计，其他审计对象 1 个周期内至少审计 1 次，对重点地区、部门、单位以及关键岗位的领导干部任期内至少审计 1 次，对重大政策措施、重大投资项目、重点专项资金和重大突发事件开展跟踪审计，坚持问题导向，对问题多、反映大的单位及领导干部要加大审计频次，实现有重点、有步骤、有深度、有成效的全覆盖。

84.《关于实行审计全覆盖的实施意见》规定，坚持（　　）相结合，经济责任审计与财政审计、金融审计、企业审计、资源环境审计、涉外审计等相结合，实现项目统筹安排、协同实施。

A. 任中审计和离任审计　　B. 任前审计和离任审计

C. 经济责任审计与财务审计　　D. 财政审计与财务审计

【参考答案】 A

【答案解析】《关于实行审计全覆盖的实施意见》规定，坚持任中审计和离任审计相结合，经济责任审计与财政审计、金融审计、企业审计、资源环境审计、涉外审计等相结合，实现项目统筹安排、协同实施。

85.《关于实行审计全覆盖的实施意见》规定，审计机关要建立健全（　　），加大数据集中力度，对获取的数据资料严格保密。

A. 数据年度报送制度　　B. 数据季度报送制度

C. 数据月度报送制度　　D. 数据定期报送制度

【参考答案】 D

【答案解析】《关于实行审计全覆盖的实施意见》规定，审计机关要建立健全数据定期报送制度，加大数据集中力度，对获取的数据资料严格保密。适应大数据审计需要，构建国家审计数据系统和数字化审计平台，积极运用大数据技术，加大业务数据与财务数据、单位数据与行业数据以及跨行业、跨领域数据的综合比对和关联分析力度，提高运用信息化技术查核问题、评价判断、宏观分析的能力。探索建立审计实时监督系统，实施联网审计。

86.《违规发放津贴补贴行为处分规定》规定，有违规发放津贴补贴行为的单位，其负有责任的（　　），以及有违规发放津贴补贴行为的个人，应当承担纪律责任。

A. 领导人员　　B. 直接责任人员

C. 领导人员和直接责任人员　　D. 主要领导、主管领导和直接责任人员

【参考答案】 C

【答案解析】《违规发放津贴补贴行为处分规定》第三条规定，有违规发放津贴补贴行为的单位，其负有责任的领导人员和直接责任人员，以及有违规发放津贴补贴行为的个人，应当承担纪律责任。属于下列人员的，由任免机关或者监察机关按照管理权限依法给予处分：

（一）行政机关公务员；

（二）法律、法规授权的具有公共事务管理职能的事业单位中经批准参照《中华人民共和国公务员法》管理的工作人员。

法律、行政法规对违规发放津贴补贴行为的处分另有规定的，从其规定。

87. 根据《违规发放津贴补贴行为处分规定》，情节严重给予开除处分的情形是（　　）。

A. 以发放津贴补贴的形式，变相将国有资产集体私分给个人的

B. 超标准缴存住房公积金的

C. 违反规定自行新设项目或者继续发放已经明令取消的津贴补贴的

D. 违反规定向关联单位（企业）转移好处，再由关联单位（企业）以各种名目给机关职工发放津贴补贴的

【参考答案】 A

【答案解析】《违规发放津贴补贴行为处分规定》第六条规定，以发放津贴补贴的形式，变相将国有资产集体私分给个人的，给予记大过处分；情节较重的，给予降级或者撤职

处分；情节严重的，给予开除处分。

88. 根据《违规发放津贴补贴行为处分规定》，利用职务上的便利或者职务影响，违反规定在其他单位领取津贴补贴的，给予（　　）。

A. 警告处分；情节较重的，给予记过或者记大过处分；情节严重的，给予降级或者撤职处分

B. 记过或者记大过处分；情节较重的，给予降级或者撤职处分；情节严重的，给予开除处分

C. 记大过处分；情节较重的，给予降级或者撤职处分；情节严重的，给予开除处分

D. 记大过处分；情节较重的，给予降级；情节严重的，给予撤职处分

【参考答案】 B

【答案解析】《违规发放津贴补贴行为处分规定》第九条规定，利用职务上的便利或者职务影响，违反规定在其他单位领取津贴补贴的，给予记过或者记大过处分；情节较重的，给予降级或者撤职处分；情节严重的，给予开除处分。

89. 根据《设立"小金库"和使用"小金库"款项违法违纪行为政纪处分暂行规定》，发生下列（　　）情况的，对有关责任人员，给予记过或者记大过处分；情节较重的，给予降级或者撤职处分；情节严重的，给予开除处分。

A. 使用"小金库"款项吃喝、旅游、送礼、进行娱乐活动或者有其他类似行为

B. 使用"小金库"款项新建、改建、扩建、装修办公楼或者培训中心等

C. 使用"小金库"款项提高福利补贴标准或者扩大福利补贴范围、滥发奖金实物或者有类似支出行为

D. 使用"小金库"款项报销应由个人负担的费用

【参考答案】 D

【答案解析】《设立"小金库"和使用"小金库"款项违法违纪行为政纪处分暂行规定》第八条规定，使用"小金库"款项报销应由个人负担的费用的，对有关责任人员，给予记过或者记大过处分；情节较重的，给予降级或者撤职处分；情节严重的，给予开除处分。

90.《设立"小金库"和使用"小金库"款项违法违纪行为政纪处分暂行规定》规定，中共中央办公厅、国务院办公厅《关于深入开展"小金库"治理工作的意见》（中办发〔2009〕18号）印发前，有设立"小金库"或者使用"小金库"款项行为，情节较轻，且能够按照有关规定认真自查自纠的，可以（　　）。

A. 免予处分　　　　B. 减轻处分

C. 从轻处分　　　　D. 不予处分

【参考答案】 A

【答案解析】《设立"小金库"和使用"小金库"款项违法违纪行为政纪处分暂行规定》第十二条规定，中共中央办公厅、国务院办公厅《关于深入开展"小金库"治理工作的意见》（中办发〔2009〕18号）印发前，有设立"小金库"或者使用"小金库"款项行为，情节较轻，且能够按照有关规定认真自查自纠的，可以免予处分；情节较重，但能够按照有关规定自查自纠

的，可以减轻或者从轻处分；情节严重，但能够按照有关规定自查自纠的，可以从轻处分。

91. 根据《审计署关于内部审计工作的规定》，国家机关、事业单位、社会团体等单位的内部审计机构或者履行内部审计职责的内设机构，应当在本单位（　　）的直接领导下开展内部审计工作，向其负责并报告工作。

A. 党组织　　B. 主要负责人

C. 党组织、主要负责人　　D. 党组织、主要负责人和纪检部门

【参考答案】 C

【答案解析】《审计署关于内部审计工作的规定》第六条规定，国家机关、事业单位、社会团体等单位的内部审计机构或者履行内部审计职责的内设机构，应当在本单位党组织、主要负责人的直接领导下开展内部审计工作，向其负责并报告工作。

92. 根据《审计署关于内部审计工作的规定》，单位应当严格内部审计人员录用标准，支持和保障内部审计机构通过多种途径开展（　　），提高内部审计人员的职业胜任能力。

A. 审前教育　　B. 专业教育

C. 继续教育　　D. 执业教育

【参考答案】 C

【答案解析】《审计署关于内部审计工作的规定》第七条规定，内部审计人员应当具备从事审计工作所需要的专业能力。单位应当严格内部审计人员录用标准，支持和保障内部审计机构通过多种途径开展继续教育，提高内部审计人员的职业胜任能力。

93. 根据《审计署关于内部审计工作的规定》，下列不属于内部审计机构职责的是（　　）。

A. 对本单位及所属单位贯彻落实国家重大政策措施情况进行审计

B. 对本单位及所属单位发展规划、战略决策、重大措施以及年度业务计划执行情况进行审计

C. 督促本单位主要负责人落实审计发现问题的整改工作

D. 对本单位及所属单位内部控制及风险管理情况进行审计

【参考答案】 C

【答案解析】《审计署关于内部审计工作的规定》第十二条规定，内部审计机构或者履行内部审计职责的内设机构应当按照国家有关规定和本单位的要求，履行下列职责：

（一）对本单位及所属单位贯彻落实国家重大政策措施情况进行审计；

（二）对本单位及所属单位发展规划、战略决策、重大措施以及年度业务计划执行情况进行审计；

（三）对本单位及所属单位财政财务收支进行审计；

（四）对本单位及所属单位固定资产投资项目进行审计；

（五）对本单位及所属单位的自然资源资产管理和生态环境保护责任的履行情况进行审计；

（六）对本单位及所属单位的境外机构、境外资产和境外经济活动进行审计；

（七）对本单位及所属单位经济管理和效益情况进行审计；

（八）对本单位及所属单位内部控制及风险管理情况进行审计；

（九）对本单位内部管理的领导人员履行经济责任情况进行审计；

（十）协助本单位主要负责人督促落实审计发现问题的整改工作；

（十一）对本单位所属单位的内部审计工作进行指导、监督和管理；

（十二）国家有关规定和本单位要求办理的其他事项。

94. 根据《审计署关于内部审计工作的规定》，下列表述错误的是（　　）。

A. 内部审计机构和内部审计人员不得参与可能影响独立、客观履行审计职责的工作

B. 内部审计机构负责人应当具备审计、会计、经济、法律或者管理等工作背景

C. 单位应当保障内部审计机构和内部审计人员依法依规独立履行职责，任何单位和个人不得打击报复

D. 内部审计机构可以根据内部审计工作需要向社会购买审计服务，服务提供者对采用的审计结果负责

【参考答案】 D

【答案解析】《审计署关于内部审计工作的规定》第八条规定，内部审计机构应当根据工作需要，合理配备内部审计人员。除涉密事项外，可以根据内部审计工作需要向社会购买审计服务，并对采用的审计结果负责。

95. 根据《审计署关于内部审计工作的规定》，不属于内部审计机构或者履行内部审计职责的内设机构的权限的是（　　）。

A. 要求被审计单位按时报送发展规划、战略决策、重大措施、内部控制、风险管理、财政财务收支等有关资料，以及必要的计算机技术文档

B. 参加单位有关会议，召开与审计事项有关的会议

C. 参与研究制定有关的规章制度，提出制定内部审计规章制度的建议

D. 对正在进行的严重违法违规、严重损失浪费行为直接作出临时制止决定

【参考答案】 D

【答案解析】《审计署关于内部审计工作的规定》第十三条规定，内部审计机构或者履行内部审计职责的内设机构应有下列权限：

（一）要求被审计单位按时报送发展规划、战略决策、重大措施、内部控制、风险管理、财政财务收支等有关资料（含相关电子数据，下同），以及必要的计算机技术文档；

（二）参加单位有关会议，召开与审计事项有关的会议；

（三）参与研究制定有关的规章制度，提出制定内部审计规章制度的建议；

（四）检查有关财政财务收支、经济活动、内部控制、风险管理的资料、文件和现场勘察实物；

（五）检查有关计算机系统及其电子数据和资料；

（六）就审计事项中的有关问题，向有关单位和个人开展调查和询问，取得相关证明材料；

(七)对正在进行的严重违法违规、严重损失浪费行为及时向单位主要负责人报告,经同意作出临时制止决定;

(八)对可能转移、隐匿、篡改、毁弃会计凭证、会计账簿、会计报表以及与经济活动有关的资料,经批准,有权予以暂时封存;

(九)提出纠正、处理违法违规行为的意见和改进管理、提高绩效的建议;

(十)对违法违规和造成损失浪费的被审计单位和人员,给予通报批评或者提出追究责任的建议;

(十一)对严格遵守财经法规、经济效益显著、贡献突出的被审计单位和个人,可以向单位党组织、董事会(或者主要负责人)提出表彰建议。

96. 根据《审计署关于内部审计工作的规定》,不属于内部审计机构或者履行内部审计职责的内设机构的权限的是(　　)。

A. 对可能转移、隐匿、篡改、毁弃会计凭证、会计账簿、会计报表以及与经济活动有关的资料,紧急作出决定予以封存

B. 就审计事项中的有关问题,向有关单位和个人开展调查和询问,取得相关证明材料

C. 检查有关计算机系统及其电子数据和资料

D. 检查有关财政财务收支、经济活动、内部控制、风险管理的资料、文件和现场勘察实物

【参考答案】 A

【答案解析】 《审计署关于内部审计工作的规定》第十三条规定,内部审计机构或者履行内部审计职责的内设机构应有下列权限:

(一)要求被审计单位按时报送发展规划、战略决策、重大措施、内部控制、风险管理、财政财务收支等有关资料(含相关电子数据,下同),以及必要的计算机技术文档;

(二)参加单位有关会议,召开与审计事项有关的会议;

(三)参与研究制定有关的规章制度,提出制定内部审计规章制度的建议;

(四)检查有关财政财务收支、经济活动、内部控制、风险管理的资料、文件和现场勘察实物;

(五)检查有关计算机系统及其电子数据和资料;

(六)就审计事项中的有关问题,向有关单位和个人开展调查和询问,取得相关证明材料;

(七)对正在进行的严重违法违规、严重损失浪费行为及时向单位主要负责人报告,经同意作出临时制止决定;

(八)对可能转移、隐匿、篡改、毁弃会计凭证、会计账簿、会计报表以及与经济活动有关的资料,经批准,有权予以暂时封存;

(九)提出纠正、处理违法违规行为的意见和改进管理、提高绩效的建议;

(十)对违法违规和造成损失浪费的被审计单位和人员,给予通报批评或者提出追究责任的建议;

（十一）对严格遵守财经法规、经济效益显著、贡献突出的被审计单位和个人，可以向单位党组织、董事会（或者主要负责人）提出表彰建议。

97. 根据《审计署关于内部审计工作的规定》，下列表述错误的是（　　）。

A. 单位应当建立健全审计发现问题整改机制，明确被审计单位主要负责人为整改第一责任人

B. 单位应当将内部审计工作计划、工作总结、审计报告、整改情况以及审计中发现的重大违纪违法问题线索等资料报送同级审计机关备案

C. 系统内各单位的内部审计结果和发现的重大违纪违法问题线索，在向本单位党组织（或者主要负责人）报告的同时，应当及时向上一级单位的内部审计机构报告

D. 审计机关在审计中，特别是在国家机关审计中，应当有效利用内部审计力量和成果，对内部审计发现且已经纠正的问题也需在审计报告中反映

【参考答案】 D

【答案解析】《审计署关于内部审计工作的规定》第二十二条规定，审计机关在审计中，特别是在国家机关、事业单位和国有企业三级以下单位审计中，应当有效利用内部审计力量和成果。对内部审计发现且已经纠正的问题不再在审计报告中反映。

98. 根据《审计署关于内部审计工作的规定》，审计机关可以通过业务培训、（　　）等方式，加强对内部审计人员的业务指导。

A. 业务测试　　B. 交流研讨

C. 调查问卷　　D. 能力测试

【参考答案】 B

【答案解析】《审计署关于内部审计工作的规定》第二十四条规定，审计机关可以通过业务培训、交流研讨等方式，加强对内部审计人员的业务指导。

99. 根据《审计署关于内部审计工作的规定》，审计机关可以采取日常监督、结合审计项目监督、（　　）等方式，对单位的内部审计制度建立健全情况、内部审计工作质量情况等进行指导和监督。

A. 全面检查　　B. 专项监督

C. 定项监督　　D. 专项检查

【参考答案】 D

【答案解析】《审计署关于内部审计工作的规定》第二十六条第一款规定，审计机关可以采取日常监督、结合审计项目监督、专项检查等方式，对单位的内部审计制度建立健全情况、内部审计工作质量情况等进行指导和监督。

100. 根据《审计署关于内部审计工作的规定》，对内部审计制度建设和内部审计工作质量存在问题的，审计机关应当督促单位内部审计机构及时进行整改并书面报告整改情况；情节严重的，应当（　　）并视情况抄送有关主管部门。

A. 批评教育　　B. 通报批评

C. 要求书面检讨　　D. 专题培训

【参考答案】 B

【答案解析】 《审计署关于内部审计工作的规定》第二十六条第二款规定，对内部审计制度建设和内部审计工作质量存在问题的，审计机关应当督促单位内部审计机构及时进行整改并书面报告整改情况；情节严重的，应当通报批评并视情况抄送有关主管部门。

101. 根据《审计署关于内部审计工作的规定》，审计机关应当按照国家有关规定对内部审计自律组织进行政策和业务指导，推动内部审计自律组织按照法律法规和章程开展活动。必要时，可以（　　）。

A. 向内部审计自律组织借调审计专业人员

B. 向内部审计自律组织遴选审计专业人员

C. 向内部审计自律组织购买服务

D. 与内部审计自律组织联合开展审计

【参考答案】 C

【答案解析】 《审计署关于内部审计工作的规定》第二十七条规定，审计机关应当按照国家有关规定对内部审计自律组织进行政策和业务指导，推动内部审计自律组织按照法律法规和章程开展活动。必要时，可以向内部审计自律组织购买服务。

102. 根据《审计署关于内部审计工作的规定》，被审计单位有下列（　　）情形的，由单位党组织董事会（或者主要负责人）责令改正，并对直接负责的主管人员和其他直接责任人员进行处理。

A. 拒绝接受或者不配合内部审计工作的

B. 隐瞒审计查出的问题或者提供虚假审计报告的

C. 泄露国家秘密或者商业秘密的

D. 利用职权谋取私利的

【参考答案】 A

【答案解析】 《审计署关于内部审计工作的规定》第二十八条规定，被审计单位有下列情形之一的，由单位党组织、董事会（或者主要负责人）责令改正，并对直接负责的主管人员和其他直接责任人员进行处理：

（一）拒绝接受或者不配合内部审计工作的；

（二）拒绝、拖延提供与内部审计事项有关的资料，或者提供资料不真实、不完整的；

（三）拒不纠正审计发现问题的；

（四）整改不力、屡审屡犯的；

（五）违反国家规定或者本单位内部规定的其他情形。

103. 根据《审计署关于内部审计工作的规定》，内部审计机构或者履行内部审计职责的内设机构和内部审计人员有下列（　　）情形的，由单位对直接负责的主管人员和其他直接责任人员进行处理；涉嫌犯罪的，移送司法机关依法追究刑事责任。

A. 未按有关法律法规、本规定和内部审计职业规范实施审计导致应当发现的问题未被发现

B. 泄露工作秘密的

C. 利用职权谋取私利的

D. 将往期已查实的并整改的问题未载入审计报告的

【参考答案】 C

【答案解析】《审计署关于内部审计工作的规定》第二十九条规定，内部审计机构或者履行内部审计职责的内设机构和内部审计人员有下列情形之一的，由单位对直接负责的主管人员和其他直接责任人员进行处理；涉嫌犯罪的，移送司法机关依法追究刑事责任：

（一）未按有关法律法规、本规定和内部审计职业规范实施审计导致应当发现的问题未被发现并造成严重后果的；

（二）隐瞒审计查出的问题或者提供虚假审计报告的；

（三）泄露国家秘密或者商业秘密的；

（四）利用职权谋取私利的；

（五）违反国家规定或者本单位内部规定的其他情形。

104. 根据国家税务总局文件的规定，系统督查是指为保证党中央和国务院重大决策部署、税务总局重要工作安排的落实及热点难点问题的解决，采取适当方式，对（　　）进行督促检查。

A. 本级税务机关　　B. 下级税务机关

C. 本级和下级税务机关　　D. 本级和下级税务机关及所属机关

【参考答案】 B

【答案解析】 根据国家税务总局文件的规定，系统督查是指为保证党中央和国务院重大决策部署、税务总局重要工作安排的落实及热点难点问题的解决，采取适当方式，对下级税务机关进行督促检查。

105. 根据国家税务总局文件的规定，系统督查应当坚持围绕中心、服务大局，组织安排、领导授权，（　　）的原则。

A. 实事求是、客观公正　　B. 公平、公正

C. 统一部署、统筹推进　　D. 公平公正、统筹推进

【参考答案】 A

【答案解析】 根据国家税务总局文件的规定，系统督查应当坚持围绕中心、服务大局，组织安排、领导授权，实事求是、客观公正的原则。

106. 根据国家税务总局文件规定，系统督查流程一般包括（　　）等环节。

A. 督查立项、实施准备、实地督查、反馈意见、总结汇报、建章立制

B. 征求意见、督查立项、实施准备、实地督查、反馈意见、总结汇报、督促整改

C. 督查计划、督查立项、实施准备、实地督查、反馈意见、总结汇报、督促整改

D. 督查立项、实施准备、实地督查、反馈意见、总结汇报、督促整改

【参考答案】 D

【答案解析】 根据国家税务总局文件的规定，系统督查流程一般包括：督查立项、实施

准备、实地督查、反馈意见、总结汇报、督促整改等环节。

107. 根据国家税务总局文件的规定，对于系统督查工作，办公厅应当组建督查组。会商相关司局和省税务机关，抽调人员组成若干督查组，并确定督查组组长、联络员。要充分发挥（　　）人员作用。

A. 督查人才库、税务领军人才、专业人才库

B. 督查专员库、税务领军人才、专业人才库

C. 督查人才库、税务专业骨干、专业人才库

D. 督查专员库、税务专业骨干、税务岗位能手

【参考答案】 B

【答案解析】 根据国家税务总局文件的规定，实施准备。办公厅应当组织做好以下准备工作：（一）拟定方案。会同相关司局制定督查方案，一般包括督查事项、依据、标准、方式、对象和时间安排等。（二）组建督查组。会商相关司局和省税务机关，抽调人员组成若干督查组，并确定督查组组长、联络员。要充分发挥督查专员库、税务领军人才、专业人才库人员作用……

108. 根据国家税务总局文件规定，办公厅实施督查的准备工作中，一般提前（　　）个工作日向被督查单位下发督查通知，告知督查事项、工作安排、督查组成员及有关要求。

A. 3　　　　B. 5

C. 7　　　　D. 10

【参考答案】 A

【答案解析】 根据国家税务总局文件的规定，实施准备。办公厅应当组织做好以下准备工作：……（四）下发督查通知。一般提前3个工作日向被督查单位下发督查通知（模板见附件1），告知督查事项、工作安排、督查组成员及有关要求。（五）发布督查公告。按照督查工作要求，被督查单位应在办公楼、内外网站、办税服务厅等显著位置发布税务总局督查组公告（模板见附件2），一般包括：督查事项、对象、时间和联系方式等。

109. 根据国家税务总局文件的规定，在系统督查工作中，对下列（　　）事项不可以采取文件、电话等方式开展案头督查。

A. 立项通知　　　　B. 反馈意见

C. 跟踪催办　　　　D. 情况反馈

【参考答案】 B

【答案解析】 根据国家税务总局文件的规定，对部分事项，可以采取文件、电话等方式开展案头督查。（一）立项通知。经局领导或者办公厅领导批准，下发督查通知，布置督查任务。（二）跟踪催办。对需要落实和整改的事项，进行跟踪催办，督促被督查单位落实整改到位。（三）情况反馈。被督查单位按要求认真整改到位，并将整改报告以正式公文（××税发）报税务总局。（四）总结报告。对整改落实情况进行审核分析，报局领导。

110. 根据国家税务总局文件的规定，被督查单位按要求认真整改到位，并将整改报告以正式公文（　　）形式报税务总局。

A. ××税发　　B. ××税函

C. ××税办发　　D. ××税办函

【参考答案】 A

【答案解析】 根据国家税务总局文件的规定，对部分事项，可以采取文件、电话等方式开展案头督查。(一)立项通知。经局领导或者办公厅领导批准，下发督查通知，布置督查任务。(二)跟踪催办。对需要落实和整改的事项，进行跟踪催办，督促被督查单位落实整改到位。(三)情况反馈。被督查单位按要求认真整改到位，并将整改报告以正式公文(××税发)报税务总局。(四)总结报告。对整改落实情况进行审核分析，报局领导。

111. 根据国家税务总局文件的规定，下列关于系统督查工作表述错误的是(　　)。

A. 税务总局适时组织省税务机关开展交叉督查，承担督查任务的省税务机关按照税务总局督查方案，组建督查组对被督查单位实施督查，督查组联络员由税务总局指定

B. 跟踪催办事项，可以采取文件、电话等方式开展案头督查

C. 开展系统督查过程中，可以邀请第三方机构，对有关政策措施落实情况开展评估

D. 对税务机关的暗访，可以通过拍照、录音、录像等留存记录，填写督查工作底稿，暗访人员不可以公开身份

【参考答案】 D

【答案解析】 根据国家税务总局文件的规定，根据工作需要，采取暗访的形式开展督查。对税务机关的暗访，可以通过拍照、录音、录像等留存记录，填写督查工作底稿；必要时暗访人员可以公开身份，进一步核实有关问题。

112. 根据国家税务总局文件的规定，为确保督查发现的问题整改落实到位，对部分单位组织开展"二次督查"。督查主要内容不包括(　　)。

A. 对督查发现问题的督办催办

B. 整改通知中指出问题的整改落实情况

C. 整改落实长效机制建设情况

D. 尚未整改落实的问题及原因

【参考答案】 A

【答案解析】 根据国家税务总局文件的规定，为确保督查发现的问题整改落实到位，对部分单位组织开展"二次督查"。督查主要内容：(一)整改通知中指出问题的整改落实情况。(二)整改落实长效机制建设情况。(三)尚未整改落实的问题及原因。(四)需要了解的其他情况。

113. 根据国家税务总局文件的规定，督查工作结束后，督查组应及时将被督查单位的汇报材料、电话记录、电子邮件、座谈会记录、工作底稿等资料整理后报办公厅。办公厅按档案管理规定进行整理归档，不需要归档的资料(　　)。

A. 立即销毁　　B. 保存 1 年

C. 保存 2 年　　D. 保存 3 年

【参考答案】 C

【答案解析】 根据国家税务总局文件的规定，督查工作结束后，督查组应及时将被督查单位的汇报材料、电话记录、电子邮件、座谈会记录、工作底稿等资料整理后报办公厅。办公厅按档案管理规定进行整理归档，不需要归档的资料保存 2 年。

114. 根据国家税务总局文件规定，办公厅编发（　　），反映税务总局督查工作开展情况和各地督查工作经验、整改落实情况。

A.《税务系统督查汇编》　　B.《系统督查汇编》

C.《税务系统督查专报》　　D.《系统督查专报》

【参考答案】 D

【答案解析】 根据国家税务总局文件的规定，办公厅编发《系统督查专报》，反映税务总局督查工作开展情况和各地督查工作经验、整改落实情况。

115. 根据国家税务总局文件规定，下列表述错误的是（　　）。

A. 督查组实行组长负责制

B. 税务总局从省税务机关甄选人员，建立综合素质高、专业能力强、结构合理、数量适度的督查专员库，并根据工作需要不定期进行人员调整

C. 开展系统督查过程中，应当加强保密工作，不允许新闻媒体进行报道

D. 办公厅采取培训交流、跟班学习、交叉督查、督查调研、绩效考评等方式，推动各地税务机关加强督查工作

【参考答案】 C

【答案解析】 根据国家税务总局文件的规定，开展系统督查过程中，可以邀请税务新闻媒体或其他社会新闻媒体，报道督查工作开展情况，对落实情况好的单位进行宣传，对落实不力的典型情况予以曝光。

116. 根据国家税务总局文件的规定，系统督查工作中对绩效考评排名（　　）或督查发现问题少的单位，报局领导批准后在次年实行“免督查”。

A. 前三位　　B. 前五位

C. 前十位　　D. 前两位

【参考答案】 A

【答案解析】 根据国家税务总局文件的规定，对绩效考评排名前三位或督查发现问题少的单位，报局领导批准后在次年实行“免督查”。

117. 根据国家税务总局文件的规定，办公厅将督查结果提交人事司，人事司将督查结果作为评先评优、干部考核和（　　）的参考。

A. 职务晋升　　B. 职级晋升

C. 表扬奖励　　D. 提拔任用

【参考答案】 D

【答案解析】 根据国家税务总局文件的规定，办公厅将督查结果提交人事司，人事司将督查结果作为评先评优、干部考核和提拔任用的参考。

118. 根据国家税务总局文件规定，督查人员对被督查单位人员或纳税人反映强烈的问

题，应核实未核实、应报告未报告的，追究相关责任人的（　　）。

A. 执法责任　　B. 廉政责任

C. 纪律责任　　D. 党纪责任

【参考答案】 C

【答案解析】 根据国家税务总局文件的规定，督查人员对被督查单位人员或纳税人反映强烈的问题，应核实未核实、应报告未报告的，追究相关责任人的纪律责任。

119. 根据《中华人民共和国监察法》的规定，下列表述中错误的是（　　）。

A. 对可能发生职务违法的监察对象，监察机关按照管理权限，可以直接或者委托有关机关、人员进行谈话或者要求说明情况

B. 在调查过程中，对涉嫌职务违法的被调查人，监察机关可以要求其就涉嫌违法行为作出陈述，必要时向被调查人出具书面通知

C. 对涉嫌贪污贿赂等职务犯罪的被调查人，监察机关可以进行询问，要求其如实供述

D. 对涉嫌失职渎职等职务犯罪的被调查人，监察机关可以进行讯问，要求其如实供述涉嫌犯罪的情况

【参考答案】 C

【答案解析】 《中华人民共和国监察法》第二十条规定，在调查过程中，对涉嫌职务违法的被调查人，监察机关可以要求其就涉嫌违法行为作出陈述，必要时向被调查人出具书面通知。

对涉嫌贪污贿赂、失职渎职等职务犯罪的被调查人，监察机关可以进行讯问，要求其如实供述涉嫌犯罪的情况。

120. 根据《中华人民共和国监察法》的规定，监察机关在调查过程中，采取调取、查封、扣押措施的，应当收集原物原件，会同持有人或者保管人、见证人，当面逐一拍照、登记、编号，开列（　　）。

A. 收据　　B. 清单

C. 借据　　D. 发票

【参考答案】 B

【答案解析】 《中华人民共和国监察法》第二十五条规定，监察机关在调查过程中，可以调取、查封、扣押用以证明被调查人涉嫌违法犯罪的财物、文件和电子数据等信息。采取调取、查封、扣押措施，应当收集原物原件，会同持有人或者保管人、见证人，当面逐一拍照、登记、编号，开列清单，由在场人员当场核对、签名，并将清单副本交财物、文件的持有人或者保管人。

121. 根据《中华人民共和国监察法》的规定，涉嫌职务犯罪的被调查人主动认罪认罚，监察机关经领导人员集体研究，并报上一级监察机关批准，可以在移送人民检察院时提出从宽处罚的建议，其中的情形不包括（　　）。

A. 自动投案，真诚悔罪悔过的

B. 积极配合调查工作，如实供述监察机关还未掌握的违法犯罪行为的

C. 积极退赃，减少损失的

D. 具有立功表现或者案件涉及国家重大利益等情形的

【参考答案】 D

【答案解析】 《中华人民共和国监察法》第三十一条规定，涉嫌职务犯罪的被调查人主动认罪认罚，有下列情形之一的，监察机关经领导人员集体研究，并报上一级监察机关批准，可以在移送人民检察院时提出从宽处罚的建议：

(一)自动投案，真诚悔罪悔过的；

(二)积极配合调查工作，如实供述监察机关还未掌握的违法犯罪行为的；

(三)积极退赃，减少损失的；

(四)具有重大立功表现或者案件涉及国家重大利益等情形的。

122. 根据《中华人民共和国监察法》的规定，监察机关采取留置措施的，留置时间不得超过(　　)，在特殊情况下，可以延长一次。

A. 一个月　　B. 三个月

C. 六个月　　D. 15 日

【参考答案】 B

【答案解析】 《中华人民共和国监察法》第四十三条规定，监察机关采取留置措施，应当由监察机关领导人员集体研究决定。设区的市级以下监察机关采取留置措施，应当报上一级监察机关批准。省级监察机关采取留置措施，应当报国家监察委员会备案。

留置时间不得超过三个月。在特殊情况下，可以延长一次，延长时间不得超过三个月。省级以下监察机关采取留置措施的，延长留置时间应当报上一级监察机关批准。监察机关发现采取留置措施不当的，应当及时解除。

123. 根据《中华人民共和国监察法》的规定，对被调查人采取留置措施后，应当在(　　)小时以内，通知被留置人员所在单位和家属，但有可能毁灭、伪造证据，干扰证人作证或者串供等有碍调查情形的除外。

A. 24　　B. 48

C. 12　　D. 36

【参考答案】 A

【答案解析】 《中华人民共和国监察法》第四十四条规定，对被调查人采取留置措施后，应当在二十四小时以内，通知被留置人员所在单位和家属，但有可能毁灭、伪造证据，干扰证人作证或者串供等有碍调查情形的除外。有碍调查的情形消失后，应当立即通知被留置人员所在单位和家属。

124. 根据《中华人民共和国监察法》的规定，监察对象对监察机关作出的涉及本人的处理决定不服的，可以在收到处理决定之日起(　　)内，向作出决定的监察机关申请复审。

A. 15 日　　B. 6 个月

C. 60 日　　D. 1 个月

【参考答案】 D

【答案解析】 《中华人民共和国监察法》第四十九条规定，监察对象对监察机关作出的涉及本人的处理决定不服的，可以在收到处理决定之日起一个月内，向作出决定的监察机关申请复审，复审机关应当在一个月内作出复审决定；监察对象对复审决定仍不服的，可以在收到复审决定之日起一个月内，向上一级监察机关申请复核，复核机关应当在二个月内作出复核决定。复审、复核期间，不停止原处理决定的执行。复核机关经审查，认定处理决定有错误的，原处理机关应当及时予以纠正。

125. 根据《中华人民共和国监察法》的规定，查封、扣押的财物、文件经查明与案件无关的，应当在查明后（　　）解除查封、扣押，予以退还。

A. 三日内　　B. 一日内

C. 七日内　　D. 立即

【参考答案】 A

【答案解析】 《中华人民共和国监察法》第二十五条第三款规定，查封、扣押的财物、文件经查明与案件无关的，应当在查明后三日内解除查封、扣押，予以退还。

126. 增值税发票管理风险，是指各单位及其工作人员在增值税发票（　　）等事项中，因违反增值税发票管理有关法律法规及其他规定，导致国家利益、纳税人合法权益受损，破坏正常税收征管秩序以及由此产生的税收执法风险和廉政风险。

A. 日常管理、风险管理、区域协作　　B. 日常管理、专项管理、风险管理

C. 专项管理、风险管理、区域协作　　D. 专项管理、风险管理、协查管理

【参考答案】 A

【答案解析】 根据国家税务总局文件的规定，所称增值税发票管理风险，是指各单位及其工作人员在增值税发票日常管理、风险管理、区域协作等事项中，因违反增值税发票管理有关法律法规及其他规定，导致国家利益、纳税人合法权益受损，破坏正常税收征管秩序以及由此产生的税收执法风险和廉政风险。

127. 增值税发票管理风险的内控工作中，下列表述错误的是（　　）。

A. 增值税发票管理风险的内控工作适用各级税务机关

B. 增值税发票管理风险涉及各单位及其工作人员的税收执法风险和廉政风险

C. 根据增值税发票管理风险涉及事项或环节的重要程度、发生概率、危害程度等因素，将其分为高、中、低三个等级

D. 违反相关法律、法规、规章及增值税发票管理工作规定，造成具体行政行为存有瑕疵，未造成危害后果的风险属于低风险

【参考答案】 D

【答案解析】 根据国家税务总局文件的规定，低风险，是指违反相关法律、法规、规章及增值税发票管理工作规定，造成具体行政行为存有瑕疵，造成轻微后果的风险。

128. 增值税发票管理风险的内控工作中，下列属于中风险的是（　　）。

A. 未履行法定职责，在增值税发票日常管理、风险管理、区域协作等环节管理不当，造成程序违法、认定错误等情形，导致税务机关行政行为违法

B. 税务人员徇私舞弊、滥用职权、玩忽职守等渎职行为，导致国家税款或纳税人合法权益遭受严重损失，税务人员被行政处分或承担刑事责任，造成严重后果

C. 违反相关法律、法规、规章及增值税发票管理工作规定，造成具体行政行为不当，但通过依法纠正，国家利益或纳税人的合法权益未受损失或损失轻微且能够及时挽回，未造成严重后果

D. 违反相关法律、法规、规章及增值税发票管理工作规定，造成具体行政行为存有瑕疵，造成轻微后果的风险

【参考答案】 C

【答案解析】 根据国家税务总局文件的规定，中风险，是指违反相关法律、法规、规章及增值税发票管理工作规定，造成具体行政行为不当，但通过依法纠正，国家利益或纳税人的合法权益未受损失或损失轻微且能够及时挽回，未造成严重后果的风险。

129. 增值税发票管理风险内部控制的目标是：通过明确岗责、风险提醒、规范执法、丰富指标、完善措施，形成合法合规、高效有序的管控制度，加强增值税发票管理风险的(　　)，实现对增值税发票的依法依规管理，维护国家税收管理秩序和纳税人合法权益。

A. 全过程监控　　B. 全流程监控

C. 重点流程监控　　D. 风险流程监控

【参考答案】 B

【答案解析】 根据国家税务总局文件的规定，增值税发票管理风险内部控制的目标是：通过明确岗责、风险提醒、规范执法、丰富指标、完善措施，形成合法合规、高效有序的管控制度，加强增值税发票管理风险的全流程监控，实现对增值税发票的依法依规管理，维护国家税收管理秩序和纳税人合法权益。

130. 下列不属于发票日常管理风险内部控制的内容的是(　　)。

A. 增值税专用发票最高开票限额审批

B. 发票存储

C. 发票发放

D. 税控设备管理

【参考答案】 B

【答案解析】 发票日常管理风险内部控制的内容主要包括：增值税专用发票最高开票限额审批、发票发放、税控设备管理、发票代开、申报比对等事项的工作风险，以及由此产生的税收执法风险和廉政风险。

131. 下列不属于增值税专用发票最高开票限额审批日常管理主要风险点的是(　　)。

A. 未按照规定时限审批增值税专用发票最高开票限额

B. 纳税人最高开票限额申请按规定需要进行实地查验而未实地查验

C. 对于纳税人最高开票限额申请不应批准而批准

D. 对于纳税人最高开票限额申请应批准而未批准

【参考答案】 D

【答案解析】 发票日常管理主要风险点：(一)增值税专用发票最高开票限额审批。未按照规定时限审批增值税专用发票最高开票限额；纳税人最高开票限额申请按规定需要进行实地查验而未实地查验；对于纳税人最高开票限额申请不应批准而批准。

132. 下列不属于发票发放日常管理主要风险点的是(　　)。

A. 未按照核定的种类、数量发放增值税发票

B. 未按照规定对纳税信用等级评定为D级的一般纳税人实行增值税专用发票限额限量供应

C. 未按照规定对实行辅导期管理的一般纳税人实行增值税专用发票限额限量供应

D. 未按照法定的时限发放增值税发票

【参考答案】 D

【答案解析】 发票日常管理主要风险点：(二)发票发放。未按照核定的种类、数量发放增值税发票；未按照规定对纳税信用等级评定为D级、实行辅导期管理的一般纳税人实行增值税专用发票限额限量供应。

133. 下列不属于税控设备管理日常管理主要风险点的是(　　)。

A. 未按照规定对纳税人税控设备信息进行变更

B. 未按照规定的处理流程对税控设备进行解锁

C. 未按照规定设置发票离线开具时限和离线开票金额

D. 未按照增值税发票审批限额和核定数量进行税控设备的发行

【参考答案】 B

【答案解析】 发票日常管理主要风险点：(三)税控设备管理。未按照增值税发票审批限额和核定数量进行税控设备的发行；未按照规定设置发票离线开具时限和离线开票金额；未按照规定对纳税人税控设备信息进行变更。

134. 发票风险管理工作中，下列属于申报比对日常管理主要风险点的是(　　)。

A. 未按照规定的处理流程对税控设备进行解锁

B. 将不符合“黑名单”条件的纳税人纳入申报比对“黑名单”管理

C. 未按照增值税发票审批限额和核定数量进行税控设备的发行

D. 未按照规定设置发票离线开具时限和离线开票金额

【参考答案】 A

【答案解析】 发票日常管理主要风险点：(五)申报比对。将不符合“白名单”条件的纳税人纳入申报比对“白名单”管理；未按照规定的处理流程对税控设备进行解锁。

135. 发票日常管理内部控制措施，包括在增值税发票业务的受理、审核、发放、税控设备管理、代开及申报比对等重要环节重点管理，对错办事项进行(　　)。

A. 预防、阻断、纠错　　　　B. 干预、阻断、纠错

C. 干预、阻断、整改　　　　D. 预防、阻断、整改

【参考答案】 B

【答案解析】 发票日常管理内部控制措施：(一)各单位要明确发票日常管理流程的岗

责分工，加强各环节之间的相互制约与协调衔接，建立权责清晰、分工明确、运行有序的权责体系。（二）在增值税发票业务的受理、审核、发放、税控设备管理、代开及申报比对等重要环节重点管理，对错办事项进行干预、阻断、纠错……

136. 发票风险管理内部控制内容主要包括（　　）。

A. 风险识别、风险应对、风险反馈评价　　B. 风险识别、风险处理、风险反馈评价

C. 风险识别、风险核查、风险处理　　D. 风险分类、风险处理、风险反馈评价

【参考答案】 B

【答案解析】 发票风险管理内部控制内容主要包括：风险识别、风险处理、风险反馈评价。

137. 发票风险管理中，不属于风险识别的主要风险点的是（　　）。

A. 未按照规定建立并持续完善增值税发票风险级别

B. 未按照规定建立并持续完善增值税发票风险特征库

C. 未按照规定时限开展增值税发票风险识别

D. 未按照规定权限开展增值税发票风险识别

【参考答案】 A

【答案解析】 发票风险管理主要风险点：（一）风险识别。未按照规定建立并持续完善增值税发票风险特征库；未按照规定时限、权限开展增值税发票风险识别。

138. 发票风险管理中，不属于风险处理的主要风险点的是（　　）。

A. 未按照规定向风险管理部门或稽查部门移交风险任务

B. 未按照规定对已经排除风险或已接受处理的纳税人及时解除限制性措施

C. 未按照规定时限对推送的风险任务开展风险应对或终结应对

D. 在接收到异常增值税扣税凭证信息后未按照规定流程进行处理

【参考答案】 C

【答案解析】 发票风险管理主要风险点：（二）风险处理。未按照规定向风险管理部门或稽查部门移交风险任务；未按照规定时限对推送的风险任务开展风险应对或申请延期；在接收到异常增值税扣税凭证信息后未按照规定流程进行处理；未按照规定对需要进行风险防范的纳税人采取可行的限制性措施；未按照规定对已经排除风险或已接受处理的纳税人及时解除限制性措施。

139. 发票风险管理中，不属于风险反馈评价的主要风险点的是（　　）。

A. 未按照规定进行风险应对的结果考核

B. 未按照规定进行风险应对的结果反馈

C. 未按照规定进行风险应对的效果评价

D. 未根据评价结果调整和优化风险特征库及指标模型

【参考答案】 A

【答案解析】 发票风险管理主要风险点：（三）风险反馈评价。未按照规定进行风险应对的结果反馈和效果评价；未根据评价结果调整和优化风险特征库及指标模型。

140. 关于发票风险管理内部控制措施的表述不正确的是（　　）。

A. 各单位要明确发票风险管理流程的岗责分工，加强各环节之间的相互制约与协调衔接，建立权责清晰、分工明确、运行有序的权责体系

B. 将内部控制管理嵌入相关信息系统的操作流程，形成顺向相互支撑依靠、逆向真实反馈、有效监督的完整体系

C. 在发票风险管理的识别、推送、应对、反馈等重要环节预设监督指标进行交叉比对，对应办、待办任务设置提醒，对逻辑错误的风险进程进行干预

D. 完整保存发票风险管理重要环节的相关表证单书及信息数据，确保重要环节均有痕迹，记录可供查询，结果可以追溯

【参考答案】 D

【答案解析】 发票风险管理内部控制措施：（一）各单位要明确发票风险管理流程的岗责分工，加强各环节之间的相互制约与协调衔接，建立权责清晰、分工明确、运行有序的权责体系。（二）将内部控制管理嵌入相关信息系统的操作流程，形成顺向相互支撑依靠、逆向真实反馈、有效监督的完整体系。（三）在发票风险管理的识别、推送、应对、反馈等重要环节预设监督指标进行交叉比对，对应办、待办任务设置提醒，对逻辑错误的风险进程进行干预。（四）完整保存发票风险管理各环节的相关表证单书及信息数据，确保各环节均有痕迹，记录可供查询，结果可以追溯。

141. 发票风险管理区域协作内部控制内容主要包括（　　）。

A. 跨区域信息共享、跨区域协查　　B. 跨区域信息交换、跨区域协查

C. 跨区域信息共享、跨区域核查　　D. 跨区域信息交换、跨区域核查

【参考答案】 A

【答案解析】 发票风险管理区域协作内部控制内容主要包括：跨区域信息共享、跨区域协查。

142. 不属于发票风险管理区域协作主要风险点的是（　　）。

A. 未按照规定对异常扣税凭证进行认定

B. 未按照规定传递异常扣税凭证的认定或解除信息

C. 违规解除异常扣税凭证的异常状态

D. 未按照规定对跨区域委托核查函进行核查、反馈和税务处理结果录入

【参考答案】 A

【答案解析】 区域协作主要风险点：（一）未按照规定传递异常扣税凭证的认定或解除信息。（二）违规解除异常扣税凭证的异常状态。（三）未按照规定对跨区域委托核查函进行核查、反馈和税务处理结果录入。

143. 不属于发票风险管理区域协作内部控制措施的是（　　）。

A. 各单位要明确区域协作流程的岗责分工，加强各环节之间的相互制约与协调衔接，建立权责清晰、分工明确、运行有序的权责体系

B. 将内部控制管理嵌入相关信息系统的操作流程，形成顺向相互支撑依靠、逆向真实

反馈、有效监督的完整体系

C. 在区域协作的风险信息共享、发送、分派、核查、反馈、监管等重要环节预设监督指标进行交叉比对，对应办、待办任务设置提醒，对逻辑错误风险进程进行干预

D. 完整保存区域协作各环节的相关表证单书及信息数据，确保各环节均有痕迹，记录可供查询，责任可以追溯

【参考答案】 D

【答案解析】 区域协作内部控制措施：(一)各单位要明确区域协作流程的岗责分工，加强各环节之间的相互制约与协调衔接，建立权责清晰、分工明确、运行有序的权责体系。(二)将内部控制管理嵌入相关信息系统的操作流程，形成顺向相互支撑依靠、逆向真实反馈、有效监督的完整体系。(三)在区域协作的风险信息共享、发送、分派、核查、反馈、监管等重要环节预设监督指标进行交叉比对，对应办、待办任务设置提醒，对逻辑错误风险进程进行干预。

144. 税务总局增值税发票主管部门牵头负责全国税务系统增值税发票管理风险内部控制总体工作的组织实施，制定增值税发票管理风险内部控制制度，向本级(　　)传递增值税发票管理风险内部控制情况。

A. 单位主要负责人　　B. 内部控制领导小组

C. 内部控制管理部门　　D. 党委

【参考答案】 C

【答案解析】 税务总局增值税发票主管部门牵头负责全国税务系统增值税发票管理风险内部控制总体工作的组织实施，制定增值税发票管理风险内部控制制度，向本级内部控制管理部门传递增值税发票管理风险内部控制情况。

145. 省以下税务机关增值税发票主管部门牵头负责本单位增值税发票管理风险内部控制工作的组织实施，指导下级单位开展增值税发票管理风险内部控制，向(　　)传递增值税发票管理风险内部控制情况。

A. 本级内部控制管理部门

B. 上级增值税发票主管部门

C. 本级内部控制领导小组

D. 本级内部控制管理部门和上级增值税发票主管部门

【参考答案】 D

【答案解析】 省以下税务机关增值税发票主管部门牵头负责本单位增值税发票管理风险内部控制工作的组织实施，指导下级单位开展增值税发票管理风险内部控制，向本级内部控制管理部门和上级增值税发票主管部门传递增值税发票管理风险内部控制情况。

146. 各级内部控制管理部门应定期组织增值税发票管理涉及部门开展内部控制(　　)，重点关注增值税发票管理风险内部控制的成效与结果运用，及时对增值税发票管理风险内控效果开展监督检查和考核评价。

A. 自我评估　　B. 自我评价

C. 第三方评估　　　　D. 第三方评价

【参考答案】 A

【答案解析】 各级内部控制管理部门应定期组织增值税发票管理涉及部门开展内部控制自我评估，重点关注增值税发票管理风险内部控制的成效与结果运用，及时对增值税发票管理风险内控效果开展监督检查和考核评价。

147. 各单位增值税发票主管部门、内部控制管理部门及其他部门应当加强沟通、协调和反馈，做好风险事项的分析判定、应对处置和反馈报告等工作，(　　)事项报本单位领导研究解决，并报上一级增值税发票主管部门。

A. 复杂　　　　B. 重大

C. 重大紧急　　　　D. 特殊

【参考答案】 C

【答案解析】 各单位增值税发票主管部门、内部控制管理部门及其他部门应当加强沟通、协调和反馈，做好风险事项的分析判定、应对处置和反馈报告等工作，重大紧急事项报本单位领导研究解决，并报上一级增值税发票主管部门。

148. 有信息管理系统开发优化权限的单位，应当将增值税发票管理风险内部控制措施固化融入相关信息管理系统，从权限、流程、模板、指引等方面着手，对增值税发票管理风险实行(　　)。

A. 数字化防控　　　　B. 信息化防控

C. 电子化防控　　　　D. 流程化防控

【参考答案】 B

【答案解析】 有信息管理系统开发优化权限的单位，应当将增值税发票管理风险内部控制措施固化融入相关信息管理系统，从权限、流程、模板、指引等方面着手，对增值税发票管理风险实行信息化防控。

149. 各单位制定完善增值税发票管理相关制度、开发优化相关软件时，应当同步考虑内部控制，定期对增值税发票管理风险内部控制的有效性进行(　　)，不断提高内部控制水平。

A. 评估　　　　B. 评价

C. 考核　　　　D. 提升

【参考答案】 A

【答案解析】 各单位制定完善增值税发票管理相关制度、开发优化相关软件时，应当同步考虑内部控制，定期对增值税发票管理风险内部控制的有效性进行评估，不断提高内部控制水平。

150. 各单位应当将增值税发票管理风险内部控制作为监督检查的重要内容，发挥增值税发票主管部门和督察内审的监督作用，加强增值税发票管理风险内部控制和执行情况的监督，对(　　)开展专项检查。

A. 重点岗位、重要环节和重点人员　　　　B. 重点岗位、重点人员和高风险应对

C. 重点岗位、重要环节和风险应对　　D. 重点岗位、重要环节和高风险应对

【参考答案】 D

【答案解析】 各单位应当将增值税发票管理风险内部控制作为监督检查的重要内容，发挥增值税发票主管部门和督察内审的监督作用，加强增值税发票管理风险内部控制和执行情况的监督，对重点岗位、重要环节和高风险应对开展专项检查。

151. 发票风险管理中，属于风险处理的主要风险点的是(　　)。

A. 未按照规定建立并持续完善增值税发票风险特征库

B. 未根据评价结果调整和优化风险特征库及指标模型

C. 未按照规定对需要进行风险防范的纳税人采取可行的限制性措施

D. 将不符合"白名单"条件的纳税人纳入申报比对"白名单"管理

【参考答案】 C

【答案解析】 发票风险管理主要风险点：(二)风险处理。未按照规定向风险管理部门或稽查部门移交风险任务；未按照规定时限对推送的风险任务开展风险应对或申请延期；在接收到异常增值税扣税凭证信息后未按照规定流程进行处理；未按照规定对需要进行风险防范的纳税人采取可行的限制性措施；未按照规定对已经排除风险或已接受处理的纳税人及时解除限制性措施。

152. 发票风险管理中，属于风险反馈评价的主要风险点的是(　　)。

A. 未根据评价结果调整和优化风险特征库及指标模型

B. 未按照规定对跨区域委托核查函进行核查、反馈和税务处理结果录入

C. 未按照规定传递异常扣税凭证的认定或解除信息

D. 未按照规定建立并持续完善增值税发票风险特征

【参考答案】 A

【答案解析】 发票风险管理主要风险点：(三)风险反馈评价。未按照规定进行风险应对的结果反馈和效果评价；未根据评价结果调整和优化风险特征库及指标模型。

153. 下列关于增值税发票管理风险内部控制的表述中错误的是(　　)。

A. 发票风险管理内部控制内容主要包括：风险识别、风险处理、风险反馈评价

B. 税务总局增值税发票主管部门牵头负责全国税务系统增值税发票管理风险内部控制总体工作的组织实施，制定增值税发票管理风险内部控制制度，向本级内部控制管理部门传递增值税发票管理风险内部控制情况

C. 各单位应当将增值税发票管理风险内部控制作为监督检查的重要内容，发挥增值税发票主管部门和督察内审的监督作用，加强增值税发票管理风险内部控制和执行情况的监督，对重点岗位、重要环节和高风险应对开展专项检查

D. 各单位应当将增值税发票管理风险内部控制结果与执法督察、巡视巡查、数字人事等工作有机结合，实现信息共享、结果共用

【参考答案】 D

【答案解析】 各单位应当将增值税发票管理风险内部控制结果与党风廉政建设、绩效

管理、数字人事等工作有机结合，实现信息共享、结果共用。

154. 税务督察审计人员的职业规范是指督察审计人员应遵守的行为准则，包括（　　）等五个方面。

A. 宗旨、职责、权限、职业道德、职业纪律

B. 目的、职责、权限、职业道德、职业纪律

C. 目标、职责、权限、职业道德、职业纪律

D. 宗旨、职责、权限、职业道德、奖励惩罚

【参考答案】 A

【答案解析】 税务系统督察审计规范规定，职业规范是指督察审计人员应遵守的行为准则，包括宗旨、职责、权限、职业道德、职业纪律等五个方面。

155. 税务督察审计是各级税务机关依照规定权限和程序，对本级及下级单位的（　　）行为的真实性、合法性和效益性进行监督、检查和评价的活动。

A. 税收管理　　B. 财务管理

C. 税收管理和财务管理　　D. 税收管理和财政管理

【参考答案】 C

【答案解析】 税务系统督察审计规范规定，督察审计是各级税务机关依照规定权限和程序，对本级及下级单位的税收管理和财务管理行为的真实性、合法性和效益性进行监督、检查和评价的活动。

156. 税务督察审计的宗旨是：强化行政监督，防范系统风险，服务税收大局，促进治税管队。围绕组织收入、内部管理和队伍建设，通过税收执法督察和内部审计监督，发现解决问题，规范税收管理，促进履职尽责，防范执法风险、财务风险和廉政风险，为税收工作发挥（　　）作用，为推进税务系统全面从严治党和实现税收治理现代化作出积极贡献。

A. 管理性、服务性和保障性　　B. 支持性、服务性和保障性

C. 支柱性、服务性和保障性　　D. 支持性、服务性和发展性

【参考答案】 B

【答案解析】 税务系统督察审计规范规定，督察审计的宗旨是：强化行政监督，防范系统风险，服务税收大局，促进治税管队。围绕组织收入、内部管理和队伍建设，通过税收执法督察和内部审计监督，发现解决问题，规范税收管理，促进履职尽责，防范执法风险、财务风险和廉政风险，为税收工作发挥支持性、服务性和保障性作用，为推进税务系统全面从严治党和实现税收治理现代化作出积极贡献。

157. 税务督察审计人员的职责不包括（　　）。

A. 组织实施对税收法律、法规、规章执行情况，税收规范性文件的制发、执行和修改情况，组织收入、税收管理和执法行为的督察，并提出处理意见和整改要求

B. 组织实施对财务收支、基本建设项目、政府采购、领导干部经济责任履行等事项的审计，并提出处理意见和整改要求

C. 组织实施对特定事项的专项（案）督察审计或调查，并提出处理意见和整改要求

D. 组织实施对税制改革、税收政策调整、税收管理、财务管理措施等税务总局重大决策部署贯彻落实情况的监督检查，并提出处理意见和整改要求

【参考答案】 A

【答案解析】 税务督察审计人员的职责：组织实施对税收法律、法规、规章执行情况，税收规范性文件的制发和执行情况，组织收入、税收管理和执法行为的督察，并提出处理意见和整改要求。组织实施对财务收支、基本建设项目、政府采购、领导干部经济责任履行等事项的审计，并提出处理意见和整改要求。组织实施对特定事项的专项(案)督察审计或调查，并提出处理意见和整改要求。组织实施对税制改革、税收政策调整、税收管理、财务管理措施等税务总局重大决策部署贯彻落实情况的监督检查，并提出处理意见和整改要求。报告、通报督察审计情况和结果，督促、检查督察审计结果的整改落实。

158. 税务督察审计人员的职责不包括(　　)。

A. 组织实施对税收法律、法规、规章执行情况，税收规范性文件的制发和执行情况，组织收入、税收管理和执法行为的督察，并提出处理意见和整改要求

B. 报告、通报督察审计情况和结果，督促、检查督察审计结果的整改落实

C. 组织实施对财政收支、基本建设项目、政府采购、领导干部经济责任履行等事项的审计，并提出处理意见和整改要求

D. 组织实施对税制改革、税收政策调整、税收管理、财务管理措施等税务总局重大决策部署贯彻落实情况的监督检查，并提出处理意见和整改要求

【参考答案】 C

【答案解析】 税务督察审计人员的职责：组织实施对税收法律、法规、规章执行情况，税收规范性文件的制发和执行情况，组织收入、税收管理和执法行为的督察，并提出处理意见和整改要求。组织实施对财务收支、基本建设项目、政府采购、领导干部经济责任履行等事项的审计，并提出处理意见和整改要求。组织实施对特定事项的专项(案)督察审计或调查，并提出处理意见和整改要求。组织实施对税制改革、税收政策调整、税收管理、财务管理措施等税务总局重大决策部署贯彻落实情况的监督检查，并提出处理意见和整改要求。报告、通报督察审计情况和结果，督促、检查督察审计结果的整改落实。

159. 税务督察审计人员的权限不包括(　　)。

A. 要求提供资料权　　B. 现场检查权

C. 调查询问权　　D. 违规处理执行权

【参考答案】 D

【答案解析】 税务督察审计人员的权限：(1)要求提供资料权。要求被督察审计单位按时提供与督察审计事项相关的资料，被督察审计单位及其主要负责人对本单位提供资料的真实性和完整性负责。(2)现场检查权。检查、记录与督察审计事项有关的资料、计算机信息系统和相关电子数据，现场勘察实物。(3)调查询问权。对督察审计事项中的问题，向有关单位和人员开展调查和询问，取得相关证明材料。(4)违规行为制止权。对督察审计

过程中发现的严重违法违规和严重损失浪费等行为，报经税务机关负责人批准后，可作出临时制止决定。(5)违规处理建议权。对督察审计中发现的违法、违规及管理不规范行为提出纠正、处理意见及改进管理的建议。(6)违规线索移交权。对督察审计发现的重大问题，报经税务机关负责人批准后，移送稽查、人事、纪检监察等部门处理。(7)实施督察审计项目所必需的其他权限。

160. 税务督察审计人员的权限不包括(　　)。

A. 现场检查权　　B. 调查讯问权

C. 违规行为制止权　　D. 违规线索移交权

【参考答案】 B

【答案解析】 税务督察审计人员的权限：(1)要求提供资料权。要求被督察审计单位按时提供与督察审计事项相关的资料，被督察审计单位及其主要负责人对本单位提供资料的真实性和完整性负责。(2)现场检查权。检查、记录与督察审计事项有关的资料、计算机信息系统和相关电子数据，现场勘察实物。(3)调查询问权。对督察审计事项中的问题，向有关单位和人员开展调查和询问，取得相关证明材料。(4)违规行为制止权。对督察审计过程中发现的严重违法违规和严重损失浪费等行为，报经税务机关负责人批准后，可作出临时制止决定。(5)违规处理建议权。对督察审计中发现的违法、违规及管理不规范行为提出纠正、处理意见及改进管理的建议。(6)违规线索移交权。对督察审计发现的重大问题，报经税务机关负责人批准后，移送稽查、人事、纪检监察等部门处理。(7)实施督察审计项目所必需的其他权限。

161. 关于税务督察审计人员的权限的表述中错误的是(　　)。

A. 要求提供资料权。要求被督察审计单位按时提供与督察审计事项相关的资料，被督察审计单位及其主要负责人对本单位提供资料的真实性和完整性负责

B. 违规线索移交权。对督察审计发现的重大问题，报经税务机关负责人批准后，移送稽查、人事、纪检监察等部门处理

C. 违规行为制止权。对督察审计过程中发现的严重违法违规和严重损失浪费等行为，直接作出临时制止决定

D. 违规处理建议权。对督察审计中发现的违法、违规及管理不规范行为提出纠正、处理意见及改进管理的建议

【参考答案】 C

【答案解析】 税务督察审计人员的权限：(1)要求提供资料权。要求被督察审计单位按时提供与督察审计事项相关的资料，被督察审计单位及其主要负责人对本单位提供资料的真实性和完整性负责。(2)现场检查权。检查、记录与督察审计事项有关的资料、计算机信息系统和相关电子数据，现场勘察实物。(3)调查询问权。对督察审计事项中的问题，向有关单位和人员开展调查和询问，取得相关证明材料。(4)违规行为制止权。对督察审计过程中发现的严重违法违规和严重损失浪费等行为，报经税务机关负责人批准后，可作出临时制止决定。(5)违规处理建议权。对督察审计中发现的违法、违规及管理不规范行为

提出纠正、处理意见及改进管理的建议。(6)违规线索移交权。对督察审计发现的重大问题,报经税务机关负责人批准后,移送稽查、人事、纪检监察等部门处理。(7)实施督察审计项目所必需的其他权限。

162. 税务督察审计人员的职业道德是督察审计人员应当具有的职业品德、应当遵守的职业纪律、(　　)和应当承担的职业责任的总称。

A. 应当具备的专业法律素养　　B. 应当具备的税收业务能力

C. 应当具备的专业胜任能力　　D. 应当具备的专业财会水平

【参考答案】 C

【答案解析】 税务督察审计人员的职业道德是督察审计人员应当具有的职业品德、应当遵守的职业纪律、应当具备的专业胜任能力和应当承担的职业责任的总称。

163. 税务督察审计人员的职业道德的基本原则不包括(　　)。

A. 公正原则　　B. 保密原则

C. 客观原则　　D. 诚信原则

【参考答案】 A

【答案解析】 税务督察审计人员的职业道德的基本原则包括:(1)诚信原则。督察审计人员应当诚实、勤恳、负责地开展督察审计。(2)正直原则。督察审计人员应当廉洁、正直,坚持原则。(3)客观原则。督察审计人员应当客观、公正、不偏不倚地作出职业判断。(4)保密原则。督察审计人员应当保守秘密,谨慎利用和保护履行职责过程中获取的信息。(5)胜任原则。督察审计人员应当具备与从事工作相关的知识、技能和经验,并持续提高专业能力。

164. 税务督察审计人员的职业道德的基本原则表述错误的是(　　)。

A. 正直原则,是指督察审计人员应当廉洁、正直,坚持原则

B. 公正原则,是指督察审计人员应当客观、公正、不偏不倚地作出职业判断

C. 保密原则,是指督察审计人员应当保守秘密,谨慎利用和保护履行职责过程中获取的信息

D. 胜任原则,是指督察审计人员应当具备与从事工作相关的知识、技能和经验,并持续提高专业能力

【参考答案】 B

【答案解析】 税务督察审计人员的职业道德的基本原则包括:(1)诚信原则。督察审计人员应当诚实、勤恳、负责地开展督察审计。(2)正直原则。督察审计人员应当廉洁、正直,坚持原则。(3)客观原则。督察审计人员应当客观、公正、不偏不倚地作出职业判断。(4)保密原则。督察审计人员应当保守秘密,谨慎利用和保护履行职责过程中获取的信息。(5)胜任原则。督察审计人员应当具备与从事工作相关的知识、技能和经验,并持续提高专业能力。

165. 税务督察审计人员的诚信原则是督察审计人员在实施督察审计业务时,不应有某些行为,这些行为中不包括(　　)。

A. 歪曲事实

B. 隐瞒督察审计发现的问题

C. 进行缺少证据支持的判断

D. 屈从于外部压力,违反原则

【参考答案】 D

【答案解析】 诚信。督察审计人员在实施督察审计业务时,不应有下列行为:(1)歪曲事实。(2)隐瞒督察审计发现的问题。(3)进行缺少证据支持的判断。(4)做误导性或者含糊性的陈述。

166. 税务督察审计人员的正直原则是督察审计人员在实施督察审计业务时,不应有(　　)、屈从于外部压力,违反原则的行为。

A. 歪曲事实

B. 利用职权谋取私利

C. 做误导性或者含糊性的陈述

D. 隐瞒督察审计发现的问题

【参考答案】 B

【答案解析】 正直。督察审计人员在实施督察审计业务时,不应有下列行为:(1)利用职权谋取私利。(2)屈从于外部压力,违反原则。

167. 税务督察审计人员的客观原则,不包括(　　)。

A. 督察审计人员在实施督察审计业务前,应当对客观性进行评估

B. 督察审计人员与被督察审计单位或者个人有直接利害关系的,应当回避

C. 督察审计人员在实施督察审计业务前,应当向组长或者督察内审部门负责人报告客观性受损可能造成的影响

D. 督察审计人员在实施督察审计业务后,不做误导性或者含糊性的陈述

【参考答案】 D

【答案解析】 客观。(1)督察审计人员在实施督察审计业务前,应当对客观性进行评估。(2)督察审计人员在实施督察审计业务前,应当识别可能影响客观性的因素。(3)督察审计人员在实施督察审计业务前,应当向组长或者督察内审部门负责人报告客观性受损可能造成的影响。(4)督察审计人员与被督察审计单位或者个人有直接利害关系的,应当回避。(5)督察审计人员在实施督察审计业务时,应当实事求是,不得由于偏见、利益冲突而影响职业判断。

168. 下列关于税务督察审计人员的职业道德的具体要求表述正确的是(　　)。

A. 督察审计人员与被督察审计单位或者个人有直接利害关系的,应当回避,体现了正直原则

B. 不隐瞒督察审计发现的问题,体现了正直原则

C. 不屈从于外部压力,违反原则,体现了正直原则

D. 督察审计人员在实施督察审计业务时,应当实事求是,不得由于偏见、利益冲突而影响职业判断,体现了正直原则

【参考答案】 C

【答案解析】 正直。督察审计人员在实施督察审计业务时，不应有下列行为：(1)利用职权谋取私利。(2)屈从于外部压力，违反原则。

169. 税务督察审计人员的保密原则，表述不正确的是(　　)。

A. 督察审计人员不得利用其在实施督察审计业务时获取的信息牟取不正当利益

B. 督察审计人员不得对其在实施督察审计业务时获取的信息，以有悖于法律法规、组织规定及职业道德的方式使用

C. 督察审计人员在社会交往中，应当履行保密义务，警惕故意泄密的可能性

D. 督察审计人员对实施督察审计业务所获取的信息保密，非因有效授权、法律规定或其他合法事由不得对外披露

【参考答案】 C

【答案解析】 保密。(1)督察审计人员对实施督察审计业务所获取的信息保密，非因有效授权、法律规定或其他合法事由不得对外披露。(2)督察审计人员在社会交往中，应当履行保密义务，警惕非故意泄密的可能性。(3)督察审计人员不得利用其在实施督察审计业务时获取的信息牟取不正当利益，或者以有悖于法律法规、组织规定及职业道德的方式使用信息。

170. 税务督察审计人员的保密原则，说法错误的是(　　)。

A. 督察审计人员对实施督察审计业务所获取的信息保密，不得对外披露

B. 督察审计人员在社会交往中，应当履行保密义务，警惕非故意泄密的可能性

C. 督察审计人员不得利用其在实施督察审计业务时获取的信息牟取不正当利益

D. 督察审计人员不得对其在实施督察审计业务时获取的信息，以有悖于法律法规、组织规定及职业道德的方式使用

【参考答案】 A

【答案解析】 保密。(1)督察审计人员对实施督察审计业务所获取的信息保密，非因有效授权、法律规定或其他合法事由不得对外披露。(2)督察审计人员在社会交往中，应当履行保密义务，警惕非故意泄密的可能性。(3)督察审计人员不得利用其在实施督察审计业务时获取的信息牟取不正当利益，或者以有悖于法律法规、组织规定及职业道德的方式使用信息。

171. 税务督察审计人员的胜任原则，要求督察审计人员应当具备下列履行职责所需的专业知识、职业技能和实践经验，其中不包括(　　)。

A. 税务、法律、审计、会计、财务、风险管理和信息技术等与组织督察审计业务活动相关的专业知识

B. 语言文字表达、问题分析、督察审计技术应用、人际沟通、组织管理等职业技能

C. 必要的工作实践经验及相关职业经历

D. 必要的与督察审计工作相关的领导经历

【参考答案】 D

【答案解析】 胜任。(1)督察审计人员应当具备下列履行职责所需的专业知识、职业

技能和实践经验:①税务、法律、审计、会计、财务、风险管理和信息技术等与组织督察审计业务活动相关的专业知识。②语言文字表达、问题分析、督察审计技术应用、人际沟通、组织管理等职业技能。③必要的工作实践经验及相关职业经历。

(2)督察审计人员应当通过后续教育和职业实践等途径,了解、学习和掌握相关法律法规、专业知识、技术方法和督察审计实务的发展变化,不断保持和提升专业胜任能力。

172. 税务督察审计人员的职业纪律,要求督察审计人员应当严格执行(　　),严格遵守各项廉政、工作纪律。

A. 廉政准则　　B. 中央八项规定精神

C. 党纪党规　　D. 公务员法

【参考答案】 B

【答案解析】 职业纪律。督察审计人员应当严格执行中央八项规定精神,严格遵守各项廉政、工作纪律。(1)不准由被督察审计对象报销、支付或补贴应由督察审计人员承担的住宿、餐饮、交通、通讯等费用。(2)不准接受被督察审计对象赠送的礼品、礼金、纪念品、土特产、消费卡或有价证券。(3)不准参加被督察审计对象安排的违规宴请、娱乐、旅游等活动。(4)不准利用督察审计工作知悉的国家秘密、工作秘密、商业秘密和内部信息谋取利益。(5)不准利用督察审计职权干预被督察审计单位依法管理的资金、资产、资源的审批或分配使用。(6)不准向被督察审计单位推销商品或介绍业务。(7)不准接受被督察审计对象的请托,干预督察审计工作。(8)不准向被督察审计对象提出任何与督察审计工作无关的要求。

173. 税务督察审计人员的职业纪律,要求,督察审计人员应当严格执行中央八项规定精神,严格遵守各项廉政、工作纪律,表述不正确的是(　　)。

A. 不准由被督察审计对象报销、支付或补贴应由督察审计人员承担的住宿、餐饮、交通、通讯等费用

B. 不准接受被督察审计对象赠送的礼品、礼金、纪念品、土特产、消费卡或有价证券

C. 不准利用督察审计职权干预被督察审计单位依法管理的资金、资产、资源的审批或分配使用

D. 不准利用督察审计工作知悉的国家秘密、工作秘密、商业秘密和个人信息谋取利益

【参考答案】 D

【答案解析】 职业纪律。督察审计人员应当严格执行中央八项规定精神,严格遵守各项廉政、工作纪律。(1)不准由被督察审计对象报销、支付或补贴应由督察审计人员承担的住宿、餐饮、交通、通讯等费用。(2)不准接受被督察审计对象赠送的礼品、礼金、纪念品、土特产、消费卡或有价证券。(3)不准参加被督察审计对象安排的违规宴请、娱乐、旅游等活动。(4)不准利用督察审计工作知悉的国家秘密、工作秘密、商业秘密和内部信息谋取利益。(5)不准利用督察审计职权干预被督察审计单位依法管理的资金、资产、资源的审批或分配使用。(6)不准向被督察审计单位推销商品或介绍业务。(7)不准接受被督察审计对象的请托,干预督察审计工作。

174. 税务系统督察审计工作中，(　　)是督察审计工作业务、廉政、保密、安全等工作的第一责任人。

A. 督察审计组组长　　B. 督察内审部门负责人

C. 单位主要负责人　　D. 主管督察内审部门领导

【参考答案】 A

【答案解析】 督察审计组组长是督察审计组实施某个督察审计项目过程中在行政和业务方面的主要负责人，是督察审计组开展与督察审计事项有关活动的组织者和指挥者，是督察审计工作业务、廉政、保密、安全等工作的第一责任人。

175. 税务系统督察审计组组长的职责不包括(　　)。

A. 指定副组长、项目主审

B. 及时汇报督察审计中发现的重大事项，并适时监督、检查项目实施质量

C. 组织开展查前培训、审前调查，负责组织项目实施方案的编制、调整和报批

D. 复核工作底稿，审核证据资料，对存在问题及时督促补正

【参考答案】 D

【答案解析】 督察审计组组长的职责：(1)组织开展查前培训、审前调查，负责组织项目实施方案的编制、调整和报批。(2)指定副组长、项目主审。(3)组织实施现场督察审计，包括现场人员调配、工作分工、进度推进、沟通协调，指导工作组成员实施督察审计。(4)及时汇报督察审计中发现的重大事项，并适时监督、检查项目实施质量。(5)组织复核工作底稿，审核证据资料，对存在问题及时督促补正。(6)审核确认督察审计目标是否实现。(7)组织编写督察审计报告，征求被督察审计单位意见，提请召开集体审理会议并负责定稿。(8)检查督促督察审计问题的整改。(9)组织督察审计项目资料归档并进行审查验收。(10)负责对督察审计组成员的廉政、保密等情况进行监督。

176. 下列关于税务系统督察审计组副组长的表述错误的是(　　)。

A. 督察审计组组长指定产生

B. 协助组长组织开展督察审计各项工作

C. 负责检查督促督察审计问题的整改

D. 在组长授权的情况下，代为履行组长职责

【参考答案】 C

【答案解析】 督察审计组副组长的职责：(1)协助组长组织开展督察审计各项工作。(2)在组长授权的情况下，代为履行组长职责。

督察审计组组长的职责：(1)组织开展查前培训、审前调查，负责组织项目实施方案的编制、调整和报批。(2)指定副组长、项目主审……

177. 下列关于税务系统督察审计组项目主审的表述错误的是(　　)。

A. 是组内具有督察审计业务专长或丰富工作经验的组员

B. 督察审计组副组长指定

C. 负责确定督察审计目标实现方法、步骤和相关进度

D. 审核督察审计目标是否实现

【参考答案】 B

【答案解析】 督察审计组项目主审是组内具有督察审计业务专长或丰富工作经验的组员，由督察审计组组长指定，负责做好组长分配的督察审计工作，指导组内成员开展督察审计业务，并对相关业务进行具体审核。

项目主审的职责包括：(1)负责确定督察审计目标实现方法、步骤和相关进度。(2)审核工作底稿、询问笔录、事实确认单等资料。(3)审核督察审计目标是否实现。(4)指导督察审计组组员开展督察审计工作。(5)就督察审计过程中出现的业务问题，提出合理化建议。

178. 下列关于税务系统督察审计组组员的表述错误的是(　　)。

A. 可以一岗多人，但不可以一人多岗

B. 按照工作角色和职责分工不同，可分为综合岗、数据采集岗、执法督察业务岗、内部审计业务岗

C. 负责梳理汇总督察审计过程中发现的问题，并及时汇报

D. 负责编制工作底稿、事实确认单、询问单、会议记录等资料

【参考答案】 A

【答案解析】 督察审计组组员的业务分工：(1)督察审计组组员按照工作角色和职责分工不同，可分为综合岗、数据采集岗、执法督察业务岗、内部审计业务岗。(2)督察审计组组员可以一岗多人，也可以一人多岗。

179. 下列属于税务系统督察审计组项目主审的职责的是(　　)。

A. 负责确定督察审计目标实现方法、步骤和相关进度

B. 编制工作底稿、事实确认单、询问单、会议记录等资料

C. 梳理汇总督察审计过程中发现的问题，并及时汇报

D. 自觉服从领导和工作安排，认真履行职责，按时保质保量完成工作任务

【参考答案】 A

【答案解析】 督察审计组项目主审的职责包括：(1)负责确定督察审计目标实现方法、步骤和相关进度。(2)审核工作底稿、询问笔录、事实确认单等资料。(3)审核督察审计目标是否实现。(4)指导督察审计组组员开展督察审计工作。(5)就督察审计过程中出现的业务问题，提出合理化建议。

180. 下列关于税务系统督察审计组综合岗的表述错误的是(　　)。

A. 撰写报告属于综合岗的职责

B. 需熟悉督察审计流程，具备较强的协调、沟通能力

C. 需熟悉督察审计文书，具备较好的文字处理和语言表达能力

D. 需熟悉金税三期等系统相关模块的操作

【参考答案】 D

【答案解析】 综合岗的岗位职责：负责处理督察审计项目中的联系协调、会议准备、资

料传递、底稿交接、文书管理、撰写报告及征求意见书、生活管理、档案管理、文件保密等综合事务。

综合岗的岗位技能：(1)熟悉督察审计流程，具备较强的协调、沟通能力。(2)熟悉督察审计文书，具备较好的文字处理和语言表达能力。(3)熟悉资料收集、整理、汇总等工作，具备较好的综合分析处理能力。

181. 下列关于税务系统督察审计组数据采集岗的岗位技能要求表述错误的是(　　)。

A. 熟悉资料收集、整理、汇总等工作，具备较好的综合分析处理能力

B. 熟悉系统应用、数据库、数据应用工作，具备数据敏感度、数据质量意识和数据预处理能力

C. 熟悉内部或外部各种常用系统，掌握正确的采集和审核方法，具备运用相关技术规范采集各类数据的能力

D. 熟悉金税三期等系统相关模块的操作，具备基本的计算机软硬件和网络知识

【参考答案】 A

【答案解析】 税务系统督察审计组数据采集岗的岗位技能要求：(1)熟悉金税三期等系统相关模块的操作，具备基本的计算机软硬件和网络知识。(2)熟悉内部或外部各种常用系统，掌握正确的采集和审核方法，具备运用相关技术规范采集各类数据的能力。(3)熟悉系统应用、数据库、数据应用工作，具备数据敏感度、数据质量意识和数据预处理能力。

182. 下列属于税务系统督察审计组税务登记督察岗的岗位技能要求的是(　　)。

A. 熟悉委托代征管理、外出经营报验管理等税务登记相关工作实务

B. 熟悉增值税一般纳税人登记管理相关工作实务

C. 熟悉税务行政许可管理相关工作实务

D. 熟悉金税三期等系统中申报征收相关操作模块

【参考答案】 A

【答案解析】 税务登记督察岗的岗位技能要求：(1)熟悉税务登记相关法律法规规章和规范性文件。(2)熟悉金税三期等系统中税务登记相关操作模块。(3)熟悉设立登记、变更登记、停复业登记、注销登记、社会保险费信息登记、扣缴义务人管理、委托代征管理、外出经营报验管理、其他登记管理、非正常户管理、证照管理等税务登记相关工作实务。

183. 下列不属于税务系统督察审计组认定管理督察岗的岗位技能要求的是(　　)。

A. 熟悉金税三期等系统中与认定管理相关操作模块

B. 熟悉非正常户管理相关工作实务

C. 熟悉税(费)种认定、增值税一般纳税人登记管理相关工作实务

D. 熟悉税务行政许可管理等认定管理相关工作实务

【参考答案】 B

【答案解析】 认定管理督察岗的岗位技能：(1)熟悉认定管理相关法律法规规章和规范性文件。(2)熟悉金税三期等系统中与认定管理相关操作模块。(3)熟悉税(费)种认定、增值税一般纳税人登记管理、其他事项认定、税务认定资格取消、税务行政许可管理等认定

管理相关工作实务。

184. 下列不属于税务系统督察审计组申报征收督察岗的岗位技能要求的是(　　)。

A. 熟悉不予加收滞纳金审批、退抵税(费)审批相关工作实务

B. 熟悉纳税申报、延期申报相关工作实务

C. 熟悉增值税一般纳税人登记管理相关工作实务

D. 熟悉税务代保管资金管理、欠税管理相关工作实务

【参考答案】 C

【答案解析】 申报征收督察岗的岗位技能:(1)熟悉申报征收相关法律法规规章和规范性文件。(2)熟悉金税三期等系统中申报征收相关操作模块。(3)熟悉纳税申报、延期申报、催报管理、征收开票、完税凭证开具、现金票证汇总、不予加收滞纳金审批、退抵税(费)审批、退库处理审批、调库(更正)处理审批、票证作废、票证销号、税务代保管资金管理、欠税管理、催缴管理、延期缴纳税款核准等申报征收相关工作实务。

185. 下列不属于税务系统督察审计组税收优惠督察岗的岗位技能要求的是(　　)。

A. 熟悉减免税核准类、减免税备案类税收优惠相关工作实务

B. 熟悉延期缴纳税款核准税收优惠相关工作实务

C. 熟悉放弃免税权备案税收优惠相关工作实务

D. 熟悉税收优惠资格取消税收优惠相关工作实务

【参考答案】 B

【答案解析】 税收优惠督察岗的岗位技能:(1)熟悉税收优惠相关法律法规规章和规范性文件。(2)熟悉金税三期等系统中税收优惠相关操作模块。(3)熟悉减免税核准类、减免税备案类、直接申报享受税收优惠类、放弃免税权备案、税收优惠资格取消等税收优惠相关工作实务。

186. 下列不属于税务系统督察审计组税额确认督察岗的岗位技能要求的是(　　)。

A. 熟悉定期定额户核定与调整定额、终止定期定额征收方式相关工作实务

B. 熟悉简并征期管理、计税价格管理相关工作实务

C. 增值税进项税额扣除标准相关工作实务

D. 熟悉欠税管理、催缴管理相关工作实务

【参考答案】 D

【答案解析】 税额确认督察岗的岗位技能:(1)熟悉税额确认相关法律法规规章和规范性文件。(2)熟悉金税三期等系统中税额确认相关操作模块。(3)熟悉定期定额户核定与调整定额、简并征期管理、终止定期定额征收方式、核定应纳税额、企业所得税核定、印花税核定与调整、其他税种核定、社会保险费核定、增值税进项税额扣除标准、计税价格管理等税额确认相关工作实务。

187. 下列不属于税务系统督察审计组税款追征督察岗的岗位技能要求的是(　　)。

A. 熟悉阻止出境相关工作实务

B. 熟悉责令限期缴纳税款相关工作实务

C. 熟悉核定应纳税额相关工作实务

D. 熟悉纳税担保、税收保全、强制执行相关工作实务

【参考答案】 C

【答案解析】 税款追征督察岗的岗位技能：(1)熟悉税款追征相关法律法规规章和规范性文件。(2)熟悉金税三期等系统中税款追征相关操作模块。(3)熟悉责令限期缴纳税款、纳税担保、税收保全、强制执行、阻止出境、外部应征信息处理等税款追征相关工作实务。

188. 下列关于税务系统督察审计组税收法制督察岗的表述错误的是(　　)。

A. 熟悉纳税担保、税收保全、强制执行相关工作实务

B. 负责督察规范性文件管理、违法处理、行政复议、行政审批改革、重大税收执法事项集体审理情况等税收法制事项

C. 熟悉行政复议、行政应诉、行政赔偿相关工作实务

D. 熟悉规范性文件管理、个案批复、违法处理相关工作实务

【参考答案】 A

【答案解析】 税收法制督察岗的岗位技能：(1)熟悉税收法制相关法律法规规章和规范性文件。(2)熟悉金税三期等系统中税收法制相关操作模块。(3)熟悉规范性文件管理、个案批复、违法处理、行政处罚、重大税务案件审理、行政复议、行政应诉、行政赔偿等税收法制相关工作实务。

189. 下列关于税务系统督察审计组凭证管理督察岗的岗位技能表述错误的是(　　)。

A. 熟悉征收开票、完税凭证开具相关工作实务

B. 负责督察发票管理、增值税抵扣凭证管理、纳税证明管理、税收票证管理等凭证管理事项

C. 熟悉税控设备及防伪用品管理相关工作实务

D. 熟悉纳税证明管理、增值税失控发票管理相关工作实务

【参考答案】 A

【答案解析】 凭证管理督察岗的岗位技能：(1)熟悉凭证管理相关法律法规规章和规范性文件。(2)熟悉金税三期系统中凭证管理相关操作模块。(3)熟悉发票领用、发票代开、缴销管理、退票与作废、发票印制、增值税抵扣凭证管理、税控设备及防伪用品管理、其他发票管理、票证管理、纳税证明管理、增值税失控发票管理等凭证管理相关工作实务。

190. 下列不属于税务系统督察审计组申报征收督察岗的岗位技能的是(　　)。

A. 熟悉完税凭证开具、现金票证汇总相关工作实务

B. 熟悉延期申报、催报管理相关工作实务

C. 熟悉出口退(免)税退库调库相关工作实务

D. 熟悉退抵税(费)审批相关工作实务

【参考答案】 C

【答案解析】 申报征收督察岗岗位技能:(1)熟悉申报征收相关法律法规规章和规范性文件。(2)熟悉金税三期等系统中申报征收相关操作模块。(3)熟悉纳税申报、延期申报、催报管理、征收开票、完税凭证开具、现金票证汇总、不予加收滞纳金审批、退抵税(费)审批、退库处理审批、调库(更正)处理审批、票证作废、票证销号、税务代保管资金管理、欠税管理、催缴管理、延期缴纳税款核准等申报征收相关工作实务。

191. 下列不属于税务系统督察审计组税收优惠督察岗的岗位技能要求的是(　　)。

A. 熟悉减免税备案类税收优惠相关工作实务

B. 熟悉退抵税(费)审批相关工作实务

C. 熟悉直接申报享受税收优惠类相关工作实务

D. 熟悉税收优惠资格取消税收优惠相关工作实务

【参考答案】 B

【答案解析】 税收优惠督察岗的岗位技能:(1)熟悉税收优惠相关法律法规规章和规范性文件。(2)熟悉金税三期等系统中税收优惠相关操作模块。(3)熟悉减免税核准类、减免税备案类、直接申报享受税收优惠类、放弃免税权备案、税收优惠资格取消等税收优惠相关工作实务。

192. 下列不属于税务系统督察审计组国际税收督察岗的岗位技能要求的是(　　)。

A. 熟悉出口退(免)税分类管理相关工作实务

B. 熟悉非居民税收管理相关工作实务

C. 熟悉税收协定管理相关工作实务

D. 熟悉“走出去”企业税收管理相关工作实务

【参考答案】 A

【答案解析】 国际税收督察岗的岗位技能:(1)熟悉国际税收相关法律法规规章和规范性文件。(2)熟悉金税三期等系统中国际税收相关操作模块。(3)熟悉非居民税收管理、税收协定管理、特别纳税调整管理和“走出去”企业税收管理等国际税收相关工作实务。

193. 下列不属于税务系统督察审计组财务内部控制审计岗的岗位技能要求的是(　　)。

A. 熟悉财务管理制度相关工作实务

B. 熟悉资产配置管理相关工作实务

C. 熟悉财务机构和岗位设置、财务基础工作相关工作实务

D. 熟悉财务内部监督相关工作实务

【参考答案】 B

【答案解析】 财务内部控制审计岗的岗位技能:(1)熟悉财务内部控制相关法律法规规章和政策文件。(2)熟悉网络版财务管理软件等相关系统模块操作。(3)熟悉财务管理制度、财务机构和岗位设置、财务基础工作、财务内部监督等财务内部控制相关工作实务。

194. 税务系统督察审计组预算管理审计岗负责审计预算编制、预算批复、预算调整、预算执行、(　　)等预算管理事项。

A. 决算编制　　B. 决算调整

C. 单位决算　　D. 部门决算

【参考答案】 D

【答案解析】 预算管理审计岗的岗位职责:负责审计预算编制、预算批复、预算调整、预算执行、部门决算等预算管理事项。

195. 下列不属于税务系统督察审计组财务收支审计岗的岗位技能要求的是(　　)。

A. 熟悉库存现金、公务卡、银行存款、零余额账户相关工作实务

B. 熟悉资产处置管理、资产置换管理相关工作实务

C. 熟悉结余资金、往来款项相关工作实务

D. 熟悉工资福利支出、商品和服务支出、对个人和家庭的补助支出相关工作实务

【参考答案】 B

【答案解析】 财务收支审计岗的岗位技能:(1)熟悉财务收支相关法律法规规章和政策文件。(2)熟悉网络版财务管理软件等相关系统模块操作。(3)熟悉财务收支管理、库存现金、公务卡、银行存款、零余额账户、结余资金、往来款项、拨入经费、其他收入、拨出经费、工资福利支出、商品和服务支出、对个人和家庭的补助支出、其他资本性支出等财务收支相关工作实务。

196. 税务系统督察审计组国有资产管理审计岗负责审计国有资产配置、使用、处置、置换、计价和(　　)等国有资产管理事项。

A. 核算　　B. 核定

C. 审核　　D. 复核

【参考答案】 A

【答案解析】 国有资产管理审计岗负责审计国有资产配置、使用、处置、置换、计价和核算等国有资产管理事项。

197. 下列关于税务系统督察审计的表述中正确的是(　　)。

A. 基本建设项目资金支付管理属于预算管理审计岗的岗位技能要求

B. 基本建设项目竣工决算管理属于预算管理审计岗的岗位技能要求

C. 基本建设项目财务管理属于财务内部控制审计岗的岗位技能要求

D. 基本建设项目招投标管理属于基本建设管理审计岗的岗位技能要求

【参考答案】 D

【答案解析】 基本建设管理审计岗的岗位技能:(1)熟悉基本建设管理相关法律法规规章和政策文件。(2)熟悉网络版财务管理软件等相关系统模块操作。(3)熟悉基本建设立项、基本建设项目库管理、基本建设项目招投标管理、基本建设项目合同管理、基本建设项目开工管理、基本建设项目施工过程管理、基本建设项目资金支付管理、基本建设项目验收管理、基本建设项目竣工决算管理、基本建设项目财务管理、基本建设项目档案管理等基

本建设管理相关工作实务。

198. 下列关于税务系统督察审计的表述中正确的是(　　)。

A. 政府采购资金支付管理属于财务收支审计岗的岗位技能要求

B. 政府采购预算与计划管理属于预算管理审计岗的岗位技能要求

C. 政府采购目录执行和采购限额标准管理属于政府采购审计岗的岗位技能要求

D. 政府采购审批和备案管理属于财务内部控制审计岗的岗位技能要求

【参考答案】 C

【答案解析】 政府采购审计岗的岗位技能:(1)熟悉政府采购相关法律法规规章和政策文件。(2)熟悉网络版财务管理软件等相关系统模块操作。(3)熟悉政府采购当事人管理、政府采购审批和备案管理、政府采购预算与计划管理、政府采购目录执行和采购限额标准管理、政府采购组织形式、政府采购方式和程序、合同管理、政府采购验收管理、政府采购质疑和投诉处理、政府采购资金支付管理、政府采购政策功能执行、政府采购档案管理等政府采购相关工作实务。

199. 下列不属于税务系统督察审计组专项经费审计岗的岗位技能要求的是(　　)。

A. 熟悉拨入经费、拨出经费相关工作实务

B. 熟悉“三代”手续费相关工作实务

C. 熟悉大企业税收管理专项经费相关工作实务

D. 熟悉税务稽查办案专项经费相关工作实务

【参考答案】 A

【答案解析】 专项经费审计岗的岗位技能:(1)熟悉专项经费相关法律法规规章和政策文件。(2)熟悉网络版财务管理软件等相关系统模块操作。(3)熟悉税务稽查办案专项经费、税务登记证和发票工本费、“三代”手续费、金税运行费、纳税服务经费、反避税经费、营改增试点专项经费、大企业税收管理专项经费、系统机动经费、全国税收调查专项补助经费等专项经费相关工作实务。

200. 税务系统督察审计工作流程规范包括(　　)四个阶段。

A. 准备阶段、执行阶段、报告阶段、整改阶段

B. 准备阶段、实施阶段、执行阶段、报告阶段

C. 计划阶段、实施阶段、报告阶段、整改阶段

D. 准备阶段、实施阶段、报告阶段、整改阶段

【参考答案】 D

【答案解析】 税务系统督察审计工作,通过明确工作方法,细化工作流程,规范工作标准,达到任务目标清晰、实施过程严密、工作标准统一,实现督察审计项目管理规范化、程序化、标准化。流程规范包括准备阶段、实施阶段、报告阶段、整改阶段四个阶段。

201. 税务系统督察审计工作,通过明确工作方法,细化工作流程,规范工作标准,达到任务目标清晰、实施过程严密、工作标准统一,实现督察审计项目管理(　　)。

A. 规范化、程序化、标准化　　　　B. 法制化、程序化、标准化

C. 规范化、流程化、标准化　　　　　　　　D. 法制化、程序化、规范化

【参考答案】 A

【答案解析】 税务系统督察审计工作，通过明确工作方法，细化工作流程，规范工作标准，达到任务目标清晰、实施过程严密、工作标准统一，实现督察审计项目管理规范化、程序化、标准化。流程规范包括准备阶段、实施阶段、报告阶段、整改阶段四个阶段。

202. 税务系统督察审计工作中，制定工作方案的工作要求表述正确的是(　　)。

A. 年度督察审计计划确定督察内审部门统一组织多个督察审计组共同实施一个督察审计项目或者分别实施同一类督察审计项目的，需要编制多份《督察审计工作方案》

B. 根据督察审计实施过程中情况的变化，原《督察审计工作方案》不需进行调整，可以制作补充方案。

C. 督察审计组应由 2 名以上督察审计人员组成，实行组长负责制。根据工作需要，督察审计组应当设立副组长或项目主审

D. 督察审计组组长根据实际情况对组员进行分工，制发《督察审计组职责分工表》

【参考答案】 D

【答案解析】 税务系统督察审计工作，制定工作方案的工作要求：

编制工作方案。……(2)年度督察审计计划确定督察内审部门统一组织多个督察审计组共同实施一个督察审计项目或者分别实施同一类督察审计项目的，可以编制一份《督察审计工作方案》。

工作方案审批。(1)督察内审部门应当在督察审计项目实施前编制《督察审计工作方案》，按照工作分工，报经局领导批准。(2)根据督察审计实施过程中情况的变化，督察审计组可以申请对《督察审计工作方案》的内容进行调整，并报经局领导批准。

成立督察审计组。(1)督察审计组应由 2 名以上督察审计人员组成，实行组长负责制。根据工作需要，督察审计组可以设立副组长或项目主审……

203. 税务系统督察审计工作中，下达通知书的工作要求表述不正确的是(　　)。

A. 领导干部经济责任审计的通知书应包括被审计领导干部姓名

B. 专项督察审计调查项目的通知书应当列明专项督察审计调查的要求

C. 附件内容包括督察审计组组长及成员名单，被督察审计单位需要提供的资料清单及配合工作的要求，督察审计组的工作纪律要求，承诺书等

D. 督察内审部门应当在实施督察审计 5 日前向被督察审计单位下达通知书

【参考答案】 D

【答案解析】 税务系统督察审计工作，下达通知书的工作要求：

编制通知书。

下达通知书。督察内审部门应当在实施督察审计 3 日前，向被督察审计单位下达通知书。领导干部经济责任审计的通知书应当向被审计领导干部及其所在单位发出。遇有特殊情况，督察审计组可以直接持《督察审计通知书》实施督察审计。

204. 税务系统督察审计工作中，督察审计组收集督察审计前调查相关资料的方式不包

括(　　)。

A. 调阅本年督察审计档案,了解督察审计中发现的问题及整改情况

B. 领导干部经济责任审计前,向人事、巡视、纪检监察等部门发出《经济责任审计征询意见函》,征询有无需要审计核实的情况,属于审计范围的,列入审计项目实施方案

C. 要求被督察审计单位提供税收征管、财务管理等方面的资料和数据

D. 向相关部门了解被督察审计单位税收征管、财务管理等方面的情况

【参考答案】 A

【答案解析】 督察审计组可通过以下方式向被督察审计单位及相关部门收集督察审计前调查相关资料:(1)通过金税三期税收管理系统、数据综合分析利用平台、财务管理系统、内部审计系统等数据平台,查阅、调取与税收执法活动、内部财务管理有关的各类电子文档和数据。(2)调阅以前年度督察审计档案,了解以前年度督察审计中发现的问题及整改情况。(3)领导干部经济责任审计前,向人事、巡视、纪检监察等部门发出《经济责任审计征询意见函》,征询有无需要审计核实的情况,属于审计范围的,列入审计项目实施方案。(4)了解被督察审计单位的基本情况,如人员编制情况、组织机构设置、岗位职能说明等。(5)要求被督察审计单位提供税收征管、财务管理等方面的资料和数据。(6)向相关部门了解被督察审计单位税收征管、财务管理等方面的情况。

205. 税务系统督察审计工作中,督察审计组要运用分析性程序进行分析。对收集的数据及相关资料进行系统分析、结构分析、个体分析等,采用多维分析技术等技术手段,研究和比较反映(　　)的数据之间的关系,测定各种信息的合理性和变化趋势,形成数据分析资料。

A. 税收成果和财务状况　　B. 税收成果和地区经济发展状况

C. 税收成果和征管状况　　D. 税收成果和服务状况

【参考答案】 A

【答案解析】 督察审计组要运用分析性程序进行分析。对收集的数据及相关资料进行系统分析、结构分析、个体分析等,采用多维分析技术等技术手段,研究和比较反映税收成果和财务状况的数据之间的关系,测定各种信息的合理性和变化趋势,形成数据分析资料。

206. 税务系统督察审计工作中,关于项目实施方案内容的表述中错误的是(　　)。

A. 督察审计目标,指项目所达到的预期效果

B. 督察审计范围,指督察审计业务范围

C. 督察审计内容、重点及督察审计措施,包括督察审计前调查、案头分析发现的疑点问题及核实要求,具体的督察审计步骤,应采用的督察审计方法,明确如何收集证据、评价证据,完成现场督察审计工作

D. 督察审计工作要求,包括督察审计进度安排、督察审计组内部重要管理事项、督察审计组的组成及成员职责分工等

【参考答案】 B

【答案解析】 项目实施方案内容：(1)督察审计目标，指项目所达到的预期效果。(2)督察审计范围，包括督察审计时间范围和业务范围。(3)督察审计内容、重点及督察审计措施，包括督察审计前调查、案头分析发现的疑点问题及核实要求，具体的督察审计步骤，应采用的督察审计方法，明确如何收集证据、评价证据，完成现场督察审计工作。(4)督察审计工作要求，包括督察审计进度安排、督察审计组内部重要管理事项、督察审计组的组成及成员职责分工等。

207. 税务系统督察审计工作中，督察审计组应当及时调整实施方案的情形表述不正确的是(　　)。

A. 督察审计目标发生变化的

B. 年度项目计划、工作方案发生变化的

C. 重要督察审计事项发生变化的

D. 工作组人员及其分工发生重大变化的

【参考答案】 A

【答案解析】 督察审计组应当及时调整实施方案的情形：(1)年度项目计划、工作方案发生变化的；(2)督察审计目标发生重大变化的；(3)重要督察审计事项发生变化的；(4)被督察审计单位及其相关情况发生重大变化的；(5)工作组人员及其分工发生重大变化的；(6)需要调整的其他情形。

208. 税务系统督察审计工作中，一般项目的实施方案应当经督察审计组组长审定，报督察内审部门备案。重要项目的实施方案应当报经(　　)审定。

A. 单位主要负责人　　B. 督察内审部门负责人

C. 督察内审主管领导　　D. 党委

【参考答案】 B

【答案解析】 一般项目的实施方案应当经督察审计组组长审定，报督察内审部门备案。重要项目的实施方案应当报经督察内审部门负责人审定。

209. 税务系统督察审计工作中，督察审计组调整实施方案中的某些事项，应当报经督察内审部门主要负责人批准，其中不包括(　　)。

A. 客观条件限制，无法完成工作方案工作要求的情形

B. 现场督察审计开始时间

C. 督察审计组组长

D. 督察审计重点

【参考答案】 B

【答案解析】 督察审计组调整实施方案中的下列事项，应当报经督察内审部门主要负责人批准：(1)督察审计目标；(2)督察审计组组长；(3)督察审计重点；(4)现场督察审计结束时间；(5)客观条件限制，无法完成工作方案工作要求的情形。

210. 税务系统督察审计实施前，要进行查前培训，(　　)宣读督察审计组工作纪律，部署现场督察审计工作任务，并就督察审计项目实施提出具体要求。

A. 督察审计组组长　　B. 督察审计组副组长

C. 督察审计组综合岗位人员　　D. 督察内审部门负责人

【参考答案】 A

【答案解析】 税务系统督察审计实施前，要进行查前培训，督察审计组组长宣读督察审计组工作纪律，部署现场督察审计工作任务，并就督察审计项目实施提出具体要求。

211. 税务系统督察审计实施前，要进行查前培训，查前培训的主要内容不包括（　　）。

A. 被督察审计单位的基本情况介绍

B. 模拟测试，熟悉工作流程，明确工作标准

C. 廉政、保密、安全教育

D. 督察审计工作方案

【参考答案】 D

【答案解析】 查前培训的主要内容：(1)被督察审计单位的基本情况介绍；(2)督察审计项目实施方案；(3)督察审计的内容、重点、线索及工作方法；(4)相关政策法规和文件依据；(5)模拟测试，熟悉工作流程，明确工作标准；(6)被督察审计单位以往督察审计结果通报；(7)廉政、保密、安全教育。

212. 税务系统督察审计实施阶段，关于进驻会议的表述错误的是（　　）。

A. 进驻会议由被督察审计单位指定人员主持

B. 督察审计组组长宣读《督察审计通知书》，介绍工作安排和督察审计组成员，明确督察审计范围、内容、工作纪律，提出工作要求

C. 被督察审计单位负责人介绍单位整体情况以及税收执法、财务管理、领导干部任职期间履行经济责任等情况

D. 督察审计组组长指定人员负责会议情况记录，形成《督察审计会议记录》，由组长审核并签字

【参考答案】 A

【答案解析】 进驻会议的议程：(1)进驻会议一般由被督察审计单位指定人员主持，也可由督察审计组指定人员主持。(2)督察审计组组长宣读《督察审计通知书》，介绍工作安排和督察审计组成员，明确督察审计范围、内容、工作纪律，提出工作要求。(3)被督察审计单位负责人介绍单位整体情况以及税收执法、财务管理、领导干部任职期间履行经济责任等情况。(4)督察审计组组长指定人员负责会议情况记录，形成《督察审计会议记录》，由组长审核并签字。

213. 税务系统督察审计实施阶段，关于督察审计公示的工作要求表述错误的是（　　）。

A. 公示内容包括：督察审计依据、实施时间、对象、内容及督察审计组办公地点和监督举报电话等

B. 督察审计组在被督察审计单位办公地点醒目位置公开《督察审计公示》

C. 督察审计公示期为督察审计实施和报告期间

D. 督察审计组就督察审计举报信息与当事人见面谈话，应不少于两人，但当事人提出要求的除外

【参考答案】 C

【答案解析】 督察审计公示的工作要求：(1)督察审计组制作《督察审计公示》。公示内容包括：督察审计依据、实施时间、对象、内容及督察审计组办公地点和监督举报电话等。(2)督察审计组在被督察审计单位办公地点醒目位置公开《督察审计公示》。(3)督察审计公示期为督察审计组现场工作期间。(4)督察审计组就督察审计举报信息与当事人见面谈话，应不少于两人(当事人提出要求的除外)，并做好《督察审计谈话记录》。

214. 税务系统督察审计工作，督察审计组应在(　　)将承诺书收回并作为督察审计证据归入督察审计档案。

A. 当场　　B. 进驻会议结束前

C. 督察审计实施结束前　　D. 现场督察审计结束前

【参考答案】 D

【答案解析】 督察审计组应在现场督察审计结束前将承诺书收回并作为督察审计证据归入督察审计档案。

215. 税务系统督察审计工作，督察审计组在现场督察审计期间，需要《督察审计通知书》要求之外的其他资料，填写(　　)，载明所需资料的名称和提供资料的时间要求，送交被督察审计单位。

A.《资料清单》　　B.《督察审计资料交接单》

C.《督察审计需提供资料清单》　　D.《督察审计资料移交清单》

【参考答案】 C

【答案解析】 督察审计组在现场督察审计期间，需要《督察审计通知书》要求之外的其他资料，填写《督察审计需提供资料清单》，载明所需资料的名称和提供资料的时间要求，送交被督察审计单位。

216. 税务系统督察审计工作中，对被督察审计单位遵循建立和实施内部控制原则情况进行测评时，主要审查单位是否遵循“(　　)”原则。

A. 全面覆盖、突出重点、权力制衡、融合联动、持续整改

B. 全面覆盖、突出重点、权力制衡、融合联动、持续改进

C. 全面覆盖、突出重点、权力制衡、上下联动、持续改进

D. 全面覆盖、突出难点、权力制衡、融合联动、持续改进

【参考答案】 B

【答案解析】 税务系统督察审计工作中，对被督察审计单位遵循建立和实施内部控制原则情况进行测评时，主要审查单位是否遵循“全面覆盖、突出重点、权力制衡、融合联动、持续改进”原则。

217. 税务系统督察审计工作中，对被督察审计单位遵循建立和实施内部控制原则情况进行测评时，主要审查单位是否遵循“全面覆盖、突出重点、权力制衡、融合联动、持续改进”

原则。遵循融合联动原则情况，指内部控制与（　　）等工作紧密结合、深度融合、高度契合，形成整体联动效应。

A. 政策执行、税收执法、行政管理和党风廉政建设

B. 政策制定、税收执法、行政管理和巡视巡查

C. 政策制定、税收执法、行政管理和党风廉政建设

D. 政策制定、税收执法、财务管理和党风廉政建设

【参考答案】 C

【答案解析】 税务系统督察审计工作中，对被督察审计单位遵循建立和实施内部控制原则情况进行测评时，主要审查单位是否遵循“全面覆盖、突出重点、权力制衡、融合联动、持续改进”原则。遵循融合联动原则情况，指内部控制与政策制定、税收执法、行政管理和党风廉政建设等工作紧密结合、深度融合、高度契合，形成整体联动效应。

218. 税务系统督察审计工作中，对被督察审计单位遵循建立和实施内部控制原则情况进行测评时，主要审查单位是否遵循“全面覆盖、突出重点、权力制衡、融合联动、持续改进”原则。遵循突出重点原则情况，指内部控制是否在全面控制的基础上加强对税务工作（　　）风险的防范和控制。

A. 重点领域、关键环节、重要人员　　B. 重点行业、关键环节、重要岗位

C. 重点领域、关键业务、重要岗位　　D. 重点领域、关键环节、重要岗位

【参考答案】 D

【答案解析】 税务系统督察审计工作中，对被督察审计单位遵循建立和实施内部控制原则情况进行测评时，主要审查单位是否遵循“全面覆盖、突出重点、权力制衡、融合联动、持续改进”原则。遵循突出重点原则情况，指内部控制是否在全面控制的基础上加强对税务工作重点领域、关键环节、重要岗位风险的防范和控制。

219. 税务系统督察审计工作中，对被督察审计单位遵循建立和实施内部控制原则情况进行测评时，主要审查单位是否遵循“全面覆盖、突出重点、权力制衡、融合联动、持续改进”原则。遵循制衡性原则情况，指内部控制是否采用（　　）等措施，是否在机构设置、层级管理、岗责配置、业务流程等方面实现相互制约、相互监督、相互协调。

A. 分事行权、分岗设权、分级授权

B. 分事行权、分岗设权、分级授权、监督制约

C. 分事设权、分岗行权、分级授权

D. 分事设权、分岗行权、分级授权、监督制约

【参考答案】 A

【答案解析】 税务系统督察审计工作中，对被督察审计单位遵循建立和实施内部控制原则情况进行测评时，主要审查单位是否遵循“全面覆盖、突出重点、权力制衡、融合联动、持续改进”原则。遵循制衡性原则情况，指内部控制是否采用分事行权、分岗设权、分级授权等措施，是否在机构设置、层级管理、岗责配置、业务流程等方面实现相互制约、相互监督、相互协调。

220. 税务系统督察审计工作中，对被督察审计单位遵循建立和实施内部控制原则情况进行测评时，主要审查单位是否遵循“全面覆盖、突出重点、权力制衡、融合联动、持续改进”原则。遵循持续改进原则情况，指内部控制是否实行动态管理，是否及时发现和纠正存在的问题，根据内外部工作环境和工作要求的变化不断优化完善，使内部控制与（　　）相适应。

A. 人员规模、业务重点、风险水平　　B. 业务规模、岗位重点、风险水平

C. 人员规模、风险重点、服务水平　　D. 人员规模、业务重点、服务水平

【参考答案】 A

【答案解析】 税务系统督察审计工作中，对被督察审计单位遵循建立和实施内部控制原则情况进行测评时，主要审查单位是否遵循“全面覆盖、突出重点、权力制衡、融合联动、持续改进”原则。遵循持续改进原则情况，指内部控制是否实行动态管理，是否及时发现和纠正存在的问题，根据内外部工作环境和工作要求的变化不断优化完善，使内部控制与人员规模、业务重点、风险水平相适应。

221. 税务系统督察审计工作中，对被督察审计单位内部控制的措施适当情况进行测评时，审查的内容表述不正确的是（　　）。

A. 实施职责分工控制情况

B. 实施不相容岗位相互分离控制情况

C. 实施授权审批控制情况

D. 实施重点事项痕迹记录控制情况

【参考答案】 D

【答案解析】 税务系统督察审计工作中，对被督察审计单位内部控制的措施适当情况进行测评时，审查单位在实际的控制活动中，是否能够通过实施适当的控制措施，将风险控制在可以接受的范围之内。具体包括：(1)实施职责分工控制情况。(2)实施不相容岗位相互分离控制情况。(3)实施授权审批控制情况。(4)实施流程控制情况。(5)实施过程预警控制情况。(6)实施集体决策控制情况。(7)实施公开运行控制情况。(8)实施痕迹记录控制情况。

222. 税务系统督察审计工作中，对被督察审计单位内部控制的措施适当情况进行测评时，审查实施流程控制情况，指是否将内部控制嵌入工作流程，对各环节实行模块化管理，对流程进行持续的监督、评价和优化，使风险点在流程中得到控制和解决，形成顺向（　　）、有效制衡，逆向（　　）、有效监督的完整体系。

A. 相互支撑，真实反馈　　B. 相互指引，真实反馈

C. 相互支撑，真实回溯　　D. 相互反馈，真实支撑

【参考答案】 A

【答案解析】 税务系统督察审计工作中，对被督察审计单位内部控制的措施适当情况进行测评时，审查实施流程控制情况，指是否将内部控制嵌入工作流程，对各环节实行模块化管理，对流程进行持续的监督、评价和优化，使风险点在流程中得到控制和解决，形成顺

向相互支撑、有效制衡,逆向真实反馈、有效监督的完整体系。

223. 税务系统督察审计工作中,“是否根据工作规程和业务运转的内在逻辑,在重要节点预设监控指标进行检索、比对,对应办事项及时提醒,对错办事项及时干预、强制阻断”,是对被督察审计单位(　　)进行的审查。

A. 实施流程控制情况　　B. 实施过程预警控制情况

C. 实施授权审批控制情况　　D. 实施痕迹记录控制情况

【参考答案】 B

【答案解析】 税务系统督察审计工作中,对被督察审计单位内部控制的措施适当情况进行测评时,审查实施过程预警控制情况,指是否根据工作规程和业务运转的内在逻辑,在重要节点预设监控指标进行检索、比对,对应办事项及时提醒,对错办事项及时干预、强制阻断。

224. 税务系统督察审计工作中,调查了解被督察审计单位内部控制建设情况,可以采取的方法不包括(　　)。

A. 询问　　B. 检查

C. 走访纳税人　　D. 符合性测试

【参考答案】 C

【答案解析】 税务系统督察审计工作中,调查了解被督察审计单位内部控制建设情况,可以采取以下方法:(1)询问。(2)检查。(3)观察。(4)符合性测试。

225. 税务系统督察审计工作中,对被督察审计单位内部控制初步评价工作要求不包括(　　)。

A. 健全性评价　　B. 合理性评价

C. 合法性评价　　D. 有效性评价

【参考答案】 C

【答案解析】 税务系统督察审计工作中,对被督察审计单位内部控制初步评价工作要求:(1)健全性评价。主要是根据单位的业务特点,分析主要管理活动及其业务流程和高风险领域是否建立了内部控制,是否存在失控环节。(2)合理性评价。分析内部控制环节是否设置合理、分工和职责划分是否适当,内部控制制度是否存在违反国家法律法规、规章制度的条款。(3)有效性评价。分析内部控制措施是否得到有效执行,是否达到预期目标。

226. 税务系统督察审计工作中,审核资料的重点不包括(　　)。

A. 审核资料的真实性　　B. 审核资料的完整性

C. 审核资料的合法性　　D. 审核资料的效益性

【参考答案】 C

【答案解析】 税务系统督察审计工作中,审核资料的重点:(1)审核资料的真实性。核查资料内容是否符合并真实反映被督察审计单位实际情况。(2)审核资料的完整性。核查资料是否有遗漏,提供的资料是否覆盖督察审计项目的全部内容。(3)审核资料的合规性。

核查资料是否符合国家法律法规、政策规定及上级要求。(4)审核资料的效益性。核查资料是否最大限度满足实现督察审计目标的需要。

227. 税务系统督察审计工作中，开展现场督察可以采取问卷调查的方式，关于问卷调查的表述错误的是(　　)。

A. 参加人员范围可以包括被督察审计单位领导班子成员、中层干部

B. 参加人员范围可以包括其他人员

C. 督察审计组应当将问卷当场发放收回

D. 督察审计组应当对问卷调查结果进行定性、定量的技术分析，并充分利用

【参考答案】 C

【答案解析】 开展问卷调查：(1)设计调查问卷。根据督察审计项目需要确定调查问卷内容。(2)确定参加调查问卷的人员范围。参加人员范围一般包括被督察审计单位领导班子成员、中层干部、其他人员。(3)开展问卷调查。督察审计组可以将问卷当场发放收回，也可以预留 1 至 2 日，明确规定的收回时间。(4)梳理问卷调查结果。督察审计组应当对问卷调查结果进行定性、定量的技术分析，并充分利用。

228. 税务系统督察审计工作中，开展现场督察采取座谈、个别谈话和询问方式时，未涉及的文书是(　　)。

A.《督察审计约谈记录》　　B.《督察审计谈话记录》

C.《督察审计询问单》　　D.《督察审计询问笔录》

【参考答案】 A

【答案解析】 座谈、个别谈话过程中指定专门人员负责记录，并制作《督察审计谈话记录》。

采取书面询问方式的，由督察审计人员填写《督察审计询问单》，询问单须列明询问事项、回复时限等，并由被询问部门或人员书面答复后签字确认。采取口头询问方式的，填制《督察审计询问笔录》，并要求被询问人在询问笔录上签注意见和签名。

229. 税务系统督察审计工作中，延伸调查的原则不包括(　　)。

A. 合法性原则　　B. 合规性原则

C. 客观性原则　　D. 效率性原则

【参考答案】 B

【答案解析】 延伸调查的原则：(1)合法性原则。督察审计组人员应根据法律、法规的要求，规范实施延伸调查。(2)客观性原则。督察审计组人员实施延伸调查，应当事先充分评估发现的疑点问题、性质和后果，围绕被督察审计单位的问题和督察审计目标展开。(3)效率性原则。延伸调查应以尽可能少的成本达到预定的目标，取得既定成效，对社会经济活动的妨碍最小化。

230. 税务系统督察审计工作中，督察审计证据的种类不包括(　　)。

A. 书面证据　　B. 实物证据

C. 口头证据　　D. 勘验检查笔录

【参考答案】 D

【答案解析】 督察审计证据的种类。(1)书面证据。(2)实物证据。(3)视听电子证据。(4)口头证据。

231. 督察审计人员取得督察审计证据的方法不包含(　　)。

A. 重新计算　　　　B. 勘验检查

C. 分析性复核　　　　D. 监盘

【参考答案】 B

【答案解析】 督察审计人员可以采用下列方法取得督察审计证据:(1)审核。是对被督察审计单位或延伸调查单位的会计资料和其他书面文件进行审阅与复核,是取得书面证据的方法。(2)观察。是对被督察审计单位的工作场所、实物资产和有关业务活动及其内部控制的执行情况等进行实地察看,是取得实物证据的方法。(3)监盘。是现场监督被督察审计单位对各种实物资产及现金、有价证券等进行盘点,并进行适当的抽查,是取得实物证据的方法。(4)询问。是向被督察审计单位的有关人员、其他和被督察审计单位相关联的人员,以及独立的各方当事人了解情况,包括口头询问和书面询问两种方式,是取得口头证据的方法。(5)重新计算。是指以手工方式或者使用信息技术对有关数据计算的正确性进行核对,是取得书面证据的方法。通过重新计算方法收集证据时,应当编制计算表或者计算工作记录,注明计算的事项,所依据的相关数据、计算的方法和结果等。(6)分析性复核。是对重要的比率或者趋势进行分析,包括调查异常变动项目以及这些重要比率或者趋势与预期数额和相关信息的差异,以发现异常变动,对督察审计事项进行进一步核实。

232. 税务系统督察审计工作中,下列关于督察审计证据的表述中错误的是(　　)。

A. 采取书面询问的方式,由督察审计人员填写《督察审计询问单》

B. 督察审计组可聘请其他专业机构或人士对督察审计项目的某些特殊问题进行鉴定,以鉴定结论作为督察审计证据

C. 取得被督察审计单位以外的其他单位或者个人出具的证明材料作为证据的,证明材料上应当由该单位或者个人签注"本单位(本人)所提供的上述证明材料是客观、合法的",并签章、注明日期

D. 如果证据提供者拒绝签名或盖章,督察审计人员应当注明原因,不可以作为支持督察审计结论和建议的依据

【参考答案】 D

【答案解析】 督察审计人员获取的督察审计证据,应当由证据提供者签名或盖章。如果证据提供者拒绝,督察审计人员应当注明原因和日期,该证据依然可作为支持督察审计结论和建议的依据。

233. 税务系统督察审计工作中,督察审计组组长、副组长或项目主审对取得的证据进行审核,对不符合要求的证据应予以补充完善或重新取得,重点审核的内容表述不正确的是(　　)。

A. 证据数量是否足以证实督察审计事项,作出督察审计结论和建议

B. 证据和督察审计目标是否相关联,所反映的内容是否能够支持督察审计结论和建议

C. 证据的真实性、合法性、合规性

D. 证据是否能够反映督察审计事项的客观事实

【参考答案】 C

【答案解析】 督察审计组组长、副组长或项目主审对取得的证据进行审核,对不符合要求的证据应予以补充完善或重新取得,重点审核以下方面:(1)证据数量是否足以证实督察审计事项,作出督察审计结论和建议;(2)证据和督察审计目标是否相关联,所反映的内容是否能够支持督察审计结论和建议;(3)证据的真实性、合法性;(4)证据是否能够反映督察审计事项的客观事实。

234. 税务系统督察审计工作中,关于督察审计项目评价论证的表述错误的是(　　)。

A. 督察审计组组长要对工作进展情况作阶段性的总结汇报

B. 督察审计汇报应有书面记录,着重说明阶段性的督察审计发现、结论和对下一步工作的建议

C. 督察审计组组长应当检查项目实施方案执行情况,督导组员完成尚未进行的督察审计事项,制止擅自扩大督察审计范围的行为

D. 督察审计组组长可以检查和评估各领域的工作进展情况,判断督察审计发现问题的性质和重要性,确认督察审计证据

【参考答案】 A

【答案解析】 督察审计人员按组长要求将其负责领域的工作进展情况作阶段性的总结汇报。

235. 税务系统督察审计工作中,下列表述错误的是(　　)。

A. 编制督察审计工作底稿之后,应要求被督察审计单位对督察审计事实进行确认

B. 督察审计人员要对督察审计具体事项进行详细描述和说明,填写《督察审计事实确认单》

C. 被督察审计单位认为督察审计事实不清或描述不准确的,督察审计人员应对督察审计事实进一步核实

D. 被督察审计单位在规定时限内未对《督察审计事实确认单》反馈的,视同确认

【参考答案】 A

【答案解析】 督察审计事实是督察审计具体事项的描述和说明,是督察审计人员作出分析和判断的基础和前提。在编制督察审计工作底稿前,首先应要求被督察审计单位对督察审计事实进行确认。

236. 税务系统督察审计工作中,关于编制督察审计工作底稿表述错误的是(　　)。

A. 督察审计人员应根据《督察审计事实确认单》和督察审计证据,编制《督察审计工作底稿》

B. 督察审计工作底稿应当由督察审计人员根据实施方案确定的项目内容,逐项逐事编制形成,做到一项一稿或一事一稿

C. 底稿应当内容完整、记录清晰、结论明确,客观地反映项目实施方案的执行情况,以

及与形成督察审计结论、意见和建议有关的所有重要事项

D. 一份证据材料对应多个督察审计工作底稿时，督察审计人员应当将证据材料复印件附在每一份督察审计工作底稿后面并予以注明

【参考答案】 D

【答案解析】 证据材料应当作为督察审计工作底稿的附件。一份证据材料对应多个督察审计工作底稿时，督察审计人员可以将证据材料附在与其关系最密切的督察审计工作底稿后面，并在其他督察审计工作底稿中予以注明。

237. 税务系统督察审计工作中，关于督察审计工作底稿的审核表述错误的是（　　）。

A. 督察审计工作底稿由督察审计组组长审核审定

B. 在督察审计工作中，督察审计组组长应加强对督察审计工作底稿的现场复核

C. 督察审计人员在提交底稿时，要填写《督察审计工作底稿交接单》

D. 督察审计工作底稿审核完成后要按照问题类别和顺序编号，存入督察审计档案。未经督察审计组组长、项目主审和底稿编制人员同意，不允许撤销底稿

【参考答案】 A

【答案解析】 督察审计工作底稿审核实行逐级负责制，先由项目主审审核，再由督察审计组副组长审核，最后报督察审计组组长审定。

238. 税务系统督察审计工作中，督察审计工作底稿的审核事项不包括（　　）。

A. 具体督察审计目标是否实现

B. 事实是否清楚

C. 证据是否合法、客观

D. 得出的督察审计结论及其相关标准是否适当

【参考答案】 C

【答案解析】 督察审计工作底稿的审核事项：(1)具体督察审计目标是否实现；(2)督察审计措施是否有效执行；(3)事实是否清楚；(4)证据是否客观、充分；(5)得出的督察审计结论及其相关标准是否适当；(6)其他有关事项。

239. 税务系统督察审计工作中，下列表述错误的是（　　）。

A. 被督察审计单位的陈述申辩应当以书面形式作出

B. 督察审计人员在提交底稿时，要填写《督察审计工作底稿交接单》

C. 督察审计工作底稿应当由督察审计人员根据实施方案确定的项目内容，逐项逐事编制形成，做到一项一稿或一事一稿

D. 项目主审根据督察审计人员提交的底稿，填制《督察审计发现问题汇总表》

【参考答案】 A

【答案解析】 督察审计组可根据情况，选择以下方式听取陈述申辩：(1)记录口头陈述申辩意见，经申辩人签字确认；(2)被督察审计单位作出书面陈述申辩意见，阐明对督察审计事实确认单、询问单、询问笔录等文书存在异议的理由。

240. 税务系统督察审计工作中，督察审计组对督察审计组会议讨论事项的情况及其结

果形成(　　)。

A.《督察审计会议记录》

B.《督察审计会议纪要》

C.《督察审计报告初稿》

D.《督察审计评价记录》

【参考答案】 A

【答案解析】 督察审计组对督察审计组会议讨论事项的情况及其结果形成《督察审计会议记录》。

241. 税务系统督察审计工作中，督察审计组根据督察审计目标，以督察审计认定的事实为基础，按照相关性、重要性、可行性、规范性和谨慎性原则，对所督察审计的事项发表评价意见。对督察审计过程中未涉及、督察审计证据不适当或者不充分、评价依据或者标准不明确以及超越督察审计职责范围的事项，(　　)。

A. 作出反对意见

B. 不发表评价意见

C. 作出删除意见

D. 作出补充证据意见

【参考答案】 B

【答案解析】 督察审计组根据督察审计目标，以督察审计认定的事实为基础，按照相关性、重要性、可行性、规范性和谨慎性原则，对所督察审计的事项发表评价意见。对督察审计过程中未涉及、督察审计证据不适当或者不充分、评价依据或者标准不明确以及超越督察审计职责范围的事项，不发表评价意见。

242. 税务系统督察审计工作中，督察审计组应针对被督察审计单位管理活动和内部控制的缺陷提出可行的改进建议，促进管理目标的实现。形成的督察审计结论与建议应当充分考虑督察审计项目的(　　)，并考虑被督察审计单位采取纠正措施的条件和能力。

A. 重要性和应用水平

B. 典型性和风险水平

C. 重要性和风险水平

D. 全面性和应用水平

【参考答案】 C

【答案解析】 督察审计组应针对被督察审计单位管理活动和内部控制的缺陷提出可行的改进建议，促进管理目标的实现。形成的督察审计结论与建议应当充分考虑督察审计项目的重要性和风险水平，并考虑被督察审计单位采取纠正措施的条件和能力。

243. 税务系统督察审计工作中，督察审计报告必须达到客观、完整、清晰、具有建设性并体现(　　)的质量要求。

A. 可行性

B. 合法性

C. 典型性

D. 重要性

【参考答案】 D

【答案解析】 督察审计报告必须达到客观、完整、清晰、具有建设性并体现重要性的质量要求。

244. 税务系统督察审计工作中，督察审计报告撰写完成后，督察审计组组长、副组长和项目主审要对报告进行初步审核。如报告质量未达到规定要求，应对报告进行修改。审核重点不包括(　　)。

A. 是否实事求是反映督察审计事项

B. 是否按照规定的格式及内容编制，做到要素齐全、格式规范、不遗漏督察审计中发现的重大事项，督察审计结论完整

C. 是否具有逻辑性、突出重点、简明扼要、易于理解

D. 是否提出具有可行性、建设性的意见建议

【参考答案】 D

【答案解析】 督察审计报告撰写完成后，督察审计组组长、副组长和项目主审要对报告进行初步审核。如报告质量未达到规定要求，应对报告进行修改。审核重点包括：(1)是否实事求是反映督察审计事项；(2)是否按照规定的格式及内容编制，做到要素齐全、格式规范、不遗漏督察审计中发现的重大事项，督察审计结论完整；(3)是否具有逻辑性、突出重点、简明扼要、易于理解。避免使用不必要的、过于专业和技术性强的复杂语言。

245. 税务系统督察审计工作中，督察审计组在督察审计实施阶段结束之前，以(　　)形式就督察审计发现的问题与被督察审计单位交换意见，完成现场督审收尾工作。

A. 会议　　　　B. 电函

C. 书面　　　　D. 谈话

【参考答案】 A

【答案解析】 督察审计组在督察审计实施阶段结束之前，以会议形式就督察审计发现的问题与被督察审计单位交换意见，完成现场督审收尾工作。

246. 税务系统督察审计工作中，关于退出会议的表述中错误的是(　　)。

A. 退出会议的参加人员是督察审计组成员，被督察审计单位主要负责人，相关部门的负责人

B. 督察审计组通报督察审计发现的问题

C. 被督察审计单位现场反馈意见

D. 退出会议需指定专门人员负责会议情况记录，形成《督察审计会议记录》

【参考答案】 A

【答案解析】 召开退出会议的要求。

(1)退出会议的参加人员有：督察审计组成员，被督察审计单位主要负责人或分管局领导，相关部门的负责人。

(2)退出会议的主要内容：①督察审计组通报督察审计发现的问题；②被督察审计单位现场反馈意见。

(3)退出会议需指定专门人员负责会议情况记录，形成《督察审计会议记录》。

247. 税务系统督察审计工作中，撤离现场工作地点前，督察审计组应当检查和确认调阅的资料和借用的设备是否如数归还，(　　)资料和数据的处理是否符合规定。

A. 特定　　　　B. 特殊

C. 重要　　　　D. 涉密

【参考答案】 D

【答案解析】 撤离现场工作地点前，督察审计组应当对以下事项进行检查和确认：(1)需补充证据的督察审计事项，是否进行了补充完善；(2)现场形成的重要管理事项记录是否完善；(3)调阅的资料和借用的设备是否如数归还，涉密资料和数据的处理是否符合规定；(4)是否按规定完成督察审计数据的归集、整理工作；(5)外请人员使用的督察审计资料是否收回，电子数据是否按规定处理。

248. 税务系统督察审计工作中，由被督察审计单位领导班子成员、中层负责人于现场工作结束后(　　)个工作日内，对督察审计组现场工作期间的工作作风、工作纪律和廉政情况进行评价。

A. 3　　　　B. 5

C. 7　　　　D. 10

【参考答案】 B

【答案解析】 由被督察审计单位领导班子成员、中层负责人于现场工作结束后 5 个工作日内，对督察审计组现场工作期间的工作作风、工作纪律和廉政情况进行评价。

249. 税务系统督察审计工作中，督察审计组制作《督察审计报告征求意见书》和督察审计报告征求意见稿，由督察审计组组长签批后送达被督察审计单位。被督察审计单位在(　　)个工作日内上报书面反馈意见，逾期未提出的，视同无异议。

A. 3　　　　B. 5

C. 7　　　　D. 10

【参考答案】 D

【答案解析】 督察审计组制作《督察审计报告征求意见书》和督察审计报告征求意见稿，由督察审计组组长签批后送达被督察审计单位。

领导干部经济责任审计报告征求意见稿，还须送被审计领导干部本人。

被督察审计单位填写《反馈意见采纳情况表》，制作《督察审计报告反馈意见》，在 10 个工作日内上报书面反馈意见，逾期未提出的，视同无异议。

250. 税务系统督察审计工作中，督察审计报告征求意见稿反馈意见的采纳原则表述错误的是(　　)。

A. 对反馈理由充分，证明不存在问题的，不在报告中反映

B. 对已整改落实的问题，在报告中写明整改情况

C. 对情况属实尚未整改的问题，应纳入报告

D. 对有异议的问题，暂不纳入报告

【参考答案】 D

【答案解析】 征求意见稿反馈意见的采纳原则：(1)对反馈理由充分，证明不存在问题的，不在报告中反映。(2)对已整改落实的问题，在报告中写明整改情况。(3)对情况属实尚未整改的问题，应纳入报告。(4)对有异议的问题，可征求专业部门意见后，决定是否纳入报告。

251. 督察审计组将《督察审计报告》《督察审计处理意见书》《督察审计处理决定书》《督

察审计结论书》、被督察审计单位反馈意见和被督察审计单位反馈意见采纳情况、移交处理意见、督察审计实施方案、调查了解记录、审计工作底稿、审计证据等资料提交(　　)复核。

A. 督察内审业务部门　　　　B. 局领导

C. 督察审计组组长　　　　D. 党委

【参考答案】 A

【答案解析】 督察审计组将《督察审计报告》《督察审计处理意见书》《督察审计处理决定书》《督察审计结论书》、被督察审计单位反馈意见和被督察审计单位反馈意见采纳情况、移交处理意见、督察审计实施方案、调查了解记录、审计工作底稿、审计证据等资料提交督察内审业务部门(省以下为督察内审部门,下同)复核。

252. 督察审计组将《督察审计报告》《督察审计处理意见书》《督察审计处理决定书》《督察审计结论书》等资料提交督察内审业务部门复核,对督察内审业务部门进行复核的内容表述错误的是(　　)。

A. 报告是否内容完整、事实清楚、结论正确、用词恰当、格式规范

B. 督察审计发现的重要问题是否在报告中反映

C. 被督察审计单位和个人提出的意见是否采纳

D. 督察审计期间被督察审计单位对督察审计发现问题已整改的,督察审计报告是否阐明有关整改情况

【参考答案】 C

【答案解析】 督察内审业务部门对下列事项进行复核:(1)报告是否内容完整、事实清楚、结论正确、用词恰当、格式规范。(2)督察审计期间被督察审计单位对督察审计发现问题已整改的,督察审计报告是否阐明有关整改情况。(3)经济责任审计报告是否包括被审计人员履行经济责任的基本情况,审计评价是否客观,审计发现问题责任认定是否准确。(4)项目实施方案明确的督察审计事项和程序是否全部履行,督察审计发现问题是否提出相应整改建议等。(5)督察审计发现的重要问题是否在报告中反映。(6)事实是否清楚、数据是否正确;证据是否适当、充分;适用法律法规和标准是否适当;处理处罚意见是否恰当。(7)被督察审计单位和个人提出的合理意见是否采纳。(8)需要复核的其他事项。

253. 督察内审部门对报告进行审理,必要时召开集体审理会议,可以召开集体审理会议的情形不包括(　　)。

A. 被督察审计单位对报告有不同意见的

B. 被督察审计单位对适用的政策法规有争议的

C. 存在督察审计组认为需要移交人事、纪检监察、稽查部门处理的问题

D. 存在督察审计组认为需要移交人事、纪检监察、稽查部门处理的问题,被督察审计单位不同意移交的

【参考答案】 D

【答案解析】 存在以下情形,可以召开集体审理会议。(1)被督察审计单位对报告有不同意见的;(2)被督察审计单位对适用的政策法规有争议的;(3)存在督察审计组认为需

要移交人事、纪检监察、稽查部门处理的问题;(4)存在其他需要提交集体审理的情形的。

254. 督察内审部门对报告进行审理,必要时召开集体审理会议,在审理中发现事实不清、证据不足、资料不全的,应当(　　),并决定是否再次进行审理。

A. 要求督察审计组对证据予以补正

B. 重新组织人员进行核实、检查

C. 要求督察审计组对证据予以补正,也可以重新组织人员进行核实、检查

D. 组织原督察审计组人员进行核实、检查

【参考答案】 C

【答案解析】 在审理中发现事实不清、证据不足、资料不全的,应当要求督察审计组对证据予以补正,也可以重新组织人员进行核实、检查,并决定是否再次进行审理。

255. 督察内审部门对报告进行审理,必要时召开集体审理会议,审理会议认为问题重大,难以认定的事项,(　　)。

A. 可以商有关业务部门提出意见

B. 可以责成有关业务部门提出意见,再提交单位负责人作出决定

C. 可以提交单位负责人决定

D. 可以商有关业务部门提出意见,或提交单位负责人决定

【参考答案】 D

【答案解析】 审理会议认为问题重大,难以认定的事项,可以商有关业务部门提出意见,或提交单位负责人决定。

256. 税务系统督察审计工作中,在正式报告出具之前,督察内审业务部门可以针对督察审计中发现的突出问题,符合条件的,制作(　　)。

A.《督察审计处理意见书》　　B.《督察审计处理决定书》

C.《督察审计结论书》　　D.《督察审计建议书》

【参考答案】 D

【答案解析】 在正式报告出具之前,督察内审业务部门可以针对督察审计中发现的突出问题,符合以下情形的,制作《督察审计建议书》。(1)在较大范围内普遍存在的问题;(2)问题严重,存在重大的风险隐患;(3)问题性质特殊,需要特别要求加以整改的;(4)时间紧迫,需要及时整改的;(5)其他必要情形。

257. 税务系统督察审计工作中,在正式报告出具之前,督察内审业务部门可以针对督察审计中发现的突出问题,制作《督察审计建议书》,制作《督察审计建议书》不包括的情形是(　　)。

A. 在较大范围内普遍存在的问题

B. 问题重大,需要立即整改的

C. 问题性质特殊,需要特别要求加以整改的

D. 问题严重,存在重大的风险隐患

【参考答案】 B

【答案解析】 在正式报告出具之前，督察内审业务部门可以针对督察审计中发现的突出问题，符合以下情形的，制作《督察审计建议书》。(1)在较大范围内普遍存在的问题；(2)问题严重，存在重大的风险隐患；(3)问题性质特殊，需要特别要求加以整改的；(4)时间紧迫，需要及时整改的；(5)其他必要情形。

258. 税务系统督察审计工作中，督察审计组根据(　　)起草《经济责任审计结果报告》，应当简洁精练，重点反映审计评价、审计结论、责任认定等。

A.《督察审计报告》　　B.《督察审计工作底稿》

C.《督察审计发现问题汇总表》　　D.《督察审计会议纪要》

【参考答案】 A

【答案解析】 督察审计组根据《督察审计报告》，起草《经济责任审计结果报告》，应当简洁精练，重点反映审计评价、审计结论、责任认定等。

259. 税务系统督察审计工作中，《经济责任审计结果报告》一般由(　　)签批。

A. 督察审计组组长　　B. 督察内审部门负责人

C. 督察内审部门主管领导　　D. 局领导

【参考答案】 B

【答案解析】《经济责任审计结果报告》由督察内审部门负责人签批，如存在被审计领导负直接责任或主管责任的问题，应报局领导签批。

260. 税务系统督察审计工作中，被督察审计单位或被审计领导干部应自收到督察审计报告或处理意见书、决定书之日起(　　)日内向实施督察审计的税务机关提起申诉，实施督察审计的税务机关应当及时受理。

A. 10　　B. 15

C. 20　　D. 30

【参考答案】 D

【答案解析】 被督察审计单位或被审计领导干部应自收到督察审计报告或处理意见书、决定书之日起 30 日内向实施督察审计的税务机关提起申诉，实施督察审计的税务机关应当及时受理。

261. 税务系统督察审计工作中，实施督察审计的税务机关应当自收到被督察审计单位或被审计领导干部的申诉之日起(　　)日内作出复查决定，制作并下达《督察审计复查决定书》。

A. 7　　B. 15

C. 20　　D. 30

【参考答案】 D

【答案解析】 被督察审计单位或被审计领导干部应自收到督察审计报告或处理意见书、决定书之日起 30 日内向实施督察审计的税务机关提起申诉，实施督察审计的税务机关应当及时受理。实施督察审计的税务机关应当自收到申诉之日起 30 日内作出复查决定，制作并下达《督察审计复查决定书》。

262. 税务系统督察审计工作中，关于被督察审计单位或被审计领导干部申请复查和复核的表述错误的是（　　）。

A. 实施督察审计的税务机关应当自收到申诉之日起30日内作出复查决定，制作并下达《督察审计复查决定书》

B. 被督察审计单位或被审计领导干部对复查决定仍有异议的，可以自收到复查决定之日起30日内向上一级税务机关申请复核，上一级税务机关应当及时受理

C. 上一级税务机关应当自收到复核申请之日起30日内作出复核决定，制作并下达《督察审计复核决定书》

D. 上一级税务机关的复核决定和国家税务总局的复查决定为最终决定

【参考答案】 C

【答案解析】 上一级税务机关应当自收到复核申请之日起60日内作出复核决定，制作并下达《督察审计复核决定书》。

263. 税务系统督察审计工作中，督察内审部门根据（　　）的相关规定在《督察审计报告》《督察审计处理意见书》《督察审计处理决定书》等相关文书中提出责任追究建议。

A. 税收执法责任制　　B. 党纪党规

C. 公务员法　　D. 行政处罚法

【参考答案】 A

【答案解析】 根据税收执法责任制的相关规定在《督察审计报告》《督察审计处理意见书》《督察审计处理决定书》等相关文书中提出责任追究建议。

264. 税务系统督察审计工作中，被督察审计单位收到《督察审计报告》《督察审计处理意见书》《督察审计处理决定书》后，立即执行督察审计处理决定，对查出的问题进行整改，并在30日内将《督察审计整改报告》以（　　）的形式向实施督察审计的税务机关进行反馈。

A. 信函　　B. 邮件

C. 正式公文　　D. 电函

【参考答案】 C

【答案解析】 被督察审计单位收到《督察审计报告》《督察审计处理意见书》《督察审计处理决定书》后，立即执行督察审计处理决定，对查出的问题进行整改，并在30日内将《督察审计整改报告》以正式公文的形式向实施督察审计的税务机关进行反馈。

265. 税务系统督察审计工作中，督察审计整改报告应包括（　　）等。

A. 政策执行情况和落实整改情况

B. 政策执行情况、落实整改情况、责任追究情况和资料归档情况

C. 落实整改情况和责任追究情况

D. 政策执行情况、落实整改情况和责任追究情况

【参考答案】 C

【答案解析】 督察审计整改报告应包括：落实整改情况和责任追究情况等。

266. 税务系统督察审计工作中，对于定期督察审计项目，督察内审部门可以结合

(　　),检查或者了解被督察审计单位的整改情况。

A. 上一次督察审计　　B. 下一次督察审计

C. 专项督察审计　　D. 经济责任审计

【参考答案】 B

【答案解析】 对于定期督察审计项目,督察内审部门可以结合下一次督察审计,检查或者了解被督察审计单位的整改情况。

267. 税务系统督察审计工作中,实施整改督查应关注的事项不包括(　　)。

A. 责任追究的落实情况　　B. 督察审计发现问题的整改情况

C. 党纪处分情况　　D. 督察审计建议采纳的情况

【参考答案】 C

【答案解析】 实施整改督查应关注的事项:(1)督察审计发现问题的整改情况。(2)督察审计建议采纳的情况。(3)责任追究的落实情况。

268. 税务系统督察审计工作中,督察内审部门对受理的举报事项,被举报人为税务机关的,由(　　)负责调查处理。

A. 本级税务机关

B. 上一级税务机关

C. 本级税务机关或者上一级税务机关

D. 督察内审部门移交纪检部门进行调查处理

【参考答案】 B

【答案解析】 督察内审部门对受理的举报事项,按照以下原则,确定由本级税务机关组织调查处理或者交下级税务机关调查处理。(1)被举报人为税务机关的,由其上一级税务机关负责调查处理;(2)被举报人为税务人员的,由其任免机关负责调查处理;(3)被举报人为多个税务机关、多个税务人员,或者既包括税务机关也包括税务人员的,由对其具有共同调查处理权限的税务机关调查处理;(4)上级税务机关根据调查处理的需要,可以直接调查处理下级税务机关权限范围内的举报事项,或者委托下级税务机关调查处理相关举报事项。

269. 税务系统督察审计工作中,督察内审部门对受理的举报事项,被举报人为多个税务机关、多个税务人员,或者既包括税务机关也包括税务人员的,由(　　)调查处理。

A. 各本级税务机关分别　　B. 各上级税务机关分别

C. 省级税务机关　　D. 对其具有共同调查处理权限的税务机关

【参考答案】 D

【答案解析】 督察内审部门对受理的举报事项,按照以下原则,确定由本级税务机关组织调查处理或者交下级税务机关调查处理。(1)被举报人为税务机关的,由其上一级税务机关负责调查处理;(2)被举报人为税务人员的,由其任免机关负责调查处理;(3)被举报人为多个税务机关、多个税务人员,或者既包括税务机关也包括税务人员的,由对其具有共同调查处理权限的税务机关调查处理;(4)上级税务机关根据调查处理的需要,可以直接调查处理下级税务机关权限范围内的举报事项，或者委托下级税务机关调查处理相关举报事项。

270. 税务系统督察审计工作中，对举报人提供联系电话的，应当通过电话联系举报人，进一步了解和核实有关情况。可以不予立案调查的情形包括对事实清楚但情节轻微、可以直接处理的举报事项，或者（　　）的举报事项。

A. 不能确认举报反映情况属实　　　　B. 能够确认举报反映情况不实

C. 事实清楚但没有危害后果　　　　D. 事实清楚但危害后果轻微

【参考答案】 B

【答案解析】 应当对收到的举报事项进行初步核实，提出是否立案调查的意见。

对举报人提供联系电话的，应当通过电话联系举报人，进一步了解和核实有关情况。能够取得联系，且举报事实清楚的，原则上应当立案调查；对事实清楚但情节轻微、可以直接处理的举报事项，或者能够确认举报反映情况不实的举报事项，可以不予立案调查。

271. 税务系统督察审计工作中，对举报人未提供联系电话，或者根据所提供的联系电话无法与举报人取得联系的，（　　）。

A. 不予立案调查

B. 暂存举报

C. 由举报管理部门根据举报事项的真实性和重要性决定是否立案调查

D. 由局领导决定是否立案调查

【参考答案】 C

【答案解析】 对举报人未提供联系电话，或者根据所提供的联系电话无法与举报人取得联系的，是否立案调查，由举报管理部门根据举报事项的真实性和重要性决定。

272. 税务系统督察审计工作中，督察内审部门对受理的举报事项，下列表述中错误的是（　　）。

A. 被举报人为税务人员的，由其任免机关负责调查处理

B. 对不予立案调查的举报事项，应当制作举报办理结论，视同举报事项办结

C. 对拟立案调查的举报事项，举报管理部门应当制定调查方案，报举报管理部门主要负责人批准后组织实施；重大举报事项应当报单位主要负责人批准后组织实施

D. 举报管理部门实施调查应当成立调查组，调查组人数不得少于 2 人

【参考答案】 C

【答案解析】 对拟立案调查的举报事项，举报管理部门应当制定调查方案，报举报管理部门主要负责人批准后组织实施；重大举报事项应当报分管局领导批准后组织实施。

273. 税务系统督察审计工作中，对于举报事项，重大、复杂、疑难举报事项的调查处理意见，举报管理部门在报请分管局领导批准前，应当征求（　　）意见。

A. 督察内审部门负责人　　　　B. 被举报税务人员

C. 被举报税务人员所属税务机关　　　　D. 有关业务主管部门

【参考答案】 D

【答案解析】 重大、复杂、疑难举报事项的调查处理意见，举报管理部门在报请分管局领导批准前，应当征求有关业务主管部门意见。

274. 税务系统督察审计工作中，对于举报事项，承接调查处理任务的举报管理部门应当对调查组提交的调查报告进行审核，提出处理意见，报（　　）批准后执行。

A. 督察内审部门负责人　　B. 分管局领导

C. 单位主要负责人　　D. 上一级税务机关

【参考答案】 B

【答案解析】 承接调查处理任务的举报管理部门应当对调查组提交的调查报告进行审核，提出处理意见，报分管局领导批准后执行。

275. 税务机关配合外部审计检查工作中，被审计检查单位收到审计检查资料需求文书后，督察内审部门应将审计检查资料需求根据职责分送至有关部门（单位），并建立（　　）。

A.《外部审计检查提供资料台账》　　B.《外部审计检查提供资料清单》

C.《外部审计检查取证台账》　　D.《外部审计检查退还资料清单》

【参考答案】 A

【答案解析】 被审计检查单位收到审计检查资料需求文书后，督察内审部门应将审计检查资料需求根据职责分送至有关部门（单位），并建立《外部审计检查提供资料台账》。

276. 税务机关配合外部审计检查工作中，被审计检查单位收到审计检查取证文书后，督察内审部门应将审计检查取证文书根据职责分送至有关部门（单位），并建立（　　）。

A.《外部审计检查提供资料台账》　　B.《外部审计检查提供资料清单》

C.《外部审计检查取证台账》　　D.《外部审计检查退还资料清单》

【参考答案】 C

【答案解析】 被审计检查单位收到审计检查取证文书后，督察内审部门应将审计检查取证文书根据职责分送至有关部门（单位），并建立《外部审计检查取证台账》。

277. 税务机关配合外部审计检查工作中，被审计检查单位收到审计检查结论性文书后，有关部门（单位）应在规定时限内落实整改要求，将整改情况及有关资料报分管局领导审核后送交（　　）。

A. 督察内审部门　　B. 外部审计检查部门

C. 单位局领导　　D. 督察内审部门主管领导

【参考答案】 A

【答案解析】 被审计检查单位收到审计检查结论性文书后，督察内审部门应根据职责及时将审计检查提出的问题及整改要求分送至有关部门（单位），并建立《外部审计检查整改台账》。

有关部门（单位）应在规定时限内落实整改要求，将整改情况及有关资料报分管局领导审核后送交督察内审部门。

278. 税务机关配合外部审计检查工作中，对审计检查组退还的资料，有关部门（单位）应逐项清点，核对无误后填写（　　），退还资料清单一式三份，移交双方各留存一份，送督察内审部门备案一份。

A.《外部审计检查提供资料台账》 B.《外部审计检查提供资料清单》

C.《外部审计检查取证台账》 D.《外部审计检查退还资料清单》

【参考答案】 D

【答案解析】 对审计检查组退还的资料，有关部门（单位）应逐项清点，核对无误后填写《外部审计检查退还资料清单》，退还资料清单一式三份，移交双方各留存一份，送督察内审部门备案一份。

279. 税务系统督察审计工作中，数据规范包括（　　）部分。

A. 前期准备、数据采集、数据应用、反馈评价

B. 前期准备、数据采集、数据校验、数据应用、反馈评价

C. 前期准备、数据采集、数据更正、数据应用、反馈评价

D. 数据采集、数据更正、数据应用、反馈评价

【参考答案】 A

【答案解析】 为实现督察审计数据规范化，明确工作流程，规范工作标准，充分发挥数据在督察审计项目中的积极作用，制定本规范。数据规范包括前期准备、数据采集、数据应用、反馈评价四个部分。

280. 税务系统督察审计工作中，数据规范规定，经督察审计组讨论，初步确定督察审计数据需求后，必要时可以与被督察审计单位（　　）沟通，从技术角度确定所需数据采集的可能性，初步确定采集方式、具体文件格式和传递介质等问题。

A. 数据制作人员 B. 数据存储人员

C. 计算机管理人员 D. 主要负责人

【参考答案】 C

【答案解析】 经督察审计组讨论，初步确定督察审计数据需求后，必要时可以与被督察审计单位计算机管理人员沟通，从技术角度确定所需数据采集的可能性，初步确定采集方式、具体文件格式和传递介质等问题。

281. 税务系统督察审计工作中，数据规范规定，督察审计组采集数据的要求不包括（　　）。

A. 严格按需采集，不相关的数据不采集

B. 数据采集人员应及时向督察审计人员通报采集数据内容变化情况，督察审计人员根据采集情况提出数据加工需求

C. 数据采集超出采集人员技术能力的，可以外聘计算机专业人员进行数据采集

D. 保证数据采集的真实性和完整性

【参考答案】 C

【答案解析】 督察审计组采集数据的要求：(1)保证数据采集的真实性和完整性。(2)严格按需采集，不相关的数据不采集。(3)数据采集人员应及时向督察审计人员通报采集数据内容变化情况，督察审计人员根据采集情况提出数据加工需求。(4)数据采集超出

采集人员技术能力的，可以要求被督察审计单位数据主管部门根据督察审计组的要求提供相关数据。(5)采集数据时应尽量选择间隙时段，避开使用高峰时段，减少对被督察审计单位工作的影响。(6)完成数据采集后，应还原被督察审计单位的电子数据应用环境，不能影响其正常运行。

282.税务系统督察审计工作中，数据规范规定，被督察审计单位采集数据时应保证数据采集的(　　)，并作出书面承诺。

A.合法性和完整性　　B.真实性和完整性

C.真实性和正确性　　D.合法性和全面性

【参考答案】 B

【答案解析】 被督察审计单位采集数据时要求：(1)被督察审计单位应及时向督察审计人员通报采集数据内容变化情况，督察审计人员根据采集情况提出数据加工需求。(2)被督察审计单位应保证数据采集的真实性和完整性，并作出书面承诺。

283.税务系统督察审计工作中，数据规范规定，推送数据时保障数据的(　　)。

A.真实性、完整性和准确性　　B.合法性、真实性和完整性

C.真实性、全面性和准确性　　D.合法性、全面性和准确性

【参考答案】 A

【答案解析】 推送数据时的要求：(1)推送数据时保障数据的真实性、完整性和准确性。(2)在数据采集需求规定的时限内推送数据。(3)由于特殊原因，不能按时推送数据的，应及时通知数据需求方，双方应积极采取措施，恢复正常推送。

284.税务系统督察审计工作中，数据规范规定对数据进行抽样审查时，根据具体督察审计目标确定审计对象总体，应用概率论、数据统计模型和方法，结合(　　)确定样本量进行测试和审查，并根据样本测试结果评价推断总体特征。

A.被督察审计单位的人均业务量　　B.被督察审计单位的业务风险指标

C.被督察审计单位的业务总量　　D.督察审计人员专业判断

【参考答案】 D

【答案解析】 抽样审查。根据具体督察审计目标确定审计对象总体，应用概率论、数据统计模型和方法，结合督察审计人员专业判断确定样本量进行测试和审查，并根据样本测试结果评价推断总体特征。

285.税务系统督察审计工作中，数据规范规定，通过一般统计、分层分析、(　　)等统计方法探索数据内在的数据规律性，发现异常现象，快速寻找督察审计突破口。

A.分类分析　　B.量化分析

C.综合分析　　D.分段分析

【参考答案】 A

【答案解析】 统计分析。通过一般统计、分层分析、分类分析等统计方法探索数据内在的数据规律性，发现异常现象，快速寻找督察审计突破口。

286.税务系统督察审计工作中，关于数据规范相关规定表述错误的是(　　)。

A. 整理线索时要对照具体的税收法律进行判断，从而发现税收执法、财务管理和违纪违规疑点线索

B. 数据分析结果能直接发现和核实问题的，督察审计人员可以利用有关电子数据直接取证

C. 数据分析结果仅揭示问题线索不能直接发现和核实问题的，应根据疑点线索进行延伸督察审计

D. 数据分析明细结果应征求被督察审计单位的意见，经双方对认定结果确定后，将分析结果具体化为纸质材料

【参考答案】 A

【答案解析】 整理线索。(1)对被分析的数据进行验证，避免编写程序逻辑错误、操作不规范、选择方法不正确等原因造成数据遗漏或丢失，保证数据分析的正确性和准确性。(2)对照具体的业务规则和督察审计业务经验进行判断，从而发现税收执法和财务管理疑点线索。

287. 税务系统督察审计工作中，数据规范规定，在(　　)应对数据采集和应用进行目标评价，对数据采集需求和数据分析方法等进行修正和完善，对数据采集模板、分析方法等成果收集归档。

A. 数据应用过程中　　B. 数据应用过程中和结束后

C. 数据应用结束前　　D. 数据采集过程中

【参考答案】 B

【答案解析】 在数据应用过程中和结束后，应对数据采集和应用进行目标评价，对数据采集需求和数据分析方法等进行修正和完善，对数据采集模板、分析方法等成果收集归档。

288. 税务系统督察审计工作中，文书规范规定，督察审计项目文书包括(　　)。

A. 准备阶段文书、实施阶段文书、报告阶段文书和整改阶段文书

B. 准备阶段文书、实施阶段文书、执行阶段文书和整改阶段文书

C. 立项阶段文书、实施阶段文书、报告阶段文书和整改阶段文书

D. 立项阶段文书、实施阶段文书、执行阶段文书和整改阶段文书

【参考答案】 A

【答案解析】 为了规范督察审计项目文书，制定本规范，包括：准备阶段文书、实施阶段文书、报告阶段文书和整改阶段文书四部分。

289. 税务系统督察审计工作中，档案收集是督察审计项目组将应归档的督察审计材料，按归档要求进行收集并形成完整的督察审计项目归档材料的过程。其业务依据是(　　)。

A.《配合外部审计检查工作规范(试行)》

B.《全国税务机关督察内审档案管理办法(试行)》

C.《全国税务系统督察审计规范》

D.《中华人民共和国档案管理法》

【参考答案】 B

【答案解析】 档案收集是督察审计项目组将应归档的督察审计材料，按归档要求进行收集并形成完整的督察审计项目归档材料的过程。其业务依据是《全国税务机关督察内审档案管理办法(试行)》。

290. 税务系统督察审计工作中，关于档案保管的表述中错误的是(　　)。

A. 整理立卷归档的督察审计资料，要按照年度及项目分类妥善保管

B. 重大督察审计事项或具有代表意义的督察审计事项档案要保管 50 年

C. 重要督察审计事项、查考价值较大的档案要保管 30 年

D. 一般性的督察审计事项或调查事项的档案要保管 10 年

【参考答案】 B

【答案解析】 档案保管是督察审计项目组将整理立卷归档的督察审计资料，按照年度及项目分类妥善保管，维护督察审计资料档案的完整与安全。

(1)督察审计档案按照“年度—档案类别”进行分类排放。对电子档案必须按照存效性要求保管。

(2)督察审计档案保管期限分为永久、30 年和 10 年三种。①永久是指重大督察审计事项或具有代表意义的督察审计事项档案；②30 年是指重要督察审计事项、查考价值较大的档案；③10 年是指一般性的督察审计事项或调查事项的档案。

291. 税务系统督察审计工作中，关于督察审计档案的表述中错误的是(　　)。

A. 本单位其他部门利用档案(包括查阅、借出、复制、摘抄等)，应详细填写《督察审计档案利用申请单》，并经督察内审部门负责人同意

B. 外单位利用档案(包括查阅、借出、复制、摘抄等)，需持单位介绍信，注明利用理由，详细填写《督察审计档案利用申请单》，经本单位主要负责人批准

C. 督察审计组于次年 6 月底前向督察审计档案管理部门移交，移交时填写《督察审计档案移交清单》，双方签字确认

D. 非保密电子档案被销毁时进行逻辑删除，销毁保密电子档案须连同存储载体彻底清除

【参考答案】 B

【答案解析】 外单位利用档案(包括查阅、借出、复制、摘抄等)，需持单位介绍信，注明利用理由，详细填写《督察审计档案利用申请单》，经本单位分管督察审计工作的局领导批准。档案已移交机关档案管理部门的，还需遵守机关档案利用有关规定。

292. 税务系统内部控制，是指以风险防控为导向，通过查找、梳理、评估税务工作中的各类风险，制定、完善并有效实施一系列制度、流程、方法和标准，对税务工作风险进行(　　)的动态管理过程和机制。

A. 事前防范、事中控制、事后监督和纠正

B. 事前预防、事中控制、事后监督

C. 事前防范、事中管控、事后监督和纠正

D. 事前防范、事中管控、事后监督

【参考答案】 A

【答案解析】 内部控制，是指以风险防控为导向，通过查找、梳理、评估税务工作中的各类风险，制定、完善并有效实施一系列制度、流程、方法和标准，对税务工作风险进行事前防范、事中控制、事后监督和纠正的动态管理过程和机制。

293. 税务系统内部控制应遵循的原则不包括（　　）。

A. 全面覆盖　　B. 突出重点

C. 持续改进　　D. 党建指引

【参考答案】 D

【答案解析】 建立和实施内部控制，应当遵循以下原则：（一）全面覆盖。涵盖税务工作的所有领域，贯穿决策、执行、监督的全过程，覆盖所有单位、部门、岗位和人员。（二）突出重点。重点加强对税务工作重点领域、关键环节、重要岗位风险的防范和控制。（三）权力制衡。分事行权、分岗设权、分级授权，在机构设置、层级管理、岗责配置、业务流程等方面实现相互制约、相互监督、相互协调。（四）融合联动。与政策制定、税收执法、行政管理和党风廉政建设等工作紧密结合、深度融合、高度契合，形成整体联动效应。（五）持续改进。强化动态管理，及时发现和纠正存在的问题，根据内外部工作环境和工作要求的变化不断优化完善，使内部控制与人员规模、业务重点、风险水平相适应。

294. 税务系统内部控制工作，（　　）可以结合实际制定本单位（系统）的专项制度。

A. 省税务机关　　B. 市税务机关

C. 省和市税务机关　　D. 各级税务机关

【参考答案】 A

【答案解析】 专项制度，是指国家税务总局依据基本制度制定的，用于指导税务工作特定领域风险防控的专门制度。省税务机关可以结合实际制定本单位（系统）的专项制度。

295. 税务系统内部控制的内容包括（　　）、税收执法风险、行政管理风险以及由此产生的廉政风险。

A. 政策落实风险　　B. 政策执行风险

C. 政策调整风险　　D. 政策制定风险

【参考答案】 D

【答案解析】 税务系统内部控制的内容包括政策制定风险、税收执法风险、行政管理风险以及由此产生的廉政风险。

296. 税务系统内部控制工作中，税收执法风险的内容不包括（　　）。

A. 税款征收风险　　B. 税务认定风险

C. 纳税服务风险　　D. 税收法制风险

【参考答案】 B

【答案解析】 税收执法风险，是指税务机关及其工作人员在税收执法过程中，因故意

或过失，损害国家利益或行政管理相对人合法权益的可能性。包括以下内容：(一)税款征收风险。(二)税务管理风险。(三)纳税服务风险。(四)税务稽查风险。(五)税收法制风险。(六)其他税收执法风险。

297. 税务系统内部控制工作中，行政管理风险的内容不包括(　　)。

A. 内部监督风险　　B. 人事管理风险

C. 财政管理风险　　D. 政务管理风险

【参考答案】 C

【答案解析】 行政管理风险，是指税务机关及其工作人员在内部管理过程中，因故意或过失，损害国家利益、管理秩序或相关当事人合法权益的可能性。包括以下内容：(一)人事管理风险。(二)财务管理风险。(三)政府采购风险。(四)政务管理风险。(五)信息系统管理风险。(六)内部监督风险。(七)其他行政管理风险。

298. 税务系统内部控制活动，是指对税务工作风险进行(　　)的过程。

A. 识别、分类和应对　　B. 识别、定级和应对

C. 防范、识别、定级和应对　　D. 防范、识别、分类和应对

【参考答案】 B

【答案解析】 内部控制活动，是指对税务工作风险进行识别、定级和应对的过程。

299. 税务系统内部控制工作中，下列表述错误的是(　　)。

A. 上级税务机关业务主管部门应对下级税务机关及税务人员遵守和执行职责范围内相关制度、流程情况实行日常监督管理，属于日常监督控制

B. 各级税务机关专门监督部门应依据职责分工和管辖权限对税务机关及税务人员遵守和执行相关制度、流程情况实行专门监督检查，属于专门监督控制

C. 国家税务总局确定全国税务系统通用风险点的风险等级，省税务机关根据实际情况，确定本地区个性化风险点的风险等级，省以下税务机关无权再确定风险等级

D. 痕迹记录控制。利用有效手段保留完整的工作记录、台账、表单、票据和文书等，通过运行痕迹记录对工作事项处理进行过程控制，确保工作过程可查询、可追溯、可比较

【参考答案】 C

【答案解析】 根据涉及事项或环节的重要程度、自由裁量权大小、发生概率、危害程度等因素，定性与定量相结合，采取样本分析、问卷调查、群众评议、专家评审等方式，将税务工作风险确定为高、中、低三个等级。国家税务总局确定全国税务系统通用风险点的风险等级，省以下税务机关可根据实际情况，确定本地区个性化风险点的风险等级。

300. 税务系统内部控制工作中，下列属于监督控制方法的是(　　)。

A. 专门监督控制　　B. 职责分工控制

C. 流程控制　　D. 过程预警控制

【参考答案】 A

【答案解析】 监督控制方法，包括：(一)日常监督控制。上级税务机关业务主管部门

应对下级税务机关及税务人员遵守和执行职责范围内相关制度、流程情况实行日常监督管理。(二)专门监督控制。各级税务机关专门监督部门应依据职责分工和管辖权限对税务机关及税务人员遵守和执行相关制度、流程情况实行专门监督检查。

301. 税务系统内部控制工作中，领导班子每(　　)听取一次内部控制工作情况汇报，对重大问题及时进行研究。

A. 月　　B. 季度

C. 半年　　D. 年

【参考答案】 C

【答案解析】 领导班子每半年听取一次内部控制工作情况汇报，对重大问题及时进行研究。

302. 税务系统内部控制工作中，国家税务总局内控管理部门负责拟订全国税务系统内部控制基本制度和管理制度，组织税务总局局内各单位制定(　　)。

A. 风险分类和风险等级　　B. 专项制度和操作规程

C. 风险类别和风险防控措施　　D. 风险防控措施和操作规程

【参考答案】 B

【答案解析】 国家税务总局内控管理部门的职责包括：(一)统筹、协调、指导全国税务系统内部控制工作；(二)拟订全国税务系统内部控制基本制度和管理制度，组织税务总局局内各单位制定专项制度和操作规程……

303. 税务系统内部控制工作中，不属于省以下税务机关内控管理部门职责的是(　　)。

A. 统筹、协调、指导本系统内部控制工作

B. 组织本机关所属部门和单位制定、完善相关制度和操作规程

C. 负责处理内部控制日常事务

D. 组织实施风险识别、风险定级和风险应对

【参考答案】 D

【答案解析】 省以下税务机关内控管理部门的职责包括：(一)统筹、协调、指导本系统内部控制工作；(二)组织本机关所属部门和单位制定、完善相关制度和操作规程；(三)组织对本系统内部控制工作的检查、考核和评价，对内部控制存在的问题进行研究，提出处理意见；(四)负责处理内部控制日常事务；(五)办理其他相关事项。

304. 各级税务机关督察内审部门应将各单位(　　)作为督察审计的重要内容，结合督察审计发现的问题，对各单位内部控制完整性、合规性和有效性提出改进建议。

A. 税收政策执行情况　　B. 行政事务管理情况

C. 内部控制制度执行情况　　D. 风险防控执行情况

【参考答案】 C

【答案解析】 各级税务机关督察内审部门应将各单位内部控制制度执行情况作为督察审计的重要内容，结合督察审计发现的问题，对各单位内部控制完整性、合规性和有效性

提出改进建议。

305. 各级税务机关督察内审部门是内部控制管理部门，其主要职责不包括(　　)。

A. 组织内部控制宣传和培训工作

B. 应用内部控制监督平台开展任务推送、风险目录管理、监督检查、考核评价等，研究内部控制存在的问题，提出处理意见

C. 组织制定、完善内部控制制度

D. 开展风险识别、风险定级、风险应对，编制和完善风险目录

【参考答案】 D

【答案解析】 各级税务机关督察内审部门(或者承担督察内审职能的部门)是内部控制管理部门，主要职责包括：(一)组织制定、完善内部控制制度；(二)应用内部控制监督平台开展任务推送、风险目录管理、监督检查、考核评价等，研究内部控制存在的问题，提出处理意见；(三)组织内部控制宣传和培训工作；(四)办理内部控制管理工作的其他事项。

306. 各级税务机关所属部门(单位)是内部控制主责部门，其主要职责不包括(　　)。

A. 组织内部控制宣传和培训工作

B. 制定和完善内部控制相关制度

C. 开展风险识别、风险定级、风险应对，编制和完善风险目录，并向内部控制管理部门报备

D. 指导下级税务机关相关部门的内部控制工作

【参考答案】 A

【答案解析】 各级税务机关所属部门(单位)是内部控制主责部门，主要职责包括：(一)制定和完善内部控制相关制度；(二)开展风险识别、风险定级、风险应对，编制和完善风险目录，并向内部控制管理部门报备；(三)落实内部控制内生化工作，开展风险防控；(四)开展内部控制自我评估并提出应对和改进措施；(五)应用内部控制监督平台开展风险发布、需求响应、建议落实等；(六)指导下级税务机关相关部门的内部控制工作；(七)办理内部控制工作的其他事项。

307. (　　)应当根据风险识别和风险定级情况，综合运用制约控制和监督控制等方法，及时制定、实施有效的风险控制措施。

A. 内部控制管理部门　　B. 内部控制主责部门

C. 内控管理岗　　D. 主责部门内控岗

【参考答案】 B

【答案解析】 内部控制主责部门应当根据风险识别和风险定级情况，综合运用制约控制和监督控制等方法，及时制定、实施有效的风险控制措施。

308. 各级税务机关及其所属部门(单位)应当定期对内部控制建设和实施情况开展自我评估。不属于评估主要内容的是(　　)。

A. 内部控制制度建设和落实情况

B. 风险识别、定级和应对情况

C. 内部控制监督平台的运行和应用情况

D. 内部控制工作的意见建议

【参考答案】 D

【答案解析】 各级税务机关及其所属部门(单位)应当定期对内部控制建设和实施情况开展自我评估。评估内容主要包括:(一)内部控制制度建设和落实情况;(二)风险识别、定级和应对情况;(三)内部控制监督平台的运行和应用情况;(四)内部控制工作的管理情况。

309. 下列关于税务系统内部控制管理工作的表述中错误的是(　　)。

A. 风险报备每年开展 1 次。如发现新的高风险点,应当及时报备

B. 风险目录实行动态管理,每年调整 1 次,特殊情况下可以根据工作需要适时调整

C. 税务机关自我评估由内部控制管理部门牵头组织实施,每年开展 1 次

D. 被检查单位(部门)应当针对监督检查提出的整改意见和建议,制定可行的整改方案,并于收到监督检查报告之日起 15 日内反馈整改情况

【参考答案】 D

【答案解析】 被检查单位(部门)应当针对监督检查提出的整改意见和建议,制定可行的整改方案,并于收到监督检查报告之日起 30 日内反馈整改情况。

310. 各级税务机关应当根据税务总局绩效管理的相关规定,于每年年初由内部控制管理部门会同绩效管理部门编制相关绩效指标,统一纳入税务系统绩效指标体系,对本级税务机关所属部门(单位)以及下级税务机关建立、组织和实施内部控制情况进行(　　)。

A. 自我评估　　B. 内控总结

C. 考核评价　　D. 监督检查

【参考答案】 C

【答案解析】 各级税务机关应当根据税务总局绩效管理的相关规定,于每年年初由内部控制管理部门会同绩效管理部门编制相关绩效指标,统一纳入税务系统绩效指标体系,对本级税务机关所属部门(单位)以及下级税务机关建立、组织和实施内部控制情况进行考核评价。

311. 下列不属于对建立、组织和实施内部控制情况进行考核评价主要内容的是(　　)。

A. 内部控制相关制度的建设和落实情况

B. 内部控制内生化落实情况

C. 风险识别、定级和应对情况

D. 内部控制发现问题整改情况

【参考答案】 C

【答案解析】 对建立、组织和实施内部控制情况进行考核评价内容主要包括:(一)内部控制组织领导情况;(二)内部控制相关制度的建设和落实情况;(三)内部控制监督平台的运行和应用情况;(四)内部控制内生化落实情况;(五)内部控制工作培训情况;(六)内部

控制发现问题整改情况;(七)内部控制工作其他情况。

312. 各省(区、市)税务局主责部门原则上(　　)至少开展一次内部风险筛查和推送工作。

A. 每个月　　B. 每季度

C. 每半年　　D. 每年

【参考答案】 B

【答案解析】 各省(区、市)税务局主责部门原则上每季度至少开展一次内部风险筛查和推送工作。

313. 督察内审部门使用指标设置功能查看固定指标、新建自定义指标,丰富本级内部风险监控指标体系,使用指标扫描功能(　　),形成疑点清册。

A. 定期扫描　　B. 不定期扫描

C. 指定扫描　　D. 定向扫描

【参考答案】 A

【答案解析】 督察内审部门使用指标设置功能查看固定指标、新建自定义指标,丰富本级内部风险监控指标体系,使用指标扫描功能定期扫描,形成疑点清册。

314. 各级税务机关应当使用(　　)进行执法考核、责任追究、质量评价。

A. 内部控制管理系统　　B. 数据分析系统

C. 过错追究子系统　　D. 以查促控系统

【参考答案】 C

【答案解析】 各级税务机关应当使用过错追究子系统进行执法考核、责任追究、质量评价。

315. 平台无法自动识别过错责任人或责任单位时,各级税务机关执法责任制岗应于次月(　　)日前(遇国家法定节假日顺延),根据实际情况指定责任人。

A. 5　　B. 7

C. 10　　D. 15

【参考答案】 A

【答案解析】 平台无法自动识别过错责任人或责任单位时,各级税务机关执法责任制岗应于次月 5 日前(遇国家法定节假日顺延),根据实际情况指定责任人。

316. 内控内生化工作应当遵循的原则不包括(　　)。

A. 全面内生　　B. 突出重点

C. 持续改进　　D. 系统领导

【参考答案】 D

【答案解析】 内控内生化工作应当遵循以下原则:(一)全面内生。应用软件应当具有内部控制功能,可以嵌入软件的风险防控措施应当尽量嵌入,实现内控内生的最大化。(二)突出重点。重点做好全国税务系统通用的应用软件以及省税务机关组织开发的主要应用软件的内控内生化,且突出对高等级风险的重点防控。(三)持续改进。根据政策调整、业务变化及风险防控需要，适时调整、完善应用软件内部控制与风险防控的措施和功能。(四)统筹兼顾。内控内生化应当统筹应用软件内部控制与业务管理的内容、要求和功能，做到协调统一、有机融合。在确保实现应用软件业务功能、效率的前提下，最大限度实现内控内生化。

317. 内控内生化内容应当根据内部控制制度和风险防控的实际需要确定，突出对(　　)的防控。

A. 一般风险和特殊风险　　B. 普遍风险和重点风险

C. 中风险和高风险　　D. 普通风险和特殊风险

【参考答案】 B

【答案解析】 内控内生化内容应当根据内部控制制度和风险防控的实际需要确定，突出对普遍风险和重点风险的防控。

318. 应用软件应当将规定的内部控制措施内生化，其中不包括(　　)。

A. 职责分工控制　　B. 授权审批控制

C. 痕迹记录控制　　D. 事后筛查控制

【参考答案】 D

【答案解析】 应用软件应当将以下内部控制措施内生化：(一)职责分工控制。(二)不相容岗位(职责)分离控制。(三)授权审批控制。(四)流程控制。(五)公开运行控制。(六)痕迹记录控制。(七)其他控制措施。

319. 风险防控措施能够嵌入应用软件的，应当予以内生化。对法律、行政法规、规章制度及操作规范明确禁止的操作行为应当设置阻断，进行(　　)。

A. 事前预警　　B. 事中阻断

C. 事后筛查　　D. 提示提醒

【参考答案】 B

【答案解析】 风险防控措施能够嵌入应用软件的，应当予以内生化，对法律、行政法规、规章制度及操作规范明确禁止的操作行为应当设置阻断，进行事中阻断。

320. 在内控内生化工作中，不属于内部控制管理部门的职责的是(　　)。

A. 统筹、协调、指导内控内生化工作

B. 制定内控内生化方案

C. 组织对内控内生化工作的检查、考评

D. 根据检查发现的问题，对内控内生化提出整改建议

【参考答案】 B

【答案解析】 内部控制管理部门的职责包括：(一)统筹、协调、指导内控内生化工作；(二)组织对内控内生化工作的检查、考评；(三)根据检查发现的问题，对内控内生化提出整改建议；(四)其他管理工作事项。

321. 在内控内生化工作中，属于应用软件业务主管部门的职责的是(　　)。

A. 组织实施内控内生化方案

B. 组织对内控内生化工作的检查、考评

C. 根据检查发现的问题，对内控内生化提出整改建议

D. 及时反映使用中发现的问题，提出改进建议

【参考答案】 A

【答案解析】 应用软件业务主管部门的职责包括：(一)制定内控内生化方案；(二)组织实施内控内生化方案；(三)负责内控内生化的自我评估和持续改进；(四)其他相关工作事项。

322. 大企业税收风险管理内部控制的内容主要包括：数据采集、风险分析、推送应对、(　　)环节中的涉税事项的工作风险。

A. 反馈考核　　B. 考核考评

C. 反馈整改　　D. 核查整改

【参考答案】 A

【答案解析】 大企业税收风险管理内部控制的内容主要包括：数据采集、风险分析、推送应对、反馈考核环节中的涉税事项的工作风险。

323. 大企业税收风险管理内部控制工作中，不属于推送应对的主要风险点的是(　　)。

A. 未按规定程序、途径推送风险应对任务

B. 未按规定使用相关文书

C. 未按规定督促纳税人进行整改

D. 未按规定程序进行税收争议处理

【参考答案】 D

【答案解析】 推送应对主要风险点：(1)未按规定程序、途径推送风险应对任务。(2)未按规定对推送的风险分析报告中列示的风险点进行逐一应对。(3)未按规定使用相关文书。(4)未按规定程序开展风险应对工作。(5)未按规定将相关风险事项移交稽查或反避税部门。(6)未按规定督促纳税人进行整改。

324. 各级稽查局(　　)对本单位税务稽查风险内部控制制度的建立健全和有效执行负责。

A. 主要负责人　　B. 所属税务机关主要负责人

C. 内控领导小组　　D. 所属税务机关内控领导小组

【参考答案】 A

【答案解析】 各级稽查局主要负责人对本单位税务稽查风险内部控制制度的建立健全和有效执行负责。

325.《内部审计统计调查制度》规定，内部审计统计调查制度采用(　　)方法。

A. 重点调查　　B. 全面调查

C. 分级调查　　D. 循环调查

【参考答案】 B

【答案解析】《内部审计统计调查制度》规定，本制度采用全面调查方法。

326.《中国内部审计准则》规定，内部审计机构和内部审计人员应当保持独立性和客观性，不得负责被审计单位的业务活动、(　　)的决策与执行。

A. 内部控制和廉政管理　　B. 人事管理和风险管理

C. 人事管理和廉政管理　　D. 内部控制和风险管理

【参考答案】 D

【答案解析】《中国内部审计准则第 1101 号——内部审计基本准则》第六条规定，内部审计机构和内部审计人员应当保持独立性和客观性，不得负责被审计单位的业务活动、内部控制和风险管理的决策与执行。

327.《中国内部审计准则》规定，内部审计人员违反内部审计人员职业道德规范要求的，组织应当(　　)，也可以视情节给予一定的处分。

A. 批评教育　　B. 警告

C. 严重警告　　D. 通报批评

【参考答案】 A

【答案解析】《中国内部审计准则第 1201 号——内部审计人员职业道德规范》规定，内部审计人员违反本规范要求的，组织应当批评教育，也可以视情节给予一定的处分。

328.《中国内部审计准则》中关于审计证据的表述中错误的是(　　)。

A. 内部审计人员获取的审计证据应当具备相关性、可靠性和充分性

B. 具体审计事项的重要性要求，内部审计人员应当从数量和性质两个方面判断审计事项的重要性，以做出获取审计证据的决策

C. 可以接受的审计风险水平要求，证据的充分性与审计风险水平密切相关，可以接受的审计风险水平越低，所需证据的数量越少

D. 成本与效益的合理程度要求，获取审计证据应当考虑成本与效益的对比，但对于重要审计事项，不应当将审计成本的高低作为减少必要审计程序的理由

【参考答案】 C

【答案解析】《中国内部审计准则第 2103 号内部审计具体准则——审计证据》第七条第二款规定，可以接受的审计风险水平要求，证据的充分性与审计风险水平密切相关，可以接受的审计风险水平越低，所需证据的数量越多。

329.《中国内部审计准则》规定，内部审计机构可以聘请其他专业机构或者人员对审计项目的某些特殊问题进行鉴定，并将鉴定结论作为审计证据。(　　)应当对所引用鉴定结论的可靠性负责。

A. 内部审计人员

B. 内部审计单位

C. 聘请的其他专业机构或者人员

D. 内部审计领导小组

【参考答案】 A

【答案解析】《中国内部审计准则第 2103 号内部审计具体准则——审计证据》第十条规定，内部审计机构可以聘请其他专业机构或者人员对审计项目的某些特殊问题进行鉴定，并将鉴定结论作为审计证据。内部审计人员应当对所引用鉴定结论的可靠性负责。

330.《中国内部审计准则》规定，内部审计人员在审计工作中编制审计工作底稿的目的不包括（　　）。

A. 为编制审计报告提供依据

B. 证明审计方案是否完成

C. 为检查和评价内部审计工作质量提供依据

D. 证明内部审计机构和内部审计人员是否遵循内部审计准则

【参考答案】 B

【答案解析】《中国内部审计准则第 2104 号内部审计具体准则——审计工作底稿》第四条规定，内部审计人员在审计工作中应当编制审计工作底稿，以达到下列目的：(一)为编制审计报告提供依据；(二)证明审计目标的实现程度；(三)为检查和评价内部审计工作质量提供依据；(四)证明内部审计机构和内部审计人员是否遵循内部审计准则；(五)为以后的审计工作提供参考。

331.《中国内部审计准则》规定，抽样总体的确定应当遵循（　　）原则。

A. 相关性、充分性、经济性　　B. 合法性、相关性、充分性

C. 合法性、关联性、充分性　　D. 合法性、关联性、经济性

【参考答案】 A

【答案解析】《中国内部审计准则第 2108 号内部审计具体准则——审计抽样》第五条规定，抽样总体的确定应当遵循相关性、充分性和经济性原则。相关性是指抽样总体与审计对象及其审计目标相关；充分性是指抽样总体能够在数量上代表审计项目的实际情况；经济性是指抽样总体的确定符合成本效益原则。

332.《中国内部审计准则》规定，内部审计人员进行审计抽样时选取样本的方法不包括（　　）。

A. 随机数表选样法　　B. 系统选样法

C. 分层选样法　　D. 分群选样法

【参考答案】 D

【答案解析】《中国内部审计准则第 2108 号内部审计具体准则——审计抽样》第十五条规定，内部审计人员可以运用下列方法选取样本：(一)随机数表选样法；(二)系统选样法；(三)分层选样法；(四)整群选样法；(五)任意选样法。

333.《中国内部审计准则》规定，内部审计人员需要在（　　）执行分析程序，对业务活动、内部控制和风险管理进行审查，以获取审计证据。

A. 审计计划阶段　　B. 审计实施阶段

C. 审计终结阶段　　D. 审计报告阶段

【参考答案】 B

【答案解析】《中国内部审计准则第 2109 号内部审计具体准则——分析程序》第十三条规定，内部审计人员需要在审计实施阶段执行分析程序，对业务活动、内部控制和风险管理进行审查，以获取审计证据。

334.《中国内部审计准则》规定，内部审计人员在实施现场审查之前，可以要求被审计单位提交最近一次的(　　)。

A. 内部控制自我评估报告　　B. 内部控制报告

C. 内部控制结论书　　D. 内部控制年度计划

【参考答案】 A

【答案解析】《中国内部审计准则第 2201 号内部审计具体准则——内部控制审计》第十七条规定，内部审计人员在实施现场审查之前，可以要求被审计单位提交最近一次的内部控制自我评估报告。

内部审计人员应当结合内部控制自我评估报告，确定审计内容及重点，实施内部控制审计。

335.《中国内部审计准则》规定，绩效审计报告中的绩效评价应当根据审计目标和审计证据作出，可以分为(　　)。

A. 一体评价和分类评价　　B. 系统评价和非系统评价

C. 总体评价和分项评价　　D. 总体评价和分类评价

【参考答案】 C

【答案解析】《中国内部审计准则第 2202 号内部审计具体准则——绩效审计》第十五条规定，绩效审计报告中的绩效评价应当根据审计目标和审计证据作出，可以分为总体评价和分项评价。当审计风险较大，难以做出总体评价时，可以只做分项评价。

336.《中国内部审计准则》规定，内部审计应当做好与外部审计的协调工作，予以实现的目的不包括(　　)。

A. 减少重复审计，提高审计效率　　B. 共享审计成果，降低审计成本

C. 保证全面的审计范围　　D. 持续改进内部审计机构工作

【参考答案】 C

【答案解析】《中国内部审计准则第 2303 号内部审计具体准则——内部审计与外部审计的协调》第四条规定，内部审计应当做好与外部审计的协调工作，以实现下列目的：(一)保证充分、适当的审计范围；(二)减少重复审计，提高审计效率；(三)共享审计成果，降低审计成本；(四)持续改进内部审计机构工作。

337.《政府督查工作条例》规定，县级以上人民政府根据工作需要，可以派出督查组。督查组按照本级人民政府确定的督查事项、范围、职责、期限开展政府督查。督查组对(　　)负责。

A. 本级人民政府　　B. 上级人民政府

C. 国务院　　D. 本级人大

【参考答案】 A

【答案解析】《政府督查工作条例》第八条规定，县级以上人民政府根据工作需要，可以派出督查组。督查组按照本级人民政府确定的督查事项、范围、职责、期限开展政府督查。督查组对本级人民政府负责。

338.《政府督查工作条例》规定，政府督查机构根据党中央、国务院重大决策部署，上级和本级人民政府重要工作部署，以及掌握的线索，可以提出督查工作建议，经（　　）批准后，确定督查事项。

A. 本级人民政府　　B. 本级人民政府行政首长

C. 本级人大　　D. 上级人民政府行政首长

【参考答案】 B

【答案解析】《政府督查工作条例》第十一条规定，政府督查机构根据本级人民政府的决定或者本级人民政府行政首长在职权范围内作出的指令，确定督查事项。

政府督查机构根据党中央、国务院重大决策部署，上级和本级人民政府重要工作部署，以及掌握的线索，可以提出督查工作建议，经本级人民政府行政首长批准后，确定督查事项。

339.《政府督查工作条例》规定，县级以上人民政府可以组织开展综合督查、专项督查、（　　）、日常督办、线索核查等政府督查工作。

A. 专案督查　　B. 疑点核查

C. 事件调查　　D. 定期督查

【参考答案】 C

【答案解析】《政府督查工作条例》第十四条规定，县级以上人民政府可以组织开展综合督查、专项督查、事件调查、日常督办、线索核查等政府督查工作。

340.《政府督查工作条例》规定，督查对象对督查结论有异议的，可以自收到该督查结论之日起（　　）日内，向作出该督查结论的人民政府申请复核。

A. 30　　B. 20

C. 15　　D. 7

【参考答案】 A

【答案解析】《政府督查工作条例》第十七条规定，督查对象对督查结论有异议的，可以自收到该督查结论之日起 30 日内，向作出该督查结论的人民政府申请复核。收到申请的人民政府应当在 30 日内作出复核决定。参与作出督查结论的工作人员在复核中应当回避。

341.《政府督查工作条例》第二十一条规定，政府督查机构可以根据督查结论或者整改核查结果，提出对督查对象依法依规进行表扬、激励、批评等建议，经（　　）批准后组织实施。

A. 本级人民政府

B. 本级人民政府行政首长

C. 本级人民政府或者本级人民政府行政首长

D. 本级人民政府和本级人民政府行政首长

【参考答案】 C

【答案解析】《政府督查工作条例》第二十一条规定，政府督查机构可以根据督查结论或者整改核查结果，提出对督查对象依法依规进行表扬、激励、批评等建议，经本级人民政府或者本级人民政府行政首长批准后组织实施。

342.《中华人民共和国个人信息保护法》规定，个人信息处理者可处理个人信息的情形不包括（　　）。

A. 取得个人的同意

B. 为应对突发公共卫生事件，或者紧急情况下为保护自然人的生命健康和财产安全所必需

C. 为公共利益实施新闻报道、舆论监督等行为，在合理的范围内处理个人信息

D. 在合理的范围内处理个人自行公开或者其他已经公开的个人信息

【参考答案】 D

【答案解析】《中华人民共和国个人信息保护法》第十三条规定，符合下列情形之一的，个人信息处理者方可处理个人信息：

（一）取得个人的同意；

（二）为订立、履行个人作为一方当事人的合同所必需，或者按照依法制定的劳动规章制度和依法签订的集体合同实施人力资源管理所必需；

（三）为履行法定职责或者法定义务所必需；

（四）为应对突发公共卫生事件，或者紧急情况下为保护自然人的生命健康和财产安全所必需；

（五）为公共利益实施新闻报道、舆论监督等行为，在合理的范围内处理个人信息；

（六）依照本法规定在合理的范围内处理个人自行公开或者其他已经合法公开的个人信息；

（七）法律、行政法规规定的其他情形。

依照本法其他有关规定，处理个人信息应当取得个人同意，但是有前款第二项至第七项规定情形的，不需取得个人同意。

343.《中国共产党章程》规定，党的各级委员会实行集体领导和个人分工负责相结合的制度。凡属重大问题都要按照集体领导、（　　）、会议决定的原则，由党的委员会集体讨论，作出决定；委员会成员要根据集体的决定和分工，切实履行自己的职责。

A. 民主集中、个别酝酿　　B. 民主集中、集中讨论

C. 民主投票、集中意见　　D. 集中讨论、个别酝酿

【参考答案】 A

【答案解析】《中国共产党章程》第十条第五款规定，党的各级委员会实行集体领导和个人分工负责相结合的制度。凡属重大问题都要按照集体领导、民主集中、个别酝酿、会议决定的原则，由党的委员会集体讨论，作出决定；委员会成员要根据集体的决定和分工，切

实履行自己的职责。

344. 根据《党政领导干部选拔任用工作条例》的规定，下列关于提拔担任党政领导职务应当具备的基本资格的表述错误的是（　　）。

A. 提任县处级领导职务的，应当具有三年以上工龄和两年以上基层工作经历

B. 提任县处级以上领导职务的，一般应当具有在下一级两个以上职位任职的经历

C. 提任县处级以上领导职务，由副职提任正职的，应当在副职岗位工作两年以上；由下级正职提任上级副职的，应当在下级正职岗位工作三年以上

D. 一般应当具有大学专科以上文化程度，其中厅局级以上领导干部一般应当具有大学本科以上文化程度

【参考答案】 A

【答案解析】 《党政领导干部选拔任用工作条例》第八条规定，提拔担任党政领导职务的，应当具备下列基本资格：

（一）提任县处级领导职务的，应当具有五年以上工龄和两年以上基层工作经历。

（二）提任县处级以上领导职务的，一般应当具有在下一级两个以上职位任职的经历。

（三）提任县处级以上领导职务，由副职提任正职的，应当在副职岗位工作两年以上；由下级正职提任上级副职的，应当在下级正职岗位工作三年以上。

（四）一般应当具有大学专科以上文化程度，其中厅局级以上领导干部一般应当具有大学本科以上文化程度。

（五）应当经过党校（行政学院）、干部学院或者组织（人事）部门认可的其他培训机构的培训，培训时间应当达到干部教育培训的有关规定要求。确因特殊情况在提任前未达到培训要求的，应当在提任后一年内完成培训。

（六）具有正常履行职责的身体条件。

（七）符合有关法律规定的资格要求。提任党的领导职务的，还应当符合《中国共产党章程》等规定的党龄要求。

345. 根据《党政领导干部选拔任用工作条例》的规定，关于党政领导干部破格提拔的表述中错误的是（　　）。

A. 特别优秀或者工作特殊需要的干部，可以突破任职资格规定或者越级提拔担任领导职务

B. 任职试用期未满或者提拔任职不满一年的，不得破格提拔

C. 不得在任职年限上破格

D. 不得越两级提拔

【参考答案】 C

【答案解析】 《党政领导干部选拔任用工作条例》第九条规定，党政领导干部应当逐级提拔。特别优秀或者工作特殊需要的干部，可以突破任职资格规定或者越级提拔担任领导职务。

破格提拔的特别优秀干部，应当政治过硬、德才素质突出、群众公认度高，且符合下列

条件之一：在关键时刻或者承担急难险重任务中经受住考验、表现突出、作出重大贡献；在条件艰苦、环境复杂、基础差的地区或者单位工作实绩突出；在其他岗位上尽职尽责，工作实绩特别显著。

因工作特殊需要破格提拔的干部，应当符合下列情形之一：领导班子结构需要或者领导职位有特殊要求的；专业性较强的岗位或者重要专项工作急需的；艰苦边远地区、贫困地区急需引进的。

破格提拔干部必须从严掌握。不得突破本条例第七条规定的基本条件和第八条第一款第七项规定的资格要求。任职试用期未满或者提拔任职不满一年的，不得破格提拔。不得在任职年限上连续破格。不得越两级提拔。

346.《中华人民共和国政府信息公开条例》中关于政府信息公开的主体规定错误的是(　　)。

A. 行政机关制作的政府信息，由制作该政府信息的行政机关负责公开

B. 行政机关获取的其他行政机关的政府信息，由制作或者最初获取该政府信息的行政机关负责公开

C. 行政机关设立的派出机构、内设机构无权开展政府信息公开工作

D. 两个以上行政机关共同制作的政府信息，由牵头制作的行政机关负责公开

【参考答案】 C

【答案解析】 《中华人民共和国政府信息公开条例》第十条规定，行政机关制作的政府信息，由制作该政府信息的行政机关负责公开。行政机关从公民、法人和其他组织获取的政府信息，由保存该政府信息的行政机关负责公开；行政机关获取的其他行政机关的政府信息，由制作或者最初获取该政府信息的行政机关负责公开。法律、法规对政府信息公开的权限另有规定的，从其规定。

行政机关设立的派出机构、内设机构依照法律、法规对外以自己名义履行行政管理职能的，可以由该派出机构、内设机构负责与所履行行政管理职能有关的政府信息公开工作。

两个以上行政机关共同制作的政府信息，由牵头制作的行政机关负责公开。

347. 根据《中华人民共和国政府信息公开条例》的规定，下列表述错误的是(　　)。

A. 依法确定为国家秘密的政府信息，不予公开

B. 涉及商业秘密、个人隐私等公开会对第三方合法权益造成损害的政府信息，行政机关不得公开。但是第三方同意公开或者行政机关认为不公开会对公共利益造成重大影响的，予以公开

C. 行政机关的内部事务信息包括人事管理、后勤管理、内部工作流程等方面的信息，应当不予公开

D. 行政机关在履行行政管理职能过程中形成的讨论记录、过程稿、磋商信函、请示报告等过程性信息以及行政执法案卷信息，可以不予公开

【参考答案】 C

【答案解析】 《中华人民共和国政府信息公开条例》第十六条规定，行政机关的内部事

务信息，包括人事管理、后勤管理、内部工作流程等方面的信息，可以不予公开。

行政机关在履行行政管理职能过程中形成的讨论记录、过程稿、磋商信函、请示报告等过程性信息以及行政执法案卷信息，可以不予公开。法律、法规、规章规定上述信息应当公开的，从其规定。

348. 根据《会计基础工作规范》，下列表述错误的是（　　）。

A. 未取得会计证的人员，不得从事会计工作

B. 出纳人员不得兼管稽核、会计档案保管和资产账目的登记工作

C. 单位领导人的直系亲属不得担任本单位的会计机构负责人、会计主管人员

D. 会计人员工作调动或者因故离职的，没有办清交接手续的，不得调动或者离职

【参考答案】 B

【答案解析】《会计基础工作规范》第十二条规定，会计工作岗位，可以一人一岗、一人多岗或者一岗多人。但出纳人员不得兼管稽核、会计档案保管和收入、费用、债权债务账目的登记工作。

349.《行政事业单位内部控制规范（试行）》规定，单位建立与实施内部控制，应当遵循的原则不包括（　　）。

A. 合法性原则　　B. 全面性原则

C. 制衡性原则　　D. 适应性原则

【参考答案】 A

【答案解析】《行政事业单位内部控制规范（试行）》第五条规定，单位建立与实施内部控制，应当遵循下列原则：（一）全面性原则。（二）重要性原则。（三）制衡性原则。（四）适应性原则。

350.《行政事业单位内部控制规范（试行）》规定，单位内部控制的控制方法不包括（　　）。

A. 不相容岗位相互分离　　B. 归口管理

C. 单据控制　　D. 信息外部公开

【参考答案】 D

【答案解析】《行政事业单位内部控制规范（试行）》第十二条规定，单位内部控制的控制方法一般包括：（一）不相容岗位相互分离。（二）内部授权审批控制。（三）归口管理。（四）预算控制。（五）财产保护控制。（六）会计控制。（七）单据控制。（八）信息内部公开。

351.《行政事业单位内部控制规范（试行）》规定，重大经济事项的认定标准应当根据有关规定和本单位实际情况确定，一经确定，（　　）。

A. 不得变更　　B. 不得随意变更

C. 3 年内不得变更　　D. 5 年内不得变更

【参考答案】 B

【答案解析】《行政事业单位内部控制规范（试行）》第十四条规定，单位经济活动的决策、执行和监督应当相互分离。单位应当建立健全集体研究、专家论证和技术咨询相结合

的议事决策机制。重大经济事项的内部决策，应当由单位领导班子集体研究决定。重大经济事项的认定标准应当根据有关规定和本单位实际情况确定，一经确定，不得随意变更。

352.《行政事业单位内部控制规范（试行）》规定，单位应当加强预算绩效管理，建立“预算编制有目标、（　　）、评价结果有反馈、反馈结果有应用”的全过程预算绩效管理机制。

A. 预算执行有监督、预算完成有评价　　B. 预算执行有监控、预算完成有评价

C. 预算执行有评价、预算完成有监控　　D. 预算执行有监控、预算完成有考核

【参考答案】 B

【答案解析】 《行政事业单位内部控制规范（试行）》第二十四条规定，单位应当加强预算绩效管理，建立“预算编制有目标、预算执行有监控、预算完成有评价、评价结果有反馈、反馈结果有应用”的全过程预算绩效管理机制。

353.《内部会计控制规范——货币资金（试行）》规定，单位应当指定专人定期核对银行账户，（　　）至少核对一次，编制银行存款余额调节表，使银行存款账面余额与银行对账单调节相符。如调节不符，应查明原因，及时处理。

A. 每半月　　B. 每月

C. 每季度　　D. 每星期

【参考答案】 B

【答案解析】 《内部会计控制规范——货币资金（试行）》第十九条规定，单位应当指定专人定期核对银行账户，每月至少核对一次，编制银行存款余额调节表，使银行存款账面余额与银行对账单调节相符。如调节不符，应查明原因，及时处理。

354. 根据《党政机关厉行节约反对浪费条例》规定，下列表述错误的是（　　）。

A. 适度发放公务交通补贴，不得以车改补贴的名义变相发放福利

B. 党政机关应当建立公务接待审批控制制度，对无公函的公务活动不予接待，严禁将非公务活动纳入接待范围

C. 年度预算执行中一律不予追加

D. 差旅人员住宿、就餐由接待单位协助安排的，必须按标准交纳住宿费、餐费

【参考答案】 C

【答案解析】 《党政机关厉行节约反对浪费条例》第八条第二款规定，严格控制国内差旅费、因公临时出国（境）费、公务接待费、公务用车购置及运行费、会议费、培训费等支出。年度预算执行中不予追加，因特殊需要确需追加的，由财政部门审核后按程序报批。

355. 党政机关办公用房建设项目投资，统一由政府预算建设资金安排。土地收益和资产转让收益应当按照有关规定实行（　　）管理。

A. 统一　　B. 上级部门统筹

C. 统筹　　D. 收支两条线

【参考答案】 D

【答案解析】 《党政机关厉行节约反对浪费条例》第三十八条规定，党政机关办公用房建设项目投资，统一由政府预算建设资金安排。土地收益和资产转让收益应当按照有关规

定实行收支两条线管理，不得直接用于办公用房建设。

356.《党政机关厉行节约反对浪费条例》规定，健全节能产品政府采购政策，严格执行节能产品(　　)和优先采购制度。

A. 招标采购　　B. 统一采购

C. 政府强制采购　　D. 统一划拨

【参考答案】 C

【答案解析】《党政机关厉行节约反对浪费条例》第四十三条规定，对能源、水的使用实行分类定额和目标责任管理。推广应用节能技术产品，淘汰高耗能设施设备，重点推广应用新能源和可再生能源。积极使用节水型器具，建设节水型单位。

健全节能产品政府采购政策，严格执行节能产品政府强制采购和优先采购制度。

357.《税务系统财务管理岗位职责规范》规定，财务管理人员必须严格按照本规范的要求，认真履行职责，对不能胜任工作要求，难予履行职责的，必须(　　)。

A. 调离本岗位　　B. 暂时离岗

C. 给予批评教育　　D. 给予行政处分

【参考答案】 B

【答案解析】《税务系统财务管理岗位职责规范》第二十三条规定，财务管理人员必须严格按照本规范的要求，认真履行职责，对不能胜任工作要求，难予履行职责的，必须暂时离岗，经培训、考核合格后，才能重新上岗。

358.《税务系统财务公开暂行办法》规定，财务内部审计公开的内定不包括(　　)。

A. 内部审计计划　　B. 内部审计结果

C. 内部审计情况总结　　D. 内部审计方案

【参考答案】 D

【答案解析】《税务系统财务公开暂行办法》第十条规定，内部审计公开内容：

(一)内部审计计划。包括被审计单位数量、被审计单位名称及预计进场审计时间等。

(二)内部审计结果。包括审计基本情况、存在的问题、处理意见及被审单位的整改情况等。

(三)内部审计情况总结。包括审计工作开展情况、审计中发现的共性问题、审计工作遇到的具体问题等。

359.《税务系统财务公开暂行办法》规定，内部审计工作开展情况每年年初以(　　)形式公开。

A. 正式文件　　B. 审计公告

C. 专题　　D. 通报

【参考答案】 D

【答案解析】《税务系统财务公开暂行办法》第十九条规定，内部审计计划每年初以正式文件形式在系统范围内公开；内部审计结果于审计结束后以审计公告形式在本系统范围内公开；内部审计情况以专题形式在本单位一定范围内公开，内部审计工作开展情况每年年初以通报形式公开。

360.《国家税务总局办公厅关于贯彻落实过紧日子要求进一步严格财务管理工作的通知》规定，各级税务机关要按照精打细算、勤俭节约的原则编制预算，大力压减（　　），继续从严控制“三公”经费、会议费等支出，确保只减不增。

A. 一般性支出　　B. 日常支出

C. 专项支出　　D. 特殊支出

【参考答案】 A

【答案解析】《国家税务总局办公厅关于贯彻落实过紧日子要求进一步严格财务管理工作的通知》规定，各级税务机关要按照精打细算、勤俭节约的原则编制预算，大力压减一般性支出，继续从严控制“三公”经费、会议费等支出，确保只减不增。

361.《国家税务总局办公厅关于贯彻落实过紧日子要求进一步严格财务管理工作的通知》规定，要认真落实税务总局党委关于经费分配“（　　）”原则，切实解决新成立单位、基层困难单位刚性经费支出，保障税收工作正常运转。

A. 过紧日子　　B. 精打细算

C. 三个倾斜　　D. 轻重缓急

【参考答案】 C

【答案解析】《国家税务总局办公厅关于贯彻落实过紧日子要求进一步严格财务管理工作的通知》规定，要认真落实税务总局党委关于经费分配“三个倾斜”原则，切实解决新成立单位、基层困难单位刚性经费支出，保障税收工作正常运转。

362.《国家税务总局办公厅关于贯彻落实过紧日子要求进一步严格财务管理工作的通知》规定，要加强财务监督检查，完善财务（　　），通过财务内控信息化平台强化动态监控，防控财务风险，及时纠正违规行为。

A. 管理制度　　B. 内控机制

C. 风险管理　　D. 风险预警

【参考答案】 B

【答案解析】《国家税务总局办公厅关于贯彻落实过紧日子要求进一步严格财务管理工作的通知》规定，要加强财务监督检查，完善财务内控机制，通过财务内控信息化平台强化动态监控，防控财务风险，及时纠正违规行为。

363. 根据《中华人民共和国预算法》的规定，下列表述错误的是（　　）。

A. 上级政府不得在预算之外调用下级政府预算的资金。下级政府不得挤占或者截留属于上级政府预算的资金

B. 全国人民代表大会常务委员会监督中央和地方预算的执行、审查和批准中央预算的调整方案、审查和批准中央决算

C. 上级政府在安排专项转移支付时，一律不得要求下级政府承担配套资金

D. 各级政府不得向预算收入征收部门和单位下达收入指标

【参考答案】 C

【答案解析】 《中华人民共和国预算法》第十六条第四款规定，上级政府在安排专项转移支付时，不得要求下级政府承担配套资金。但是，按照国务院的规定应当由上下级政府共同承担的事项除外。

364.《中华人民共和国预算法实施条例》规定，县级以上各级政府财政部门审核本级各部门的预算草案时，发现不符合编制预算要求的，应当予以纠正；汇编本级总预算草案时，发现下级预算草案不符合上级政府或者本级政府编制预算要求的，应当及时向本级政府报告，由（　　）予以纠正。

A. 本级政府　　B. 下级政府

C. 本级政府通知下级政府　　D. 本级政府责令下级政府

【参考答案】 A

【答案解析】 《中华人民共和国预算法实施条例》第二十八条规定，县级以上各级政府财政部门审核本级各部门的预算草案时，发现不符合编制预算要求的，应当予以纠正；汇编本级总预算草案时，发现下级预算草案不符合上级政府或者本级政府编制预算要求的，应当及时向本级政府报告，由本级政府予以纠正。

365.《财政部关于中央预算单位预算执行管理有关事宜的通知》规定，纳入财政统发范围的工资津贴补贴、离退休费，国有资本经营预算支出，以及财政部规定的有特殊管理要求的支出，实行（　　）。

A. 财政直接支付　　B. 财政授权支付

C. 财政转移支付　　D. 财政统筹支付

【参考答案】 A

【答案解析】 《财政部关于中央预算单位预算执行管理有关事宜的通知》规定，纳入财政统发范围的工资津贴补贴、离退休费，国有资本经营预算支出，以及财政部规定的有特殊管理要求的支出，实行财政直接支付。

366.《财政部关于中央预算单位预算执行管理有关事宜的通知》规定，预算单位可以从本单位零余额账户向本单位或本部门其他预算单位实有资金账户划转资金的情形不包括（　　）。

A. 依照政府购买服务相关制度规定，按合同约定需向本部门所属事业单位支付的政府购买服务支出

B. 确需划转的工会经费、住房改革支出、应缴或代扣代缴的税金，以及符合相关制度规定的工资代扣事项

C. 暂能通过零余额账户委托收款的社会保险缴费、职业年金缴费、水费、电费、取暖费等

D. 报经财政部（国库司）同意的归垫资金和其他资金

【参考答案】 C

【答案解析】 《财政部关于中央预算单位预算执行管理有关事宜的通知》规定，除下列情形外，预算单位不得从本单位零余额账户向本单位或本部门其他预算单位实有资金账户

划转资金:(一)依照政府购买服务相关制度规定,按合同约定需向本部门所属事业单位支付的政府购买服务支出;(二)确需划转的工会经费、住房改革支出、应缴或代扣代缴的税金,以及符合相关制度规定的工资代扣事项;(三)暂不能通过零余额账户委托收款的社会保险缴费、职业年金缴费、水费、电费、取暖费等;(四)报经财政部(国库司)同意的归垫资金和其他资金。

367.《财政部关于中央预算单位预算执行管理有关事宜的通知》规定,各部门各单位应切实履行预算执行主体责任,主动配合财政部调查核实动态监控发现的疑点信息,对确认的违规问题要积极整改;对审计、动态监控发现的问题,要经常性开展(　　),避免类似问题反复发生。

A. 自查自纠　　B. 督察检查

C. 巡视巡查　　D. 督导督办

【参考答案】 A

【答案解析】《财政部关于中央预算单位预算执行管理有关事宜的通知》规定,各部门各单位应切实履行预算执行主体责任,主动配合财政部调查核实动态监控发现的疑点信息,对确认的违规问题要积极整改;对审计、动态监控发现的问题,要经常性开展自查自纠,避免类似问题反复发生。

368.《行政单位财务规则》规定,国家对行政单位实行(　　)管理、结转和结余按照规定使用的预算管理办法。

A. 统一　　B. 收支统一

C. 统筹　　D. 收支统筹

【参考答案】 B

【答案解析】《行政单位财务规则》第九条规定,国家对行政单位实行收支统一管理、结转和结余按照规定使用的预算管理办法。

369.《行政单位财务规则》规定,单位价值虽未达到规定标准,但是耐用时间在(　　)年以上的大批同类物资,作为固定资产管理。

A. 一　　B. 二

C. 三　　D. 五

【参考答案】 A

【答案解析】《行政单位财务规则》第三十一条规定,固定资产是指使用期限超过一年,单位价值在 1 000 元以上,并且在使用过程中基本保持原有物质形态的资产。单位价值虽未达到规定标准,但是耐用时间在一年以上的大批同类物资,作为固定资产管理。

370. 根据《行政单位财务规则》,关于划转撤并的行政单位的资产和负债处理规定的表述错误的是(　　)。

A. 分立的行政单位,其资产和负债按照有关规定移交分立后的行政单位,并相应划转经费指标

B. 转为企业的行政单位,其资产按照有关规定进行评估作价并扣除负债后,转作企业

的国有资本

C. 撤销的行政单位，其全部资产和负债由财政部门或者财政部门授权的单位处理

D. 合并的行政单位，其全部资产和负债移交接收单位或者新组建单位；合并后多余的资产，由接收单位或者新组建单位处理

【参考答案】 D

【答案解析】 《行政单位财务规则》第五十一条规定，划转撤并的行政单位的资产和负债经主管预算单位审核并上报财政部门和有关部门批准后，分别按照下列规定处理：

（一）转为事业单位和改变隶属关系的行政单位，其资产和负债无偿移交，并相应调整、划转经费指标。

（二）转为企业的行政单位，其资产按照有关规定进行评估作价并扣除负债后，转作企业的国有资本。

（三）撤销的行政单位，其全部资产和负债由财政部门或者财政部门授权的单位处理。

（四）合并的行政单位，其全部资产和负债移交接收单位或者新组建单位，并相应划转经费指标；合并后多余的资产，由财政部门或者财政部门授权的单位处理。

（五）分立的行政单位，其资产和负债按照有关规定移交分立后的行政单位，并相应划转经费指标。

371.《中华人民共和国发票管理办法》规定，税务机关对外省、自治区、直辖市来本辖区从事临时经营活动的单位和个人领购发票的，可以要求其提供保证人或者保证金。税务机关收取保证金应当开具（　　）。

A. 收据　　　　B. 资金往来结算票据

C. 完税凭证　　　　D. 税收缴款书

【参考答案】 A

【答案解析】 《中华人民共和国发票管理办法》第十九条规定，税务机关对外省、自治区、直辖市来本辖区从事临时经营活动的单位和个人领购发票的，可以要求其提供保证人或者根据所领购发票的票面限额以及数量交纳不超过1万元的保证金，并限期缴销发票。

按期缴销发票的，解除保证人的担保义务或者退还保证金；未按期缴销发票的，由保证人或者以保证金承担法律责任。

税务机关收取保证金应当开具收据。

372.《中华人民共和国税收征收管理法》规定，当事人对税务机关的处罚决定不服的，（　　）。

A. 只能先依法申请行政复议，对复议决定不服的，才可以向人民法院提起行政诉讼

B. 只能向人民法院提起行政诉讼

C. 可以依法申请行政复议或者向人民法院提起行政诉讼

D. 只能依法申请行政复议

【参考答案】 C

【答案解析】 《中华人民共和国税收征收管理法》第四十二条规定，当事人对税务机关

的处罚决定不服的，可以依法申请行政复议或者向人民法院提起行政诉讼。

373.《行政事业单位资金往来结算票据使用管理暂行办法》规定，可以使用资金往来结算票据的行为不包括(　　)。

A. 行政事业单位暂收款项

B. 行政事业单位代收款项

C. 单位内部各部门之间、单位与个人之间发生的其他资金往来且不构成本单位收入的款项

D. 财政部门认定的作为行政事业单位收入的其他资金往来行为

【参考答案】 D

【答案解析】 《行政事业单位资金往来结算票据使用管理暂行办法》第七条规定，下列行为，可以使用资金往来结算票据：

(一)行政事业单位暂收款项。由行政事业单位暂时收取，在经济活动结束后需退还原付款单位或个人，不构成本单位收入的款项，如押金、定金、保证金及其他暂时收取的各种款项等。

(二)行政事业单位代收款项。由行政事业单位代为收取，在经济活动结束后需付给其他收款单位或个人，不构成本单位收入的款项，如代收教材费、体检费、水电费、供暖费、电话费等。

(三)单位内部各部门之间、单位与个人之间发生的其他资金往来且不构成本单位收入的款项。

(四)财政部门认定的不作为行政事业单位收入的其他资金往来行为。

374.《行政事业单位资金往来结算票据使用管理暂行办法》规定，行政事业单位应当妥善保管已开具的资金往来结算票据存根，票据存根保存期限一般为(　　)年。

A. 3　　　　B. 5

C. 10　　　　D. 1

【参考答案】 B

【答案解析】 《行政事业单位资金往来结算票据使用管理暂行办法》第二十二条规定，行政事业单位应当妥善保管已开具的资金往来结算票据存根，票据存根保存期限一般为5年。

375.《行政事业单位资金往来结算票据使用管理暂行办法》规定，违反本办法规定领购、使用、管理资金往来结算票据的，财政部门应当责令行政事业单位限期整改，整改期间(　　)。

A. 限额核发该单位的资金往来结算票据

B. 限量核发该单位的资金往来结算票据

C. 不影响核发该单位的资金往来结算票据

D. 暂停核发该单位的资金往来结算票据

【参考答案】 D

【答案解析】《行政事业单位资金往来结算票据使用管理暂行办法》第二十八条规定，违反本办法规定领购、使用、管理资金往来结算票据的，财政部门应当责令行政事业单位限期整改，整改期间暂停核发该单位的资金往来结算票据。同时，按照《财政违法行为处罚处分条例》(国务院令第 427 号)等规定进行处理、处罚，涉嫌犯罪的依法移送司法机关追究刑事责任。

376.《财政部关于实施中央预算单位公务卡强制结算目录的通知》规定，凡目录规定的公务支出项目，应按规定使用公务卡结算，原则上不再使用现金结算。原使用转账方式结算的，(　　)。

A. 可继续使用转账方式

B. 不再使用现金结算

C. 选择一种方式结算，1 个年度内不得变更

D. 选择一种方式结算后不得变更

【参考答案】 A

【答案解析】《财政部关于实施中央预算单位公务卡强制结算目录的通知》规定，凡目录规定的公务支出项目，应按规定使用公务卡结算，原则上不再使用现金结算。原使用转账方式结算的，可继续使用转账方式。

377.《财政部关于实施中央预算单位公务卡强制结算目录的通知》规定，可暂不使用公务卡结算的情况不包括(　　)。

A. 在县级地区发生的公务支出

B. 在县级及县级以上地区不具备刷卡条件的场所发生的单笔消费在 200 元以下的公务支出

C. 按规定支付给个人的支出

D. 签证费、快递费、过桥过路费、出租车费用等目前只能使用现金结算的支出

【参考答案】 A

【答案解析】《财政部关于实施中央预算单位公务卡强制结算目录的通知》规定，下列情况可暂不使用公务卡结算：(一)在县级以下(不包括县级)地区发生的公务支出；(二)在县级及县级以上地区不具备刷卡条件的场所发生的单笔消费在 200 元以下的公务支出；(三)按规定支付给个人的支出；(四)签证费、快递费、过桥过路费、出租车费用等目前只能使用现金结算的支出。

除上述情况外，因特殊情形确实不能使用公务卡结算的，应报经单位财务部门批准。

378.《违规发放津贴补贴行为处分规定》规定，在执行津贴补贴政策中不负责任，导致本地区、本部门、本系统和本单位发生严重违规发放津贴补贴行为的，情节严重的，给予(　　)处分。

A. 记大过　　　　B. 撤职

C. 降级或撤职　　　　D. 开除

【参考答案】 D

【答案解析】《违规发放津贴补贴行为处分规定》第十一条规定，在执行津贴补贴政策中不负责任，导致本地区、本部门、本系统和本单位发生严重违规发放津贴补贴行为的，给予记过或者记大过处分；情节较重的，给予降级或者撤职处分；情节严重的，给予开除处分。

379.《中央和国家机关差旅费管理办法》规定，未按规定等级乘坐交通工具的，(　　)。

A. 全部费用由个人自理

B. 超支部分由个人自理

C. 全部费用均予报销

D. 经单位负责人同意后，全部费用可予报销

【参考答案】 B

【答案解析】《中央和国家机关差旅费管理办法》第七条第三款规定，未按规定等级乘坐交通工具的，超支部分由个人自理。

380. 根据《中央和国家机关差旅费管理办法》的规定，下列表述错误的是(　　)。

A. 未按规定开支差旅费的，超支部分由个人自理

B. 市内交通费按出差自然(日历)天数计算，每人每天 80 元包干使用

C. 实际发生住宿而无住宿费发票的，不得报销住宿费，但城市间交通费、伙食补助费和市内交通费可正常报销

D. 乘坐飞机、火车、轮船等交通工具的，每人次可以购买交通意外保险一份

【参考答案】 C

【答案解析】《中央和国家机关差旅费管理办法》第二十五条规定，财务部门应当严格按规定审核差旅费开支，对未经批准出差以及超范围、超标准开支的费用不予报销。

实际发生住宿而无住宿费发票的，不得报销住宿费以及城市间交通费、伙食补助费和市内交通费。

381. 根据税务系统培训相关规定，下列表述错误的是(　　)。

A. 年度培训计划一经批准，原则上不得调整。因工作需要确需临时增加培训项目的，报单位主要负责同志审批

B. 培训工作确有需要从异地(含境外)邀请授课老师，路途时间较长的，经单位主要负责同志书面批准，讲课费可以适当增加

C. 各单位财务部门应当严格按照规定审核培训费开支，对未履行审批备案程序的培训，以及超范围、超标准开支的费用不予报销

D. 各级税务机关纪检部门对本单位和下级单位培训活动及培训费管理使用情况进行监督和检查

【参考答案】 D

【答案解析】《税务系统培训费管理办法》第二十一条规定，各级税务机关教育培训管理部门、人事管理部门、财务部门、督察内审部门等有关部门根据职责分工，对本单位和下级单位培训活动及培训费管理使用情况进行监督和检查。

382.《行政事业性国有资产管理条例》规定，各部门及其所属单位管理行政事业性国有

资产应当遵循安全规范、节约高效、公开透明、权责一致的原则，实现实物管理与价值管理相统一，资产管理与（　　）相结合。

A. 预算管理、风险管理　　B. 预算管理、财务管理

C. 预算管理、内控管理　　D. 财务管理、风险管理

【参考答案】 B

【答案解析】《行政事业性国有资产管理条例》第七条规定，各部门及其所属单位管理行政事业性国有资产应当遵循安全规范、节约高效、公开透明、权责一致的原则，实现实物管理与价值管理相统一，资产管理与预算管理、财务管理相结合。

383.《行政事业性国有资产管理条例》规定，各部门及其所属单位采用建设方式配置资产的，应当在建设项目竣工验收合格后及时办理资产交付手续，并在规定期限内办理竣工财务决算，期限最长不得超过（　　）。

A. 1个月　　B. 6个月

C. 1年　　D. 2年

【参考答案】 C

【答案解析】《行政事业性国有资产管理条例》第三十一条规定，各部门及其所属单位采用建设方式配置资产的，应当在建设项目竣工验收合格后及时办理资产交付手续，并在规定期限内办理竣工财务决算，期限最长不得超过1年。

384.《政府机关办公通用软件资产配置标准（试行）》规定，政府机关配置的办公通用软件，最低使用年限为（　　）年。已达到规定的最低使用年限但仍有使用价值的，应当继续使用。

A. 10　　B. 15

C. 5　　D. 3

【参考答案】 C

【答案解析】《政府机关办公通用软件资产配置标准（试行）》第八条规定，政府机关配置的办公通用软件，最低使用年限为5年。已达到规定的最低使用年限但仍有使用价值的，应当继续使用。

385.《党政机关公务用车管理办法》规定，党政机关应当配备使用国产汽车，带头使用（　　），按照规定逐步扩大新能源汽车配备比例。

A. 高效能汽车　　B. 低价格汽车

C. 节能汽车　　D. 新能源汽车

【参考答案】 D

【答案解析】《党政机关公务用车管理办法》第十三条规定，党政机关应当配备使用国产汽车，带头使用新能源汽车，按照规定逐步扩大新能源汽车配备比例。

386. 各级税务机关不得擅自出租办公用房。经审批同意出租办公用房的，出租期限原则上不得超过（　　）年，并应当考虑税务系统办公办税需求等因素在合同中约定终止条款。

A. 十　　B. 八

C. 五　　D. 三

【参考答案】 C

【答案解析】《税务系统行政单位办公用房管理办法（试行）》第二十九条规定，各级税务机关不得擅自出租办公用房。经审批同意出租办公用房的，出租期限原则上不得超过五年，并应当考虑税务系统办公办税需求等因素在合同中约定终止条款。

387. 税务系统行政单位的本级财务部门对本单位占有、使用的国有资产实施财务管理，其主要职责不包括（　　）。

A. 制定本单位国有资产财务管理制度，并组织实施和监督检查

B. 按照国家规定对国有资产实行会计核算

C. 按照规定的程序对国有资产盘盈、盘亏进行账务处理

D. 保管和维护固定资产，确保资产安全和完整

【参考答案】 D

【答案解析】《税务系统行政单位国有资产管理办法》第十三条规定，税务系统行政单位的本级财务部门对本单位占有、使用的国有资产实施财务管理，其主要职责是：

（一）制定本单位国有资产财务管理制度，并组织实施和监督检查。

（二）按照国家规定对国有资产实行会计核算。

（三）定期与固定资产实物管理部门对账。

（四）按照规定的程序对国有资产盘盈、盘亏进行账务处理。

（五）按规定权限办理国有资产配置、处置和符合国家规定的出租、出借等事项的管理，以及国有资产收入缴纳等手续。

388. 税务系统行政单位处置国有资产，以（　　）作为市场竞价的参考依据。

A. 资产评估报告所确认的评估价值　　B. 市场价格

C. 协商价格　　D. 上级部门确定的价格

【参考答案】 A

【答案解析】《税务系统行政单位国有资产管理办法》第六十二条规定，税务系统行政单位处置国有资产，以资产评估报告所确认的评估价值作为市场竞价的参考依据，意向交易价格低于评估结果 90%的，应当按规定权限报审批部门确认后交易。

389.《机关团体建设楼堂馆所管理条例》规定，建设办公用房的，应当向负责项目审批的机关报送项目建议书、可行性研究报告、初步设计；购置办公用房的，不报送（　　）。

A. 项目建议书　　B. 可行性研究报告

C. 初步设计　　D. 可行性研究报告、初步设计

【参考答案】 C

【答案解析】《机关团体建设楼堂馆所管理条例》第六条规定，建设办公用房的，应当向负责项目审批的机关（以下简称审批机关）报送项目建议书、可行性研究报告、初步设计；购置办公用房的，不报送初步设计。

390.《党政机关办公用房建设标准》规定，党政机关办公用房应合理确定门厅、走廊、电梯厅等面积，提高使用面积系数。基本办公用房建筑总使用面积系数，多层建筑不应低于(　　)，高层建筑不应低于60%。

A. 65%　　B. 70%

C. 75%　　D. 60%

【参考答案】 A

【答案解析】《党政机关办公用房建设标准》第十四条规定，党政机关办公用房应合理确定门厅、走廊、电梯厅等面积，提高使用面积系数。基本办公用房建筑总使用面积系数，多层建筑不应低于65%，高层建筑不应低于60%。

391. 关于税务系统申报办公用房项目的立项条件表述错误的是(　　)。

A. 各级税务机关没有办公用房，且无法调剂使用的，可以申请新建、购建

B. 现有办公用房由于污染等外部环境特殊原因，无法正常开展工作，且无法调剂使用的，可以申请新建、购建

C. 现有办公用房投入使用10年以上，面积不足规定标准面积三分之二，功能不全，严重制约工作正常开展，且无法调剂使用的，可以申请新建、购建或者改扩建

D. 现有办公用房投入使用10年以上，功能不全，影响工作正常开展，或水、电、暖、消防等主要设施损坏严重，存在安全隐患的，可以申请维修改造

【参考答案】 C

【答案解析】《税务系统基本建设管理办法》第二十二条规定，申报办公用房项目的立项条件：

(一)各级税务机关没有办公用房，且无法调剂使用的，可以申请新建、购建。

(二)现有办公用房由于城市搬迁、城市改造、行政区划调整等原因，按照政府有关部门的规定确需拆除或者搬迁，且无法调剂使用的，可以申请新建、购建。

(三)现有办公用房由于污染等外部环境特殊原因，无法正常开展工作，且无法调剂使用的，可以申请新建、购建。

(四)现有办公用房投入使用15年以上，面积不足规定标准面积三分之二，功能不全，严重制约工作正常开展，且无法调剂使用的，可以申请新建、购建或者改扩建。

(五)现有办公用房年久失修或者遭受自然灾害，经有关部门鉴定为危房，且无法调剂使用的，可以根据鉴定意见申请新建、购建或者维修改造。

(六)现有办公用房投入使用10年以上，功能不全，影响工作正常开展，或水、电、暖、消防等主要设施损坏严重，存在安全隐患的，可以申请维修改造。

392. 省、市、县税务局新建、购建和改扩建项目，以及投资总额(　　)万元以上的维修改造项目，应当按照规定的程序、权限和时间要求，签署税务系统基本建设管理承诺书。

A. 200　　B. 300

C. 400　　D. 500

【参考答案】 A

【答案解析】《税务系统基本建设管理办法》第四十八条规定，省、市、县税务局新建、购建和改扩建项目，以及投资总额200万元以上的维修改造项目，应当按照规定的程序、权限和时间要求，签署税务系统基本建设管理承诺书。

393.税务系统基本建设项目投资概算管理规定，项目建设单位擅自增加建设内容、扩大建设规模、提高建设标准、改变设计方案，管理不善、故意漏项、报小建大等造成超概算的，项目主管部门应当依照职责权限对项目建设单位主要负责人和直接负责的主管人员以及其他责任人员进行诫勉谈话、通报批评或者给予党纪政纪处分。两年内暂停审批该单位其他项目，情节严重的，给予(　　)。

A. 诫勉谈话　　B. 通报批评

C. 书面检讨　　D. 降级

【参考答案】 B

【答案解析】《税务系统基本建设项目投资概算管理暂行办法》第二十四条规定，项目建设单位擅自增加建设内容、扩大建设规模、提高建设标准、改变设计方案，管理不善、故意漏项、报小建大等造成超概算的，项目主管部门应当依照职责权限对项目建设单位主要负责人和直接负责的主管人员以及其他责任人员进行诫勉谈话、通报批评或者给予党纪政纪处分。两年内暂停审批该单位其他项目，情节严重的，给予通报批评。

394.税务系统基本建设项目一般不得预留尾工工程，确需预留尾工工程的，尾工工程投资不得超过批准的项目概(预)算总投资的(　　)。

A. 5%　　B. 3%

C. 10%　　D. 8%

【参考答案】 A

【答案解析】《税务系统基本建设项目竣工财务决算管理暂行办法》第五条规定，项目一般不得预留尾工工程，确需预留尾工工程的，尾工工程投资不得超过批准的项目概(预)算总投资的5%。

395.《中华人民共和国政府采购法》规定，政府采购应当采购本国货物、工程和服务，但有例外情形，例外情形不包括(　　)。

A. 需要采购的货物、工程或者服务在中国境内无法获取

B. 需要采购的货物、工程或者服务在中国境内无法以合理的商业条件获取

C. 为在中国境外使用而进行采购

D. 境内的同类货物、工程和服务有价格上缺乏优势

【参考答案】 D

【答案解析】《中华人民共和国政府采购法》第十条规定，政府采购应当采购本国货物、工程和服务。但有下列情形之一的除外：

(一)需要采购的货物、工程或者服务在中国境内无法获取或者无法以合理的商业条件获取的；

(二)为在中国境外使用而进行采购的；

（三）其他法律、行政法规另有规定的。

前款所称本国货物、工程和服务的界定，依照国务院有关规定执行。

396.《中华人民共和国政府采购法》规定，在招标采购中应予废标的情形表述错误的是（　　）。

A. 符合专业条件的供应商或者对招标文件作实质响应的供应商不足五家的

B. 出现影响采购公正的违法、违规行为的

C. 投标人的报价均超过了采购预算，采购人不能支付的

D. 因重大变故，采购任务取消的

【参考答案】 A

【答案解析】《中华人民共和国政府采购法》第三十六条规定，在招标采购中，出现下列情形之一的，应予废标：

（一）符合专业条件的供应商或者对招标文件作实质响应的供应商不足三家的；

（二）出现影响采购公正的违法、违规行为的；

（三）投标人的报价均超过了采购预算，采购人不能支付的；

（四）因重大变故，采购任务取消的。

废标后，采购人应当将废标理由通知所有投标人。

397.《中华人民共和国政府采购法实施条例》规定，招标文件的提供期限自招标文件开始发出之日起不得少于（　　）个工作日。

A. 3　　B. 5

C. 7　　D. 10

【参考答案】 B

【答案解析】《中华人民共和国政府采购法实施条例》第三十一条规定，招标文件的提供期限自招标文件开始发出之日起不得少于 5 个工作日。

398. 关于税务系统的政府采购意向公开工作，下列表述错误的是（　　）。

A. 采购意向公开的内容应当尽可能清晰完整，包括采购项目名称、采购需求概况、预算金额、预计采购时间等（涉密信息除外）

B. 采购意向公开时间原则上不得晚于采购活动开始前 30 日

C. 因特殊原因未能按季度公开采购意向的，需求部门应当根据工作需要，充分考虑采购意向公开和实际采购公告所需时间，尽早提交采购意向，采购部门收到采购意向后 3 个工作日内按规定进行公开

D. 未公开采购意向的项目不得实施采购

【参考答案】 D

【答案解析】《国家税务总局办公厅关于做好政府采购意向公开工作的通知》规定，因不可预见的原因急需开展的采购项目，由各单位需求部门书面说明原因，作为立项申请的一部分，经立项审批后，可不公开采购意向。

各单位要建立健全相应的工作机制，确保采购意向公开相关规定落实到位。除因不可

预见的原因急需开展的项目外，未公开采购意向的项目不得实施采购。

399. 税务系统政府采购组织形式分为（　　）。

A. 政府集中采购、部门集中采购和分散采购

B. 上级统一采购、部门集中采购和分散采购

C. 政府集中采购、部门统筹采购和分散采购

D. 政府集中采购、部门集中采购和小额采购

【参考答案】 A

【答案解析】 《税务系统政府采购管理办法》第十五条规定，税务系统政府采购组织形式分为政府集中采购、部门集中采购和分散采购。

400.《政府购买服务管理办法》中关于不得纳入政府购买服务范围的情形表述错误的是（　　）。

A. 不属于政府职责范围的服务事项

B. 应当由政府直接履职的事项

C. 政府采购法律、行政法规规定之外的货物和工程，以及将工程和服务打包的项目

D. 融资行为

【参考答案】 C

【答案解析】 《政府购买服务管理办法》第十条规定，以下各项不得纳入政府购买服务范围：

（一）不属于政府职责范围的服务事项；

（二）应当由政府直接履职的事项；

（三）政府采购法律、行政法规规定的货物和工程，以及将工程和服务打包的项目；

（四）融资行为；

（五）购买主体的人员招、聘用，以劳务派遣方式用工，以及设置公益性岗位等事项；

（六）法律、行政法规以及国务院规定的其他不得作为政府购买服务内容的事项。

二、多选题

1. 李某代表市税务局到某区税务局开展执法督查。下列属于李某所具有的职权的是（　　）。

A. 要求提供资料权　　B. 违规处理制止权

C. 违规线索移交权　　D. 调查询问权

【参考答案】 ACD

【答案解析】 督察内审部门的工作职权有：要求提供资料权、现场检查权、调查询问权、违规行为制止权、违规处理建议权、违规线索移交权、实施督察审计项目所必需的其他权限。

2. 督察审计工作不是加强下列哪项工作的有效手段（　　）。

A. 税收执法监督　　B. 干部监督制约

C. 财务管理监督　　D. 领导干部经济责任监督

【参考答案】 ACD

【答案解析】 督察审计工作是加强干部监督制约的有效手段。

3. 下列关于督察内审部门的工作职权的说法中，正确的是（　　）。

A. 要求被督察审计单位按时提供与督察审计事项相关的资料

B. 对督察审计事项中的问题，向有关单位和人员开展调查和询问

C. 对督察审计过程中发现的严重违法违规和严重损失浪费等行为，可直接作出制止决定

D. 对督察审计中发现的违法、违规及管理不规范行为提出纠正、处理意见及改进管理的建议

【参考答案】 ABD

【答案解析】 对督察审计过程中发现的严重违法违规和严重损失浪费等行为，报经税务机关负责人批准后，可作出临时制止决定。

4. 下列哪一项不属于形成督察审计结论的基础的是（　　）。

A. 采集和分析数据　　B. 现场督审获取信息

C. 审查分析资料　　D. 收集督察审计证据

【参考答案】 ABC

【答案解析】 收集督察审计证据是形成督察审计结论的基础。

5. 在对某市税务局局长的经济责任审计中，发现其在任职期间，纵容、包庇下属人员违反有关法律法规，下列不属于其应负的责任的是（　　）。

A. 领导责任　　B. 直接责任

C. 主管责任　　D. 分管责任

【参考答案】 ACD

【答案解析】 被审计领导干部对其任职期间履行经济责任过程中，授意、指使、强令、纵容、包庇下属人员违反有关法律法规、国家有关规定和单位内部管理规定的，应负有直接责任。

6. 下列说法正确的有（　　）。

A. 督察内审部门是税务系统内部控制的管理部门

B. 督察内审部门是内部风险和工作落实的监督检查部门

C. 责任落实评价和问题追究的实施部门

D. 督察内审部门是税务系统内部控制的审查部门

【参考答案】 ABC

【答案解析】 依据税务系统关于督察内审的有关规定，督察内审部门是税务系统内部控制的管理部门，内部风险和工作落实的监督检查部门，以及责任落实评价和问题追究的实施部门。

7. 执法督察中发现税收执法行为存在违法、违规问题的，应当按照有关规定和管理权限，对哪些人予以责任追究（　　）。

A. 主要负责人　　B. 有关责任人

C. 直接责任人　　D. 项目负责人

【参考答案】 BC

【答案解析】 根据《税收执法督察规则》第四十六条的规定，执法督察中发现税收执法行为存在违法、违规问题的，应当按照有关规定和管理权限，对有关责任人和直接责任人予以责任追究。

8. 按照审计主体，可以将审计划分为（　　）。

A. 国家审计　　B. 部门和单位审计

C. 社会审计　　D. 纪委审计

【参考答案】 ABC

【答案解析】 按照审计主体，可以将审计划分为国家审计、部门和单位审计以及社会审计。纪委非审计部门。

9. 督察内审工作的组织开展主要包括（　　）。

A. 准备阶段　　B. 实施阶段

C. 报告阶段　　D. 整改阶段

【参考答案】 ABCD

【答案解析】 督察内审工作的组织开展主要包括准备阶段、实施阶段、报告阶段、整改阶段四个阶段。

10. 下列关于经济责任审计结果运用正确的有（　　）。

A. 作为被审计领导考核的重要依据

B. 作为被审计领导提拔的重要依据

C. 作为被审计领导任免的重要依据

D. 作为被审计领导奖惩的重要依据

【参考答案】 ACD

【答案解析】 经济责任审计结果应当作为被审计领导考核、任免、奖惩的重要依据。

11. 强化内外部审计监督和重大税务违法案件“一案双查”，不断完善对税务执法行为的（　　）监督。

A. 精准化　　B. 常态化

C. 精确化　　D. 机制化

【参考答案】 ABD

【答案解析】 强化内外部审计监督和重大税务违法案件“一案双查”，不断完善对税务执法行为的常态化、精准化、机制化监督。

12. 税务系统督察内审包括下列哪几项（　　）。

A. 层级督察审计　　B. 经济责任审计

C. 专项督察审计　　D. 专案督察审计

【参考答案】 ABCD

【答案解析】 税务系统督察内审包括层级督察审计、经济责任审计、专项督察审计、专案督察审计。

13. 应建立科学有效的职责分工和制衡机制，确保税务管理的不相容岗、位相互分离、制约和监督。下列属于税务管理的不相容职责的是（　　）。

A. 税务风险事项的识别与应对处置

B. 税款缴纳划拨凭证的填报与审批

C. 税务风险事项的处置与事后检查

D. 发票购买、保管与财务印章保管

【参考答案】 BCD

【答案解析】 税务风险事项的识别与应对处置不属于税务管理的不相容职责。

14. 下列属于税务系统督察内审部门职责的是（　　）。

A. 税收执法督察　　B. 税收执法责任制

C. 税务审计　　D. 内部审计

【参考答案】 ACD

【答案解析】 税收执法责任制不属于税务系统督察内审部门职责。

15. 在督察审计实施阶段，督察审计组根据实际需要现场督审。下列属于现场督审方法步骤的有（　　）。

A. 现场调查　　B. 个别谈话和询问

C. 延伸调查　　D. 研讨调查

【参考答案】 ABC

【答案解析】 研讨调查不属于现场督审方法步骤。

16. 下列属于督察审计职责的有（　　）。

A. 组织实施对税收法律、法规、规章执行情况，税收规范性文件的制发和执行情况，组织收入、税收管理和执法行为的督察，并对发现的问题提出处理意见和整改要求

B. 组织实施对财务收支、基本建设项目、政府采购、领导干部经济责任履行等事项的审计，并对发现的问题提出处理意见和整改要求

C. 组织实施对特定事项的专项（案）督察审计或调查，并对发现的问题提出处理意见和整改要求

D. 组织实施对税制改革、税收政策调整、税收管理、财务管理措施等税务总局重大决策部署贯彻落实情况的监督检查，并对发现的问题提出处理意见和整改要求

【参考答案】 ABCD

【答案解析】 根据国家税务总局相关文件规定，选项 ABCD 均属于督察审计职责。

17. 职业规范是指督察审计人员应遵守的行为准则，以下属于职业规范内容的有（　　）。

A. 宗旨　　B. 职责

C. 权限　　D. 职业道德

【参考答案】　ABCD

【答案解析】　根据国家税务总局相关文件规定，职业规范是指督察审计人员应遵守的行为准则，包括宗旨、职责、权限、职业道德、职业纪律等五个方面。

18. 督察审计是各级税务机关依照规定权限和程序，对本级及下级单位的税收管理和财务管理行为的（　　）进行监督、检查和评价的活动。

A. 合理性　　B. 真实性

C. 合法性　　D. 效益性

【参考答案】　BCD

【答案解析】　根据国家税务总局相关文件规定，督察审计是各级税务机关依照规定权限和程序，对本级及下级单位的税收管理和财务管理行为的真实性、合法性和效益性进行监督、检查和评价的活动。

19. 下列属于督察审计的宗旨的有（　　）。

A. 强化行政监督　　B. 防范系统风险

C. 服务税收大局　　D. 促进治税带队

【参考答案】　ABCD

【答案解析】　根据国家税务总局相关文件规定，督察审计的宗旨是:强化行政监督，防范系统风险，服务税收大局，促进治税带队。

20. 督察审计应围绕（　　）通过税收执法督察和内部审计监督，发现解决问题，规范税收管理，促进履职尽责。

A. 组织收入　　B. 内部管理

C. 队伍建设　　D. 财务制度

【参考答案】　ABC

【答案解析】　根据国家税务总局相关文件规定，围绕组织收入、内部管理和队伍建设，通过税收执法督察和内部审计监督，发现解决问题，规范税收管理，促进履职尽责。防范执法风险、财务风险和廉政风险，为税收工作发挥支持性、服务性和保障性作用，为推进税务系统全面从严治党和实现税收治理现代化作出积极贡献。

21. 下列属于督察审计防范的风险的有（　　）。

A. 执法风险　　B. 收入风险

C. 财务风险　　D. 廉政风险

【参考答案】　ACD

【答案解析】　根据国家税务总局相关文件规定，通过税收执法督察和内部审计监督，发现解决问题，规范税收管理，促进履职尽责，防范执法风险、财务风险和廉政风险。

22. 下列属于督察审计为税收工作发挥的作用的有（　　）。

A. 支持性作用　　B. 关键性作用

C. 服务性作用　　D. 保障性作用

【参考答案】　ACD

【答案解析】 根据国家税务总局相关文件规定，为税收工作发挥支持性、服务性和保障性作用，为推进税务系统全面从严治党和实现税收治理现代化作出积极贡献。

23. 下列属于督察审计人员职业道德的有(　　)。

A. 应当具有的职业品德　　B. 应当遵守的职业纪律

C. 应当具备的专业胜任能力　　D. 应当承担的职业责任

【参考答案】 ABCD

【答案解析】 根据国家税务总局相关文件规定，职业道德是督察审计人员应当具有的职业品德、应当遵守的职业纪律、应当具备的专业胜任能力和应当承担的职业责任的总称。

24. 下列属于督察审计人员应当遵守的基本原则的有(　　)。

A. 诚信原则　　B. 效率原则

C. 正直原则　　D. 主观原则

【参考答案】 AC

【答案解析】 根据国家税务总局相关文件规定，督察审计人员应当遵守的基本原则有诚信原则、正直原则、客观原则、胜任原则、保密原则。

25. 对于诚信原则的具体要求为，督察审计人员在实施督察审计业务时，不应有下列行为(　　)。

A. 歪曲事实　　B. 隐瞒督察审计发现的问题

C. 进行缺少证据支持的判断　　D. 做误导性或者含糊性的陈述

【参考答案】 ABCD

【答案解析】 根据国家税务总局相关文件规定，督察审计人员在实施督察审计业务时，不应有下列行为：(1)歪曲事实。(2)隐瞒督察审计发现的问题。(3)进行缺少证据支持的判断。(4)做误导性或者含糊性的陈述。

26. 对于客观原则的具体要求为，督察审计人员在实施督察审计业务前(　　)。

A. 应当对客观性进行评估

B. 应当识别可能影响客观性的因素

C. 应当向组长或者督察内审部门负责人报告客观性受损可能造成的影响

D. 应当与被督察审计单位充分沟通

【参考答案】 ABC

【答案解析】 根据国家税务总局相关文件规定，客观原则的具体要求为：(1)督察审计人员在实施督察审计业务前，应当对客观性进行评估。(2)督察审计人员在实施督察审计业务前，应当识别可能影响客观性的因素。(3)督察审计人员在实施督察审计业务前，应当向组长或者督察内审部门负责人报告客观性受损可能造成的影响。(4)督察审计人员与被督察审计单位或者个人有直接利害关系的，应当回避。(5)督察审计人员在实施督察审计业务时，应当实事求是，不得由于偏见、利益冲突而影响职业判断。

27. 对于保密原则的具体要求为(　　)。

A. 督察审计人员对实施督察审计业务所获取的信息保密，非因有效授权、法律规定或

其他合法事由不得对外披露

B. 督察审计人员在社会交往中，应当履行保密义务，警惕非故意泄密的可能性

C. 督察审计人员与被督察审计单位或者个人有直接利害关系的，应当回避

D. 督察审计人员不得利用其在实施督察审计业务时获取的信息牟取不正当利益，或者以有悖于法律法规、组织规定及职业道德的方式使用信息

【参考答案】 ABD

【答案解析】 根据国家税务总局相关文件规定，保密具体要求为：(1)督察审计人员对实施督察审计业务所获取的信息保密，非因有效授权、法律规定或其他合法事由不得对外披露。(2)督察审计人员在社会交往中，应当履行保密义务，警惕非故意泄密的可能性。(3)督察审计人员不得利用其在实施督察审计业务时获取的信息牟取不正当利益，或者以有悖于法律法规、组织规定及职业道德的方式使用信息。

28. 下列属于督察审计人员职业纪律的有(　　)。

A. 不准由被督察审计对象报销、支付或补贴应由督察审计人员承担的住宿、餐饮、交通、通讯等费用

B. 不准向被督察审计对象透露审计内容

C. 不准接受被督察审计对象赠送的礼品、礼金、纪念品、土特产、消费卡或有价证券

D. 不准参加被督察审计对象安排的违规宴请、娱乐、旅游等活动

【参考答案】 ACD

【答案解析】 根据国家税务总局相关文件规定，督察审计人员应当严格执行中央八项规定精神，严格遵守各项廉政、工作纪律。(1)不准由被督察审计对象报销、支付或补贴应由督察审计人员承担的住宿、餐饮、交通、通讯等费用。(2)不准接受被督察审计对象赠送的礼品、礼金、纪念品、土特产、消费卡或有价证券。(3)不准参加被督察审计对象安排的违规宴请、娱乐、旅游等活动。(4)不准利用督察审计工作知悉的国家秘密、工作秘密、商业秘密和内部信息谋取利益。(5)不准利用督察审计职权干预被督察审计单位依法管理的资金、资产、资源的审批或分配使用。(6)不准向被督察审计单位推销商品或介绍业务。(7)不准接受被督察审计对象的请托，干预督察审计工作。(8)不准向被督察审计对象提出任何与督察审计工作无关的要求。

29. 督察审计组组长是督察审计组(　　)等工作的第一责任人。

A. 业务　　　　B. 廉政

C. 保密　　　　D. 安全

【参考答案】 ABCD

【答案解析】 根据国家税务总局相关文件规定，督察审计组组长是督察审计组实施某个督察审计项目过程中在行政和业务方面的主要负责人，是督察审计组开展与督察审计事项有关活动的组织者和指挥者，是督察审计组业务、廉政、保密、安全等工作的第一责任人。

30. 下列属于督察审计组组长职责的有(　　)。

A. 组织开展查前培训、审前调查，负责组织项目实施方案的编制、调整和报批

B. 及时汇报督察审计中发现的重大事项，并适时监督、检查项目实施质量

C. 组织复核工作底稿，审核证据资料，对存在问题及时督促补正

D. 就督察审计过程中出现的业务问题，提出合理化建议

【参考答案】 ABC

【答案解析】 根据国家税务总局相关文件规定，就督察审计过程中出现的业务问题，提出合理化建议是项目主审的职责。

31. 下列属于督察审计组副组长职责的有（　　）。

A. 协助组长组织开展督察审计各项工作

B. 指定项目主审

C. 在组长授权的情况下，代为履行组长职责

D. 负责确定督察审计目标实现方法、步骤和相关进度

【参考答案】 AC

【答案解析】 根据国家税务总局相关文件规定，督察审计组副组长是协助督察审计组组长组织开展工作或必要时代为履行组长职责的组内成员。督察审计副组长的职责为：(1)协助组长组织开展督察审计各项工作。(2)在组长授权的情况下，代为履行组长职责。

32. 下列属于督察审计组项目主审职责的有（　　）。

A. 负责确定督察审计目标实现方法、步骤和相关进度

B. 审核工作底稿、询问笔录、事实确认单等资料

C. 指导督察审计组组员开展督察审计工作

D. 就督察审计过程中出现的业务问题，提出合理化建议

【参考答案】 ABCD

【答案解析】 根据国家税务总局相关文件规定，督察审计组项目主审职责为：(1)负责确定督察审计目标实现方法、步骤和相关进度。(2)审核工作底稿、询问笔录、事实确认单等资料。(3)审核督察审计目标是否实现。(4)指导督察审计组组员开展督察审计工作。(5)就督察审计过程中出现的业务问题，提出合理化建议。

33. 下列属于督察审计组组员职责的有（　　）。

A. 根据督察审计工作分工，开展调查检查，收集相关证据，进行分析比对，发现存在的问题

B. 编制工作底稿、事实确认单、询问单、会议记录等资料

C. 梳理汇总督察审计过程中发现的问题，并及时汇报

D. 自觉服从领导和工作安排，认真履行职责，按时保质保量完成工作任务

【参考答案】 ABCD

【答案解析】 根据国家税务总局相关文件规定，督察审计组组员职责为：(1)根据督察审计工作分工，开展调查检查，收集相关证据，进行分析比对，发现存在的问题。(2)编制工作底稿、事实确认单、询问单、会议记录等资料。(3)梳理汇总督察审计过程中发现的问题，并及时汇报。(4)完成督察审计组交办的其他工作。(5)自觉服从领导和工作安排，认真履

行职责，按时保质保量完成工作任务。

34. 督察审计组组员按照工作角色和职责分工不同，可分为的岗位有(　　)。

A. 综合岗　　B. 数据采集岗

C. 执法督察业务岗　　D. 内部审计业务岗

【参考答案】 ABCD

【答案解析】 督察审计组组员按照工作角色和职责分工不同，可分为综合岗、数据采集岗、执法督察业务岗、内部审计业务岗等。

35. 下列说法中正确的有(　　)。

A. 督察审计组组员可以一岗多人

B. 督察审计组组员可以一人多岗

C. 督察审计组组员是指督察审计组中除组长、副组长外，根据职责分工开展督察审计某方面工作的人员

D. 督察审计组项目主审是组内具有督察审计业务专长或丰富工作经验的组员，由督察审计组组长指定，负责做好组长分配的督察审计工作

【参考答案】 CD

【答案解析】 根据国家税务总局相关文件规定，督察审计组组员是指督察审计组中除组长、副组长外，根据职责分工开展督察审计某方面工作的人员，选项C正确。督察审计组项目主审是组内具有督察审计业务专长或丰富工作经验的组员，由督察审计组组长指定，负责做好组长分配的督察审计工作，选项D正确。

36. 下列属于督察审计组组员综合岗岗位职责的有(　　)。

A. 联系协调　　B. 会议准备

C. 数据采集　　D. 底稿交接

【参考答案】 ABD

【答案解析】 根据国家税务总局相关文件规定，综合岗岗位职责为负责处理督察审计项目中的联系协调、会议准备、资料传递、底稿交接、文书管理、撰写报告及征求意见书、生活管理、档案管理、文件保密等综合事务。

37. 下列属于督察审计组组员综合岗岗位技能的有(　　)。

A. 熟悉内部或外部各种常用系统，掌握正确的采集和审核方法，具备运用相关技术规范采集各类数据的能力

B. 熟悉督察审计流程，具备较强的协调、沟通能力

C. 熟悉督察审计文书，具备较好的文字处理和语言表达能力

D. 熟悉资料收集、整理、汇总等工作，具备较好的综合分析处理能力

【参考答案】 BCD

【答案解析】 根据国家税务总局相关文件规定，综合岗岗位技能有：(1)熟悉督察审计流程，具备较强的协调、沟通能力。(2)熟悉督察审计文书，具备较好的文字处理和语言表达能力。(3)熟悉资料收集、整理、汇总等工作，具备较好的综合分析处理能力。

38. 督察审计流程规范中，通过明确工作方法，细化工作流程，规范工作标准，达到（　　）。

A. 任务目标清晰　　B. 工作方法明确

C. 实施过程严密　　D. 工作标准统一

【参考答案】 ACD

【答案解析】 根据国家税务总局相关文件规定，通过明确工作方法，细化工作流程，规范工作标准，达到任务目标清晰、实施过程严密、工作标准统一。

39. 下列属于督察审计流程规范的目的有（　　）。

A. 实现督察审计项目管理规范化　　B. 实现督察审计项目管理程序化

C. 实现督察审计项目管理标准化　　D. 实现督察审计项目管理高效化

【参考答案】 ABC

【答案解析】 根据国家税务总局相关文件规定，通过明确工作方法，细化工作流程，规范工作标准，达到任务目标清晰、实施过程严密、工作标准统一，实现督察审计项目管理规范化、程序化、标准化。

40. 督察内审部门应当根据年度督察审计计划、其他授权或委托文件编制《督察审计工作方案》，确定（　　）。

A. 督察审计目标　　B. 督察审计组织实施

C. 督察审计范围　　D. 督察审计重点

【参考答案】 ABCD

【答案解析】 根据国家税务总局相关文件规定，准备阶段制定工作方案为确定督察审计目标、范围、重点和组织实施等内容，指导督察审计组开展督察审计工作。

41. 下列属于督察审计准备阶段制定工作方案步骤的有（　　）。

A. 编制工作方案　　B. 工作方案审批

C. 成立督察审计组　　D. 签订《督察审计现场工作承诺书》

【参考答案】 ABCD

【答案解析】 根据国家税务总局相关文件规定，制定工作方案的方法步骤：(1)编制工作方案。(2)工作方案审批。(3)成立督察审计组。(4)明确职责分工，制作《督察审计组职责分工表》。5 签订《督察审计现场工作承诺书》。

42. 下列属于《督察审计通知书》内容主体的有（　　）。

A. 督察审计项目名称

B. 被督察审计单位名称、依据、范围、起始时间、签发日期和印章等

C. 督察审计组组长及成员名单

D. 领导干部经济责任审计还应包括被审计领导干部姓名

【参考答案】 ABD

【答案解析】 根据国家税务总局相关文件规定，督察审计组组长及成员名单属于《督察审计通知书》内容附件。

43. 下列说法中正确的有(　　)。

A. 督察内审部门应当在实施督察审计 5 日前,向被督察审计单位下达通知书

B. 领导干部经济责任审计的通知书应当向被审计领导干部及其所在单位发出

C. 遇有特殊情况,督察审计组可以直接持《督察审计通知书》实施督察审计

D. 专项督察审计调查项目的通知书可以不列明专项督察审计调查的要求

【参考答案】 BC

【答案解析】 根据国家税务总局相关文件规定,督察内审部门应当在实施督察审计 3 日前,向被督察审计单位下达通知书。领导干部经济责任审计的通知书应当向被审计领导干部及其所在单位发出。遇有特殊情况,督察审计组可以直接持《督察审计通知书》实施督察审计。专项督察审计调查项目的通知书应当列明专项督察审计调查的要求。

44. 下列属于督察审计前准备方法步骤的有(　　)。

A. 收集资料　　B. 人员准备

C. 数据准备　　D. 政策准备

【参考答案】 ACD

【答案解析】 根据国家税务总局相关文件规定,督察审计前准备方法步骤为:(1)收集资料。(2)数据准备。(3)政策准备。

45. 下列属于督察审计组收集被督察审计单位的相关资料的方式的有(　　)。

A. 调阅以前年度督察审计档案,了解以前年度督察审计中发现的问题及整改情况

B. 了解被督察审计单位的基本情况,如人员编制情况、组织机构设置、岗位职能说明等

C. 要求被督察审计单位提供税收管理、财务管理等方面的资料和数据

D. 通过金税三期税收管理系统、数据综合分析利用平台、财务管理系统、内部审计系统等数据平台,查阅、调取与税收管理活动、内部财务管理有关的各类电子文档和数据

【参考答案】 ABCD

【答案解析】 根据国家税务总局相关文件规定,督察审计组可通过以下方式收集被督察审计单位的相关资料:(1)通过金税三期税收管理系统、数据综合分析利用平台、财务管理系统、内部审计系统等数据平台,查阅、调取与税收管理活动、内部财务管理有关的各类电子文档和数据。(2)调阅以前年度督察审计档案,了解以前年度督察审计中发现的问题及整改情况。(3)领导干部经济责任审计前,向人事、巡视(巡察)、纪检监察等部门发出《经济责任审计征询意见函》,征询有无需要审计核实的情况,属于审计范围的,列入审计项目实施方案。(4)了解被督察审计单位的基本情况,如人员编制情况、组织机构设置、岗位职能说明等。(5)要求被督察审计单位提供税收管理、财务管理等方面的资料和数据。(6)向相关部门了解被督察审计单位税收管理、财务管理等方面的情况。

46. 下列属于督察审计前准备中数据准备的有(　　)。

A. 提取数据　　B. 分析数据

C. 挖掘疑点　　D. 推送疑点

【参考答案】 BC

【答案解析】 根据国家税务总局相关文件规定，数据准备包括：(1)分析数据。对收集的数据及相关资料进行系统分析、结构分析、个体分析等，采用多维分析技术等技术手段，研究和比较反映税收成果和财务状况的数据之间的关系，测定各种信息的合理性和变化趋势，形成数据分析资料。(2)挖掘疑点。通过前期数据分析，对数据之间的关系进行深度挖掘，形成数据疑点信息，必要时可以形成案头分析疑点核查清单。

47. 督察审计前准备中政策准备包括(　　)。

A. 相关的法律法规制度和政策文件

B. 被督察审计单位制定的政策文件

C. 被督察审计单位制定的内部控制制度等

D. 督察审计单位制定的内部控制制度等

【参考答案】 AC

【答案解析】 根据国家税务总局相关文件规定，政策准备主要包括：相关的法律法规制度和政策文件，被督察审计单位制定的内部控制制度等。

48. 下列属于《督察审计项目实施方案》内容的有(　　)。

A. 督察审计目标　　B. 督察审计范围

C. 督察审计内容　　D. 督察审计工作要求

【参考答案】 ABCD

【答案解析】 根据国家税务总局相关文件规定，项目实施方案内容包括：(1)督察审计目标，指项目所达到的预期效果。(2)督察审计范围，包括督察审计时间范围和业务范围。(3)督察审计内容、重点及督察审计措施，包括督察审计前调查、案头分析发现的疑点问题及核实要求，具体的督察审计步骤，应采用的督察审计方法，明确如何收集证据、评价证据，完成现场督察审计工作。(4)督察审计工作要求，包括督察审计进度安排、督察审计组内部重要管理事项、督察审计组的组成及成员职责分工等。

49. 下列属于督察审计组应当及时调整实施方案的情形的有(　　)。

A. 年度项目计划、工作方案发生变化的

B. 督察审计目标发生重大变化的

C. 重要督察审计事项发生变化的

D. 被督察审计单位及其相关情况发生重大变化的

【参考答案】 ABCD

【答案解析】 根据国家税务总局相关文件规定，督察审计组应当及时调整实施方案的情形：(1)年度项目计划、工作方案发生变化的；(2)督察审计目标发生重大变化的；(3)重要督察审计事项发生变化的；(4)被督察审计单位及其相关情况发生重大变化的；(5)工作组人员及其分工发生重大变化的；(6)需要调整的其他情形。

50. 下列属于督察审计查前培训主要内容的有(　　)。

A. 被督察审计单位的基本情况介绍

B. 督察审计项目实施方案

C. 督察审计的内容、重点、线索及工作方法

D. 督察审计人员分工

【参考答案】 ABC

【答案解析】 根据国家税务总局相关文件规定，督查审计查前培训的主要内容：(1)被督察审计单位的基本情况介绍；(2)督察审计项目实施方案；(3)督察审计的内容、重点、线索及工作方法；(4)相关政策法规和文件依据；(5)相关应用软件操作；(6)模拟测试，熟悉工作流程和文书，明确工作标准；(7)案例分析；(8)被督察审计单位以往督察审计结果通报；(9)廉政、保密、安全教育。

51. 下列属于督察审计进驻会议准备的工作要求的有(　　)。

A. 进驻会议一般要求被督察审计单位领导、督察内审及相关部门负责人、有关人员参加

B. 督察审计组准备进驻会议讲话稿，并经督察审计组组长审定

C. 进驻会议内容需向被督察审计单位全体人员公开

D. 被督察审计单位准备汇报稿

【参考答案】 ABD

【答案解析】 根据国家税务总局相关文件规定，进驻会议准备的工作要求：(1)进驻会议一般要求被督察审计单位领导、督察内审及相关部门负责人、有关人员参加。(2)督察审计组准备进驻会议讲话稿，并经督察审计组组长审定。督察审计组进驻会议讲话稿包括：督察审计对象、范围、内容、时间、有关要求等内容。(3)被督察审计单位准备汇报稿。被督察审计单位汇报稿包括：基本情况、督察审计要求内容的实施情况、相关工作做法及成果、存在的问题和不足等内容。领导干部经济责任审计还应当包括任职期间履行经济责任情况。

52. 关于进驻会议的议程，下列说法正确的有(　　)。

A. 进驻会议应当由被督察审计单位指定人员主持

B. 督察审计组组长宣读《督察审计通知书》，介绍工作安排和督察审计组成员，明确督察审计范围、内容、工作纪律，提出工作要求

C. 被督察审计的单位负责人汇报单位整体情况以及税收管理、财务管理情况等。涉及领导干部经济责任审计的还需汇报任职期间履行经济责任情况

D. 督察审计组组长指定人员负责会议情况记录，形成《督察审计会议记录》，由组长审核并签字

【参考答案】 BCD

【答案解析】 根据国家税务总局相关文件规定，进驻会议的议程：(1)进驻会议一般由被督察审计单位指定人员主持，也可由督察审计组指定人员主持。(2)督察审计组组长宣读《督察审计通知书》，介绍工作安排和督察审计组成员，明确督察审计范围、内容、工作纪律，提出工作要求。(3)被督察审计的单位负责人汇报单位整体情况以及税收管理、财务管理情况等。涉及领导干部经济责任审计的还需汇报任职期间履行经济责任情况。(4)督

察审计组组长指定人员负责会议情况记录，形成《督察审计会议记录》，由组长审核并签字。

53. 下列属于《督察审计公示》公示内容的有（　　）。

A. 督察审计依据　　B. 督察审计实施时间

C. 督察审计对象、内容　　D. 督察审计组办公地点

【参考答案】 ABCD

【答案解析】 根据国家税务总局相关文件规定，督察审计组制作《督察审计公示》。公示内容包括：督察审计依据、实施时间、对象、内容及督察审计组办公地点和监督举报电话等。

54. 下列说法中，不正确的有（　　）。

A. 督察审计组在现场工作期间，应当在被督察审计单位公示督察审计有关事项，接受监督举报

B. 督察审计组在被督察审计单位办公地点醒目位置公开《督察审计公示》，可以同时在被督察审计单位内部网站公示

C. 督察审计公示期为督察审计组进驻前

D. 督察审计组就督察审计举报信息与当事人见面谈话，应不少于三人，并做好《督察审计谈话记录》

【参考答案】 CD

【答案解析】 根据国家税务总局相关文件规定，督察审计公示期为督察审计组现场工作期间；督察审计组就督察审计举报信息与当事人见面谈话，应不少于两人，并做好《督察审计谈话记录》。

55. 被督察审计单位及单位负责人对（　　）作出承诺。

A. 提供资料的真实性　　B. 提供资料完整性

C. 提供资料准确性　　D. 其他相关情况

【参考答案】 ABD

【答案解析】 根据国家税务总局相关文件规定，被督察审计单位及单位负责人对提供资料的真实性、完整性和其他相关情况作出承诺。

56. 下列属于接收资料方法步骤的有（　　）。

A. 接收资料　　B. 审核资料

C. 签字交接　　D. 交接检查

【参考答案】 ACD

【答案解析】 根据国家税务总局相关文件规定，接收资料是督察审计组查验签收被督察审计单位按要求提供所需资料的过程，方法步骤：（1）接收资料。（2）签字交接。（3）交接检查。

57. 下列说法中正确的有（　　）。

A. 督察审计组在现场督察审计期间，需要《督察审计通知书》要求之外的其他资料，填写《督察审计需提供资料清单》，载明所需资料的名称和提供资料的时间要求，送交

被督察审计单位

B.《督察审计需提供资料清单》一式两份，一份交被督察审计单位作为提供资料的依据，一份由双方签字后督察审计组留存备查

C. 被督察审计单位不能当场移交资料的，应出具书面说明材料，说明理由及资料存放地点，并由被督察审计单位主要负责人签字盖章

D. 被督察审计单位应当完整移交相关资料。既需要移交《督察审计通知书》上要求准备的资料，也需要移交督察审计组在现场工作过程中要求提供的资料

【参考答案】 ABD

【答案解析】 根据国家税务总局相关文件规定，被督察审计单位不能当场移交资料的，应出具书面说明材料，说明理由及资料存放地点，并由应提供资料的部门负责人签字盖章

58. 数据采集分析是指根据督察审计项目实施方案，采集相关数据，进行（　　）等操作，从而发现问题疑点，取得督察审计证据。

A. 核对　　B. 检查

C. 复算　　D. 判断

【参考答案】 ABCD

【答案解析】 根据国家税务总局相关文件规定，根据督察审计项目实施方案，采集相关数据，进行核对、检查、复算、判断等操作，从而发现问题疑点，取得督察审计证据。

59. 督察审计人员根据《督察审计项目实施方案》确定的业务范围，通过了解被督察审计单位内部控制体系的建立和运行情况，通过分析、测试，对内部控制的（　　）进行评价，提出管理建议。

A. 健全性　　B. 合理性

C. 合规性　　D. 有效性

【参考答案】 ABCD

【答案解析】 根据国家税务总局相关文件规定，督察审计人员根据《督察审计项目实施方案》确定的业务范围，通过了解被督察审计单位内部控制体系的建立和运行情况，通过分析、测试，对内部控制的健全性、合理性、合规性和有效性进行评价，提出管理建议。

60. 督察审计人员根据《督察审计项目实施方案》确定的业务范围，对被督察审计单位的内部控制体系建设情况进行测评，其中单位遵循建立和实施内部控制原则情况主要包括（　　）。

A. 遵循全面覆盖原则情况　　B. 遵循突出重点原则情况

C. 遵循权力制衡性原则情况　　D. 遵循融合联动原则情况

【参考答案】 ABCD

【答案解析】 根据国家税务总局相关文件规定，单位遵循建立和实施内部控制原则情况主要审查单位是否遵循“全面覆盖、突出重点、权力制衡、融合联动、持续改进”原则。具体包括：(1)遵循全面覆盖原则情况；(2)遵循突出重点原则情况；(3)遵循权力制衡性原则

情况；(4)遵循融合联动原则情况；(5)遵循持续改进原则情况。

61. 督察审计人员根据《督察审计项目实施方案》确定的业务范围，对被督察审计单位的内部控制体系建设情况进行测评，其中单位内部控制的措施适当情况具体包括（　　）。

A. 实施职责分工控制情况　　B. 实施不相容岗位相互分离控制情况

C. 实施授权审批控制情况　　D. 实施集体决策控制情况

【参考答案】 ABCD

【答案解析】 根据国家税务总局相关文件规定，审查单位在实际的控制活动中，是否能够通过实施适当的控制措施，将风险控制在可以接受的范围之内。具体包括：(1)实施职责分工控制情况；(2)实施不相容岗位相互分离控制情况；(3)实施授权审批控制情况；(4)实施流程控制情况；(5)实施过程预警控制情况；(6)实施集体决策控制情况；(7)实施公开运行控制情况；(8)实施痕迹记录控制情况。

62. 调查了解和描述内部控制是对内部控制进行测试和评价的前提，目的是测评内部控制体系是否健全合理，是否得到有效执行。可以采取的方法有（　　）。

A. 合理性测试　　B. 询问

C. 检查　　D. 观察

【参考答案】 BCD

【答案解析】 根据国家税务总局相关文件规定，调查了解和描述内部控制是对内部控制进行测试和评价的前提，目的是测评内部控制体系是否健全合理，是否得到有效执行。可以采取以下方法：(1)询问；(2)检查；(3)观察；(4)符合性测试。

63. 下列属于督察审计工作内部控制初步评价工作要求的有（　　）。

A. 健全性评价　　B. 合理性评价

C. 合规性评价　　D. 高效性评价

【参考答案】 ABC

【答案解析】 根据国家税务总局相关文件规定，部控制初步评价工作要求。(1)健全性评价。主要是根据单位的业务特点，分析主要管理活动及其业务流程和高风险领域是否建立了内部控制，是否存在失控环节。(2)合理性评价。分析内部控制环节是否设置合理、分工和职责划分是否适当。(3)合规性评价。分析内部控制制度是否存在违反国家法律法规、规章制度的条款。(4)有效性评价。分析内部控制措施是否得到有效执行，是否达到预期目标。

64. 下列属于督察审计组对资料进行现场审查分析的方法步骤的有（　　）。

A. 资料审查分析　　B. 汇总资料

C. 发现疑点线索　　D. 汇总审核中发现的疑点线索

【参考答案】 ACD

【答案解析】 根据国家税务总局相关文件规定，督察审计组对资料进行现场审查分析。方法步骤：(1)资料审查分析。(2)发现疑点线索。(3)汇总审核中发现的疑点线索。

65. 下列属于督察审计工作中审核资料的方式的有（　　）。

A. 核对　　　　　　　　　　　　　　B. 审阅

C. 分类　　　　　　　　　　　　　　D. 比较

【参考答案】 ABCD

【答案解析】 根据国家税务总局相关文件规定，审核资料的方式：(1)核对；(2)审阅；(3)分类；(4)比较。

66. 下列属于督察审计工作中审核资料的重点的有(　　)。

A. 审核资料的真实性　　　　　　　　B. 审核资料的完整性

C. 审核资料的合规性　　　　　　　　D. 审核资料的效益性

【参考答案】 ABCD

【答案解析】 根据国家税务总局相关文件规定，审核资料的重点：(1)审核资料的真实性；(2)审核资料的完整性；(3)审核资料的合规性；(4)审核资料的效益性。

67. 下列对督察审计实施阶段开展座谈、个别谈话和询问工作要求正确的有(　　)。

A. 确定座谈、个别谈话和询问的时间、地点、参加座谈询问人员、谈话提纲等

B. 座谈、个别谈话和询问由被督察审计单位指定人员主持，主持人根据督察审计组要求，明确座谈、个别谈话和询问目的、指向，并提出要求

C. 座谈、个别谈话过程中指定专门人员负责记录，并制作《督察审计谈话记录》

D. 座谈、个别谈话和询问结束后，《督察审计谈话记录》《督察审计询问单》《督察审计询问笔录》作为督察审计证据归入工作底稿

【参考答案】 ACD

【答案解析】 根据国家税务总局相关文件规定，座谈、个别谈话和询问由督察审计组指定人员主持，主持人根据督察审计组要求，明确座谈、个别谈话和询问目的、指向，并提出要求。

68. 下列属于督察审计实施阶段延伸调查的原则的有(　　)。

A. 合法性原则　　　　　　　　　　　B. 客观性原则

C. 目的性原则　　　　　　　　　　　D. 效率性原则

【参考答案】 ABD

【答案解析】 根据国家税务总局相关文件规定，延伸调查的原则：(1)合法性原则。督察审计组人员应根据法律、法规的要求，规范实施延伸调查。(2)客观性原则。督察审计组人员实施延伸调查，应当事先充分评估发现的疑点问题、性质和后果，围绕被督察审计单位的问题和督察审计目标展开。(3)效率性原则。延伸调查应以尽可能少的成本达到预定的目标，取得既定成效，对社会经济活动的妨碍最小化。

69. 下列关于督察审计证据的说法正确的有(　　)。

A. 督察审计人员围绕督察审计目标收集督察审计证据

B. 督察审计证据是督察审计认定事实，作出定性和处理的依据

C. 督察审计证据是形成督察审计结论的基础

D. 只有书面证据能作为督察审计证据

【参考答案】 ABC

【答案解析】 根据国家税务总局相关文件规定，督察审计人员围绕督察审计目标收集督察审计证据，是形成督察审计结论的基础，是督察审计认定事实，作出定性和处理的依据。督察审计证据的种类有：(1)书面证据；(2)实物证据；(3)视听电子证据；(4)口头证据。

70. 下列属于督察审计证据种类的有(　　)。

A. 书面证据　　B. 实物证据

C. 视听电子证据　　D. 口头证据

【参考答案】 ABCD

【答案解析】 根据国家税务总局相关文件规定，督察审计证据的种类有：(1)书面证据；(2)实物证据；(3)视听电子证据；(4)口头证据。

71. 下列属于督察审计人员取得督察审计证据可以采用的方法的有(　　)。

A. 审核　　B. 观察

C. 询问　　D. 分析性复核

【参考答案】 ABCD

【答案解析】 根据国家税务总局相关文件规定，督察审计人员可以采用下列方法取得督察审计证据：(1)审核。(2)观察。(3)监盘。(4)询问。(5)重新计算。(6)分析性复核。(7)督察审计组对特殊重要的证据资料，可提请证据相关的外部单位出具书面证明资料。对外部单位可以进行书面函证。(8)督察审计组可聘请其他专业机构或人士对督察审计项目的某些特殊问题进行鉴定，以鉴定结论作为督察审计证据。

72. 在获取书面证据时，应尽可能收集能够证明督察审计事项的原始资料和有关文件等；收集证据原件时，应当制作清单，并注明(　　)，由被督察审计单位核对后签章确认。

A. 证据的名称　　B. 收到时间

C. 采集的地点　　D. 份数和页数

【参考答案】 ABCD

【答案解析】 根据国家税务总局相关文件规定，在获取书面证据时，应尽可能收集能够证明督察审计事项的原始资料和有关文件等；收集证据原件时，应当制作清单，并注明证据的名称、收到时间、采集的地点、份数和页数，由被督察审计单位核对后签章确认。

73. 在收集实物证据时，应当形成取得证据的过程记录，在记录中注明(　　)等情况，由被督察审计单位有关人员核对无误后，签字盖章。

A. 实物的所有权人、数量　　B. 实物的存放方式

C. 实物的存放地点　　D. 实物证据提供者

【参考答案】 ABCD

【答案解析】 根据国家税务总局相关文件规定，在收集实物证据时，应当形成取得证据的过程记录，在记录中注明实物的所有权人、数量、存放地点、存放方式和实物证据提供者等情况，由被督察审计单位有关人员核对无误后，签字盖章。

74. 在收集视听资料或者电子数据资料时，应当注明(　　)等情况。

A. 制作方法、时间　　B. 存放地点、存放方式

C. 制作人　　D. 电子数据资料的运行环境、系统

【参考答案】 ABCD

【答案解析】 根据国家税务总局相关文件规定，在收集视听资料或者电子数据资料时，应当注明制作方法、制作时间、制作人和电子数据资料的运行环境、系统以及存放地点、存放方式等情况。

75. 在提取口头证据时，可以采取的方式有（　　）。

A. 口头询问　　B. 直接询问

C. 间接询问　　D. 书面询问

【参考答案】 AD

【答案解析】 根据国家税务总局相关文件规定，在提取口头证据时，可以采取口头询问和书面询问的方式。

76. 督察审计组组长、副组长或项目主审对取得的证据进行审核，对不符合要求的证据应予以补充完善或重新取得，以下属于应重点审核的有（　　）。

A. 证据数量是否足以证实督察审计事项，作出督察审计结论和建议

B. 证据和督察审计目标是否相关联，所反映的内容是否能够支持督察审计结论和建议

C. 证据的真实性、合法性

D. 证据是否能够反映督察审计事项的客观事实

【参考答案】 ABCD

【答案解析】 根据国家税务总局相关文件规定，督察审计组组长、副组长或项目主审对取得的证据进行审核，对不符合要求的证据应予以补充完善或重新取得，重点审核以下方面：(1)证据数量是否足以证实督察审计事项，作出督察审计结论和建议；(2)证据和督察审计目标是否相关联，所反映的内容是否能够支持督察审计结论和建议；(3)证据的真实性、合法性；(4)证据是否能够反映督察审计事项的客观事实。

77. 督察审计人员对提取的证据整理后，进行督察审计证据分析可以采取的方法有（　　）。

A. 分类　　B. 计算

C. 研究　　D. 小结

【参考答案】 ABCD

【答案解析】 根据国家税务总局相关文件规定，督察审计人员对提取的证据整理后，应通过以下方法对证据进行分析：(1)分类；(2)计算；(3)研究；(4)小结。

78. 下列关于督察审计项目评价论证说法正确的有（　　）。

A. 督察审计人员按组长要求将其负责领域的工作进展情况作阶段性的总结汇报

B. 督察审计汇报可口头汇报，着重说明阶段性的督察审计发现、结论和对下一步工作的建议

C. 督察审计组组长应当检查项目实施方案执行情况，督导组员完成尚未进行的督察审

计事项，制止擅自扩大督察审计范围的行为

D. 督察审计组组长可以检查和评估各领域的工作进展情况，判断督察审计发现问题的性质和重要性，确认督察审计证据，对下一步工作的重点和方向提供指导意见，并确定是否调整督察审计目标或进一步补充证据

【参考答案】 ACD

【答案解析】 根据国家税务总局相关文件规定，督察审计汇报应有书面记录，着重说明阶段性的督察审计发现、结论和对下一步工作的建议。

79. 督察审计事实是督察审计具体事项的描述和说明，是督察审计人员作出分析和判断的基础和前提。下列关于督察审计事实确认的要求正确的有（　　）。

A. 督察审计人员要对督察审计具体事项进行详细描述和说明，填写《督察审计事实确认单》，必要的情况下，可在《督察审计事实确认单》后附相关的证据，交综合岗，综合岗登记《督察审计事实确认单交接单》

B. 综合岗将《督察审计事实确认单》交被督察审计单位后，被督察审计单位应在要求的时限内反馈和确认，交还督察审计组综合岗

C.《督察审计事实确认单》由被督察审计单位（部门）或个人签字、盖章确认。被督察审计单位认为督察审计事实不清或描述不准确的，应提供相应证据材料，督察审计人员应对督察审计事实进一步核实

D. 被督察审计单位在规定时限内未反馈的，视同不确认

【参考答案】 ABC

【答案解析】 根据国家税务总局相关文件规定，被督察审计单位在规定时限内未反馈的，视同确认。

80. 下列关于《督察审计工作底稿》的说法正确的有（　　）。

A. 底稿应当内容完整、记录清晰、结论明确，客观地反映项目实施方案的执行情况，以及与形成督察审计结论、意见和建议有关的所有重要事项

B.《督察审计工作底稿》要注明索引编号和顺序编号。相关工作底稿之间如存在勾稽关系应予以清晰反映，相互引用时应交叉注明索引编号

C. 督察审计工作底稿应当由督察审计人员根据实施方案确定的项目内容，逐项逐事编制形成，多个事项可放在同一底稿上

D.《督察审计事实确认单》和证据材料应当作为督察审计工作底稿的附件

【参考答案】 ABD

【答案解析】 根据国家税务总局相关文件规定，督察审计工作底稿应当由督察审计人员根据实施方案确定的项目内容，逐项逐事编制形成，做到一项一稿或一事一稿。

81. 下列关于审核工作底稿的说法中，正确的有（　　）。

A. 督察审计工作底稿审核实行逐级负责制，先由项目主审审核并签字，再由督察审计组副组长审核并签字，最后报督察审计组组长审定并签字

B. 在督察审计工作中，督察审计组组长或副组长应加强对督察审计工作底稿的现场

复核

C. 督察审计工作底稿审核完成后要按照问题类别和顺序编号，存入督察审计档案，任何情况下都不得撤销底稿

D. 督察审计人员在提交底稿时，要填写《督察审计工作底稿交接单》，接收人清点后，双方签字确认，确保底稿在交接过程中不遗漏、丢失

【参考答案】 ABD

【答案解析】 根据国家税务总局相关文件规定，督察审计工作底稿审核完成后要按照问题类别和顺序编号，存入督察审计档案。未经督察审计组组长、项目主审和底稿编制人员同意，不得撤销底稿。

82. 督察审计组对督察审计发现的问题，向被督察审计单位或个人反馈，听取被督察审计单位或个人的陈述或申辩，下列属于听取陈述申辩的方式的有（　　）。

A. 记录口头陈述申辩意见，经申辩人签字确认

B. 记录口头陈述申辩意见，经被督察审计单位主要负责人签字确认

C. 被督察审计单位作出书面陈述申辩意见，阐明对督察审计事实确认单、询问单、询问笔录等文书存在异议的理由

D. 被督察审计单位通过内控监督平台提出申辩意见

【参考答案】 AC

【答案解析】 根据国家税务总局相关文件规定，督察审计组可根据情况，选择以下方式：(1)记录口头陈述申辩意见，经申辩人签字确认；(2)被督察审计单位作出书面陈述申辩意见，阐明对督察审计事实确认单、询问单、询问笔录等文书存在异议的理由。

83. 下列属于督察审计组在实施必要的督察审计程序后，撰写报告时通过集体讨论确定的事项的有（　　）。

A. 评价督察审计目标的实现情况

B. 项目实施方案确定的督察审计事项完成情况

C. 评价证据的适当性和充分性

D. 对撰写报告进行分工

【参考答案】 ABCD

【答案解析】 根据国家税务总局相关文件规定，集体讨论确定下列事项：(1)评价督察审计目标的实现情况；(2)项目实施方案确定的督察审计事项完成情况；(3)评价证据的适当性和充分性；(4)提出督察审计评价意见；(5)评估督察审计发现问题的重要性；(6)对督察审计发现问题进行定性并提出处理意见；(7)对撰写报告进行分工。

84. 督察审计组应当根据督察审计发现问题的（　　）评估发现问题的重要性，并在督察审计报告中予以反映。

A. 性质　　B. 数额

C. 责任人　　D. 发生的原因

【参考答案】 ABD

【答案解析】 根据国家税务总局相关文件规定，督察审计组应当根据督察审计发现问题的性质、数额及其发生的原因，评估发现问题的重要性，并在督察审计报告中予以反映。

85. 督察审计组根据督察审计目标，以督察审计认定的事实为基础，按照（　　）和谨慎性原则，对所督察审计的事项发表评价意见。

A. 相关性　　B. 重要性

C. 可行性　　D. 规范性

【参考答案】 ABCD

【答案解析】 根据国家税务总局相关文件规定，督察审计组根据督察审计目标，以督察审计认定的事实为基础，按照相关性、重要性、可行性、规范性和谨慎性原则，对所督察审计的事项发表评价意见。

86. 督察审计报告必须达到（　　）具有建设性并体现重要性的质量要求。

A. 客观　　B. 完整

C. 清晰　　D. 简洁

【参考答案】 ABC

【答案解析】 根据国家税务总局相关文件规定，督察审计报告必须达到客观、完整、清晰、具有建设性并体现重要性的质量要求。

87. 督察审计报告撰写完成后，督察审计组组长、副组长和项目主审要对报告进行初步审核。如报告质量未达到规定要求，应对报告进行修改，审核重点包括（　　）。

A. 是否实事求是反映督察审计事项

B. 是否按照规定的格式及内容编制，做到要素齐全、格式规范、不遗漏督察审计中发现的重大事项，督察审计结论完整

C. 是否具有逻辑性、突出重点、简明扼要、易于理解

D. 是否按要求使用具有专业性和技术性语言

【参考答案】 ABC

【答案解析】 根据国家税务总局相关文件规定，督察审计报告撰写完成后，督察审计组组长、副组长和项目主审要对报告进行初步审核。如报告质量未达到规定要求，应对报告进行修改。审核重点包括：(1)是否实事求是反映督察审计事项；(2)是否按照规定的格式及内容编制，做到要素齐全、格式规范、不遗漏督察审计中发现的重大事项，督察审计结论完整；(3)是否具有逻辑性、突出重点、简明扼要、易于理解。避免使用不必要的、过于专业和技术性强的复杂语言。

88. 下列属于督察审计组在督察审计实施阶段结束之前，召开退出会议的参加人员的有（　　）。

A. 督察审计组成员

B. 被督察审计单位分管局领导

C. 被督察审计单位主要负责人

D. 被督察审计单位相关部门的负责人

【参考答案】 ABCD

【答案解析】 根据国家税务总局相关文件规定，退出会议的参加人员有：督察审计组成员，被督察审计单位主要负责人或分管局领导、相关部门的负责人。

89. 下列属于现场督察审计收尾工作撤离现场工作地点前，督察审计组应当进行检查和确认的事项的有(　　)。

A. 需补充证据的督察审计事项，是否进行了补充完善

B. 现场形成的重要管理事项记录是否完善

C. 是否按规定完成督察审计数据的归集、整理工作

D. 外请人员使用的督察审计资料是否收回，电子数据是否按规定处理

【参考答案】 ABCD

【答案解析】 根据国家税务总局相关文件规定，撤离现场工作地点前，督察审计组应当对以下事项进行检查和确认：(1)需补充证据的督察审计事项，是否进行了补充完善；(2)现场形成的重要管理事项记录是否完善；(3)退还资料和借用的设备；(4)是否按规定完成督察审计数据的归集、整理工作；(5)外请人员使用的督察审计资料是否收回，电子数据是否按规定处理。

90. 审后工作评价是由被督察审计单位领导班子成员、中层负责人于现场工作结束后 5 个工作日内，对督察审计组现场工作期间的(　　)进行评价。

A. 工作作风　　　　B. 工作效率

C. 工作纪律　　　　D. 廉政情况

【参考答案】 ACD

【答案解析】 根据国家税务总局相关文件规定，审后工作评价：由被督察审计单位领导班子成员、中层负责人于现场工作结束后 5 个工作日内，对督察审计组现场工作期间的工作作风、工作纪律和廉政情况进行评价。

91. 下列关于征求被督察审计单位意见的说法正确的有(　　)。

A. 督察审计组将督察审计报告征求意见稿送达被督察审计单位书面征求意见

B. 督察审计报告征求意见稿由督察审计组组长审定后，督察内审部门制作《督察审计报告征求意见书》送达被督察审计单位

C. 被督察审计单位在规定时限内书面反馈意见

D. 领导干部经济责任审计报告征求意见稿，还须送被审计领导干部本人

【参考答案】 ABCD

【答案解析】 根据国家税务总局相关文件规定，督察审计组将督察审计报告征求意见稿送达被督察审计单位书面征求意见，被督察审计单位在规定时限内书面反馈意见。督察审计报告征求意见稿由督察审计组组长审定后，督察内审部门制作《督察审计报告征求意见书》送达被督察审计单位。领导干部经济责任审计报告征求意见稿，还须送被审计领导干部本人。

92. 督察审计组将督察审计报告征求意见稿送达被督察审计单位书面征求意见，被督

察审计单位在规定时限内书面反馈意见，书面反馈意见包括（　　）。

A. 是否同意督察审计发现的问题和建议

B. 对存在问题的原因分析和理由申诉

C. 对责任人的责任追究建议

D. 对督察审计报告的内容提出修改意见

【参考答案】 ABD

【答案解析】 根据国家税务总局相关文件规定，书面反馈意见包括：是否同意督察审计发现的问题和建议，对存在问题的原因分析和理由申诉；也可以对督察审计报告的内容提出修改意见。

93. 下列属于《督察审计报告征求意见书》反馈意见的采纳原则的有（　　）。

A. 对反馈理由充分，证明不存在问题的，不在报告中反映

B. 对已整改落实的问题，在报告中写明整改情况

C. 对情况属实尚未整改的问题，应纳入报告

D. 对有异议的问题，可征求专业部门意见后，决定是否纳入报告

【参考答案】 ABCD

【答案解析】 根据国家税务总局相关文件规定，征求意见稿反馈意见的采纳原则：(1)对反馈理由充分，证明不存在问题的，不在报告中反映。(2)对已整改落实的问题，在报告中写明整改情况。(3)对情况属实尚未整改的问题，应纳入报告。(4)对有异议的问题，可征求专业部门意见后，决定是否纳入报告。

94. 督察审计组将《督察审计报告》《督察审计处理意见书》《督察审计处理决定书》《督察审计结论书》、被督察审计单位反馈意见和被督察审计单位反馈意见采纳情况、移交处理意见、督察审计实施方案、调查了解记录、审计工作底稿、审计证据等资料提交督察内审业务部门复核，下列属于复核内容的有（　　）。

A. 报告是否内容完整、事实清楚、结论正确、用词恰当、格式规范

B. 督察审计期间被督察审计单位对督察审计发现问题已整改的，督察审计报告是否阐明有关整改情况

C. 经济责任审计报告是否包括被审计人员履行经济责任的基本情况，审计评价是否客观，审计发现问题责任认定是否准确

D. 督察审计发现的重要问题是否在报告中反映

【参考答案】 ABCD

【答案解析】 根据国家税务总局相关文件规定，督察内审业务部门对下列事项进行复核：(1)报告是否内容完整、事实清楚、结论正确、用词恰当、格式规范。(2)督察审计期间被督察审计单位对督察审计发现问题已整改的，督察审计报告是否阐明有关整改情况。(3)经济责任审计报告是否包括被审计人员履行经济责任的基本情况，审计评价是否客观，审计发现问题责任认定是否准确。(4)项目实施方案明确的督察审计事项和程序是否全部履行，督察审计发现问题是否提出相应整改建议等。(5)督察审计发现的重要问题是否在

报告中反映。(6)事实是否清楚、数据是否正确;证据是否适当、充分;适用法律法规和标准是否适当;处理处罚意见是否恰当。(7)被督察审计单位和个人提出的合理意见是否采纳。(8)需要复核的其他事项。

95. 督察内审部门的审理部门或审理人员对督察审计报告进行审理。下列属于重点审理内容的有(　　)。

A. 督察审计程序是否符合规定

B. 主要事实是否清楚,相关证据、资料是否适当、充分

C. 适用的法律法规依据是否准确

D. 督察审计定性、评价、建议和处理决定是否恰当

【参考答案】 ABCD

【答案解析】 根据国家税务总局相关文件规定,督察内审部门的审理部门或审理人员对报告进行审理。重点审理以下内容:(1)督察审计程序是否符合规定;(2)主要事实是否清楚,相关证据、资料是否适当、充分;(3)适用的法律法规依据是否准确;(4)督察审计定性、评价、建议和处理决定是否恰当。

96. 应当对督察审计报告进行集体审理,必要时可以召开集体审理会议的情形有(　　)。

A. 被督察审计单位对报告有不同意见的

B. 被督察审计单位对适用的政策法规有争议的

C. 存在被督察审计单位认为需要移交人事、纪检监察、稽查部门处理的问题

D. 存在其他需要提交集体审理的情形的

【参考答案】 ABD

【答案解析】 根据国家税务总局相关文件规定,以下情形应当集体审理,必要时可以召开集体审理会议:(1)被督察审计单位对报告有不同意见的;(2)被督察审计单位对适用的政策法规有争议的;(3)存在督察审计组认为需要移交人事、纪检监察、稽查部门处理的问题;(4)存在其他需要提交集体审理的情形的。

97. 在督察审计报告集体审理中发现(　　)的,应当要求督察审计组对证据予以补正,也可以重新组织人员进行核实、检查,并决定是否再次进行审理。

A. 事实不清　　B. 证据不足

C. 资料不全　　D. 格式不对

【参考答案】 ABC

【答案解析】 根据国家税务总局相关文件规定,在审理中发现事实不清、证据不足、资料不全的,应当要求督察审计组对证据予以补正,也可以重新组织人员进行核实、检查,并决定是否再次进行审理。

98. 督察内审部门对督察审计发现的重大问题和性质严重问题,按照集体审理意见,移交(　　)等部门处理。

A. 人事　　B. 法制

C. 监察　　　　D. 稽查

【参考答案】 ACD

【答案解析】 根据国家税务总局相关文件规定，督察内审部门对督察审计发现的重大问题和性质严重问题，按照集体审理意见，移交人事、监察、稽查等部门处理。

99. 在正式的督察审计报告出具之前，督察内审业务部门可以针对督察审计中发现的突出问题，制作《督察审计建议书》，下列符合制作《督察审计建议书》情形的有(　　)。

A. 在较大范围内普遍存在的问题

B. 问题严重，存在重大的风险隐患

C. 问题性质特殊，需要特别要求加以整改的

D. 时间紧迫，需要及时整改的

【参考答案】 ABCD

【答案解析】 根据国家税务总局相关文件规定，在正式报告出具之前，督察内审业务部门可以针对督察审计中发现的突出问题，符合以下情形的，制作《督察审计建议书》。(1)在较大范围内普遍存在的问题；(2)问题严重，存在重大的风险隐患；(3)问题性质特殊，需要特别要求加以整改的；(4)时间紧迫，需要及时整改的；(5)其他必要情形。

100. 督察审计组根据《督察审计报告》，起草《经济责任审计结果报告》，应当简洁精炼，重点反映(　　)等。

A. 审计评价　　　　B. 审计结论

C. 审计原因　　　　D. 责任认定

【参考答案】 ABD

【答案解析】 根据国家税务总局相关文件规定，督察审计组根据《督察审计报告》，起草《经济责任审计结果报告》，应当简洁精炼，重点反映审计评价、审计结论、责任认定等。

101. 被督察审计单位将督察审计报告意见和建议梳理归纳，汇总分解，建立《督察审计整改台账》，列明(　　)及整改措施等。

A. 问题类别　　　　B. 责任部门

C. 整改要求　　　　D. 落实时限

【参考答案】 ABCD

【答案解析】 根据国家税务总局相关文件规定，被督察审计单位将督察审计报告意见和建议梳理归纳，汇总分解，建立《督察审计整改台账》，列明问题类别、责任部门、整改要求、落实时限及整改措施等。

102. 被督察审计单位按照要求，在规定期限内向督察审计单位反馈整改情况，下列说法正确的有(　　)。

A. 被督察审计单位对各个部门报送的整改情况进行审核汇总，填写《督察审计整改台账》

B. 被督察审计单位依据问题整改和责任追究情况撰写《督察审计整改报告》

C. 被督察审计单位收到《督察审计报告》《督察审计处理意见书》《督察审计处理决定

书》后，立即执行督察审计处理决定，对查出的问题进行整改，并在 15 日内将《督察审计整改报告》以正式公文的形式向实施督察审计的税务机关进行反馈

D. 督察审计整改报告应包括落实整改情况和责任追究情况等

【参考答案】 ABD

【答案解析】 根据国家税务总局相关文件规定，被督察审计单位收到《督察审计报告》《督察审计处理意见书》《督察审计处理决定书》后，立即执行督察审计处理决定，对查出的问题进行整改，并在 30 日内将《督察审计整改报告》以正式公文的形式向实施督察审计的税务机关进行反馈。

103. 实施督察审计的督察内审部门对被督察审计单位的整改落实情况进行督导、检查，下列属于实施整改督查的方式的有（　　）。

A. 实地检查或者了解　　B. 口头检查

C. 取得并审阅相关书面材料　　D. 委托外部门检查

【参考答案】 AC

【答案解析】 根据国家税务总局相关文件规定，督察内审部门可以根据情况采取以下方式实施整改督查：(1)实地检查或者了解；(2)取得并审阅相关书面材料；(3)其他方式。

104. 下列属于《督察整改督查报告》的主要内容的有（　　）。

A. 督查人员

B. 督查工作开展情况，主要包括时间、范围、对象和方式等

C. 被督察审计单位对督察审计处理决定的落实情况

D. 未整改或者未完全整改事项的原因和建议

【参考答案】 BCD

【答案解析】 根据国家税务总局相关文件规定，《督察整改督查报告》的内容主要包括：(1)督查工作开展情况，主要包括时间、范围、对象和方式等。(2)被督察审计单位对督察审计处理决定的落实情况。(3)未整改或者未完全整改事项的原因和建议。

105. 下列属于督察内审部门对受理的举报事项确定由本级税务机关组织调查处理或者交下级税务机关调查处理的原则的有（　　）。

A. 被举报人为税务机关的，由其上一级税务机关负责调查处理

B. 被举报人为税务人员的，由其所在机关负责调查处理

C. 被举报人为多个税务机关、多个税务人员，或者既包括税务机关也包括税务人员的，由对其具有共同调查处理权限的税务机关调查处理

D. 上级税务机关根据调查处理的需要，可以直接调查处理下级税务机关权限范围内的举报事项，或者委托下级税务机关调查处理相关举报事项

【参考答案】 ABCD

【答案解析】 根据国家税务总局相关文件规定，督察内审部门对受理的举报事项，按照以下原则，确定由本级税务机关组织调查处理或者交下级税务机关调查处理。(1)被举报人为税务机关的，由其上一级税务机关负责调查处理；(2)被举报人为税务人员的，由其

任免机关负责调查处理;(3)被举报人为多个税务机关、多个税务人员,或者既包括税务机关也包括税务人员的,由对其具有共同调查处理权限的税务机关调查处理;(4)上级税务机关根据调查处理的需要,可以直接调查处理下级税务机关权限范围内的举报事项,或者委托下级税务机关调查处理相关举报事项。

106. 对于举报事项,承接调查处理任务的督察内审部门应当对调查组提交的调查报告进行审核,提出处理意见,报分管局领导批准后执行,下列说法正确的有(　　)。

A. 举报反映情况不实,终结调查处理

B. 举报反映情况难以调查的,进行集体审议

C. 举报反映情况属实,责令有关税务机关限期纠正违法行为

D. 被举报人涉嫌违法犯罪、违反党纪政纪规定,建议移送有关部门查处

【参考答案】 ACD

【答案解析】 根据国家税务总局相关文件规定,承接调查处理任务的督察内审部门应当对调查组提交的调查报告进行审核,提出处理意见,报分管局领导批准后执行:(一)举报反映情况不实,终结调查处理;(二)举报反映情况属实,责令有关税务机关限期纠正违法行为;(三)被举报人涉嫌违法犯罪、违反党纪政纪规定,建议移送有关部门查处。

107. 关于配合外部审计检查,下列说法正确的有(　　)。

A. 被审计检查单位收到审计检查资料需求文书后,督察内审部门应将审计检查资料需求根据职责分送至有关部门(单位),并建立《外部审计检查提供资料台账》

B. 督察内审部门应协调有关部门(单位)与审计检查组进行沟通,收集整理审计检查有关情况,及时向局领导报告

C. 审计检查需要延伸的事项,被审计检查单位应予配合

D. 有关部门(单位)起草正式反馈意见,经局领导审定后送交外部审计检查单位

【参考答案】 ABC

【答案解析】 根据国家税务总局相关文件规定,督察内审部门起草正式反馈意见,经局领导审定后送交外部审计检查单位。

108. 下列属于督察审计数据规范的有(　　)。

A. 前期准备　　B. 数据采集

C. 数据应用　　D. 反馈评价

【参考答案】 ABCD

【答案解析】 根据国家税务总局相关文件规定,为实现督察审计数据规范化,明确工作流程,规范工作标准,充分发挥数据在督察审计项目中的积极作用,制定本规范。数据规范包括前期准备、数据采集、数据应用、反馈评价四个部分。

109. 下列关于督察审计文书规范的说法正确的有(　　)。

A. 文书编码采用“DSWS—01—001”三段式结构编排

B. 第一部分“DSWS”为“督审文书”首字母

C. 第二部分“01、02、03、04”分别代表督察审计项目开展的“准备阶段、实施阶段、报告

阶段、整改阶段”

D. 第三部分按各阶段工作开展的顺序进行排列

【参考答案】 ABCD

【答案解析】 根据国家税务总局相关文件规定，文书编码采用“DSWS—01—001”三段式结构编排。第一部分“DSWS”为“督审文书”首字母；第二部分“01、02、03、04”分别代表督察审计项目开展的“准备阶段、实施阶段、报告阶段、整改阶段”；第三部分按各阶段工作开展的顺序进行排列。

110. 内部控制，是指以风险防控为导向，通过查找、梳理、评估税务工作中的各类风险，制定、完善并有效实施一系列制度、流程、方法和标准，对税务工作风险进行(　　)的动态管理过程和机制。

A. 事前防范　　B. 事中控制

C. 事后监督和纠正　　D. 责任追究

【参考答案】 ABC

【答案解析】 根据国家税务总局相关文件规定，内部控制，是指以风险防控为导向，通过查找、梳理、评估税务工作中的各类风险，制定、完善并有效实施一系列制度、流程、方法和标准，对税务工作风险进行事前防范、事中控制、事后监督和纠正的动态管理过程和机制。

111. 下列属于内部控制目标的有(　　)。

A. 服务中心工作，提高工作质效，有效履行税收职能，贯彻落实好党中央、国务院决策部署

B. 坚持依法治税，规范税收执法行为，有效维护行政管理相对人合法权益，各项税收业务活动合法合规

C. 严格内部管理，规范政务运转，提高行政效能，各项行政管理工作安全有序

D. 规范权力运行，筑牢反腐防线，防范职务风险，促进廉洁从税

【参考答案】 ABCD

【答案解析】 根据国家税务总局相关文件规定，内部控制目标，主要包括：(一)服务中心工作，提高工作质效，有效履行税收职能，贯彻落实好党中央、国务院决策部署。(二)坚持依法治税，规范税收执法行为，有效维护行政管理相对人合法权益，各项税收业务活动合法合规。(三)严格内部管理，规范政务运转，提高行政效能，各项行政管理工作安全有序。(四)规范权力运行，筑牢反腐防线，防范职务风险，促进廉洁从税。

112. 下列属于建立和实施内部控制，应当遵循的原则的有(　　)。

A. 全面覆盖　　B. 突出难点

C. 权力制衡　　D. 融合联动

【参考答案】 ACD

【答案解析】 根据国家税务总局相关文件规定，建立和实施内部控制，应当遵循以下原则：(一)全面覆盖。(二)突出重点。(三)权力制衡。(四)融合联动。(五)持续改进。

113. 下列属于内部控制制度体系的有(　　)。

A. 基本制度　　B. 专项制度

C. 操作规程　　D. 管理制度

【参考答案】 ABCD

【答案解析】 根据国家税务总局相关文件规定,内部控制制度体系,包括:基本制度、专项制度、操作规程、管理制度。

114. 下列说法中正确的有(　　)。

A. 各级税务机关主要负责人对本单位内部控制工作负总责,所属部门和单位主要负责人负次要责任

B. 各级税务机关应当明确内部控制管理部门,确保内控管理职能相对独立

C. 各级税务机关所属部门和单位应当设置内部控制管理岗,明确内部控制联络员,负责组织和实施内部控制工作

D. 大力培育内部控制文化,推动税务人员牢固树立内部控制理念,增强风险防控意识,提升风险防控能力和水平

【参考答案】 BCD

【答案解析】 根据国家税务总局相关文件规定,各级税务机关主要负责人对本单位内部控制工作负总责,所属部门和单位主要负责人对职责范围内的内部控制工作负责。

115. 下列属于税务系统内部控制的内容的有(　　)。

A. 政策制定风险　　B. 税收执法风险

C. 行政管理风险　　D. 廉政风险

【参考答案】 ABCD

【答案解析】 根据国家税务总局相关文件规定,税务系统内部控制的内容包括政策制定风险、税收执法风险、行政管理风险以及由此产生的廉政风险。

116. 下列属于税收执法风险的有(　　)。

A. 税款征收风险　　B. 税务管理风险

C. 纳税服务风险　　D. 税务稽查风险

【参考答案】 ABCD

【答案解析】 根据国家税务总局相关文件规定,税收执法风险,是指税务机关及其工作人员在税收执法过程中,因故意或过失,损害国家利益或行政管理相对人合法权益的可能性。包括以下内容:(一)税款征收风险;(二)税务管理风险;(三)纳税服务风险;(四)税务稽查风险;(五)出口退(免)税风险;(六)税收法制风险;(七)其他税收执法风险。

117. 下列属于行政管理风险的有(　　)。

A. 人事管理风险　　B. 财务管理风险

C. 税收法制风险　　D. 政务管理风险

【参考答案】 ABD

【答案解析】 根据国家税务总局相关文件规定,行政管理风险,是指税务机关及其工

作人员在内部管理过程中，因故意或过失，损害国家利益、管理秩序或相关当事人合法权益的可能性。包括以下内容：（一）人事管理风险；（二）财务管理风险；（三）政府采购风险；（四）政务管理风险；（五）信息系统管理风险；（六）内部监督风险；（七）其他行政管理风险。

118. 内部控制活动，是指对税务工作风险进行（　　）的过程。

A. 识别　　B. 推送

C. 定级　　D. 应对

【参考答案】 ACD

【答案解析】 根据国家税务总局相关文件规定，内部控制活动，是指对税务工作风险进行识别、定级和应对的过程。

119. 各级税务机关应当针对（　　）和内外部环境等因素，结合本地实际，排查梳理政策制定、税收执法和行政管理工作中的风险事项，确定各类风险点。

A. 制度设计　　B. 岗责体系

C. 管理机制　　D. 职权行使

【参考答案】 ABCD

【答案解析】 根据国家税务总局相关文件规定，各级税务机关应当针对制度设计、岗责体系、管理机制、职权行使和内外部环境等因素，结合本地实际，排查梳理政策制定、税收执法和行政管理工作中的风险事项，确定各类风险点。

120. 下列属于税务工作风险等级的有（　　）。

A. 低　　B. 中

C. 高　　D. 超高

【参考答案】 ABC

【答案解析】 根据国家税务总局相关文件规定，根据涉及事项或环节的重要程度、自由裁量权大小、发生概率、危害程度等因素，定性与定量相结合，采取样本分析、问卷调查、群众评议、专家评审等方式，将税务工作风险确定为高、中、低三个等级。

121. 下列属于税务系统内部控制中税收执法风险内容的有（　　）。

A. 对纳税人备案事项后续管理的风险

B. 制定税收政策的过程中，因制定程序违规存在的风险

C. 在进行纳税人信用等级评价中存在的风险

D. 在督察审计中存在的风险

【参考答案】 AC

【答案解析】 税收执法风险，是指税务机关及其工作人员在税收执法过程中，因故意或过失，损害国家利益或行政管理相对人合法权益的可能性。包括以下内容：（一）税款征收风险，主要指在税款的征收、缴库、退库、调库、追征和办理税收优惠等工作中存在的风险。（二）税务管理风险，主要指在税务登记、发票管理、认定管理、纳税申报、税额确认、行政许可、凭证管理、证明办理、对纳税人备案事项的后续管理等工作中存在的风险。（三）纳税服务风险，主要指在宣传咨询、信用评价权益维护、中介机构管理等工作中存在的风险。

(四)税务稽查风险,主要指在选案、检查、审理、执行等稽查工作中存在的风险。(五)出口退(免)税风险,主要指在出口退(免)税申报受理、审核、核准、办理等工作中存在的风险。(六)税收法制风险,主要指在行政处罚、行政复议、行政诉讼、行政强制、行政赔偿等工作中存在的风险。(七)其他税收执法风险。

122. 下列属于税务系统内部控制目标的有(　　)。

A. 服务中心工作,提高工作质效,有效履行税收职能,贯彻落实好党中央、国务院决策部署

B. 坚持依法治税,规范税收执法行为,有效维护行政管理相对人合法权益,各项税收业务活动合法合规

C. 严格内部管理,规范政务运转,提高行政效能,各项行政管理工作安全有序

D. 规范权力运行,筑牢反腐防线,防范职务风险,促进廉洁从税

【参考答案】 ABCD

【答案解析】 内部控制目标,主要包括:(一)服务中心工作,提高工作质效,有效履行税收职能,贯彻落实好党中央、国务院决策部署。(二)坚持依法治税,规范税收执法行为,有效维护行政管理相对人合法权益,各项税收业务活动合法合规。(三)严格内部管理,规范政务运转,提高行政效能,各项行政管理工作安全有序。(四)规范权力运行,筑牢反腐防线,防范职务风险,促进廉洁从税。

123. 内部控制制度体系包括(　　)。

A. 基本制度　　B. 流程制度

C. 操作规程　　D. 管理制度

【参考答案】 ACD

【答案解析】 税务系统内部控制制度体系包括基本制度,专项制度,操作规程,管理制度。

124. 各级税务机关所属部门和单位的内部控制管理职责包括(　　)。

A. 根据有关内部控制制度完善操作规程

B. 组织实施风险识别、风险定级和风险应对

C. 开展内部控制自我评估

D. 组织对本单位的内部控制工作的评价

【参考答案】 ABC

【答案解析】 各级税务机关所属部门和单位的职责包括:(一)根据有关内部控制制度完善操作规程;(二)组织实施风险识别、风险定级和风险应对;(三)开展内部控制自我评估;(四)办理其他相关事项。

125. 各级税务机关应当针对不同等级风险,综合运用制约、监督等控制方法,制定具体控制措施,实现对各类风险点的有效控制。下列不属于监督控制方法的有(　　)。

A. 职责分工控制　　B. 日常监督控制

C. 不相容岗位(职责)分离控制　　D. 专门监督控制

【参考答案】 AC

【答案解析】 监督控制方法包括:(一)日常监督控制。上级税务机关业务主管部门应对下级税务机关及税务人员遵守和执行职责范围内相关制度、流程情况实行日常监督管理。(二)专门监督控制。各级税务机关专门监督部门应依据职责分工和管辖权限对税务机关及税务人员遵守和执行相关制度、流程情况实行专门监督检查。

126. 税收执法风险,是指税务机关及其工作人员在税收执法过程中,因故意或过失,损害国家利益或行政管理相对人合法权益的可能性。下列属于税收执法风险的有(　　)。

A. 税款征收风险　　B. 税务管理风险

C. 出口退(免)税风险　　D. 行政管理风险

【参考答案】 ABC

【答案解析】 税收执法风险,是指税务机关及其工作人员在税收执法过程中,因故意或过失,损害国家利益或行政管理相对人合法权益的可能性。包括以下内容:(一)税款征收风险,主要指在税款的征收、缴库、退库、调库、追征和办理税收优惠等工作中存在的风险。(二)税务管理风险,主要指在税务登记、发票管理、认定管理、纳税申报、税额确认、行政许可、凭证管理、证明办理、对纳税人备案事项的后续管理等工作中存在的风险。(三)纳税服务风险,主要指在宣传咨询、信用评价、权益维护、中介机构管理等工作中存在的风险。(四)税务稽查风险,主要指在选案、检查、审理、执行等稽查工作中存在的风险。(五)出口退(免)税风险,主要指在出口退(免)税申报受理、审核、核准、办理等工作中存在的风险。(六)税收法制风险,主要指在行政处罚、行政复议、行政诉讼、行政强制、行政赔偿等工作中存在的风险。(七)其他税收执法风险。

127. 税务系统内部控制中的行政管理风险包括(　　)。

A. 人事管理风险　　B. 政务管理风险

C. 舆情监督风险　　D. 信息系统管理风险

【参考答案】 ABD

【答案解析】 行政管理风险包括人事管理风险、财务管理风险、政府采购风险、政务管理风险、信息系统管理风险、内部监督风险、其他行政管理风险。

128. 政府采购风险内部控制的内容主要包括(　　)。

A. 采购预算管理风险　　B. 采购需求管理风险

C. 采购组织管理风险　　D. 采购验收和资金支付管理风险

【参考答案】 ABD

【答案解析】 政府采购风险内部控制的内容主要包括:采购预算管理、采购需求管理、采购计划管理、采购实施管理、采购合同管理、采购验收和资金支付管理、采购档案管理等风险以及由此产生的廉政风险。

129. 内部控制活动是指对税务工作风险进行(　　)。

A. 识别　　B. 定级

C. 应对　　D. 整改

【参考答案】 ABC

【答案解析】 内部控制活动，是指对税务工作风险进行识别、定级和应对的过程。

130. 各级税务机关应当针对（　　）和内外部环境等因素，结合本地实际，排查梳理政策制定、税收执法和行政管理工作中的风险事项，确定各类风险点。

A. 制度设计　　B. 岗责体系

C. 管理机制　　D. 职权行使

【参考答案】 ABCD

【答案解析】 各级税务机关应当针对制度设计、岗责体系、管理机制、职权行使和内外部环境等因素，结合本地实际，排查梳理政策制定、税收执法和行政管理工作中的风险事项，确定各类风险点。

131. 税务机关应当针对不同等级风险，综合运用制约、监督等控制方法，制定具体控制措施实现对各类风险点的有效控制。内部控制活动中，其监督控制方法不包含（　　）。

A. 专案监督控制　　B. 专门监督控制

C. 重点监督控制　　D. 风险专项监督控制

【参考答案】 ACD

【答案解析】 监督控制方法包括：（一）日常监督控制。上级税务机关业务主管部门应对下级税务机关及税务人员遵守和执行职责范围内相关制度、流程情况实行日常监督管理。（二）专门监督控制。各级税务机关专门监督部门应依据职责分工和管辖权限对税务机关及税务人员遵守和执行相关制度、流程情况实行专门监督检查。

132. 实现内部控制工作与党风廉政建设、（　　）等工作有机衔接，强化激励和问责机制，增强内部控制结果运用实效。

A. 巡视巡察　　B. 督察审计

C. 绩效管理　　D. 数字人事

【参考答案】 ABCD

【答案解析】 实现内部控制工作与党风廉政建设、巡视巡察、督察审计、绩效管理、数字人事等工作有机衔接，强化激励和问责机制，增强内部控制结果运用实效。

133. 各级税务机关督察内审部门应将各单位内部控制制度执行情况作为督察审计的重要内容，结合督察审计发现的问题，对各单位内部控制（　　）提出改进建议。

A. 完整性　　B. 合规性

C. 有效性　　D. 可行性

【参考答案】 ABC

【答案解析】 各级税务机关督察内审部门应将各单位内部控制制度执行情况作为督察审计的重要内容，结合督察审计发现的问题，对各单位内部控制完整性、合规性和有效性提出改进建议。

134. 下列关于税务系统内部控制的说法正确的有（　　）。

A. 税务系统内部控制以风险防控为导向

B. 税务系统内部控制以风险防控为核心

C. 税务系统内部控制要对税务工作风险进行事前防范、事中控制、事后监督和纠正

D. 税务系统内部控制是一个动态管理过程和机制

【参考答案】 ACD

【答案解析】 内部控制，是指以风险防控为导向，通过查找、梳理、评估税务工作中的各类风险，制定、完善并有效实施一系列制度、流程、方法和标准，对税务工作风险进行事前防范、事中控制、事后监督和纠正的动态管理过程和机制。

135. 下列属于全国税务系统应用软件内控功能内生化工作应当遵循的原则的有(　　)。

A. 全面内生原则　　B. 突出重点原则

C. 持续改进原则　　D. 统筹兼顾原则

【参考答案】 ABCD

【答案解析】 内控内生化工作应当遵循以下原则：(一)全面内生。应用软件应当具有内部控制功能，可以嵌入软件的风险防控措施应当尽量嵌入，实现内控内生的最大化。(二)突出重点。重点做好全国税务系统通用的应用软件以及省税务机关组织开发的主要应用软件的内控内生化，且突出对高等级风险的重点防控。(三)持续改进。根据政策调整、业务变化及风险防控需要，适时调整、完善应用软件内部控制与风险防控的措施和功能。(四)统筹兼顾。内控内生化应当统筹应用软件内部控制与业务管理的内容、要求和功能，做到协调统一、有机融合。在确保实现应用软件业务功能、效率的前提下，最大限度实现内控内生化。

136. 下列属于内部控制管理应当遵循的原则的有(　　)。

A. 统一领导，分级管理　　B. 各司其职，协调配合

C. 问题导向，持续改进　　D. 科学合理，客观公正

【参考答案】 ABCD

【答案解析】 内部控制管理，应当遵循以下原则：(一)统一领导，分级管理；(二)各司其职，协调配合；(三)问题导向，持续改进；(四)科学合理，客观公正。

137. 内部控制工作领导小组办公室的主要职责包括(　　)。

A. 牵头拟定内部控制工作计划、实施方案并组织落实

B. 指导、协调、督促内部控制日常工作，定期向领导小组汇报

C. 承办领导小组会议，完成领导小组交办的其他事项

D. 初审内部控制制度、风险目录、考核评价结果及结果运用方案

【参考答案】 ABCD

【答案解析】 内部控制工作领导小组办公室的主要职责包括：(一)牵头拟定内部控制工作计划、实施方案并组织落实；(二)初审内部控制制度、风险目录、考核评价结果及结果运用方案；(三)指导、协调、督促内部控制日常工作，定期向领导小组汇报；(四)承办领导小组会议，完成领导小组交办的其他事项。

138. 各级税务机关督察内审部门（或者承担督察内审职能的部门）是内部控制管理部门，主要职责包括（　　）。

A. 组织制定、完善内部控制制度

B. 应用内部控制监督平台开展任务推送、风险目录管理、监督检查、考核评价等，研究内部控制存在的问题，提出处理意见

C. 组织内部控制宣传和培训工作

D. 开展内部控制自我评估并提出应对和改进措施

【参考答案】 ABC

【答案解析】 各级税务机关督察内审部门（或者承担督察内审职能的部门）是内部控制管理部门，主要职责包括：（一）组织制定、完善内部控制制度；（二）应用内部控制监督平台开展任务推送、风险目录管理、监督检查、考核评价等，研究内部控制存在的问题，提出处理意见；（三）组织内部控制宣传和培训工作；（四）办理内部控制管理工作的其他事项。

139. 内部控制主责部门应当编制风险目录，并根据内外部环境的变化，对风险目录进行动态管理。风险目录要汇总和梳理的内容有（　　）。

A. 风险事项　　B. 风险等级

C. 内控内生化　　D. 风险发布

【参考答案】 AB

【答案解析】 内部控制主责部门应当对风险事项、风险等级和控制措施进行汇总和梳理，形成风险目录，并根据内外部环境的变化，对风险目录进行动态管理。

140. 内部控制主责部门应当向本级税务机关内部控制管理部门进行风险报备。下列属于报备内容的有（　　）。

A. 风险事项收集识别情况

B. 风险定级的标准、方式和结果

C. 风险事项的控制措施和建议

D. 风险目录

【参考答案】 ABCD

【答案解析】 内部控制主责部门应当向本级税务机关内部控制管理部门进行风险报备。报备内容主要包括：（一）风险事项收集识别情况，特别是风险点增加、修改和删除的情况及原因；（二）风险定级的标准、方式和结果，特别是风险定级调整情况及原因；（三）风险事项的控制措施和建议，特别是控制措施的增加、修改和删除的情况及原因；（四）风险目录。风险报备每年开展1次。如发现新的高风险点，应当及时报备。

141. 下列些风险防控措施，能够嵌入应用软件的有（　　）。

A. 事前预警　　B. 事中阻断

C. 事后筛查　　D. 公示公开

【参考答案】 ABC

【答案解析】 以下风险防控措施能够嵌入应用软件的，应当予以内生化：（一）事前预

警。对法律、行政法规、规章制度及操作规范规定有前置条件的操作行为，应当设置违规操作风险预警指标，对不满足前置条件的行为进行事前预警。（二）事中阻断。对法律、行政法规、规章制度及操作规范明确禁止的操作行为应当设置阻断，进行事中阻断。（三）事后筛查。对无法通过事前预警、事中阻断措施防控的其他风险，可以根据风险防控的需要设置事后风险筛查指标，进行事后的风险筛选、核查。

142. 各级税务机关应当定期对本级税务机关所属部门（单位）以及下级税务机关的内部控制建立、组织和实施情况开展监督检查。监督检查内容主要包括（　　）。

A. 内部控制相关制度的建设和落实情况

B. 风险识别、定级和应对情况

C. 内部控制监督平台的运行和应用情况

D. 内部控制工作的宣传和培训情况

【参考答案】　ABCD

【答案解析】　监督检查内容主要包括：（一）内部控制组织领导情况；（二）内部控制相关制度的建设和落实情况；（三）风险识别、定级和应对情况；（四）内部控制监督平台的运行和应用情况；（五）内部控制工作的宣传和培训情况；（六）内部控制自我评估情况；（七）内部控制内生化落实情况；（八）内部控制工作其他情况。

143. 各级税务机关应当根据税务总局绩效管理的相关规定，对本级税务机关所属部门（单位）以及下级税务机关建立、组织和实施内部控制情况进行考核评价。考核评价内容主要包括（　　）。

A. 内部控制相关制度的建设和落实情况

B. 内部控制发现问题整改情况

C. 内部控制内生化落实情况

D. 内部控制监督平台的运行和应用情况

【参考答案】　ABCD

【答案解析】　考核评价内容主要包括：（一）内部控制组织领导情况；（二）内部控制相关制度的建设和落实情况；（三）内部控制监督平台的运行和应用情况；（四）内部控制内生化落实情况；（五）内部控制工作培训情况；（六）内部控制发现问题整改情况；（七）内部控制工作其他情况。

144. 下列属于内控机制建设的主要内容的有（　　）。

A. 加强风险评估　　B. 完善防控措施

C. 应用信息技术　　D. 优化内控环境

【参考答案】　ABCD

【答案解析】　内控机制建设的主要内容包括加强风险评估、完善防控措施、应用信息技术、优化内控环境、实施动态管理。

145. 下列属于风险防控措施的主要内容的有（　　）。

A. 风险预警　　B. 风险管理

C. 风险筛查　　D. 风险阻断

【参考答案】 ACD

【答案解析】 风险防控措施的主要内容有风险预警、风险阻断、风险筛查。

146. 下列属于内部控制报告适用的经济业务领域有（　　）。

A. 预算业务管理　　B. 收支业务管理

C. 政府采购业务管理　　D. 国有资产业务管理

【参考答案】 ABCD

【答案解析】 内部控制报告适用的六大经济业务领域为预算业务管理、收支业务管理、政府采购业务管理、国有资产业务管理、建设项目业务管理、合同业务管理。

147. 下列属于内部控制工作的有（　　）。

A. 党风廉政建设责任制　　B. 稽查四环节

C. “三重一大”集体决策　　D. 领导审批签字

【参考答案】 ABCD

【答案解析】 党风廉政建设责任制、稽查四环节、“三重一大”集体决策、领导审批签字均属于内部控制。

148. 下列属于健全行政规范性文件备案监督制度要做到的有（　　）。

A. 有件必备　　B. 有备必审

C. 有审必查　　D. 有错必纠

【参考答案】 AD

【答案解析】 根据《法治政府建设实施纲要（2021—2025 年）》的规定，涉及公民、法人和其他组织权利义务的规范性文件，应当按照法定要求和程序予以公布，未经公布的不得作为行政管理依据。加强备案审查制度和能力建设，把所有规范性文件纳入备案审查范围，健全公民、法人和其他组织对规范性文件的建议审查制度，加大备案审查力度，做到有件必备、有错必纠。

149. 内控管理岗检查疑点时，发现（　　）时，应为本单位的督审监督岗推送核查任务。

A. 应推送整改未推送整改　　B. 应发现未发现问题

C. 应追究未追究　　D. 应核查未核查

【参考答案】 BC

【答案解析】 内控管理岗查看内控岗、业务办理岗、领导审批岗关于问题的处理情况，若发现问题为应发现未发现问题或应追究未追究时，应为本单位的督审监督岗推送核查任务，由督审监督岗对该疑点进行核查。

150. 按照“全程防控、全员有责”的要求，将内控与业务工作高度融合，把内控措施融入发票电子化管理全流程，按岗位逐个梳理内部风险点，明确各级各部门各岗位职责，将内控要求嵌入到岗责体系中，对应到岗到人，做到电子发票开到哪里，精准的管理就跟到哪里，内部风险防范措施也要控到哪里，切实解决（　　）的问题，推动建立“四个有人管”的工作闭环。

A. 管理与内控脱节

B. 主责部门与内控管理部门脱节

C. 上下层级脱节

D. 业务与内控脱节

【参考答案】 BCD

【答案解析】 一户式管理机制增值税发票内控工作方案切实解决“业务与内控脱节”“主责部门与内控管理部门脱节”“上下层级脱节”的问题，推动建立“四个有人管”的工作闭环。

151. 一案双查应遵循以下原则（　　）。

A. 依纪依法、全面从严的原则

B. 统一领导、分级管理的原则

C. 各负其责、协调配合的原则

D. 纠建并举、标本兼治的原则

【参考答案】 ABCD

【答案解析】 一案双查应遵循以下原则：（一）依纪依法、全面从严的原则；（二）统一领导、分级管理的原则；（三）各负其责、协调配合的原则；（四）纠建并举、标本兼治的原则。

152. 有下列哪些情形之一的，实行一案双查（　　）。

A. 检举涉税当事人税收违法行为，同时检举税务机关或者税务人员违纪违法行为，线索具体的

B. 稽查部门在检查中发现税务机关或者税务人员涉嫌失职渎职、索贿受贿或者侵犯公民、法人和其他组织合法权益等行为的

C. 重大税收违法案件存在税务机关或者税务人员涉嫌违纪违法行为的

D. 牵头部门认为需要实行一案双查的其他税收违法案件

【参考答案】 ABCD

【答案解析】 有下列情形之一的，实行一案双查：（一）检举涉税当事人税收违法行为，同时检举税务机关或者税务人员违纪违法行为，线索具体的；（二）稽查部门在检查中发现税务机关或者税务人员涉嫌失职渎职、索贿受贿或者侵犯公民、法人和其他组织合法权益等行为的；（三）重大税收违法案件存在税务机关或者税务人员涉嫌违纪违法行为的；（四）牵头部门认为需要实行一案双查的其他税收违法案件。

153. 稽查部门对已作出税务处理处罚决定的重大税收违法案件，应按规定转交同级督察内审部门并告知一案双查牵头部门。重大税收违法案件包括（　　）。

A. 虚开发票、偷逃税、骗取出口退税达到一定标准的案件

B. 上级税务机关督办的重大税收违法案件

C. 造成重大社会影响的税收违法案件

D. 本级税务机关督办的重大税收违法案件

【参考答案】 ABC

【答案解析】 稽查部门对已作出税务处理处罚决定的重大税收违法案件，应按规定转交同级督察内审部门并告知一案双查牵头部门。本实施办法所称重大税收违法案件包括：

(一)虚开发票、偷逃税、骗取出口退税达到一定标准的案件;(二)上级税务机关督办的重大税收违法案件;(三)造成重大社会影响的税收违法案件。

154.各级稽查部门应当在作出重大税收违法案件税务处理处罚决定后5个工作日内制作(　　),连同《税务稽查结论》《税务稽查报告》《税务稽查审理报告》《税务处理决定书》《税务行政处罚决定书》等,经稽查部门主要负责人批准后,转交同级督察内审部门。

A.《重大税收违法案件专案执法督察审批表》

B.《重大税收违法案件转交单》

C.《税务机关(人员)涉嫌违纪违法问题线索移交单》

D.《重大税收违法案件情况登记表》

【参考答案】 BD

【答案解析】 各级稽查部门应当在作出重大税收违法案件税务处理处罚决定后5个工作日内制作《重大税收违法案件转交单》《重大税收违法案件情况登记表》,连同《税务稽查结论》《税务稽查报告》《税务稽查审理报告》《税务处理决定书》《税务行政处罚决定书》等,经稽查部门主要负责人批准后,转交同级督察内审部门。

155.一案双查牵头部门对稽查、督察内审部门移交的问题线索,按照下列程序办理(　　)。

A.一案双查牵头部门在接到稽查、督察内审部门移交的问题线索后,应当在5个工作日内决定是否受理。对不属于本部门管辖范围的,应当按照干部管理权限及时移交有管辖权的部门

B.一案双查牵头部门在接到稽查、督察内审部门移交的问题线索后,应当在3个工作日内决定是否受理。对不属于本部门管辖范围的,应当按照干部管理权限及时移交有管辖权的部门

C.一案双查牵头部门对稽查、督察内审部门移交的问题线索,可征求有关税收业务部门意见,作为是否受理和调查的参考,并可提请有关部门或单位协助收集、审查、判断或者认定证据

D.一案双查牵头部门对稽查、督察内审部门移交的问题线索分析后认为存在税务机关或者税务人员涉嫌违纪违法行为的,应当填写《税收违法案件一案双查审批表》,经审批同意后组织开展一案双查

【参考答案】 ACD

【答案解析】 一案双查牵头部门对稽查、督察内审部门移交的问题线索,按照下列程序办理:(一)一案双查牵头部门在接到稽查、督察内审部门移交的问题线索后,应当在5个工作日内决定是否受理。对不属于本部门管辖范围的,应当按照干部管理权限及时移交有管辖权的部门。(二)一案双查牵头部门对稽查、督察内审部门移交的问题线索,可征求有关税收业务部门意见,作为是否受理和调查的参考,并可提请有关部门或单位协助收集、审查、判断或者认定证据。(三)一案双查牵头部门对稽查、督察内审部门移交的问题线索分析后认为存在税务机关或者税务人员涉嫌违纪违法行为的,应当填写《税收违法案件一案

双查审批表》，经审批同意后组织开展一案双查。

156. 有下列情形之一的，按照相关规定追究有关人员或部门的责任（　　）。

A. 发现税务机关或者税务人员涉嫌失职渎职以及其他违纪违法行为的事实或者线索，隐瞒不报或者私自留存、处理、销毁有关证据材料的

B. 稽查、督察内审部门按照有关规定应移交不移交的

C. 违反规定泄露有关工作秘密的

D. 对涉税违法案件举报人或者提供线索的税务人员打击报复的

【参考答案】 ABCD

【答案解析】 有下列情形之一的，按照相关规定追究有关人员或部门的责任：（一）发现税务机关或者税务人员涉嫌失职渎职以及其他违纪违法行为的事实或者线索，隐瞒不报或者私自留存、处理、销毁有关证据材料的；（二）稽查、督察内审部门按照有关规定应移交不移交的；（三）一案双查牵头部门接到稽查、督察内审部门移交的有关证据材料、具体线索，无正当理由不组织开展调查或调查中无故拖延、推诿责任的；（四）对涉税违法案件举报人或者提供线索的税务人员打击报复的；（五）违反规定泄露有关工作秘密的；（六）不按要求提供有关材料，拒绝、阻碍调查实施的；（七）提供虚假情况，掩盖事实真相，串供或者伪造、隐匿证据，以及阻止他人揭发检举、提供证据的；（八）利用职权或职务上的影响干预调查工作、以案谋私的；（九）滥用职权、玩忽职守、徇私舞弊的；（十）其他需追究责任的行为。

157. 各级税务机关在履行（　　）、出口退税管理、反避税调查等职责过程中，发现税务机关或者税务人员有涉嫌违纪违法事实或者线索的，参照《税收违法案件一案双查实施办法（试行）》执行。

A. 风险防控　　　　B. 日常督察审计

C. 纳税评估　　　　D. 风险管理

【参考答案】 BCD

【答案解析】 各级税务机关在履行日常督察审计、纳税评估、风险管理、出口退税管理、反避税调查等职责过程中，发现税务机关或者税务人员有涉嫌违纪违法事实或者线索的，参照本实施办法执行。

158. 一案双查，是指在查处（　　）偷逃税、虚开发票和骗取出口退税等税收违法案件的同时，对税务机关或者税务人员违纪违法行为依照有关规定进行调查和责任追究。

A. 纳税人　　　　B. 扣缴义务人

C. 税务机关或者税务人员　　　　D. 其他涉税当事人

【参考答案】 ABD

【答案解析】 一案双查，是指在查处纳税人、扣缴义务人和其他涉税当事人偷逃税、虚开发票和骗取出口退税等税收违法案件的同时，对税务机关或者税务人员违纪违法行为依照有关规定进行调查和责任追究。

159. 各级税务机关应积极推进一案双查“以案促改”工作，对严重违纪违法的坚决查处并严肃问责追究，做到（　　），积极构建不敢腐、不能腐不想腐的长效机制。

A. 以案示警　　B. 以案促改

C. 以案明纪　　D. 以案治本

【参考答案】 CD

【答案解析】 各级税务机关应积极推进一案双查“以案促改”工作，对严重违纪违法的坚决查处并严肃问责追究，做到以案明纪、以案治本，积极构建不敢腐、不能腐、不想腐的长效机制。

160. 组织开展一案双查工作，税务总局以党建办为牵头部门，省以下税务局以纪检机构为牵头部门。牵头部门负责一案双查工作的(　　)。

A. 统一组织　　B. 统筹协调

C. 全面部署　　D. 督促落实

【参考答案】 ABD

【答案解析】 组织开展一案双查工作，税务总局以党建办为牵头部门，省以下税务局以纪检机构为牵头部门。牵头部门负责一案双查工作的统一组织、统筹协调和督促落实。

161.《优化税务执法方式全面推行“三项制度”实施方案》明确的主要任务是(　　)。

A. 全面推行行政执法公示制度，确保税务执法透明

B. 全面推行执法全过程记录制度，确保税务执法规范

C. 全面推行重大执法决定法制审核制度，确保税务执法公正

D. 积极推进信息化建设，确保税务执法高效

【参考答案】 ABCD

【答案解析】 全面推行“三项制度”的主要任务：(一)全面推行行政执法公示制度，确保税务执法透明；(二)全面推行执法全过程记录制度，确保税务执法规范；(三)全面推行重大执法决定法制审核制度，确保税务执法公正；(四)积极推进信息化建设，确保税务执法高效。

162. 各级税务机关全面依法行政领导小组办公室承担“三项制度”推行过程中的(　　)等日常工作。

A. 沟通协调　　B. 跟踪指导

C. 督促落实　　D. 组织评估

【参考答案】 ABCD

【答案解析】 各级税务机关全面依法行政领导小组办公室承担“三项制度”推行过程中的沟通协调、跟踪指导、督促落实、组织评估等日常工作。

163. 聚焦行政执法的源头、过程、结果等关键环节，全面推行“三项制度”，是着力防止任意执法、选择执法、简单粗暴执法等问题的重要举措，对优化税务执法方式、促进严格规范公正文明执法具有(　　)作用。

A. 基础性　　B. 整体性

C. 突破性　　D. 规范性

【参考答案】 ABC

【答案解析】 聚焦行政执法的源头、过程、结果等关键环节，全面推行“三项制度”，是着力防止任意执法、选择执法、简单粗暴执法等问题的重要举措，对优化税务执法方式、促进严格规范公正文明执法具有基础性、整体性、突破性作用。

164. 下列属于“三项制度”工作明确的工作要求是（ ）。

A. 提高思想认识 B. 注重统筹集成

C. 加强培训宣传 D. 强化推行保障

【参考答案】 ABCD

【答案解析】 “三项制度”工作要求：（一）提高思想认识；（二）注重统筹集成；（三）加强培训宣传；（四）强化推行保障；（五）务求工作实效。

165. 内部控制主责部门应当向本级税务机关内部控制管理部门进行风险报备。下列属于报备内容的有（ ）。

A. 风险事项收集识别情况 B. 风险定级的标准、方式和结果

C. 风险事项的控制措施和建议 D. 风险目录

【参考答案】 ABCD

【答案解析】 内部控制主责部门应当向本级税务机关内部控制管理部门进行风险报备。报备内容主要包括：（一）风险事项收集识别情况，特别是风险点增加、修改和删除的情况及原因；（二）风险定级的标准、方式和结果，特别是风险定级调整情况及原因；（三）风险事项的控制措施和建议，特别是控制措施的增加、修改和删除的情况及原因；（四）风险目录。风险报备每年开展 1 次。如发现新的高风险点，应当及时报备。

166. 各级税务机关（ ）举报人通过 12366 纳税服务热线对被举报人税收违法行政行为的举报。

A. 接收 B. 受理

C. 调查 D. 处理

【参考答案】 ABCD

【答案解析】 各级税务机关接收、受理、调查、处理举报人通过 12366 纳税服务热线对被举报人税收违法行政行为的举报，适用本办法。

167. 举报管理工作应当遵循（ ）的原则。

A. 统一领导 B. 分级负责

C. 属地管理 D. 依法查处

【参考答案】 ABCD

【答案解析】 举报管理工作应当遵循统一领导、分级负责、属地管理、依法查处、规范高效的原则。

168. 举报事项存在以下情形的，不属于《12366 纳税服务热线接收税收违法行政行为举报管理办法（试行）》所称举报工作的接收和受理范围（ ）。

A. 已经通过行政复议、行政诉讼等法定途径解决，或者已经申请行政复议、提起行政诉讼的

B. 无明确的举报人或者举报事实不清，无法调查处理的

C. 举报已被受理，举报人在办理期限内就同一事项重复举报，或者举报事项办结后，举报人在未提供新证据的情况下，就同一事项再次举报的

D. 举报事项由税务机关作出处理意见后，举报人已经向其上一级税务机关申请复核，或者已由其上一级税务机关复核后作出处理结论的

【参考答案】 ACD

【答案解析】 举报事项存在以下情形的，不属于本办法所称举报工作的接收和受理范围：(一)已经通过行政复议、行政诉讼等法定途径解决，或者已经申请行政复议、提起行政诉讼的；(二)无明确的被举报人或者举报事实不清，无法调查处理的；(三)举报已被受理，举报人在办理期限内就同一事项重复举报，或者举报事项办结后，举报人在未提供新证据的情况下，就同一事项再次举报的；(四)举报事项由税务机关作出处理意见后，举报人已经向其上一级税务机关申请复核，或者已由其上一级税务机关复核后作出处理结论的；(五)其他不在接收和受理范围内的事项。

169. 调查组实施调查可以采取下列方式(　　)。

A. 向被举报人及有关税务机关、税务人员询问、核实与举报事项有关的情况

B. 调阅与举报事项有关的文件、执法文书、档案等

C. 查阅、调取与举报事项有关的各类信息系统电子文档和数据

D. 其他方式

【参考答案】 ABCD

【答案解析】 调查组实施调查可以采取下列方式：(一)向被举报人及有关税务机关、税务人员询问、核实与举报事项有关的情况；(二)调阅与举报事项有关的文件、执法文书、档案等；(三)查阅、调取与举报事项有关的各类信息系统电子文档和数据；(四)其他方式。

170. 承接调查处理任务的举报管理部门应当对调查组提交的调查报告进行审核，提出处理意见，报分管局领导批准后执行(　　)。

A. 举报反映情况不实，终结调查处理

B. 举报反映情况属实，责令有关税务机关限期纠正违法行为，根据有关规定追究相关税务机关和税务人员的税收执法过错责任

C. 举报反映情况不实，追究举报人责任

D. 被举报人涉嫌违法犯罪、违反党纪政纪规定，建议移送有关部门查处

【参考答案】 ABD

【答案解析】 承接调查处理任务的举报管理部门应当对调查组提交的调查报告进行审核，提出处理意见，报分管局领导批准后执行：(一)举报反映情况不实，终结调查处理；(二)举报反映情况属实，责令有关税务机关限期纠正违法行为，根据有关规定追究相关税务机关和税务人员的税收执法过错责任；(三)被举报人涉嫌违法犯罪、违反党纪政纪规定，建议移送有关部门查处。

171. 经济责任审计工作要贯彻新发展理念，聚焦经济责任，客观评价，揭示问题，

(　　)，推进国家治理体系和治理能力现代化。

A. 促进经济高质量发展　　B. 促进全面深化改革

C. 促进权力规范运行　　D. 促进反腐倡廉

【参考答案】 ABCD

【答案解析】 经济责任审计工作要贯彻新发展理念，聚焦经济责任，客观评价，揭示问题，促进经济高质量发展，促进全面深化改革，促进权力规范运行，促进反腐倡廉，推进国家治理体系和治理能力现代化。

172. 经济责任，是指领导干部在任职期间，对其管辖范围内贯彻执行党和国家经济方针政策、决策部署，推动经济和社会事业发展，管理(　　)，防控重大经济风险等有关经济活动应当履行的职责。

A. 公共财产　　B. 公共资金

C. 国有资产　　D. 国有资源

【参考答案】 BCD

【答案解析】 经济责任，是指领导干部在任职期间，对其管辖范围内贯彻执行党和国家经济方针政策、决策部署，推动经济和社会事业发展，管理公共资金、国有资产、国有资源，防控重大经济风险等有关经济活动应当履行的职责。

173. 领导干部经济责任审计对象包括(　　)。

A. 地方各级党委、政府、纪检监察机关、法院、检察院的正职领导干部或者主持工作 1 年以上的副职领导干部

B. 国有和国有资本占控股地位或者主导地位的企业(含金融机构，以下统称国有企业)的法定代表人或者不担任法定代表人但实际行使相应职权的主要领导人员

C. 上级领导干部兼任下级单位正职领导职务且不实际履行经济责任时，实际分管日常工作的副职领导干部

D. 党中央和县级以上地方党委要求进行经济责任审计的其他主要领导干部

【参考答案】 ABCD

【答案解析】 领导干部经济责任审计对象包括：(一)地方各级党委、政府、纪检监察机关、法院、检察院的正职领导干部或者主持工作 1 年以上的副职领导干部；(二)中央和地方各级党政工作部门、事业单位和人民团体等单位的正职领导干部或者主持工作 1 年以上的副职领导干部；(三)国有和国有资本占控股地位或者主导地位的企业(含金融机构，以下统称国有企业)的法定代表人或者不担任法定代表人但实际行使相应职权的主要领导人员；(四)上级领导干部兼任下级单位正职领导职务且不实际履行经济责任时，实际分管日常工作的副职领导干部；(五)党中央和县级以上地方党委要求进行经济责任审计的其他主要领导干部。

174. 审计委员会办公室、审计机关依规依法独立实施经济责任审计，任何组织和个人不得(　　)，不得打击报复审计人员。

A. 拒绝　　B. 阻碍

C. 诱导　　D. 干涉

【参考答案】 ABD

【答案解析】 审计委员会办公室、审计机关依规依法独立实施经济责任审计，任何组织和个人不得拒绝、阻碍、干涉，不得打击报复审计人员。

175. 审计委员会办公室、审计机关和审计人员对经济责任审计工作中知悉的（　　），负有保密义务。

A. 国家秘密　　B. 单位秘密

C. 商业秘密　　D. 个人隐私

【参考答案】 ACD

【答案解析】 审计委员会办公室、审计机关和审计人员对经济责任审计工作中知悉的国家秘密、商业秘密和个人隐私，负有保密义务。

176. 各级党委和政府应当保证履行经济责任审计职责所必需的（　　）。

A. 场所　　B. 机构

C. 人员　　D. 经费

【参考答案】 BCD

【答案解析】 各级党委和政府应当保证履行经济责任审计职责所必需的机构、人员和经费。

177. 经济责任审计应当有计划地进行，根据干部管理监督需要和审计资源等实际情况，对审计对象实行分类管理，科学制定经济责任审计（　　）和（　　），推进领导干部履行经济责任情况审计全覆盖。

A. 中长期规划　　B. 月度审计项目计划

C. 年度审计项目计划　　D. 季度审计项目计划

【参考答案】 AC

【答案解析】 经济责任审计应当有计划地进行，根据干部管理监督需要和审计资源等实际情况，对审计对象实行分类管理，科学制定经济责任审计中长期规划和年度审计项目计划，推进领导干部履行经济责任情况审计全覆盖。

178. 年度经济责任审计项目计划一经确定不得随意变更。确需（　　）或者（　　）的，应当按照原制定程序，报审计委员会批准后实施。

A. 变更　　B. 删减

C. 调减　　D. 追加

【参考答案】 CD

【答案解析】 年度经济责任审计项目计划一经确定不得随意变更。确需调减或者追加的，应当按照原制定程序，报审计委员会批准后实施。

179. 经济责任审计应当以领导干部权力运行和责任落实情况为重点，充分考虑领导干部（　　）等因素，依规依法确定审计内容。

A. 管理监督需要　　B. 履职特点

C. 审计资源　　D. 审计权限

【参考答案】 ABC

【答案解析】 经济责任审计应当以领导干部权力运行和责任落实情况为重点，充分考虑领导干部管理监督需要、履职特点和审计资源等因素，依规依法确定审计内容。

180. 地方各级党委和政府主要领导干部经济责任审计的内容包括（　　）。

A. 贯彻执行党和国家经济方针政策、决策部署情况

B. 本地区经济社会发展规划和政策措施的制定、执行和效果情况

C. 在经济活动中落实有关党风廉政建设责任和遵守廉洁从政规定情况

D. 以往审计发现问题的整改情况

【参考答案】 ABCD

【答案解析】 地方各级党委和政府主要领导干部经济责任审计的内容包括：（一）贯彻执行党和国家经济方针政策、决策部署情况；（二）本地区经济社会发展规划和政策措施的制定、执行和效果情况；（三）重大经济事项的决策、执行和效果情况；（四）财政财务管理和经济风险防范情况，民生保障和改善情况，生态文明建设项目、资金等管理使用和效益情况，以及在预算管理中执行机构编制管理规定情况；（五）在经济活动中落实有关党风廉政建设责任和遵守廉洁从政规定情况；（六）以往审计发现问题的整改情况；（七）其他需要审计的内容。

181. 党政工作部门、纪检监察机关、法院、检察院、事业单位和人民团体等单位主要领导干部经济责任审计的内容包括（　　）。

A. 贯彻执行党和国家经济方针政策、决策部署情况

B. 本地区经济社会发展规划和政策措施的制定、执行和效果情况

C. 在经济活动中落实有关党风廉政建设责任和遵守廉洁从政规定情况

D. 以往审计发现问题的整改情况

【参考答案】 ACD

【答案解析】 党政工作部门、纪检监察机关、法院、检察院、事业单位和人民团体等单位主要领导干部经济责任审计的内容包括：（一）贯彻执行党和国家经济方针政策、决策部署情况；（二）本部门本单位重要发展规划和政策措施的制定、执行和效果情况；（三）重大经济事项的决策、执行和效果情况；（四）财政财务管理和经济风险防范情况，生态文明建设项目、资金等管理使用和效益情况，以及在预算管理中执行机构编制管理规定情况；（五）在经济活动中落实有关党风廉政建设责任和遵守廉洁从政规定情况；（六）以往审计发现问题的整改情况；（七）其他需要审计的内容。

182. 国有企业主要领导人员经济责任审计的内容包括（　　）。

A. 贯彻执行党和国家经济方针政策、决策部署情况

B. 本部门本单位重要发展规划和政策措施的制定、执行和效果情况

C. 财政财务管理和经济风险防范情况，生态文明建设项目、资金等管理使用和效益情况，以及在预算管理中执行机构编制管理规定情况

D. 以往审计发现问题的整改情况

【参考答案】 AD

【答案解析】 国有企业主要领导人员经济责任审计的内容包括:(一)贯彻执行党和国家经济方针政策、决策部署情况;(二)企业发展战略规划的制定、执行和效果情况;(三)重大经济事项的决策、执行和效果情况;(四)企业法人治理结构的建立、健全和运行情况,内部控制制度的制定和执行情况;(五)企业财务的真实合法效益情况,风险管控情况,境外资产管理情况,生态环境保护情况;(六)在经济活动中落实有关党风廉政建设责任和遵守廉洁从业规定情况;(七)以往审计发现问题的整改情况;(八)其他需要审计的内容。

183. 审计组应当在被审计单位公示(　　)等内容。

A. 审计时间、人员　　B. 审计项目名称

C. 审计纪律要求　　D. 举报电话

【参考答案】 BCD

【答案解析】 审计组应当在被审计单位公示审计项目名称、审计纪律要求和举报电话等内容。

184. 对地方党委和政府主要领导干部的审计,还应当听取(　　)的意见。

A. 上级人大常委会　　B. 同级人大常委会

C. 政协主要负责同志　　D. 上级政协主要负责同志

【参考答案】 BC

【答案解析】 对地方党委和政府主要领导干部的审计,还应当听取同级人大常委会、政协主要负责同志的意见。

185. 被审计领导干部及其所在单位,以及其他有关单位应当(　　)地提供与被审计领导干部履行经济责任有关的资料。

A. 及时　　B. 准确

C. 完整　　D. 真实

【参考答案】 ABC

【答案解析】 被审计领导干部及其所在单位,以及其他有关单位应当及时、准确、完整地提供与被审计领导干部履行经济责任有关的资料。

186. 被审计领导干部及其所在单位应当对所提供资料的(　　)负责,并作出书面承诺。

A. 准确性　　B. 真实性

C. 一致性　　D. 完整性

【参考答案】 BD

【答案解析】 被审计领导干部及其所在单位应当对所提供资料的真实性、完整性负责,并作出书面承诺。

187. 经济责任审计报告和经济责任审计结果报告应当(　　)。

A. 事实清楚　　B. 评价客观

C. 责任明确　　D. 用词恰当

【参考答案】 ABCD

【答案解析】 经济责任审计报告和经济责任审计结果报告应当事实清楚、评价客观、责任明确、用词恰当、文字精练、通俗易懂。

188. 被审计领导干部对审计委员会办公室、审计机关出具的经济责任审计报告有异议的,可以自收到审计报告之日起(　　)日内向同级审计委员会办公室申诉。审计委员会办公室应当组成复查工作小组,并要求原审计组人员等回避,自收到申诉之日起(　　)日内提出复查意见,报审计委员会批准后作出复查决定。

A. 10　　B. 30

C. 60　　D. 90

【参考答案】 BD

【答案解析】 被审计领导干部对审计委员会办公室、审计机关出具的经济责任审计报告有异议的,可以自收到审计报告之日起 30 日内向同级审计委员会办公室申诉。审计委员会办公室应当组成复查工作小组,并要求原审计组人员等回避,自收到申诉之日起 90 日内提出复查意见,报审计委员会批准后作出复查决定。

189. 领导干部对履行经济责任过程中的下列行为应当承担直接责任(　　)。

A. 直接违反有关党内法规、法律法规、政策规定的

B. 授意、指使、强令、纵容、包庇下属人员违反有关党内法规、法律法规、政策规定的

C. 参与相关决策和工作时,没有发表明确的反对意见,相关决策和工作违反有关党内法规、法律法规、政策规定,或者造成公共资金、国有资产、国有资源损失浪费,生态环境破坏,公共利益损害等后果的

D. 疏于监管,未及时发现和处理所管辖范围内本级或者下一级地区(部门、单位)违反有关党内法规、法律法规、政策规定的问题,造成公共资金、国有资产、国有资源损失浪费,生态环境破坏,公共利益损害等后果的

【参考答案】 AB

【答案解析】 领导干部对履行经济责任过程中的下列行为应当承担直接责任:(一)直接违反有关党内法规、法律法规、政策规定的;(二)授意、指使、强令、纵容、包庇下属人员违反有关党内法规、法律法规、政策规定的;(三)贯彻党和国家经济方针政策、决策部署不坚决不全面不到位,造成公共资金、国有资产、国有资源损失浪费,生态环境破坏,公共利益损害等后果的;(四)未完成有关法律法规规章、政策措施、目标责任书等规定的领导干部作为第一责任人(负总责)事项,造成公共资金、国有资产、国有资源损失浪费,生态环境破坏,公共利益损害等后果的;(五)未经民主决策程序或者民主决策时在多数人不同意的情况下,直接决定、批准、组织实施重大经济事项,造成公共资金、国有资产、国有资源损失浪费,生态环境破坏,公共利益损害等后果的;(六)不履行或者不正确履行职责,对造成的后果起决定性作用的其他行为。

190. 领导干部对履行经济责任过程中的下列行为应当承担领导责任(　　)。

A. 民主决策时，在多数人同意的情况下，决定、批准、组织实施重大经济事项，由于决策不当或者决策失误造成公共资金、国有资产、国有资源损失浪费，生态环境破坏，公共利益损害等后果的

B. 贯彻党和国家经济方针政策、决策部署不坚决不全面不到位，造成公共资金、国有资产、国有资源损失浪费，生态环境破坏，公共利益损害等后果的

C. 未完成有关法律法规规章、政策措施、目标责任书等规定的领导干部作为第一责任人（负总责）事项，造成公共资金、国有资产、国有资源损失浪费，生态环境破坏，公共利益损害等后果的

D. 疏于监管，未及时发现和处理所管辖范围内本级或者下一级地区（部门、单位）违反有关党内法规、法律法规、政策规定的问题，造成公共资金、国有资产、国有资源损失浪费，生态环境破坏，公共利益损害等后果的

【参考答案】 AD

【答案解析】 领导干部对履行经济责任过程中的下列行为应当承担领导责任：（一）民主决策时，在多数人同意的情况下，决定、批准、组织实施重大经济事项，由于决策不当或者决策失误造成公共资金、国有资产、国有资源损失浪费，生态环境破坏，公共利益损害等后果的；（二）违反部门、单位内部管理规定造成公共资金、国有资产、国有资源损失浪费，生态环境破坏，公共利益损害等后果的；（三）参与相关决策和工作时，没有发表明确的反对意见，相关决策和工作违反有关党内法规、法律法规、政策规定，或者造成公共资金、国有资产、国有资源损失浪费，生态环境破坏，公共利益损害等后果的；（四）疏于监管，未及时发现和处理所管辖范围内本级或者下一级地区（部门、单位）违反有关党内法规、法律法规、政策规定的问题，造成公共资金、国有资产、国有资源损失浪费，生态环境破坏，公共利益损害等后果的；（五）除直接责任外，不履行或者不正确履行职责，对造成的后果应当承担责任的其他行为。

191. 对领导干部在改革创新中的失误和错误，正确把握（　　）等原则。

A. 事业为上　　B. 实事求是

C. 依纪依法　　D. 容纠并举

【参考答案】 ABCD

【答案解析】 对领导干部在改革创新中的失误和错误，正确把握事业为上、实事求是、依纪依法、容纠并举等原则。

192. 对领导干部在改革创新中的失误和错误，经综合分析研判，可以免责或者从轻定责，鼓励探索创新，支持担当作为，保护领导干部干事创业的（　　）。

A. 积极性　　B. 主动性

C. 创造性　　D. 自觉性

【参考答案】 ABC

【答案解析】 对领导干部在改革创新中的失误和错误，经综合分析研判，可以免责或者从轻定责，鼓励探索创新，支持担当作为，保护领导干部干事创业的积极性、主动性、创

造性。

193. 各级党委和政府应当建立健全经济责任审计（　　）等结果运用制度，将经济责任审计结果以及整改情况作为考核、任免、奖惩被审计领导干部的重要参考。

A. 情况通报　　　　B. 责任追究

C. 整改落实　　　　D. 结果公告

【参考答案】 ABCD

【答案解析】 各级党委和政府应当建立健全经济责任审计情况通报、责任追究、整改落实、结果公告等结果运用制度，将经济责任审计结果以及整改情况作为考核、任免、奖惩被审计领导干部的重要参考。

194. 联席会议其他成员单位应当在各自职责范围内运用审计结果（　　）。

A. 根据干部管理权限，将审计结果以及整改情况作为考核、任免、奖惩被审计领导干部的重要参考

B. 对审计发现的问题作出进一步处理

C. 督促有关部门、单位落实审计决定和整改要求，在对相关行业、单位管理和监督中有效运用审计结果

D. 对审计发现的典型性、普遍性、倾向性问题和提出的审计建议及时进行研究，将其作为采取有关措施、完善有关制度规定的重要参考

【参考答案】 ABD

【答案解析】 联席会议其他成员单位应当在各自职责范围内运用审计结果：（一）根据干部管理权限，将审计结果以及整改情况作为考核、任免、奖惩被审计领导干部的重要参考；（二）对审计发现的问题作出进一步处理；（三）加强审计发现问题整改落实情况的监督检查；（四）对审计发现的典型性、普遍性、倾向性问题和提出的审计建议及时进行研究，将其作为采取有关措施、完善有关制度规定的重要参考。

195. 有关主管部门应当在各自职责范围内运用审计结果（　　）。

A. 根据干部管理权限，将审计结果以及整改情况作为考核、任免、奖惩被审计领导干部的重要参考

B. 对审计发现的问题作出进一步处理

C. 加强审计发现问题整改落实情况的监督检查

D. 对审计发现的典型性、普遍性、倾向性问题和提出的审计建议及时进行研究，并将其作为采取有关措施、完善有关制度规定的重要参考

【参考答案】 AD

【答案解析】 有关主管部门应当在各自职责范围内运用审计结果：（一）根据干部管理权限，将审计结果以及整改情况作为考核、任免、奖惩被审计领导干部的重要参考；（二）对审计移送事项依规依纪依法作出处理处罚；（三）督促有关部门、单位落实审计决定和整改要求，在对相关行业、单位管理和监督中有效运用审计结果；（四）对审计发现的典型性、普遍性、倾向性问题和提出的审计建议及时进行研究，并将其作为采取有关措施、完善有关制

度规定的重要参考。

196. 被审计领导干部及其所在单位根据审计结果，应当采取以下整改措施（　　）。

A. 对审计发现的问题，在规定期限内进行整改，将整改结果书面报告审计委员会办公室、审计机关，以及组织部门或者主管部门

B. 对审计决定，在规定期限内执行完毕，将执行情况书面报告审计委员会办公室、审计机关

C. 根据审计建议，采取措施，健全制度，加强管理

D. 将审计结果以及整改情况纳入所在单位领导班子党风廉政建设责任制检查考核的内容，作为领导班子民主生活会以及领导班子成员述责述廉的重要内容

【参考答案】 ABCD

【答案解析】 被审计领导干部及其所在单位根据审计结果，应当采取以下整改措施：(一)对审计发现的问题，在规定期限内进行整改，将整改结果书面报告审计委员会办公室、审计机关，以及组织部门或者主管部门；(二)对审计决定，在规定期限内执行完毕，将执行情况书面报告审计委员会办公室、审计机关；(三)根据审计发现的问题，落实有关责任人员的责任，采取相应的处理措施；(四)根据审计建议，采取措施，健全制度，加强管理；(五)将审计结果以及整改情况纳入所在单位领导班子党风廉政建设责任制检查考核的内容，作为领导班子民主生活会以及领导班子成员述责述廉的重要内容。

197. 审计委员会办公室、审计机关依规依法独立实施经济责任审计，对有意设置障碍、推诿拖延的，应当进行（　　）和（　　）；造成恶劣影响的，应当严肃（　　）。

A. 批评　　B. 通报

C. 问责追责　　D. 依法惩处

【参考答案】 ABC

【答案解析】 审计委员会办公室、审计机关依规依法独立实施经济责任审计，对有意设置障碍、推诿拖延的，应当进行批评和通报；造成恶劣影响的，应当严肃问责追责。

198. 年度经济责任审计项目计划按照下列程序制定（　　）。

A. 审计委员会办公室商同级组织部门提出审计计划安排，组织部门提出领导干部年度审计建议名单

B. 审计委员会办公室征求同级纪检监察机关等有关单位意见后，纳入审计机关年度审计项目计划

C. 审计委员会办公室提交上级审计委员会审议决定

D. 审计委员会办公室提交同级审计委员会审议决定

【参考答案】 ABD

【答案解析】 年度经济责任审计项目计划按照下列程序制定：(一)审计委员会办公室商同级组织部门提出审计计划安排，组织部门提出领导干部年度审计建议名单；(二)审计委员会办公室征求同级纪检监察机关等有关单位意见后，纳入审计机关年度审计项目计划；(三)审计委员会办公室提交同级审计委员会审议决定。

199. 被审计领导干部遇有被有关部门(　　)或者死亡等特殊情况,以及存在其他不宜继续进行经济责任审计情形的,审计委员会办公室商同级纪检监察机关、组织部门等有关单位提出意见,报审计委员会批准后终止审计。

A. 采取强制措施　　B. 纪律审查

C. 监察调查　　D. 巡视巡察

【参考答案】 ABC

【答案解析】 被审计领导干部遇有被有关部门采取强制措施、纪律审查、监察调查或者死亡等特殊情况,以及存在其他不宜继续进行经济责任审计情形的,审计委员会办公室商同级纪检监察机关、组织部门等有关单位提出意见,报审计委员会批准后终止审计。

200. 实施经济责任审计时,应当召开由(　　)、(　　)及其(　　)参加的会议,安排审计工作有关事项。

A. 审计组负责人　　B. 审计组主要成员

C. 被审级领导干部　　D. 所在单位有关人员

【参考答案】 BCD

【答案解析】 实施经济责任审计时,应当召开由审计组主要成员、被审计领导干部及其所在单位有关人员参加的会议,安排审计工作有关事项。

201. 督察内审,是指各级税务机关依法对本级税务机关及所属机构和下级税务机关及所属机构的税收执法、财政收支和财务收支的(　　)进行独立监督、检查和评价,并提出处理意见的行为。

A. 准确性　　B. 真实性

C. 合法性　　D. 效益性

【参考答案】 BCD

【答案解析】 督察内审,是指各级税务机关依法对本级税务机关及所属机构和下级税务机关及所属机构的税收执法、财政收支和财务收支的真实性、合法性和效益性进行独立监督、检查和评价,并提出处理意见的行为。

202. 税务机关开展督察内审工作,应当以(　　)为依据。

A. 法律　　B. 法规

C. 部门规章　　D. 规范性文件

【参考答案】 ABCD

【答案解析】 税务机关开展督察内审工作,应当以法律、法规、部门规章和规范性文件为依据。

203. 督察内审工作应当坚持服务大局的原则,致力于(　　)。

A. 查错纠弊　　B. 堵塞漏洞

C. 弥补短板　　D. 促进管理

【参考答案】 ABD

【答案解析】 督察内审工作应当坚持服务大局的原则,致力于查错纠弊、堵塞漏洞、促进管理。

204. 督察内审人员开展督察内审工作，应当（　　）。

A. 客观公正　　B. 实事求是

C. 廉洁奉公　　D. 保守秘密

【参考答案】 ABCD

【答案解析】 督察内审人员开展督察内审工作，应当客观公正，实事求是，廉洁奉公，保守秘密。

205. 各级税务机关开展督察内审工作，应当以督察内审部门人员为主，根据工作需要，经税务机关负责人批准，可以聘用（　　）或者（　　）协助开展督察内审工作。

A. 抽调其他部门人员　　B. 其他机构人员

C. 外部专业机构　　D. 具有专业知识的人员

【参考答案】 CD

【答案解析】 各级税务机关开展督察内审工作，应当以督察内审部门人员为主，根据工作需要，经税务机关负责人批准，可以聘用外部专业机构或者具有专业知识的人员协助开展督察内审工作。

206. 工作组组长应当对工作组人员的工作质量进行监督，并对工作底稿进行必要的（　　）和（　　），发现重大问题应当及时报告。

A. 核查　　B. 审查

C. 复核　　D. 抽查

【参考答案】 BC

【答案解析】 工作组组长应当对工作组人员的工作质量进行监督，并对工作底稿进行必要的审查和复核，发现重大问题应当及时报告。

207. 税务机关应当建立督察内审工作报告制度。督察内审部门应当定期对督察内审工作中发现的共性问题进行（　　），并向税务机关负责人专题报告。

A. 梳理分类　　B. 归纳总结

C. 分析原因　　D. 提出建议

【参考答案】 BCD

【答案解析】 税务机关应当建立督察内审工作报告制度。督察内审部门应当定期对督察内审工作中发现的共性问题进行归纳总结，分析原因，提出建议，并向税务机关负责人专题报告。

208. 对认真（　　）的督察内审机构和人员，由所在单位给予奖励。

A. 履行职责　　B. 忠于职守

C. 坚持原则　　D. 做出显著成绩

【参考答案】 ABCD

【答案解析】 对认真履行职责、忠于职守、坚持原则、做出显著成绩的督察内审机构和人员，由所在单位给予奖励。

209. 督察内审部门履行职责具有以下权限(　　)。

A. 要求被督察审计单位和个人按时提供与督察审计事项相关的资料，被督察审计单位主要负责人应当对本单位提供资料的真实性和完整性负责

B. 检查与督察审计事项有关的资料、计算机系统和相关电子数据，现场勘察实物

C. 对督察审计过程中发现的严重违法违规和严重损失浪费行为，报经税务机关负责人批准后，可以做出临时制止决定

D. 参加或列席本级税务机关有关会议，召开督察内审专题会议

【参考答案】 ABCD

【答案解析】 督察内审部门履行职责具有以下权限：(一)要求被督察审计单位和个人按时提供与督察审计事项相关的资料，被督察审计单位主要负责人应当对本单位提供资料的真实性和完整性负责；(二)检查与督察审计事项有关的资料、计算机系统和相关电子数据，现场勘察实物；(三)对督察审计事项中的问题，向有关单位和个人开展调查和询问取得相关证明材料；(四)对督察审计过程中发现的严重违法违规和严重损失浪费行为，报经税务机关负责人批准后，可以做出临时制止决定；(五)对发现的违法、违规及管理不规范行为提出纠正、处理意见及改进管理的建议；(六)参加或列席本级税务机关有关会议，召开督察内审专题会议；(七)履行督察内审职责所必需的其他权限。

210. 督察内审部门采取(　　)与(　　)相结合的方式，充分利用信息化手段监控税收执法行为和财务管理活动，并为开展重点督察审计提供支持。

A. 日常全面监控　　B. 月度全面检查

C. 专项督察审计　　D. 重点督察审计

【参考答案】 AD

【答案解析】 督察内审部门采取日常全面监控与重点督察审计相结合的方式，充分利用信息化手段监控税收执法行为和财务管理活动，并为开展重点督察审计提供支持。

211. 税收执法考核的结果是(　　)的依据。

A. 税收执法过失责任追究　　B. 税收执法过错责任追究

C. 税收执法质量评价　　D. 税收执法等级评定

【参考答案】 BC

【答案解析】 税收执法考核的结果是税收执法过错责任追究、税收执法质量评价的依据。

212. 税收执法考核、税收执法过错责任追究、税收执法质量评价应当坚持(　　)，过罚相当、奖惩结合的原则。

A. 依法依规　　B. 实事求是

C. 公平公正　　D. 权责统一

【参考答案】 ABCD

【答案解析】 税收执法考核、税收执法过错责任追究、税收执法质量评价应当坚持依法依规、实事求是，公平公正、权责统一，过罚相当、奖惩结合的原则。

213. 税收执法责任制工作领导小组职责包括(　　)。

A. 研究审议税收执法考评与过错责任追究工作相关制度

B. 研究审议税收执法考评与过错责任追究工作中的特殊、重大事项

C. 研究审议评价结果和结果运用方案

D. 负责其他需研究审议事项

【参考答案】 ABCD

【答案解析】 税收执法责任制工作领导小组职责包括:(一)研究审议税收执法考评与过错责任追究工作相关制度;(二)研究审议税收执法考评与过错责任追究工作中的特殊、重大事项;(三)研究审议评价结果和结果运用方案;(四)负责其他需研究审议事项。

214. 税收执法责任制工作领导小组办公室职责包括(　　)。

A. 拟定税收执法考评与过错责任追究工作相关制度

B. 组织税收执法考核工作

C. 研究审议税收执法考评与过错责任追究工作中的特殊、重大事项

D. 组织税收执法质量评价并提出结果运用方案

【参考答案】 ABD

【答案解析】 税收执法责任制工作领导小组办公室职责包括:(一)拟定税收执法考评与过错责任追究工作相关制度;(二)组织税收执法考核工作;(三)提出税收执法过错责任追究的意见;(四)组织税收执法质量评价并提出结果运用方案;(五)受理单位和个人的申辩,组织调查核实,并形成结论;(六)提请税收执法责任制工作领导小组研究决定税收执法考核、税收执法过错责任追究、税收执法质量评价工作中的特殊、重大事项;(七)组织相关部门落实税收执法过错责任追究决定及结果运用决定;(八)指导、监督下级税务机关税收执法考核、税收执法过错责任追究、税收执法质量评价工作;(九)负责其他日常工作。

215. 税收执法考核内容包括(　　)。

A. 税收执法主体资格是否符合规定

B. 税收执法是否符合执法权限

C. 税收执法程序是否合法

D. 税收执法决定是否合法、完整、适当

【参考答案】 ABCD

【答案解析】 税收执法考核内容包括:(一)是否存在不作为情形;(二)税收执法主体资格是否符合规定;(三)税收执法人员是否取得执法资格;(四)税收执法是否符合执法权限;(五)税收执法适用依据是否正确;(六)税收执法程序是否合法;(七)税收执法文书使用是否规范;(八)税收执法认定的事实是否清楚,证据是否充分;(九)税收执法决定是否合法、完整、适当;(十)制定规范性文件是否合法合规;(十一)其他情况。

216. 税收执法考核应当按月通过以下方式实施(　　)。

A. 内部控制监督平台定期扫描税收业务,获取税收执法数据和过错信息

B. 过错信息推送至税务机关、税收执法人员

C. 税务机关、税收执法人员对推送的过错信息核实、申辩、确认，并予以反馈

D. 考核结果不需要告知相关税务机关、税收执法人员

【参考答案】 ABC

【答案解析】 税收执法考核应当按月通过以下方式实施：(一)内部控制监督平台定期扫描税收业务，获取税收执法数据和过错信息；(二)过错信息推送至税务机关、税收执法人员；(三)税务机关、税收执法人员对推送的过错信息核实、申辩、确认，并予以反馈；(四)考核结果告知相关税务机关、税收执法人员。

217. 以下税收执法问题应当纳入考核范畴的是(　　)。

A. 税务机关监督部门开展督察、审计、巡视等工作确认的税收执法问题

B. 税务机关其他主管部门发现并尚未确认的税收执法问题

C. 舆论监督及社会公众反映并尚未查实的税收执法问题

D. 行政复议决定、行政诉讼判决或者裁定未支持原行政行为的税收执法问题

【参考答案】 AD

【答案解析】 以下税收执法问题应当纳入考核范畴：(一)税务机关监督部门开展督察、审计、巡视等工作确认的税收执法问题；(二)税务机关其他主管部门发现并确认的税收执法问题；(三)审计、财政等外部监督部门查出的税收执法问题；(四)舆论监督及社会公众反映并查实的税收执法问题；(五)行政复议决定、行政诉讼判决或者裁定未支持原行政行为的税收执法问题；(六)通过其他形式发现的税收执法问题。

218. 税务机关(　　)以及负责核查舆论、社会公众反映问题的部门应当自确认税收执法问题之日起 5 个工作日内，向本级税务机关税收执法责任制工作领导小组办公室书面提交结论性文书。

A. 审计部门　　B. 监督部门

C. 其他主管部门　　D. 配合外部监督部门

【参考答案】 BCD

【答案解析】 税务机关监督部门、其他主管部门、配合外部监督部门以及负责核查舆论、社会公众反映问题的部门应当自确认税收执法问题之日起 5 个工作日内，向本级税务机关税收执法责任制工作领导小组办公室书面提交结论性文书。

219. 税收执法过错责任追究形式包括(　　)。

A. 批评教育　　B. 责令作出书面检查

C. 通报批评　　D. 开除公职

【参考答案】 ABC

【答案解析】 税收执法过错责任追究形式包括：(一)批评教育；(二)责令作出书面检查；(三)通报批评；(四)取消评选先进的资格；(五)责令待岗；(六)调离执法岗位；(七)取消执法资格。

220. 在(　　)等方面存在执法瑕疵，不影响执法结果的正确性及效力的，不予追究税收执法过错责任，但应当进行税收执法质量评价，并予以纠正。

A. 事实表述　　B. 法条引用
C. 报告撰写　　D. 文书制作

【参考答案】 ABD

【答案解析】 在事实表述、法条引用、文书制作等方面存在执法瑕疵，不影响执法结果的正确性及效力的，不予追究税收执法过错责任，但应当进行税收执法质量评价，并予以纠正。

221. 有下列情形之一的，可以从轻或者免予追究（　　）。

A. 税收执法过错情节显著轻微，主动发现并及时纠正，未造成危害后果的
B. 税收执法过错情节轻微，尚未被发现的
C. 在国务院，省、自治区、直辖市和计划单列市人民政府，以及国家税务总局批准的探索性、试验性工作中发生税收执法过错并及时纠正、有效避免损失的
D. 其他可以从轻或者免予追究的情形

【参考答案】 ACD

【答案解析】 有下列情形之一的，可以从轻或者免予追究：(一)税收执法过错情节显著轻微，主动发现并及时纠正，未造成危害后果的；(二)在国务院，省、自治区、直辖市和计划单列市人民政府，以及国家税务总局批准的探索性、试验性工作中发生税收执法过错并及时纠正、有效避免损失的；(三)其他可以从轻或者免予追究的情形。

222. 有下列情形之一的，应当从重追究（　　）。

A. 导致国家税款流失并且数额较小的
B. 被责令限期改正逾期不改正，又无正当理由的
C. 税收执法过错发生后瞒报或者不采取有效措施，致使损害后果扩大的
D. 因税收执法过错形成负面涉税舆情、尚未造成恶劣社会影响的

【参考答案】 BC

【答案解析】 有下列情形之一的，应当从重追究：(一)税收执法人员因主观故意或者不作为导致税收执法过错发生的；(二)导致国家税款流失并且数额较大的；(三)被责令限期改正逾期不改正，又无正当理由的；(四)税收执法过错发生后瞒报或者不采取有效措施，致使损害后果扩大的；(五)隐瞒事实真相、出具伪证、毁灭证据，或者以其他方式阻碍、干扰税收执法过错调查的；(六)因税收执法过错形成负面涉税舆情、造成恶劣社会影响的；(七)因税收执法过错导致税务机关承担国家赔偿责任的；(八)其他应当从重追究的情形。

223. 税收执法责任制工作领导小组办公室应当（　　），统一保管税收执法过错责任追究相关资料。

A. 梳理总结　　B. 建立台账
C. 分类归档　　D. 做好记录

【参考答案】 BD

【答案解析】 税收执法责任制工作领导小组办公室应当建立台账、做好记录，统一保管税收执法过错责任追究相关资料。

224. 税收执法质量评价内容包括税务登记、发票管理、(　　)等税收业务中的税收执法行为。

A. 申报征收　　B. 税收优惠

C. 税收法制　　D. 税务稽查

【参考答案】 ABCD

【答案解析】 税收执法质量评价内容包括税务登记、发票管理、申报征收、税收优惠、税收法制、税务稽查等税收业务中的税收执法行为。

225. 上级税务机关应当对下级税务机关开展的(　　)实施监督。

A. 税收执法考核　　B. 税收执法过错责任追究

C. 税收执法质量评价工作　　D. 税收执法质量抽查工作

【参考答案】 ABC

【答案解析】 上级税务机关应当对下级税务机关开展的税收执法考核、税收执法过错责任追究、税收执法质量评价工作实施监督。

226. (　　)改变原结果或者原决定的，重新作出决定。

A. 申诉　　B. 陈述

C. 复核　　D. 申辩

【参考答案】 AC

【答案解析】 申诉、复核改变原结果或者原决定的，重新作出决定。

227. 各级税务机关督察内审部门应当按照档案管理有关规定，做好本办法相关资料的(　　)工作。

A. 归档　　B. 保管

C. 留痕　　D. 保密

【参考答案】 AB

【答案解析】 各级税务机关督察内审部门应当按照档案管理有关规定，做好本办法相关资料的归档、保管工作。

228. 具有下列情形之一，导致税收执法行为违法或者不履行法定职责的，不予追究(　　)。

A. 法律、法规、规章、税收规范性文件不明确或者有争议的

B. 执行上级税务机关的书面答复、决定、命令

C. 业务流程或者税收业务相关软件存在疏漏或者发生改变的

D. 税务行政相对人提供虚假材料、隐瞒涉税信息等其他不依法诚信履行纳税义务的

【参考答案】 ABCD

【答案解析】 具有下列情形之一，导致税收执法行为违法或者不履行法定职责的，不予追究：(一)法律、法规、规章、税收规范性文件不明确或者有争议的；(二)执行上级税务机关的书面答复、决定、命令；(三)不可抗力或者意外事件；(四)业务流程或者税收业务相关软件存在疏漏或者发生改变的；(五)税务行政相对人提供虚假材料、隐瞒涉税信息等其他

不依法诚信履行纳税义务的；(六)有证据证明税收执法人员不存在故意或者过失的其他情形。

229. 税收执法过错(　　)，应当给予党纪政纪处分或者司法处理的，应当移交有关部门。

A. 情节轻微　　B. 情节严重

C. 影响轻微　　D. 影响恶劣

【参考答案】 BD

【答案解析】 税收执法过错情节严重、影响恶劣，应当给予党纪政纪处分或者司法处理的，应当移交有关部门。

230. 税收执法责任制工作领导小组办公室应当根据税收执法过错责任人的(　　)，提出适用税收执法过错责任追究形式的意见，经税收执法责任制工作领导小组办公室主任签批后，责成主管部门执行。

A. 过错事实　　B. 情节

C. 后果　　D. 责任程度

【参考答案】 ABCD

【答案解析】 税收执法责任制工作领导小组办公室应当根据税收执法过错责任人的过错事实、情节、后果和责任程度，提出适用税收执法过错责任追究形式的意见，经税收执法责任制工作领导小组办公室主任签批后，责成主管部门执行。

231. 执法督察应当服从和服务于税收中心工作，坚持(　　)。

A. 依法督察　　B. 事实清楚

C. 客观公正　　D. 实事求是

【参考答案】 ACD

【答案解析】 执法督察应当服从和服务于税收中心工作，坚持依法督察，客观公正，实事求是。

232. 被督察单位及其工作人员应当(　　)和(　　)。

A. 主动交代　　B. 自觉接受

C. 客观公正　　D. 配合执法督察

【参考答案】 BD

【答案解析】 被督察单位及其工作人员应当自觉接受和配合执法督察。

233. 各级税务机关督察内审部门或者承担税收执法监督检查职责的部门，代表本级税务机关组织开展执法督察工作，履行以下职责(　　)。

A. 依据上级税务机关执法督察工作制度和计划，制定本级税务机关执法督察工作制度和计划

B. 组织实施执法督察，向本级税务机关提交税收执法督察报告，并制作《税收执法督察处理决定书》、《税收执法督察处理意见书》或者《税收执法督察结论书》

C. 督办执法督察所发现问题的整改和责任追究

D. 配合外部监督部门对税务机关开展监督检查工作

【参考答案】 ABCD

【答案解析】 各级税务机关督察内审部门或者承担税收执法监督检查职责的部门(以下简称督察内审部门),代表本级税务机关组织开展执法督察工作,履行以下职责:(一)依据上级税务机关执法督察工作制度和计划,制定本级税务机关执法督察工作制度和计划;(二)组织实施执法督察,向本级税务机关提交税收执法督察报告,并制作《税收执法督察处理决定书》、《税收执法督察处理意见书》或者《税收执法督察结论书》;(三)组织实施税务系统税收执法责任制工作,牵头推行税收执法责任制考核信息系统,实施执法疑点信息分析监控;(四)督办执法督察所发现问题的整改和责任追究;(五)配合外部监督部门对税务机关开展监督检查工作;(六)向本级和上级税务机关报告执法督察工作情况;(七)通报执法督察工作情况和执法督察结果;(八)指导、监督和考核下级税务机关执法督察工作;(九)其他相关工作。

234. 执法督察实行统筹规划,归口管理。督察内审部门负责执法督察工作的具体(　　)。

A. 组织　　B. 牵头

C. 协调　　D. 落实

【参考答案】 ACD

【答案解析】 执法督察实行统筹规划,归口管理。督察内审部门负责执法督察工作的具体组织、协调和落实。

235. 税务机关内部相关部门应当(　　)。

A. 树立全局观念　　B. 主动作为

C. 强化担当　　D. 积极参与、支持和配合执法督察工作

【参考答案】 AD

【答案解析】 税务机关内部相关部门应当树立全局观念,积极参与、支持和配合执法督察工作。

236. 各级税务机关可以采取复查、抽查等方式,对执法督察人员在执法督察工作中(　　)等情况进行监督检查。

A. 责任担当　　B. 履行职责

C. 遵守纪律　　D. 廉洁自律

【参考答案】 BCD

【答案解析】 各级税务机关可以采取复查、抽查等方式,对执法督察人员在执法督察工作中履行职责、遵守纪律、廉洁自律等情况进行监督检查。

237. 执法督察的内容包括(　　)。

A. 税收法律、行政法规、规章和规范性文件的执行情况

B. 国务院和本级税务机关有关税收工作重要决策、部署的贯彻落实情况

C. 税务机关制定或者与其他部门联合制定的涉税文件,以及税务机关以外的单位制定

的涉税文件的合法性

D. 内部监督部门依法查处或者督查、督办的税收执法事项

【参考答案】 AC

【答案解析】 执法督察的内容包括：(一)税收法律、行政法规、规章和规范性文件的执行情况；(二)国务院和上级税务机关有关税收工作重要决策、部署的贯彻落实情况；(三)税务机关制定或者与其他部门联合制定的涉税文件，以及税务机关以外的单位制定的涉税文件的合法性；(四)外部监督部门依法查处或者督查、督办的税收执法事项；(五)上级机关交办、有关部门转办的税收执法事项；(六)执法督察所发现问题的整改和责任追究情况；(七)其他需要实施执法督察的税收执法事项。

238. 执法督察可以通过(　　)等形式开展。

A. 全面执法督察　　B. 重点执法督察

C. 专项执法督察　　D. 专案执法督察

【参考答案】 ABCD

【答案解析】 执法督察可以通过全面执法督察、重点执法督察、专项执法督察和专案执法督察等形式开展。

239. 重点执法督察是指税务机关对本级和下级税务机关某些(　　)的税收执法行为所进行的监督检查。

A. 重点方面　　B. 重点环节

C. 重点行业　　D. 重点岗位

【参考答案】 ABC

【答案解析】 重点执法督察是指税务机关对本级和下级税务机关某些重点方面、重点环节、重点行业的税收执法行为所进行的监督检查。

240. 全面执法督察是指税务机关对本级和下级税务机关的税收执法行为进行的(　　)的监督检查。

A. 全面　　B. 广泛

C. 系统　　D. 整体

【参考答案】 BC

【答案解析】 全面执法督察是指税务机关对本级和下级税务机关的税收执法行为进行的广泛、系统的监督检查。

241. 专案执法督察是指税务机关对上级机关交办、有关部门转办的特定税收执法事项，以及通过(　　)等途径反映的重大税收执法问题所涉及的本级和下级税务机关的税收执法行为进行的监督检查。

A. 信访　　B. 邮箱

C. 举报　　D. 媒体

【参考答案】 ACD

【答案解析】 专案执法督察是指税务机关对上级机关交办、有关部门转办的特定税收

执法事项,以及通过信访、举报、媒体等途径反映的重大税收执法问题所涉及的本级和下级税务机关的税收执法行为进行的监督检查。

242.各级税务机关应当积极运用信息化手段,对与税收执法活动有关的各类信息系统执法数据进行( ),为各种形式的执法督察提供线索。

A.分析　　B.筛选

C.监控　　D.提示

【参考答案】 ABCD

【答案解析】 各级税务机关应当积极运用信息化手段,对与税收执法活动有关的各类信息系统执法数据进行分析、筛选、监控和提示,为各种形式的执法督察提供线索。

243.执法督察工作要( )地开展,主要包括准备、实施、处理、整改、总结等阶段,根据工作需要可以进行复查。

A.有计划　　B.有组织

C.有步骤　　D.有纪律

【参考答案】 ABC

【答案解析】 执法督察工作要有计划、有组织、有步骤地开展,主要包括准备、实施、处理、整改、总结等阶段,根据工作需要可以进行复查。

244.实施执法督察前,督察内审部门应当根据执法督察的对象和内容,制定包括( )等内容的执法督察方案。

A.组织领导　　B.工作要求

C.工作计划　　D.执法督察的时限、重点、方法、步骤

【参考答案】 ABD

【答案解析】 实施执法督察前,督察内审部门应当根据执法督察的对象和内容,制定包括组织领导、工作要求和执法督察的时限、重点、方法、步骤等内容的执法督察方案。

245.执法督察组实施执法督察后,应当将( )以及与执法督察情况有关的其他资料进行整理,提交督察内审部门。

A.税收执法督察报告　　B.工作底稿

C.证据材料　　D.陈述申辩资料

【参考答案】 ABCD

【答案解析】 执法督察组实施执法督察后,应当将税收执法督察报告、工作底稿、证据材料、陈述申辩资料以及与执法督察情况有关的其他资料进行整理,提交督察内审部门。

246.督察内审部门收到税收执法督察报告和其他证据材料后,应当对以下哪些内容进行审理( )。

A.执法督察程序是否符合规定

B.事实是否清楚,证据是否确实充分,资料是否齐全

C.适用的法律、行政法规、规章、规范性文件和有关政策等是否正确

D.对被督察单位的评价是否准确,拟定的意见、建议等是否适当

【参考答案】 ABCD

【答案解析】 督察内审部门收到税收执法督察报告和其他证据材料后，应当对以下内容进行审理：(一)执法督察程序是否符合规定；(二)事实是否清楚，证据是否确实充分，资料是否齐全；(三)适用的法律、行政法规、规章、规范性文件和有关政策等是否正确；(四)对被督察单位的评价是否准确，拟定的意见、建议等是否适当。

247. 督察内审部门在审理中发现(　　)的，应当通知执法督察组对证据予以补正，也可以重新组织人员进行核实、检查。

A. 事实不清　　B. 描述模糊

C. 证据不足　　D. 资料不全

【参考答案】 ACD

【答案解析】 督察内审部门在审理中发现事实不清、证据不足、资料不全的，应当通知执法督察组对证据予以补正，也可以重新组织人员进行核实、检查。

248. 督察内审部门根据本级税务机关审定的税收执法督察报告可制作(　　)，经本级税务机关审批后下达被督察单位。

A.《税收执法督察处理决定书》　　B.《税收执法督察处理意见书》

C.《税收执法督察结论书》　　D.《税收执法督察整改意见书》

【参考答案】 ABC

【答案解析】 督察内审部门根据本级税务机关审定的税收执法督察报告制作《税收执法督察处理决定书》、《税收执法督察处理意见书》或者《税收执法督察结论书》，经本级税务机关审批后下达被督察单位。

249. 对违反税收法律、行政法规、规章和上级税收规范性文件的涉税文件，按下列原则作出执法督察决定(　　)。

A. 对下级税务机关制定，或者下级税务机关与其他部门联合制定的，责令停止执行，并予以纠正

B. 对本级税务机关制定的，应当停止执行并提出修改建议

C. 对地方政府和其他部门制定的，同级税务机关应当停止执行，向发文单位提出修改建议，不需要报告上级税务机关

D. 对地方政府和其他部门制定的，同级税务机关应当停止执行，向发文单位提出修改建议，并报告上级税务机关

【参考答案】 ABD

【答案解析】 对违反税收法律、行政法规、规章和上级税收规范性文件的涉税文件，按下列原则作出执法督察决定：(一)对下级税务机关制定，或者下级税务机关与其他部门联合制定的，责令停止执行，并予以纠正；(二)对本级税务机关制定的，应当停止执行并提出修改建议；(三)对地方政府和其他部门制定的，同级税务机关应当停止执行，向发文单位提出修改建议，并报告上级税务机关。

250. 被督察单位收到《税收执法督察处理决定书》和《税收执法督察处理意见书》后，应

当在规定的期限内执行，并以书面形式向实施执法督察的税务机关报告下列执行结果（　　）。

A. 对违法、违规涉税文件的清理情况和清理结果

B. 对违法、违规的税收执法行为予以变更、撤销和重新作出执法行为的情况

C. 对有关责任人的责任追究情况

D. 要求报送的其他文件和资料

【参考答案】 ABCD

【答案解析】 被督察单位收到《税收执法督察处理决定书》和《税收执法督察处理意见书》后，应当在规定的期限内执行，并以书面形式向实施执法督察的税务机关报告下列执行结果：(一)对违法、违规涉税文件的清理情况和清理结果；(二)对违法、违规的税收执法行为予以变更、撤销和重新作出执法行为的情况；(三)对有关责任人的责任追究情况；(四)要求报送的其他文件和资料。

251. 财务工作是税收工作的重要组成部分，出台国税系统执行、地税系统参照执行的财务管理规范，（　　）。

A. 是税务总局党组开展中央专项巡视整改的重要制度成果

B. 是对整个税收工作规范体系的充实和丰富

C. 是进一步提高税务部门财务管理工作科学化、精细化管理水平的重要举措

D. 是促进工作依法合规运行、提质增效的重要途径

【参考答案】 ABC

【答案解析】 财务工作是税收工作的重要组成部分，出台国税系统执行、地税系统参照执行的财务管理规范，是税务总局党组开展中央专项巡视整改的重要制度成果，是对整个税收工作规范体系的充实和丰富，是进一步提高税务部门财务管理工作科学化、精细化管理水平的重要举措。

252. 税务系统基建项目审批包括（　　）。

A. 审批项目建议书　　B. 可行性评估报告

C. 可行性研究报告　　D. 初步设计

【参考答案】 ACD

【答案解析】 税务系统基建项目审批包括审批项目建议书、可行性研究报告、初步设计。

253. 国家税务总局各市（州、盟）税务局及国家税务总局各县（区、旗）税务局负责本系统基本建设管理，主要职责是（　　）。

A. 贯彻执行国家基本建设管理的法律法规和税务总局基本建设管理的有关规定，负责基建项目日常监督管理

B. 负责实施本系统（本单位）基建项目信息化管理，基建项目库项目的审核、申报及日常维护工作

C. 负责本系统（本单位）基建项目建设过程管理、工程结算和竣工财务决算管理

D. 按照规定做好基建项目信息公开工作

【参考答案】 ABCD

【答案解析】 国家税务总局各市(州、盟)税务局及国家税务总局各县(区、旗)税务局负责本系统(本单位)基本建设管理,主要职责是:(一)贯彻执行国家基本建设管理的法律法规和税务总局基本建设管理的有关规定,负责基建项目日常监督管理。(二)负责实施本系统(本单位)基建项目信息化管理,基建项目库项目的审核、申报及日常维护工作。(三)负责本系统(本单位)基建项目建设过程管理、工程结算和竣工财务决算管理。(四)按照规定做好基建项目信息公开工作。

254. 税务系统基本建设项目投资概算管理,包括(　　)等。

A. 概算核定及控制　　B. 概算执行及调整

C. 监督检查　　D. 责任追究

【参考答案】 ABD

【答案解析】 税务系统基本建设项目投资概算管理,包括概算核定及控制、概算执行及调整、责任追究等。

255. 做好政府采购意向公开工作的工作要求(　　)。

A. 提升政府采购透明度　　B. 高度重视采购意向公开工作

C. 认真履行采购人主体责任　　D. 切实加强工作配合衔接

【参考答案】 BCD

【答案解析】 做好政府采购意向公开工作的工作要求:(一)高度重视采购意向公开工作。(二)认真履行采购人主体责任。(三)切实加强工作配合衔接。

256. 税务采购网设有(　　)、(　　)、(　　)三个子系统。

A. 协议批量　　B. 在线竞价

C. 网上超市　　D. 税务专网

【参考答案】 ABC

【答案解析】 根据《税务采购网交易规则》,税务采购网设有协议批量、在线竞价、网上超市三个子系统。

257. 网上采购是税务总局(　　)的重要举措。

A. 转变工作作风　　B. 服务基层

C. 提高采购质效　　D. 防范采购风险

【参考答案】 BCD

【答案解析】 网上采购是税务总局服务基层、提高采购质效、防范采购风险的重要举措。

258. 全省税务系统各预算单位采购下列货物(　　),必须从税务采购网采购。

A. 单笔采购预算金额不满 100 万元扫描仪

B. 单笔采购预算金额不满 100 万元网络设备

C. 单笔采购预算金额不满 200 万元的服务器

D. 单笔采购预算金额不满 200 万元的客车

【参考答案】 AC

【答案解析】 单笔采购预算金额不满 100 万元的计算机软件、扫描仪、多功能一体机、投影仪、客车、乘用车；单笔采购预算金额不满 200 万元的服务器、网络设备、视频会议系统及会议室音频系统。

259. 各级税务机关综合业务办公用房因使用时间较长、设施设备老化、功能不全、存在安全隐患，不能满足办公要求的，要以消除安全隐患、恢复和完善使用功能为重点进行维修改造。要严格按照规定的管理权限、程序审核或审批项目立项，坚决杜绝（　　）等问题。

A. 违规审批　　B. 越权审批

C. 虚假申报　　D. 擅自开工建设

【参考答案】 ABD

【答案解析】 各级税务机关综合业务办公用房因使用时间较长、设施设备老化、功能不全、存在安全隐患，不能满足办公要求的，要以消除安全隐患、恢复和完善使用功能为重点进行维修改造。要严格按照规定的管理权限、程序审核或审批项目立项，坚决杜绝违规审批、越权审批、擅自开工建设等问题。

260. 对于申请税务总局审批以及省税务局审批投资额较大的项目，应进行（　　）和（　　），逐项审核维修改造内容的必要性、完整性和分项工程单价及投资估算的合理性，并出具审核意见，防止虚报项目建设内容和投资估算等问题。

A. 严格审核　　B. 实地调查

C. 现场监督　　D. 现场查看

【参考答案】 BD

【答案解析】 对于申请税务总局审批以及省税务局审批投资额较大的项目，应进行实地调查和现场查看，逐项审核维修改造内容的必要性、完整性和分项工程单价及投资估算的合理性，并出具审核意见，防止虚报项目建设内容和投资估算等问题。

261. 项目竣工财务决算未经审核前，项目建设单位一般不得撤销。项目（　　）一般不得调离。

A. 负责人　　B. 财务主管人员

C. 重大项目的相关工程技术主管人员　　D. 概（预）算主管人员

【参考答案】 ABCD

【答案解析】 项目竣工财务决算未经审核前，项目建设单位一般不得撤销。项目负责人及财务主管人员、重大项目的相关工程技术主管人员、概（预）算主管人员一般不得调离。

262. 采购人有下列行为的（　　），由税务总局（采购中心）责令其改正；存在违法违规行为的，按相关规定处理。

A. 无正当理由拒不确认成交结果，拒绝与供应商签订采购合同或者不按成交结果签订采购合同的

B. 合同履行过程中与供应商协商擅自变更合同实质性条款的

C. 无正当理由不按期结算货款的

D. 有其他违法、违规行为的

【参考答案】 ABCD

【答案解析】 采购人有下列行为的，由税务总局（采购中心）责令其改正；存在违法违规行为的，按相关规定处理。（一）无正当理由拒不确认成交结果，拒绝与供应商签订采购合同或者不按成交结果签订采购合同的；（二）合同履行过程中与供应商协商擅自变更合同实质性条款的；（三）无正当理由不按期结算货款的；（四）有其他违法、违规行为的。

263. 税务系统政府采购应当遵循（　　）原则。

A. 公开透明原则　　B. 公平竞争原则

C. 公正原则　　D. 诚实信用

【参考答案】 ABCD

【答案解析】 税务系统政府采购应当遵循公开透明原则、公平竞争原则、公正原则和诚实信用原则。

264. 国家税务总局集中采购中心是税务系统政府采购工作的业务主管部门，负责税务系统政府采购工作的（　　）。

A. 领导　　B. 管理

C. 指导　　D. 监督

【参考答案】 BCD

【答案解析】 国家税务总局集中采购中心是税务系统政府采购工作的业务主管部门，负责税务系统政府采购工作的管理、指导和监督。

265. 税务系统政府采购组织形式分为（　　）。

A. 政府集中采购　　B. 部门集中采购

C. 分散采购　　D. 网络采购

【参考答案】 ABC

【答案解析】 税务系统政府采购组织形式分为政府集中采购、部门集中采购和分散采购。

266. 税收服务项目应按照政府采购有关规定，采用（　　）等方式采购。

A. 公开招标　　B. 邀请招标

C. 竞争性磋商　　D. 竞争性谈判

【参考答案】 ABCD

【答案解析】 税收服务项目应按照政府采购有关规定，采用公开招标、邀请招标、竞争性磋商、竞争性谈判、单一来源采购等方式采购。

267.《税务系统物业管理服务政府采购业务指引》旨在明确物业管理服务项目（　　）等重点工作环节和操作要求，规范物业管理服务项目政府采购行为。

A. 需求编制　　B. 采购保障

C. 采购实施　　D. 履约验收

【参考答案】 ACD

【答案解析】《税务系统物业管理服务政府采购业务指引》旨在明确物业管理服务项目需求编制、采购实施、履约验收等重点工作环节和操作要求,规范物业管理服务项目政府采购行为。

268. 税务系统应当保证政府采购文件的(　　),不得伪造、变造、隐匿或者擅自销毁。

A. 真实性　　B. 准确性

C. 完整性　　D. 有效性

【参考答案】 ACD

【答案解析】 税务系统应当保证政府采购文件的真实性、完整性和有效性,不得伪造、变造、隐匿或者擅自销毁。

269. 税务稽查办案专项经费的管理使用应当遵循(　　)的原则,不得挪作其他用途。

A. 专款专用　　B. 专项管理

C. 厉行节约　　D. 注重实效

【参考答案】 ABCD

【答案解析】 税务稽查办案专项经费的管理使用应当遵循专款专用、专项管理、厉行节约、注重实效的原则,不得挪作其他用途。

270. (　　)、印制费和培训费,应当由稽查部门相关负责人签字后,凭有效票据和项目审批记录等资料据实报销。

A. 误餐费　　B. 租赁费

C. 差旅费　　D. 邮电费

【参考答案】 CD

【答案解析】 差旅费、邮电费、印制费和培训费,应当由稽查部门相关负责人签字后,凭有效票据和项目审批记录等资料据实报销。

271. 反避税专项经费,是指中央财政安排用于税务系统进行反避税工作的专项经费,包括(　　)等工作在国(境)内外所发生的相关费用。

A. 反避税双边(多边)磋商　　B. 反避税监控管理

C. 反避税调查调整　　D. 反避税专项检查

【参考答案】 ABC

【答案解析】 反避税专项经费,是指中央财政安排用于税务系统进行反避税工作的专项经费,包括反避税双边(多边)磋商、反避税监控管理、反避税调查调整等工作在国(境)内外所发生的相关费用。

272. 反避税调查措施具体包括(　　)。

A. 转让定价　　B. 成本分摊协议

C. 受控外国企业管理　　D. 资本弱化

【参考答案】 ABCD

【答案解析】 反避税调查措施具体包括:转让定价、成本分摊协议、受控外国企业管理、资本弱化和一般反避税措施。

273. 建立绩效评估机制，科学设置绩效目标，加强执行中绩效监控，切实开展绩效评价，并将绩效管理结果应用于（　　）。

A. 预算管理　　B. 预算安排

C. 完善政策　　D. 改进管理

【参考答案】 BCD

【答案解析】 建立绩效评估机制，科学设置绩效目标，加强执行中绩效监控，切实开展绩效评价，并将绩效管理结果应用于预算安排、完善政策和改进管理。

274. 大企业税收管理专项经费管理包括（　　）。

A. 预算管理　　B. 支出范围和标准

C. 会计核算　　D. 财务监督管理

【参考答案】 ABCD

【答案解析】 大企业税收管理专项经费管理包括预算管理、支出范围和标准、会计核算、财务监督管理。

275. 税务总局系统部门预算编制及调整规程是（　　）的重要依据。

A. 规范部门预算编报行为　　B. 统一部门时间和程序

C. 合理划分相关部门职责分工　　D. 保证预算工作顺利开展

【参考答案】 ABC

【答案解析】 税务总局系统部门预算编制及调整规程是规范部门预算编报行为、统一部门时间和程序、合理划分相关部门职责分工的重要依据，是保证预算工作顺利开展的重要基础性制度。

276. 根据税务系统财务管理工作职责需要，会计管理应设置（　　）等岗位。

A. 财务部门主管领导　　B. 财务部门负责人

C. 会计　　D. 出纳

【参考答案】 BCD

【答案解析】 根据税务系统财务管理工作职责需要，会计管理应设置财务部门负责人、会计、出纳等岗位。

277. 为了简化核算，税务系统网络版财务管理软件中仅使用记账凭证，分为（　　）。

A. 原始凭证　　B. 普通凭证

C. 机制凭证　　D. 会计凭证

【参考答案】 BC

【答案解析】 为了简化核算，税务系统网络版财务管理软件中仅使用记账凭证，分为普通凭证和机制凭证。

278. 税务系统会计报表是反映（　　）等的书面文件，按编制基础分为财务会计报表和预算会计报表，通过网络版财务管理软件从会计账簿中自动提取生成。

A. 各单位财务状况　　B. 资产负债情况

C. 收支情况　　D. 预算执行结果

【参考答案】 ACD

【答案解析】 税务系统会计报表是反映各单位财务状况、收支情况和预算执行结果等的书面文件，按编制基础分为财务会计报表和预算会计报表，通过网络版财务管理软件从会计账簿中自动提取生成。

279. 税务系统预算单位应根据要求对本单位或本系统的(　　)等状况进行分析，研究财务收支的活动规律，总结财务管理的经验与问题。

A. 预算管理　　B. 支出管理

C. 收入管理　　D. 资产负债

【参考答案】 ABD

【答案解析】 税务系统预算单位应根据要求对本单位或本系统的预算管理、支出管理、资产负债等状况进行分析，研究财务收支的活动规律，总结财务管理的经验与问题。

280. 资金监控管理是税务总局为加强税务系统资金监督管理，提高资金使用的(　　)。

A. 安全性　　B. 科学性

C. 规范性　　D. 有效性

【参考答案】 ACD

【答案解析】 资金监控管理是税务总局为加强税务系统资金监督管理，提高资金使用的安全性、规范性、有效性。

281. 税务系统财务部门使用的中央财政票据包括(　　)。

A. 中央财政票据(电子票和机打票)

B. 中央非税收入统一票据(电子票和机打票)

C. 中央行政事业单位资金往来结算票据(电子票和机打票)

D. 公益捐赠票据(电子票和机打票)

【参考答案】 BCD

【答案解析】 税务系统财务部门使用的中央财政票据包括：中央非税收入统一票据(电子票和机打票)、中央行政事业单位资金往来结算票据(电子票和机打票)、公益捐赠票据(电子票和机打票)。

282. 税务系统资产清查阶段工作分为三部分(　　)。

A. 准备阶段　　B. 资产清查主体工作阶段

C. 资产清查结果申报阶段　　D. 资产清查结果总结阶段

【参考答案】 ABC

【答案解析】 税务系统资产清查阶段工作分为三部分：准备阶段、资产清查主体工作阶段和资产清查结果申报阶段。

283. 各级税务局应加强基本建设审批管理，规范基本建设程序行为，根据职责做好基本建设审批管理工作。工作内容包括(　　)等。

A. 立项管理　　B. 项目库管理

C. 开工管理　　D. 过程监督管理

【参考答案】 ABCD

【答案解析】 各级税务局应加强基本建设审批管理，规范基本建设程序行为，根据职责做好基本建设审批管理工作。工作内容包括：立项管理、项目库管理、开工管理、过程监督管理和竣工管理等。

284. 税务系统（　　）项目，以及投资总额超过 100 万元的维修改造项目，应按税务总局下发的规定格式签署责任状，一式两份，签署方各持一份。

A. 新建　　B. 购建

C. 修建　　D. 改扩建

【参考答案】 ABD

【答案解析】 税务系统新建、购建、改扩建项目，以及投资总额超过 100 万元的维修改造项目，应按税务总局下发的规定格式签署责任状，一式两份，签署方各持一份。

285. 税务总局搭建财务内控信息化平台，对现有的（　　）等数据整合、完善和升级，将全部软件数据纳入一个平台，要做到"四个统一"。

A. 部门预决算　　B. 会计核算

C. 资产管理　　D. 基建项目库

【参考答案】 ABCD

【答案解析】 税务总局搭建财务内控信息化平台，对现有的部门预决算、会计核算、资产管理、基建项目库等数据整合、完善和升级，将全部软件数据纳入一个平台，要做到"四个统一"。

286. 各单位应建立健全财务公开工作考核、评议和责任追究制度，定期对财务公开工作进行（　　），及时发现纠正财务公开中存在的问题并督促整改落实，确保税务系统财务公开相关制度要求得到有效贯彻落实。

A. 监督　　B. 考核

C. 追责　　D. 评议

【参考答案】 BD

【答案解析】 各单位应建立健全财务公开工作考核、评议和责任追究制度，定期对财务公开工作进行考核、评议，及时发现纠正财务公开中存在的问题并督促整改落实，确保税务系统财务公开相关制度要求得到有效贯彻落实。

287. 财务内控内生化工作应遵循的原则有（　　）。

A. 内生最大化原则　　B. 突出重点原则

C. 持续改进原则　　D. 统筹兼顾原则

【参考答案】 ABCD

【答案解析】 财务内控内生化工作应遵循的原则有：(1)内生最大化原则。(2)突出重点原则。(3)持续改进原则。(4)统筹兼顾原则。

288. 外事计划遵循以下原则(　　)。

A. 预算约束　　B. 厉行节约

C. 限量管理　　D. 因事定人

【参考答案】 ACD

【答案解析】 外事计划遵循以下原则:(一)预算约束。(二)限量管理。(三)因事定人。

289. 税务系统会议实行(　　)。

A. 会前报备　　B. 会后总结

C. 分类管理　　D. 分级审批

【参考答案】 CD

【答案解析】 税务系统会议实行分类管理、分级审批。

290. 培训项目管理是指对(　　)进行全流程的规范化管理。

A. 培训班的统筹计划　　B. 审核报批

C. 组织实施　　D. 考核评估

【参考答案】 ABCD

【答案解析】 培训项目管理是指对培训班的统筹计划、审核报批、组织实施和考核评估进行全流程的规范化管理。

291. 税收法制工作风险,是指税务机关及其工作人员在(　　)等过程中,因违反有关法律法规规章及相关规定,导致国家利益、行政相对人合法权益受损,危害税收法治秩序等后果的可能性以及由此产生的廉政风险。

A. 税务行政处罚　　B. 税务行政复议

C. 税务行政应诉　　D. 税务行政赔偿

【参考答案】 ABCD

【答案解析】 税收法制工作风险,是指税务机关及其工作人员在税务行政处罚、税务行政复议、税务行政应诉、税务行政赔偿、重大税务案件审理等过程中,因违反有关法律法规规章及相关规定,导致国家利益、行政相对人合法权益受损,危害税收法治秩序等后果的可能性以及由此产生的廉政风险。

292. 根据税收法制工作风险涉及事项或环节的重要程度、行政裁量权的大小、发生概率、危害程度等因素,将其分为(　　)等级。

A. 高风险　　B. 中风险

C. 低风险　　D. 无风险

【参考答案】 ABC

【答案解析】 根据税收法制工作风险涉及事项或环节的重要程度、行政裁量权的大小、发生概率、危害程度等因素,将其分为高、中、低三个等级。

293. 各单位应当牢固树立税收法制工作风险防控意识,遵循内部控制基本原则,综合运用(　　),有效防控税收法制工作风险。

A. 科学的风险应对策略　　B. 风险应急策略

C. 外部控制措施　　D. 内部控制措施

【参考答案】 AD

【答案解析】 各单位应当牢固树立税收法制工作风险防控意识，遵循内部控制基本原则，综合运用科学的风险应对策略和内部控制措施，有效防控税收法制工作风险。

294. 各单位业务主管部门、内部控制管理部门应当加强沟通、协调和反馈，做好风险事项的(　　)等工作，重大紧急事项报本单位领导研究解决并报上一级业务主管部门。

A. 快速响应　　B. 分析判定

C. 应对处置　　D. 反馈报告

【参考答案】 BCD

【答案解析】 各单位业务主管部门、内部控制管理部门应当加强沟通、协调和反馈，做好风险事项的分析判定、应对处置和反馈报告等工作，重大紧急事项报本单位领导研究解决并报上一级业务主管部门。

295. 有信息管理系统开发优化权限的单位，应当将税收法制工作风险内部控制措施固化融入相关信息管理系统，从(　　)等方面着手，对税收法制工作风险实行自动化防控。

A. 权限　　B. 流程

C. 模板　　D. 指引

【参考答案】 ABCD

【答案解析】 有信息管理系统开发优化权限的单位，应当将税收法制工作风险内部控制措施固化融入相关信息管理系统，从权限、流程、模板、指引等方面着手，对税收法制工作风险实行自动化防控。

296. 各单位应当将税收法制工作风险内部控制作为监督检查的重要内容，发挥政策法规、督察内审、巡视巡察、纪检监察等部门的监督作用，加强税收法制工作风险内部控制制度和执行情况的常规监督，对(　　)开展专项检查。

A. 重点岗位　　B. 重要环节

C. 突出问题　　D. 高风险事项

【参考答案】 ABD

【答案解析】 各单位应当将税收法制工作风险内部控制作为监督检查的重要内容，发挥政策法规、督察内审、巡视巡察、纪检监察等部门的监督作用，加强税收法制工作风险内部控制制度和执行情况的常规监督，对重点岗位、重要环节和高风险事项开展专项检查。

297. 各单位应当将税收法制工作风险内部控制制度的建设和执行情况纳入本单位考核评价范围和指标体系，每年至少开展一次考核评价，建立(　　)的税收法制工作风险内部控制考核评价机制。

A. 透明　　B. 合理

C. 公开　　D. 有效

【参考答案】 BCD

【答案解析】 各单位应当将税收法制工作风险内部控制制度的建设和执行情况纳入本单位考核评价范围和指标体系，每年至少开展一次考核评价，建立合理、公平、有效的税收法制工作风险内部控制考核评价机制。

298. 各单位应当将税收法制工作风险内部控制结果与（　　）等工作有机结合，实现信息共享、结果共用。

A. 党风廉政建设　　B. 绩效管理

C. 数字人事　　D. 监督检查

【参考答案】 ABC

【答案解析】 各单位应当将税收法制工作风险内部控制结果与党风廉政建设、绩效管理、数字人事等工作有机结合，实现信息共享、结果共用。

299. 税收法制工作风险内部控制的目标是：以（　　）为重点，通过创新体制机制，优化岗责体系，规范流程设置，完善控制措施，形成依法合规、风险可控、运转有序的管控制度，实现税收法制工作有序开展，最大限度保护纳税人合法权益、最大限度规范税务人行为。

A. 依法决策　　B. 规范权力

C. 保障权益　　D. 责任追溯

【参考答案】 BC

【答案解析】 税收法制工作风险内部控制的目标是：以规范权力、保障权益为重点，通过创新体制机制，优化岗责体系，规范流程设置，完善控制措施，形成依法合规、风险可控、运转有序的管控制度，实现税收法制工作有序开展，最大限度保护纳税人合法权益、最大限度规范税务人行为。

300. 税务行政赔偿风险内部控制的内容主要包括：行政赔偿（　　）的工作风险以及由此产生的廉政风险。

A. 受理　　B. 审查

C. 决定　　D. 执行

【参考答案】 ACD

【答案解析】 税务行政赔偿风险内部控制的内容主要包括：行政赔偿受理、决定、执行的工作风险以及由此产生的廉政风险。

三、判断题

1. 税收执法督察是指县以上（含县）各级税务机关对下级税务机关的税收执法行为实施检查和处理的行政监督。（　　）

【参考答案】 错误

【答案解析】 《税收执法督察规则》第三条规定，税收执法督察，是指县以上（含县）各级税务机关对本级税务机关内设机构、直属机构、派出机构或者下级税务机关的税收执法行为实施检查和处理的行政监督。

2. 执法督察应当服从和服务于税收中心工作，坚持依法督察，客观公正，实事求是。（　　）

【参考答案】 正确

【答案解析】《税收执法督察规则》第四条规定，执法督察应当服从和服务于税收中心工作，坚持依法督察，客观公正，实事求是。

3. 上级税务机关对执法督察事项应直接进行督察，不可以授权或者指定下级税务机关进行督察。（　　）

【参考答案】 错误

【答案解析】《税收执法督察规则》第九条规定，上级税务机关对执法督察事项可以直接进行督察，也可以授权或者指定下级税务机关进行督察。

4. 执法督察可以由督察内审部门人员独立完成，也可以抽调本级和下级税务机关税务人员实施，优先抽调督察内审部门人员参加。（　　）

【参考答案】 错误

【答案解析】《税收执法督察规则》第十三条规定，执法督察可以由督察内审部门人员独立完成，也可以抽调本级和下级税务机关税务人员实施，优先抽调执法督察人才库成员参加。相关单位和部门应当予以配合。

5. 执法督察可以通过全面执法督察、重点执法督察、专项执法督察和专案执法督察等形式开展。（　　）

【参考答案】 正确

【答案解析】《税收执法督察规则》第十五条规定，执法督察可以通过全面执法督察、重点执法督察、专项执法督察和专案执法督察等形式开展。

6. 专项执法督察是指税务机关对上级机关交办、有关部门转办的特定税收执法事项，以及通过信访、举报、媒体等途径反映的重大税收执法问题所涉及的本级和下级税务机关的税收执法行为进行的监督检查。（　　）

【参考答案】 错误

【答案解析】《税收执法督察规则》第十八条规定，专项执法督察是指税务机关对本级和下级税务机关某项特定内容涉及的税收执法行为进行的监督检查。第十九条，专案执法督察是指税务机关对上级机关交办、有关部门转办的特定税收执法事项，以及通过信访、举报、媒体等途径反映的重大税收执法问题所涉及的本级和下级税务机关的税收执法行为进行的监督检查。

7. 全面执法督察是指税务机关对本级和下级税务机关某些重点方面、重点环节、重点行业的税收执法行为所进行的监督检查。（　　）

【参考答案】 错误

【答案解析】《税收执法督察规则》第十六条规定，全面执法督察是指税务机关对本级和下级税务机关的税收执法行为进行的广泛、系统的监督检查。第十七条，重点执法督察是指税务机关对本级和下级税务机关某些重点方面、重点环节、重点行业的税收执法行为所进行的监督检查。

8. 执法督察工作要有计划、有组织、有步骤地开展，主要包括准备、实施、报告、整改等

阶段,根据工作需要可以进行复查。( )

【参考答案】 错误

【答案解析】《税收执法督察规则》第二十一条规定,执法督察工作要有计划、有组织、有步骤地开展,主要包括准备、实施、处理、整改、总结等阶段,根据工作需要可以进行复查。

9.未纳入年度执法督察工作计划的专案执法督察和其他特殊情况下需要启动的执法督察,应当在实施前报上一级税务机关批准。( )

【参考答案】 错误

【答案解析】《税收执法督察规则》第二十二条规定,未纳入年度执法督察工作计划的专案执法督察和其他特殊情况下需要启动的执法督察,应当在实施前报本级税务机关批准。

10.实施执法督察,应当提前5个工作日向被督察单位下发税收执法督察通知,告知执法督察的时间、内容、方式,需要准备的资料,配合工作的要求等。( )

【参考答案】 错误

【答案解析】《税收执法督察规则》第二十六条规定,实施执法督察,应当提前3个工作日向被督察单位下发税收执法督察通知,告知执法督察的时间、内容、方式,需要准备的资料,配合工作的要求等。

11.被督察单位必须将税收执法督察通知在本单位范围内予以公布。( )

【参考答案】 错误

【答案解析】《税收执法督察规则》第二十六条规定,被督察单位应当将税收执法督察通知在本单位范围内予以公布。专案执法督察和其他特殊情况下,可以不予提前通知和公布。

12.执法督察中,被督察单位应当及时提供相关资料,以及与税收执法活动有关的各类信息系统所有数据查询权限。被督察单位主要负责人对本单位所提供的税收执法资料的真实性和完整性负责。( )

【参考答案】 正确

【答案解析】《税收执法督察规则》第二十八条规定,执法督察中,被督察单位应当及时提供相关资料,以及与税收执法活动有关的各类信息系统所有数据查询权限。被督察单位主要负责人对本单位所提供的税收执法资料的真实性和完整性负责。

13.《税收执法督察结论书》适用于对发现违法、违规问题的被督察单位作出评价。( )

【参考答案】 错误

【答案解析】《税收执法督察规则》第三十七条规定,《税收执法督察结论书》适用于对未发现违法、违规问题的被督察单位作出评价。

14.督察内审部门根据审理结果修订税收执法督察报告,送被督察单位征求意见。被督察单位应当在15个工作日内提出书面反馈意见。在限期内未提出书面意见的,视同无异议。( )

【参考答案】 正确

【答案解析】《税收执法督察规则》第三十六条规定，督察内审部门根据审理结果修订税收执法督察报告，送被督察单位征求意见。被督察单位应当在15个工作日内提出书面反馈意见。在限期内未提出书面意见的，视同无异议。

15. 执法督察中发现税收执法行为存在违法、违规问题的，应当按照有关规定和管理权限，对主要负责人和直接责任人予以责任追究。（ ）

【参考答案】 错误

【答案解析】《税收执法督察规则》第四十六条规定，执法督察中发现税收执法行为存在违法、违规问题的，应当按照有关规定和管理权限，对有关负责人和直接责任人予以责任追究。

16. 特派办在执行督察审计任务时，应当充分运用税务系统内部控制监督平台，实现全流程管理、全过程留痕，强化内部控制。（ ）

【参考答案】 正确

【答案解析】 根据国家税务总局相关文件规定，特派办在执行督察审计任务时，应当充分运用税务系统内部控制监督平台，实现全流程管理、全过程留痕，强化内部控制。

17. 特派办执行税务总局下达的重要专项任务，由特派办拟制督察审计通知书，并下发被督察审计单位或者个人，抄送督察内审司。（ ）

【参考答案】 错误

【答案解析】 根据国家税务总局相关文件规定，特派办执行税务总局下达的常规任务和特派办发起任务，由特派办拟制督察审计通知书，并下发被督察审计单位或者个人，抄送督察内审司。特派办执行税务总局下达的重要专项任务，由督察内审司拟制督察审计通知书，报税务总局领导签批后下发被督察审计单位或者个人，抄送特派办。

18. 特派办应当对被督察审计单位或者个人的反馈意见进行研究，并在收到反馈意见之日起15个工作日内将督察审计报告和有关资料提交税务总局督察内审司审理。（ ）

【参考答案】 正确

【答案解析】 根据国家税务总局相关文件规定，特派办应当对被督察审计单位或者个人的反馈意见进行研究，并在收到反馈意见之日起15个工作日内将督察审计报告和有关资料提交税务总局督察内审司审理。

19. 特派办应当建立督察审计结果分析报告制度，定期归纳整理、综合分析督察审计发现的问题及原因，针对发现的典型性、普遍性、倾向性问题，积极向税务总局督察内审司报送问题分析报告、督察审计风险提示和其他工作建议。（ ）

【参考答案】 正确

【答案解析】 根据国家税务总局相关文件规定，特派办应当建立督察审计结果分析报告制度，定期归纳整理、综合分析督察审计发现的问题及原因，针对发现的典型性、普遍性、倾向性问题，积极向税务总局督察内审司报送问题分析报告、督察审计风险提示和其他工作建议。

20. 监督检查工作联席会议由分管督察内审工作的局领导担任召集人，成员单位为办公厅、政策法规司、纳税服务司、征管和科技发展司、财务管理司、督察内审司、人事司、纪检部门、巡视工作办公室。（　　）

【参考答案】 错误

【答案解析】 根据国家税务总局相关文件规定，联席会议由分管督察内审工作的局领导担任召集人，成员单位为办公厅、政策法规司、纳税服务司、征管和科技发展司、财务管理司、督察内审司和人事司。纪检部门、巡视工作办公室和其他相关单位根据需要列席会议。

21. 监督检查工作联席会议以定期会议和不定期会议两种形式召开。定期会议原则上每年召开 1 次。（　　）

【参考答案】 错误

【答案解析】 根据国家税务总局相关文件规定，联席会议以定期会议和不定期会议两种形式召开。定期会议原则上每年召开 2 次。年初召开 1 次，主要任务是总结分析上一年度监督检查工作，研究当年监督检查工作计划；年中召开 1 次，研究改进监督检查工作的措施，督促整改落实和结果运用。

22. 国家税务总局各省、自治区、直辖市和计划单列市税务局要加强对本单位本系统税收违法案件一案双查工作的组织领导和统筹安排，及时研究解决工作中遇到的问题，至少每年汇总分析 1 次开展情况，并向税务总局报告。（　　）

【参考答案】 错误

【答案解析】 根据国家税务总局相关文件规定，国家税务总局各省、自治区、直辖市和计划单列市税务局要加强对本单位本系统税收违法案件一案双查工作的组织领导和统筹安排，及时研究解决工作中遇到的问题，至少每半年汇总分析 1 次开展情况，并向税务总局报告。

23. 组织开展一案双查工作，各级税务局以纪检机构为牵头部门。（　　）

【参考答案】 错误

【答案解析】 根据国家税务总局相关文件规定，组织开展一案双查工作，税务总局以党建办为牵头部门，省以下税务局以纪检机构为牵头部门。

24. 一案双查联席会议由一案双查牵头部门组织，稽查、督察内审和相关税收业务部门以及人事、巡视巡察等部门负责人参加。（　　）

【参考答案】 正确

【答案解析】 根据国家税务总局相关文件规定，一案双查联席会议由一案双查牵头部门组织，稽查、督察内审和相关税收业务部门以及人事、巡视巡察等部门负责人参加。

25. 一案双查联席会议每半年召开一次，统筹研究、组织、实施一案双查工作，并协调处理相关问题，通报移送、处置、处理情况。（　　）

【参考答案】 错误

【答案解析】 根据国家税务总局相关文件规定，联席会议每季度召开一次，统筹研究、组织、实施一案双查工作，并协调处理相关问题，通报移送、处置、处理情况。如遇需紧急协调、沟通的事项，可随时召开。联席会议应形成会议纪要，相关部门认真抓好落实。

26. 牵头部门在组织开展一案双查的同时，要加强对下工作统筹和指导，可直接或者联合同级稽查、督察内审等部门对下级税务机关查处的税收违法案件开展一案双查，也可根据具体情况要求下级牵头部门开展一案双查。（　　）

【参考答案】 正确

【答案解析】 根据国家税务总局相关文件规定，牵头部门在组织开展一案双查的同时，要加强对下工作统筹和指导，可直接或者联合同级稽查、督察内审等部门对下级税务机关查处的税收违法案件开展一案双查，也可根据具体情况要求下级牵头部门开展一案双查。

27. 税务总局稽查局在受理检举税收违法行为材料时发现税务机关或者税务人员违纪违法行为线索具体的，按照干部管理权限，涉及税务系统司局级和税务总局机关处级及以下税务人员的，移交税务总局纪检机构；涉及其他税务人员的，交由相关省税务局稽查局转省税务局纪检机构协调处理。（　　）

【参考答案】 错误

【答案解析】 根据国家税务总局相关文件规定，税务总局稽查局在受理检举税收违法行为材料时发现税务机关或者税务人员违纪违法行为线索具体的，按照干部管理权限，涉及税务系统司局级和税务总局机关处级及以下税务人员的，移交税务总局党建办；涉及其他税务人员的，交由相关省税务局稽查局转省税务局纪检机构协调处理。

28. 税务总局驻各地特派办在检查中发现税务机关或者税务人员涉嫌违纪违法行为的，按干部管理权限于3个工作日内移交税务总局党建办或相关省税务局纪检机构协调处理。（　　）

【参考答案】 错误

【答案解析】 根据国家税务总局相关文件规定，税务总局驻各地特派办在检查中发现税务机关或者税务人员涉嫌违纪违法行为的，按干部管理权限于5个工作日内移交税务总局党建办或相关省税务局纪检机构协调处理。

29. 稽查部门对已作出税务处理处罚决定的重大税收违法案件，应按规定转交一案双查牵头部门，并告知同级督察内审部门。（　　）

【参考答案】 错误

【答案解析】 根据国家税务总局相关文件规定，稽查部门对已作出税务处理处罚决定的重大税收违法案件，应按规定转交同级督察内审部门并告知一案双查牵头部门。

30. 督察内审部门对稽查部门转交的重大税收违法案件，应对税务机关或者税务人员的执法行为规范性进行核查分析，认为应开展专案执法督察的，填写《重大税收违法案件专案执法督察审批表》，经审批同意后组织实施，并向一案双查牵头部门备案。（　　）

【参考答案】 正确

【答案解析】 根据国家税务总局相关文件规定，督察内审部门对稽查部门转交的重大税收违法案件，应对税务机关或者税务人员的执法行为规范性进行核查分析，认为应开展专案执法督察的，填写《重大税收违法案件专案执法督察审批表》，经审批同意后组织实施，并向一案双查牵头部门备案。

31. 一案双查牵头部门对稽查、督察内审部门移交的问题线索，可征求有关税收业务部门意见，作为是否受理和调查的参考，并可提请有关部门或单位协助收集、审查、判断或者认定证据。（　　）

【参考答案】 正确

【答案解析】 根据国家税务总局相关文件规定，一案双查牵头部门对稽查、督察内审部门移交的问题线索，可征求有关税收业务部门意见，作为是否受理和调查的参考，并可提请有关部门或单位协助收集、审查、判断或者认定证据。

32. 一案双查牵头部门和稽查、督察内审等部门应当遵守保密工作纪律，对所发现的税务机关或者税务人员违纪违法的证据、线索，以及提供线索的稽查人员有关情况，应指定专人负责管理，不得泄露、传播。（　　）

【参考答案】 正确

【答案解析】 根据国家税务总局相关文件规定，一案双查牵头部门和稽查、督察内审等部门应当遵守保密工作纪律，对所发现的税务机关或者税务人员违纪违法的证据、线索，以及提供线索的稽查人员有关情况，应指定专人负责管理，不得泄露、传播。

33. 税收执法责任制工作领导小组组长由分管督察内审的局领导担任，成员部门包括督察内审、办公室、法制、人事等部门。（　　）

【参考答案】 错误

【答案解析】 根据国家税务总局相关文件规定，税收执法责任制工作领导小组组长由单位主要负责人担任，副组长由分管督察内审、人事部门的局领导担任，成员部门包括督察内审、办公室、法制、人事等部门。

34. 提出税收执法过错责任追究的意见是税收执法责任制工作领导小组的职责。（　　）

【参考答案】 错误

【答案解析】 根据国家税务总局相关文件规定，税收执法责任制工作领导小组办公室职责包括：(一)拟定税收执法考评与过错责任追究工作相关制度；(二)组织税收执法考核工作；(三)提出税收执法过错责任追究的意见；(四)组织税收执法质量评价并提出结果运用方案；(五)受理单位和个人的申辩，组织调查核实，并形成结论；(六)提请税收执法责任制工作领导小组研究决定税收执法考核、税收执法过错责任追究、税收执法质量评价工作中的特殊、重大事项；(七)组织相关部门落实税收执法过错责任追究决定及结果运用决定；(八)指导、监督下级税务机关税收执法考核、税收执法过错责任追究、税收执法质量评价工作；(九)负责其他日常工作。提出税收执法过错责任追究的意见是领导小组办公室的职责。

35. 税收执法考核包括对税务机关的考核和对税收执法人员的考核。对税务机关的考核由上一级税务机关实施；对税收执法人员的考核由督察内审部门实施。（　　）

【参考答案】 错误

【答案解析】 根据国家税务总局相关文件规定，税收执法考核包括对税务机关的考核和对税收执法人员的考核。对税务机关的考核由上一级税务机关实施；对税收执法人员的考核由具有人事管理权的税务机关实施。

36. 取消评选先进的资格不是税收执法过错责任追究形式。（　　）

【参考答案】 错误

【答案解析】 根据国家税务总局相关文件规定，税收执法过错责任追究形式包括：(一)批评教育；(二)责令作出书面检查；(三)通报批评；(四)取消评选先进的资格；(五)责令待岗；(六)调离执法岗位；(七)取消执法资格。

37. 在事实表述、法条引用、文书制作等方面存在执法瑕疵，不影响执法结果的正确性及效力的，免予追究税收执法过错责任，但应当进行税收执法质量评价，并予以纠正。（　　）

【参考答案】 错误

【答案解析】 根据国家税务总局相关文件规定，在事实表述、法条引用、文书制作等方面存在执法瑕疵，不影响执法结果的正确性及效力的，不予追究税收执法过错责任，但应当进行税收执法质量评价，并予以纠正。

38. 税务行政相对人提供虚假材料、隐瞒涉税信息等其他不依法诚信履行纳税义务，导致税收执法行为违法或者不履行法定职责的，免予追究。（　　）

【参考答案】 错误

【答案解析】 根据国家税务总局相关文件规定，具有下列情形之一，导致税收执法行为违法或者不履行法定职责的，不予追究：(一)法律、法规、规章、税收规范性文件不明确或者有争议的；(二)执行上级税务机关的书面答复、决定、命令；(三)不可抗力或者意外事件；(四)业务流程或者税收业务相关软件存在疏漏或者发生改变的；(五)税务行政相对人提供虚假材料、隐瞒涉税信息等其他不依法诚信履行纳税义务的；(六)有证据证明税收执法人员不存在故意或者过失的其他情形。

39. 业务流程或者税收业务相关软件存在疏漏或者发生改变，导致税收执法行为违法或者不履行法定职责的，不予追究。（　　）

【参考答案】 正确

【答案解析】 根据国家税务总局相关文件规定，具有下列情形之一，导致税收执法行为违法或者不履行法定职责的，不予追究：(一)法律、法规、规章、税收规范性文件不明确或者有争议的；(二)执行上级税务机关的书面答复、决定、命令；(三)不可抗力或者意外事件；(四)业务流程或者税收业务相关软件存在疏漏或者发生改变的；(五)税务行政相对人提供虚假材料、隐瞒涉税信息等其他不依法诚信履行纳税义务的；(六)有证据证明税收执法人员不存在故意或者过失的其他情形。

40. 税收执法过错情节显著轻微，主动发现并及时纠正，未造成危害后果的，可以从轻或者免予追究。（　　）

【参考答案】 正确

【答案解析】 根据国家税务总局相关文件规定，有下列情形之一的，可以从轻或者免予追究：(一)税收执法过错情节显著轻微，主动发现并及时纠正，未造成危害后果的；(二)在国务院，省、自治区、直辖市和计划单列市人民政府，以及国家税务总局批准的探索性、试验性工作中发生税收执法过错并及时纠正、有效避免损失的；(三)其他可以从轻或者免予追究的情形。

41. 税收执法人员因主观故意或者不作为导致税收执法过错发生的，或者导致国家税款流失并且数额较大的，均应当从重追究责任。(　　)

【参考答案】 正确

【答案解析】 根据国家税务总局相关文件规定，有下列情形之一的，应当从重追究：(一)税收执法人员因主观故意或者不作为导致税收执法过错发生的；(二)导致国家税款流失并且数额较大的；(三)被责令限期改正逾期不改正，又无正当理由的；(四)税收执法过错发生后瞒报或者不采取有效措施，致使损害后果扩大的；(五)隐瞒事实真相、出具伪证、毁灭证据，或者以其他方式阻碍、干扰税收执法过错调查的；(六)因税收执法过错形成负面涉税舆情、造成恶劣社会影响的；(七)因税收执法过错导致税务机关承担国家赔偿责任的；(八)其他应当从重追究的情形。

42. 情况特殊、重大的税收执法过错责任界定，由税收执法责任制工作领导小组办公室提请本级税务机关税收执法责任制工作领导小组研究。(　　)

【参考答案】 错误

【答案解析】 根据国家税务总局相关文件规定，情况复杂、争议较大的税收执法过错责任界定，由税收执法责任制工作领导小组办公室提请本级税务机关税收执法责任制工作领导小组研究；情况特殊、重大的，可以报请上一级税务机关税收执法责任制工作领导小组办公室研究。

43. 情况复杂、争议较大的，可以报请上一级税务机关税收执法责任制工作领导小组办公室研究。(　　)

【参考答案】 错误

【答案解析】 根据国家税务总局相关文件规定，情况复杂、争议较大的税收执法过错责任界定，由税收执法责任制工作领导小组办公室提请本级税务机关税收执法责任制工作领导小组研究；情况特殊、重大的，可以报请上一级税务机关税收执法责任制工作领导小组办公室研究。

44. 税收执法过错责任人已经调任税务系统其他单位的，可以不予追究。(　　)

【参考答案】 错误

【答案解析】 根据国家税务总局相关文件规定，税收执法过错责任人已经调任税务系统其他单位的，原有权追究的税务机关应当向有权处理的税务机关提出处理建议，有权处理的税务机关应当依照本办法追究。

45. 税收执法过错责任追究中，适用通报批评的，由税收执法责任制工作领导小组办公室以督察内审部门名义行文。(　　)

【参考答案】 错误

【答案解析】 根据国家税务总局相关文件规定,税收执法过错责任追究按照以下规定实施:……(三)适用通报批评的,由税收执法责任制工作领导小组办公室以本机关名义行文。

46.税收执法过错责任追究中,适用取消评选先进资格的,由税收执法责任制工作领导小组办公室告知有关部门,记录相关情况。(　　)

【参考答案】 正确

【答案解析】 根据国家税务总局相关文件规定,税收执法过错责任追究中,适用取消评选先进资格的,由税收执法责任制工作领导小组办公室告知有关部门,记录相关情况。

47.税收执法过错责任追究中,适用调离执法岗位的,应当收回保管执法证件,由税收执法责任制工作领导小组办公室责成主管部门办理相关手续,两年内不得重返执法岗位,重返执法岗位前应当接受适当形式培训。(　　)

【参考答案】 错误

【答案解析】 根据国家税务总局相关文件规定,税收执法过错责任追究按照以下规定实施:(六)适用调离执法岗位的,应当收回保管执法证件,由税收执法责任制工作领导小组办公室责成主管部门办理相关手续,一年内不得重返执法岗位,重返执法岗位前应当接受适当形式培训。

48.适用取消执法资格的,应当吊销执法证件,调离执法岗位,由税收执法责任制工作领导小组办公室责成主管部门办理相关手续,两年内不得重返执法岗位,重返执法岗位前应当重新取得执法资格。(　　)

【参考答案】 正确

【答案解析】 根据国家税务总局相关文件规定,适用取消执法资格的,应当吊销执法证件,调离执法岗位,由税收执法责任制工作领导小组办公室责成主管部门办理相关手续,两年内不得重返执法岗位,重返执法岗位前应当重新取得执法资格。

49.税收执法过错责任追究应当自确认执法过错之日起30日内完成。(　　)

【参考答案】 正确

【答案解析】 根据国家税务总局相关文件规定,税收执法过错责任追究应当自确认执法过错之日起30日内完成。

50.税收执法质量评价一个自然年度内应当至少实施两次。(　　)

【参考答案】 错误

【答案解析】 根据国家税务总局相关文件规定,税收执法质量评价一个自然年度内应当至少实施一次。

51.税务机关、税收执法人员对过错责任追究决定有异议的,应当自追究结果告知之日起5个工作日内,提出申诉。(　　)

【参考答案】 正确

【答案解析】 根据国家税务总局相关文件规定,税务机关、税收执法人员对过错责任追究决定有异议的,应当自追究结果告知之日起5个工作日内,提出申诉。

52.税收执法过错责任追究申诉、复核期间,停止决定执行。(　　)

【参考答案】 错误

【答案解析】 根据国家税务总局相关文件规定,申诉、复核期间,不停止决定执行。

53.系统督查流程一般包括:督查立项、实施准备、实地督查、反馈意见、总结汇报、督促整改等环节。(　　)

【参考答案】 正确

【答案解析】 根据国家税务总局相关文件规定,系统督查流程一般包括:督查立项、实施准备、实地督查、反馈意见、总结汇报、督促整改等环节。

54.系统督查由总局督察内审部门负责组织协调。应当在税务总局监督检查工作联席会议的统筹下,加强与巡视、干部监督部门以及相关司局的协调,形成工作合力,避免重复交叉,减轻基层负担。(　　)

【参考答案】 错误

【答案解析】 根据国家税务总局相关文件规定,系统督查由办公厅负责组织协调。办公厅应当在税务总局监督检查工作联席会议的统筹下,加强与督察内审、巡视、干部监督部门以及相关司局的协调,形成工作合力,避免重复交叉,减轻基层负担。

55.税务总局从省级及地市级税务机关甄选人员,建立综合素质高、专业能力强、结构合理、数量适度的督查专员库,并根据工作需要不定期进行人员调整。(　　)

【参考答案】 错误

【答案解析】 根据国家税务总局相关文件规定,建立督查专员库。税务总局从省税务机关甄选人员,建立综合素质高、专业能力强、结构合理、数量适度的督查专员库,并根据工作需要不定期进行人员调整。

56.内部控制管理是指针对内部控制开展的风险日常管理、自我评估、监督检查、考核评价等工作。(　　)

【参考答案】 正确

【答案解析】 根据国家税务总局相关文件规定,本制度所称内部控制管理,是指针对内部控制开展的风险日常管理、自我评估、监督检查、考核评价等工作。

57.各级税务机关应当成立内部控制工作领导小组,督察内审分管领导任组长,各部门(单位)主要负责人为成员。(　　)

【参考答案】 错误

【答案解析】 根据国家税务总局相关文件规定,各级税务机关应当成立内部控制工作领导小组,主要负责人任组长,其他局领导任副组长,各部门(单位)主要负责人为成员。

58.研究审定风险目录、考核评价结果及结果运用方案不是内部控制工作领导小组的主要职责。(　　)

【参考答案】 错误

【答案解析】 根据国家税务总局相关文件规定,领导小组的主要职责包括:(一)研究审定内部控制制度及管理措施;(二)审定内部控制工作计划和实施方案;(三)研究审定风险目录、考核评价结果及结果运用方案;(四)研究部署内部控制信息化建设重要工作;(五)研究部署内部控制其他重大事项和管理措施。

59. 领导小组下设办公室,由分管内部控制管理部门的局领导任主任,内部控制管理部门主要负责人任副主任,各部门(单位)内部控制管理岗人员为成员。(　　)

【参考答案】 正确

【答案解析】 根据国家税务总局相关文件规定,领导小组下设办公室,由分管内部控制管理部门的局领导任主任,内部控制管理部门主要负责人任副主任,各部门(单位)内部控制管理岗人员为成员。

60. 研究部署内部控制信息化建设重要工作不是内部控制工作领导小组的主要职责。(　　)

【参考答案】 错误

【答案解析】 根据国家税务总局相关文件规定,领导小组的主要职责包括:(一)研究审定内部控制制度及管理措施;(二)审定内部控制工作计划和实施方案;(三)研究审定风险目录、考核评价结果及结果运用方案;(四)研究部署内部控制信息化建设重要工作;(五)研究部署内部控制其他重大事项和管理措施。

61. 内部控制工作领导小组办公室的主要职责包括牵头拟定内部控制工作计划、实施方案并组织落实,初审内部控制制度、风险目录、考核评价结果及结果运用方案。(　　)

【参考答案】 正确

【答案解析】 根据国家税务总局相关文件规定,领导小组办公室的主要职责包括:(一)牵头拟定内部控制工作计划、实施方案并组织落实;(二)初审内部控制制度、风险目录、考核评价结果及结果运用方案;(三)指导、协调、督促内部控制日常工作,定期向领导小组汇报;(四)承办领导小组会议,完成领导小组交办的其他事项。

62. 各级税务机关承担教育职能部门负责组织内部控制宣传和培训工作。(　　)

【参考答案】 错误

【答案解析】 根据国家税务总局相关文件规定,各级税务机关督察内审部门(或者承担督察内审职能的部门)是内部控制管理部门,主要职责包括:(一)组织制定、完善内部控制制度;(二)应用内部控制监督平台开展任务推送、风险目录管理、监督检查、考核评价等,研究内部控制存在的问题,提出处理意见;(三)组织内部控制宣传和培训工作;(四)办理内部控制管理工作的其他事项。

63. 各级税务机关督察内审部门主要职责包括应用内部控制监督平台开展任务推送、风险目录管理、监督检查、考核评价等,研究内部控制存在的问题,提出处理意见。(　　)

【参考答案】 正确

【答案解析】 根据国家税务总局相关文件规定,各级税务机关督察内审部门(或者承担督察内审职能的部门)是内部控制管理部门,主要职责包括:(一)组织制定、完善内部控制制度;(二)应用内部控制监督平台开展任务推送、风险目录管理、监督检查、考核评价等,研究内部控制存在的问题,提出处理意见;(三)组织内部控制宣传和培训工作;(四)办理内部控制管理工作的其他事项。

64. 内部控制主责部门主要职责包括开展风险识别、风险定级、风险应对，编制和完善风险目录，并向内部控制管理部门报备等。（ ）

【参考答案】 正确

【答案解析】 根据国家税务总局相关文件规定，各级税务机关所属部门（单位）是内部控制主责部门，主要职责包括：（一）制定和完善内部控制相关制度；（二）开展风险识别、风险定级、风险应对，编制和完善风险目录，并向内部控制管理部门报备；（三）落实内部控制内生化工作，开展风险防控；（四）开展内部控制自我评估并提出应对和改进措施；（五）应用内部控制监督平台开展风险发布、需求响应、建议落实等；（六）指导下级税务机关相关部门的内部控制工作；（七）办理内部控制工作的其他事项。

65. 制定和完善内部控制相关制度是内部控制管理部门的主要职责。（ ）

【参考答案】 错误

【答案解析】 根据国家税务总局相关文件规定，各级税务机关所属部门（单位）是内部控制主责部门，主要职责包括：（一）制定和完善内部控制相关制度；（二）开展风险识别、风险定级、风险应对，编制和完善风险目录，并向内部控制管理部门报备；（三）落实内部控制内生化工作，开展风险防控；（四）开展内部控制自我评估并提出应对和改进措施；（五）应用内部控制监督平台开展风险发布、需求响应、建议落实等；（六）指导下级税务机关相关部门的内部控制工作；（七）办理内部控制工作的其他事项。

66. 内部控制主责部门可以采取内部排查、内部推送等方式，及时、全面地识别职责范围内的风险信息。（ ）

【参考答案】 错误

【答案解析】 根据国家税务总局相关文件规定，内部控制主责部门可以采取内部排查、外部推送等方式，及时、全面地识别职责范围内的风险信息。

67. 内部控制主责部门应当确定风险点的风险等级，一般分为重大、高、中、低四个等级。（ ）

【参考答案】 错误

【答案解析】 根据国家税务总局相关文件规定，内部控制主责部门应当确定风险点的风险等级，一般分为高、中、低三个等级。

68. 内部控制主责部门应当根据风险识别和风险定级情况，综合运用制约控制和监督控制等方法，及时制定、实施有效的风险控制措施。（ ）

【参考答案】 正确

【答案解析】 根据国家税务总局相关文件规定，内部控制主责部门应当根据风险识别和风险定级情况，综合运用制约控制和监督控制等方法，及时制定、实施有效的风险控制措施。

69. 内部控制管理部门应当对风险事项、风险等级和控制措施进行汇总和梳理，形成风险目录，并根据内外部环境的变化，对风险目录进行动态管理。（ ）

【参考答案】 错误

【答案解析】 根据国家税务总局相关文件规定，内部控制主责部门应当对风险事项、风险等级和控制措施进行汇总和梳理，形成风险目录，并根据内外部环境的变化，对风险目录进行动态管理。

70. 风险报备每年开展 1 次，如发现新的高风险点，应当及时报备。（　　）

【参考答案】 正确

【答案解析】 根据国家税务总局相关文件规定，风险报备每年开展 1 次，如发现新的高风险点，应当及时报备。

71. 内部控制管理部门负责汇总内部控制主责部门的风险目录，统一编制本级税务机关的内部控制风险目录。（　　）

【参考答案】 正确

【答案解析】 根据国家税务总局相关文件规定，内部控制管理部门负责汇总内部控制主责部门的风险目录，统一编制本级税务机关的内部控制风险目录。

72. 内控自我评估采取评分方式，对内部控制建设和实施情况预先设置评价要点和分值，对照评价要点和分值进行自我评分。（　　）

【参考答案】 正确

【答案解析】 根据国家税务总局相关文件规定，内控自我评估采取评分方式，对内部控制建设和实施情况预先设置评价要点和分值，对照评价要点和分值进行自我评分。

73. 税务机关自我评估由内部控制管理部门牵头组织实施，每年开展 1 次。（　　）

【参考答案】 正确

【答案解析】 根据国家税务总局相关文件规定。税务机关自我评估由内部控制管理部门牵头组织实施，每年开展 1 次。

74. 税务机关自我评估报告应当按要求报本级税务机关内部控制管理部门备案。（　　）

【参考答案】 错误

【答案解析】 根据国家税务总局相关文件规定，税务机关自我评估报告应当按要求向上级税务机关内部控制管理部门报送。

75. 自我评估结束后，应当形成评估报告，内容包括：自我评估结果、发现的漏洞和薄弱环节、应对措施及改进建议，以及内部控制的经验做法、工作成效等。（　　）

【参考答案】 正确

【答案解析】 根据国家税务总局相关文件规定，自我评估结束后，应当形成评估报告，内容包括：自我评估结果、发现的漏洞和薄弱环节、应对措施及改进建议，以及内部控制的经验做法、工作成效等。

76. 被检查单位（部门）应当针对内控监督检查提出的整改意见和建议，制定可行的整改方案，并于收到监督检查报告之日起 10 日内反馈整改情况。（　　）

【参考答案】 错误

【答案解析】 根据国家税务总局相关文件规定，被检查单位(部门)应当针对监督检查提出的整改意见和建议，制定可行的整改方案，并于收到监督检查报告之日起30日内反馈整改情况。

77. 监督检查由内部控制管理部门负责牵头组织，可以采取案头审查、重点抽查、实地核查等方式开展。(　　)

【参考答案】 正确

【答案解析】 根据国家税务总局相关文件规定，监督检查由内部控制管理部门负责牵头组织，可以采取案头审查、重点抽查、实地核查等方式开展。

78. 内控考核评价内容包括内部控制内生化落实情况、内部控制工作培训情况、内部控制发现问题整改情况。(　　)

【参考答案】 正确

【答案解析】 根据国家税务总局相关文件规定，考核评价内容主要包括：(一)内部控制组织领导情况；(二)内部控制相关制度的建设和落实情况；(三)内部控制监督平台的运行和应用情况；(四)内部控制内生化落实情况；(五)内部控制工作培训情况；(六)内部控制发现问题整改情况；(七)内部控制工作其他情况。

79. 内控监督检查内容不包括风险识别、定级和应对情况。(　　)

【参考答案】 错误

【答案解析】 根据国家税务总局相关文件规定，监督检查内容主要包括：(一)内部控制组织领导情况；(二)内部控制相关制度的建设和落实情况；(三)风险识别、定级和应对情况；(四)内部控制监督平台的运行和应用情况；(五)内部控制工作的宣传和培训情况；(六)内部控制自我评估情况；(七)内部控制内生化落实情况；(八)内部控制工作其他情况。

80. 内控自我评估结束后，应当形成评估报告，内容包括：自我评估结果、发现的漏洞和薄弱环节、应对措施及改进建议，以及内部控制的经验做法、工作成效等。(　　)

【参考答案】 正确

【答案解析】 根据国家税务总局相关文件规定，内控自我评估结束后，应当形成评估报告，内容包括：自我评估结果、发现的漏洞和薄弱环节、应对措施及改进建议，以及内部控制的经验做法、工作成效等。

81. 税务稽查风险内部控制，是指以风险防控为导向，通过查找、梳理、评估税务稽查工作中的各类风险，制定、完善并有效实施一系列制度、流程、方法和标准，对税务稽查工作风险进行事前防范、事中控制、事后监督和纠正的动态过程及机制。(　　)

【参考答案】 正确

【答案解析】 根据国家税务总局相关文件规定，税务稽查风险内部控制，是指以风险防控为导向，通过查找、梳理、评估税务稽查工作中的各类风险，制定、完善并有效实施一系列制度、流程、方法和标准，对税务稽查工作风险进行事前防范、事中控制、事后监督和纠正的动态过程及机制。

82. 税务稽查风险内部控制的目标是保证税务稽查执法活动合法合规，有效防控执法

风险、行政管理风险和廉政风险,规范执法行为,提升执法水平,提高工作质效。( )

【参考答案】 正确

【答案解析】 根据国家税务总局相关文件规定,税务稽查风险内部控制的目标是保证税务稽查执法活动合法合规,有效防控执法风险、行政管理风险和廉政风险,规范执法行为,提升执法水平,提高工作质效。

83. 建立和执行税务稽查风险内部控制,应当遵循依法规范、全面覆盖、突出重点、及时应对、人机联动的原则。( )

【参考答案】 正确

【答案解析】 根据国家税务总局相关文件规定,建立和执行税务稽查风险内部控制,应当遵循依法规范、全面覆盖、突出重点、及时应对、人机联动的原则。

84. 市级税务局主要负责人对本单位税务稽查风险内部控制制度的建立健全和有效执行负责。( )

【参考答案】 错误

【答案解析】 根据国家税务总局相关文件规定,各级稽查局主要负责人对本单位税务稽查风险内部控制制度的建立健全和有效执行负责。

85. 根据税务稽查风险事项可能导致后果的严重程度,将税务稽查风险分为高风险、中风险、低风险三个等级。( )

【参考答案】 正确

【答案解析】 根据国家税务总局相关文件规定,根据税务稽查风险事项可能导致后果的严重程度,将税务稽查风险分为高风险、中风险、低风险三个等级。

86. 税务稽查风险内部控制方法,是对税务稽查工作风险进行事前防范、事中控制、事后处理的过程,以达到预防风险发生、纠正风险造成的错误结果,或减轻风险引发的不良影响的目的。( )

【参考答案】 正确

【答案解析】 根据国家税务总局相关文件规定,税务稽查风险内部控制方法,是对税务稽查工作风险进行事前防范、事中控制、事后处理的过程,以达到预防风险发生、纠正风险造成的错误结果,或减轻风险引发的不良影响的目的。

87. 应当将内部控制管理嵌入案源管理、检查、审理、执行、综合管理等各个业务环节,实行模块化管理,使各个业务在上一流程完成后,由本流程进行复核校对,在流程中消除风险。( )

【参考答案】 错误

【答案解析】 根据国家税务总局相关文件规定,应当将内部控制管理嵌入案源管理、检查、审理、执行、综合管理等各个业务环节,实行模块化管理,使各个业务在上一流程完成后,由下一流程或若干个流程进行复核校对,在流程中消除风险。

88. 各级稽查局每年应当至少开展 1 次内部控制自我评估,重点围绕高等级风险事项和新调整的内部控制方法组织实施。( )

【参考答案】 错误

【答案解析】 根据国家税务总局相关文件规定，各级稽查局每年应当至少开展1次内部控制自我评估，重点围绕高、中等级风险事项和新调整的内部控制方法组织实施。

89. 上级稽查局应当对下级稽查局税务稽查风险内部控制制度的建立和执行情况进行定期或不定期监督检查，可以开展全面监督检查，也可以针对稽查工作中某一环节风险的内部控制情况进行专项监督检查。监督检查应形成检查报告，提出改进建议。（ ）

【参考答案】 正确

【答案解析】 根据国家税务总局相关文件规定，上级稽查局应当对下级稽查局税务稽查风险内部控制制度的建立和执行情况进行定期或不定期监督检查，可以开展全面监督检查，也可以针对稽查工作中某一环节风险的内部控制情况进行专项监督检查。监督检查应形成检查报告，提出改进建议。

90. 大企业税收风险管理内部控制的内容主要包括：数据采集、风险分析、推送应对、反馈考核环节中的涉税事项的工作风险。（ ）

【参考答案】 正确

【答案解析】 根据国家税务总局相关文件规定，大企业税收风险管理内部控制的内容主要包括：数据采集、风险分析、推送应对、反馈考核环节中的涉税事项的工作风险。

91. 大企业税收风险管理部门负责应用内部控制监督平台开展大企业税收风险管理内部控制的风险目录管理、监督检查、考核评价；针对发现的内部控制工作问题，提出改进的建议。（ ）

【参考答案】 错误

【答案解析】 根据国家税务总局相关文件规定，各级税务机关内部控制管理部门负责应用内部控制监督平台开展大企业税收风险管理内部控制的风险目录管理、监督检查、考核评价；针对发现的内部控制工作问题，提出改进的建议。

92. 各级税务机关内部控制管理部门负责本单位大企业税收风险管理内部控制工作的组织实施，指导下级单位开展大企业税收风险管理内部控制，向本级内部控制管理部门和上级大企业税收管理部门传递大企业税收风险管理内部控制情况。（ ）

【参考答案】 错误

【答案解析】 根据国家税务总局相关文件规定，省以下税务机关大企业税收管理部门负责本单位大企业税收风险管理内部控制工作的组织实施，指导下级单位开展大企业税收风险管理内部控制，向本级内部控制管理部门和上级大企业税收管理部门传递大企业税收风险管理内部控制情况。

93. 各级税务机关应当充分运用信息技术手段，依托税务总局金税三期、大企业税收管理信息系统等信息化平台，将大企业税收风险管理内部控制措施固化融入相关信息系统，从权限、流程、模板、指引等方面入手，对大企业税收风险管理内部控制实行内生化管理。（ ）

【参考答案】 正确

【答案解析】 根据国家税务总局相关文件规定，各级税务机关应当充分运用信息技术手段，依托税务总局金税三期、大企业税收管理信息系统等信息化平台，将大企业税收风险管理内部控制措施固化融入相关信息系统，从权限、流程、模板、指引等方面入手，对大企业税收风险管理内部控制实行内生化管理。

94. 建立和实施内部控制，应当遵循全面覆盖、突出重点、权力制衡、融合联动、持续改进原则。（　　）

【参考答案】 正确

【答案解析】 根据国家税务总局相关文件规定，建立和实施内部控制，应当遵循以下原则：(一)全面覆盖。涵盖税务工作的所有领域，贯穿决策、执行、监督的全过程，覆盖所有单位、部门、岗位和人员。(二)突出重点。重点加强对税务工作重点领域、关键环节、重要岗位风险的防范和控制。(三)权力制衡。分事行权、分岗设权、分级授权，在机构设置、层级管理、岗责配置、业务流程等方面实现相互制约、相互监督、相互协调。(四)融合联动。与政策制定、税收执法、行政管理和党风廉政建设等工作紧密结合、深度融合、高度契合，形成整体联动效应。(五)持续改进。强化动态管理，及时发现和纠正存在的问题，根据内外部工作环境和工作要求的变化不断优化完善，使内部控制与人员规模、业务重点、风险水平相适应。

95. 内部控制专项制度，是指国家税务总局依据基本制度制定的，用于指导税务工作特定领域风险防控的专门制度。市级税务机关可以结合实际制定本单位(系统)的专项制度。（　　）

【参考答案】 错误

【答案解析】 根据国家税务总局相关文件规定，内部控制专项制度，是指国家税务总局依据基本制度制定的，用于指导税务工作特定领域风险防控的专门制度。省税务机关可以结合实际制定本单位(系统)的专项制度。

96. 大力培育内部控制文化，推动纳税人牢固树立内部控制理念，增强风险防控意识，提升风险防控能力和水平。（　　）

【参考答案】 错误

【答案解析】 根据国家税务总局相关文件规定，大力培育内部控制文化，推动税务人员牢固树立内部控制理念，增强风险防控意识，提升风险防控能力和水平。

97. 省级和市级税务机关应当针对制度设计、岗责体系、管理机制、职权行使和内外部环境等因素，结合本地实际，排查梳理政策制定、税收执法和行政管理工作中的风险事项，确定各类风险点。（　　）

【参考答案】 错误

【答案解析】 根据国家税务总局相关文件规定，各级税务机关应当针对制度设计、岗责体系、管理机制、职权行使和内外部环境等因素，结合本地实际，排查梳理政策制定、税收执法和行政管理工作中的风险事项，确定各类风险点。

98. 在制约控制方法中，对一人履职可能发生错误或舞弊风险，并可能自我掩盖的岗位

（职责），采取相应岗位（职责）分离措施，明确细化责任，形成横向、纵向相互制约监督的工作机制是职责分工控制。（　　）

【参考答案】 错误

【答案解析】 根据国家税务总局相关文件规定，不相容岗位（职责）分离控制是对一人履职可能发生错误或舞弊风险，并可能自我掩盖的岗位（职责），采取相应岗位（职责）分离措施，明确细化责任，形成横向、纵向相互制约监督的工作机制。职责分工控制是优化内设机构设置，合理划分、科学配置内设机构职能，明确不同岗位之间的权限和职责，构建权责一致、边界清晰、协调配合、运转高效的职能体系，强化责任落实。

99. 在制约控制方法中，流程控制是根据工作规程和业务运转的内在逻辑，在重要节点预设监控指标进行检索、比对，对应办事项及时提醒，对错办事项及时干预、强制阻断。（　　）

【参考答案】 错误

【答案解析】 根据国家税务总局相关文件规定，流程控制是将内部控制嵌入工作流程，对各环节实行模块化管理，对流程进行持续的监督、评价和优化，使风险点在流程中得到控制和解决，形成顺向相互支撑、有效制衡，逆向真实反馈、有效监督的完整体系。过程预警控制是根据工作规程和业务运转的内在逻辑，在重要节点预设监控指标进行检索、比对，对应办事项及时提醒，对错办事项及时干预、强制阻断。

100. 内部控制实行统一领导、分工负责，分级管理、层层落实，形成横向协调、纵向联动、统筹推进的工作机制。（　　）

【参考答案】 正确

【答案解析】 根据国家税务总局相关文件规定，内部控制实行统一领导、分工负责，分级管理、层层落实，形成横向协调、纵向联动、统筹推进的工作机制。

101. 内控监督平台指标编制时，税务总局负责全国通用指标的编制、部署和维护，省以下税务机关负责个性化指标的编制、部署和维护。（　　）

【参考答案】 正确

【答案解析】 内控监督平台指标编制时，税务总局负责全国通用指标的编制、部署和维护，省以下税务机关负责个性化指标的编制、部署和维护。

102. 监督控制方法包括日常监督控制和专门监督控制。（　　）

【参考答案】 正确

【答案解析】 监督控制方法包括：（一）日常监督控制。上级税务机关业务主管部门应对下级税务机关及税务人员遵守和执行职责范围内相关制度、流程情况实行日常监督管理。（二）专门监督控制。各级税务机关专门监督部门应依据职责分工和管辖权限对税务机关及税务人员遵守和执行相关制度、流程情况实行专门监督检查。

103. 在内部控制管理工作中，各级税务机关所属部门和单位应将职责范围内涉及的风险点识别、定级、应对措施等情况向本级内控管理部门报备，由内控主责部门分别编制风险目录并实行动态管理。（　　）

【参考答案】 错误

【答案解析】 在内部控制管理工作中，各级税务机关所属部门和单位应将职责范围内涉及的风险点识别、定级、应对措施等情况向本级内控管理部门报备，由内控管理部门统一编制风险目录并实行动态管理。

104. 各级税务机关及其所属部门和单位每年应当开展 2 次内部控制自我评估，针对发现的各类风险事项或内部控制薄弱环节提出应对措施和建议，形成评估报告。（　　）

【参考答案】 错误

【答案解析】 各级税务机关及其所属部门和单位每年应当定期开展内部控制自我评估，针对发现的各类风险事项或内部控制薄弱环节提出应对措施和建议，形成评估报告，向上级和本级内控管理部门报备。

105. 在内部控制自我评估时，各级税务机关及其所属部门和单位应当根据评估和检查报告适时改进内部控制工作。（　　）

【参考答案】 正确

【答案解析】 各级税务机关及其所属部门和单位应当根据评估和检查报告适时改进内部控制工作。对下级税务机关上报的改进建议，上级有关部门应当及时研究答复，并向本级内控管理部门报备。

106. 在内部控制管理工作中，各级税务机关应当加强对所属部门和单位内部控制执行情况的考核评价，每年末通报考核评价结果。（　　）

【参考答案】 错误

【答案解析】 在内部控制管理工作中，各级税务机关应当加强对所属部门和单位内部控制执行情况的考核评价，定期通报考核评价结果。

107. 在内部控制管理工作中，应当实现内部控制工作与党风廉政建设、巡视巡察、督察审计、绩效管理、数字人事等工作有机衔接，强化激励和问责机制，增强内部控制结果运用实效。（　　）

【参考答案】 正确

【答案解析】 在内部控制管理工作中，应当实现内部控制工作与党风廉政建设、巡视巡察、督察审计、绩效管理、数字人事等工作有机衔接，强化激励和问责机制，增强内部控制结果运用实效。

108. 根据内部控制信息化要求，新开发的工作软件应当具有内部控制功能，不具备内部控制功能的，不予立项。（　　）

【参考答案】 正确

【答案解析】 新开发的工作软件应当具有内部控制功能，不具备内部控制功能的，不予立项。

109. 根据内部控制信息化要求，应当运用信息技术手段固化内部控制方法，提升内部控制效能，实现税务工作风险的信息化防控全覆盖。（　　）

【参考答案】 正确

【答案解析】　全面推进内部控制信息化建设，运用信息技术手段固化内部控制方法，提升内部控制效能，实现税务工作风险的信息化防控全覆盖。

110. 总局和省级税务局应当对现有税务工作软件进行优化升级，将控制方法、控制措施嵌入其中，实现各类软件内部控制功能的内生化。（　　）

【参考答案】　错误

【答案解析】　各级税务机关应当对现有税务工作软件进行优化升级，将控制方法、控制措施嵌入其中，实现各类软件内部控制功能的内生化。

111. 根据内部控制信息化要求，应当利用信息化成果，依托信息系统，通过税务系统内部控制监督平台，整合内部控制的管理、监督、分析、展示和内生化功能，提升内部控制监管能力和整体效能。（　　）

【参考答案】　错误

【答案解析】　利用信息化成果，依托信息系统，通过税务系统内部控制监督平台，整合内部控制的管理、监督、考核、展示和评价功能，提升内部控制监管能力和整体效能。

112. 依照有关法律法规和信息资源标准化、规范化要求，行政管理数据也应当与其他工作软件内部控制痕迹化数据的融合利用，打破数据信息壁垒，实现信息资源共享，满足跨业务、跨部门风险防控的各项需求。（　　）

【参考答案】　正确

【答案解析】　依照有关法律法规和信息资源标准化、规范化要求，促进税收业务数据、行政管理数据及其他工作软件内部控制痕迹化数据的融合利用，打破数据信息壁垒，实现信息资源共享，满足跨业务、跨部门风险防控的各项需求。

113. 根据内部控制信息化要求，要加强信息安全管理，做好身份认证、权限管理、信息加密、安全审核等工作，实现信息及系统操作留痕、存取可控、存储有效和数据真实完整。（　　）

【参考答案】　正确

【答案解析】　加强信息安全管理，做好身份认证、权限管理、信息加密、安全审核等工作，严格限定有关数据的知悉、使用范围，防止后台信息被篡改、伪造、窃取和泄露，实现信息及系统操作留痕、存取可控、存储有效和数据真实完整。

114. 根据内部控制组织保障要求，各级税务机关领导班子按照管理权限负责审定重大风险和重要业务流程的管理制度，部署内部控制的重大事项和管理措施。（　　）

【参考答案】　正确

【答案解析】　各级税务机关领导班子按照管理权限负责审定重大风险和重要业务流程的管理制度，部署内部控制的重大事项和管理措施，指导和督促本系统建立和完善内部控制制度、程序和管理措施。

115. 根据内部控制组织保障要求，各级税务机关督察内审部门负责指导和督促本系统建立和完善内部控制制度、程序和管理措施。（　　）

【参考答案】　错误

【答案解析】 各级税务机关领导班子按照管理权限负责审定重大风险和重要业务流程的管理制度，部署内部控制的重大事项和管理措施，指导和督促本系统建立和完善内部控制制度、程序和管理措施。

116. 领导班子每年听取一次内部控制工作情况汇报，对重大问题及时进行研究。（　　）

【参考答案】 错误

【答案解析】 领导班子每半年听取一次内部控制工作情况汇报，对重大问题及时进行研究。

117. 省以下税务机关内控管理部门负责组织实施风险识别、风险定级和风险应对。（　　）

【参考答案】 错误

【答案解析】 省以下税务机关内控管理部门的职责包括：（一）统筹、协调、指导本系统内部控制工作；（二）组织本机关所属部门和单位制定、完善相关制度和操作规程；（三）组织对本系统内部控制工作的检查、考核和评价，对内部控制存在的问题进行研究，提出处理意见；（四）负责处理内部控制日常事务；（五）办理其他相关事项。

各级税务机关所属部门和单位的职责包括：（一）根据有关内部控制制度完善操作规程；（二）组织实施风险识别、风险定级和风险应对；（三）开展内部控制自我评估；（四）办理其他相关事项。

118. 各级税务机关督察内审部门应将各单位内部控制制度执行情况作为督察审计的重要内容，结合督察审计发现的问题，对各单位内部控制完整性、合规性和有效性提出改进建议。（　　）

【参考答案】 正确

【答案解析】 各级税务机关督察内审部门应将各单位内部控制制度执行情况作为督察审计的重要内容，结合督察审计发现的问题，对各单位内部控制完整性、合规性和有效性提出改进建议。

119. 根据内部控制组织保障要求，应当注重内部控制人力资源开发与管理，强化教育培训和岗位锻炼，提升专业素养和业务技能，为开展内部控制提供人才支撑和智力保障。（　　）

【参考答案】 正确

【答案解析】 注重内部控制人力资源开发与管理，强化教育培训和岗位锻炼，提升专业素养和业务技能，为开展内部控制提供人才支撑和智力保障。

120. 根据内部控制组织保障要求，人事、纪检监察部门对内部控制制度执行不力产生不良后果或影响的，应由督察内审部门依照有关规定处理。（　　）

【参考答案】 错误

【答案解析】 人事、纪检监察部门对内部控制制度执行不力产生不良后果或影响的，应依照有关规定处理。

121.增值税发票管理风险内部控制中，根据增值税发票管理风险涉及事项或环节的重要程度、发生概率、危害程度等因素，将其分为高、中、低三个等级。（　　）

【参考答案】 正确

【答案解析】 根据增值税发票管理风险涉及事项或环节的重要程度、发生概率、危害程度等因素，将其分为高、中、低三个等级。

122.增值税发票管理风险内部控制中，增值税发票管理风险是指各单位及其工作人员在增值税发票日常管理、风险管理、区域协作等事项中，因违反增值税发票管理有关法律法规及其他规定，导致国家利益、纳税人合法权益受损，破坏正常税收征管秩序以及由此产生的税收执法风险。（　　）

【参考答案】 错误

【答案解析】 增值税发票管理风险，是指各单位及其工作人员在增值税发票日常管理、风险管理、区域协作等事项中，因违反增值税发票管理有关法律法规及其他规定，导致国家利益、纳税人合法权益受损，破坏正常税收征管秩序以及由此产生的税收执法风险和廉政风险。

123.增值税发票管理风险中的低风险，是指违反相关法律、法规、规章及增值税发票管理工作规定，造成具体行政行为不当，但通过依法纠正，国家利益或纳税人的合法权益未受损失或损失轻微且能够及时挽回，未造成严重后果的风险。（　　）

【参考答案】 错误

【答案解析】 增值税发票管理中的中风险，是指违反相关法律、法规、规章及增值税发票管理工作规定，造成具体行政行为不当，但通过依法纠正，国家利益或纳税人的合法权益未受损失或损失轻微且能够及时挽回，未造成严重后果的风险。

124.增值税发票管理风险中的低风险，是指违反相关法律、法规、规章及增值税发票管理工作规定，造成具体行政行为存有瑕疵，造成轻微后果的风险。（　　）

【参考答案】 正确

【答案解析】 增值税发票管理中的低风险，是指违反相关法律、法规、规章及增值税发票管理工作规定，造成具体行政行为存有瑕疵，造成轻微后果的风险。

125.增值税发票管理风险内部控制的目标是通过明确岗责、风险提醒、规范执法、丰富指标、完善措施，形成合法合规、高效有序的管控制度。（　　）

【参考答案】 正确

【答案解析】 增值税发票管理风险内部控制的目标是:通过明确岗责、风险提醒、规范执法、丰富指标、完善措施，形成合法合规、高效有序的管控制度，加强增值税发票管理风险的全流程监控，实现对增值税发票的依法依规管理，维护国家税收管理秩序和纳税人合法权益。

126.根据增值税发票管理风险内部控制工作要求，应当加强增值税发票管理风险的全过程监控，实现对增值税发票的全流程管理，维护国家税收管理秩序和纳税人合法权益。（　　）

【参考答案】 错误

【答案解析】 增值税发票管理风险内部控制的目标是:通过明确岗责、风险提醒、规范执法、丰富指标、完善措施,形成合法合规、高效有序的管控制度,加强增值税发票管理风险的全流程监控,实现对增值税发票的依法依规管理,维护国家税收管理秩序和纳税人合法权益。

127. 在增值税发票管理风险内部控制中,发票日常管理风险内部控制的内容主要包括增值税专用发票最高开票限额审批、发票发放、税控设备管理、发票代开、申报比对等事项的工作风险,以及由此产生的税收执法风险和廉政风险。(　　)

【参考答案】 正确

【答案解析】 发票日常管理风险内部控制的内容主要包括:增值税专用发票最高开票限额审批、发票发放、税控设备管理、发票代开、申报比对等事项的工作风险,以及由此产生的税收执法风险和廉政风险。

128. 在增值税发票管理风险内部控制日常管理中,增值税专用发票最高开票限额审批的风险点仅为纳税人最高开票限额申请按规定需要进行实地查验而未实地查验。(　　)

【参考答案】 错误

【答案解析】 在发票日常管理主要风险点中,增值税专用发票最高开票限额审批:(1)未按照规定时限审批增值税专用发票最高开票限额;(2)纳税人最高开票限额申请按规定需要进行实地查验而未实地查验;(3)对于纳税人最高开票限额申请不应批准而批准。

129. 在增值税发票日常管理内部控制措施中,要明确发票日常管理流程的岗责分工,加强各环节之间的相互制约与协调衔接,建立权责清晰、分工明确、运行有序的权责体系。(　　)

【参考答案】 正确

【答案解析】 发票日常管理内部控制措施:各单位要明确发票日常管理流程的岗责分工,加强各环节之间的相互制约与协调衔接,建立权责清晰、分工明确、运行有序的权责体系。

130. 在增值税发票日常管理内部控制中,应在增值税发票业务的受理、审核、发放、税控设备管理、代开及申报比对等重要环节重点管理,对错办事项进行纠错。(　　)

【参考答案】 错误

【答案解析】 在增值税发票业务的受理、审核、发放、税控设备管理、代开及申报比对等重要环节重点管理,对错办事项进行干预、阻断、纠错。

131. 在增值税发票日常管理内部控制中,要重点加强对纳税人发票使用情况的实时监管和内部控制,依托后台监控信息,通过征收部门、管理部门和内控部门的数据交换、互相补充和严密配合,最大限度发挥对发票管理的事后监控。(　　)

【参考答案】 错误

【答案解析】 各单位要重点加强对纳税人发票使用情况的实时监管和内部控制,依托后台监控信息,通过征收部门、管理部门和内控部门的数据交换、互相补充和严密配合,最大限度发挥对发票管理的事中监控。

132.在增值税发票日常管理内部控制中，要严格执行增值税发票日常管理的相关规定，完整保存相关表证单书及信息数据，确保发票业务各环节均有痕迹，记录可供查询，结果可以追溯。（　　）

【参考答案】 正确

【答案解析】 严格执行增值税发票日常管理的相关规定，完整保存相关表证单书及信息数据，确保发票业务各环节均有痕迹，记录可供查询，结果可以追溯。

133.发票风险管理内部控制内容主要包括：风险识别、风险处理、风险反馈评价以及风险管理考核。（　　）

【参考答案】 错误

【答案解析】 发票风险管理内部控制内容主要包括：风险识别、风险处理、风险反馈评价。

134.在发票风险管理内部控制中，风险识别仅为未按照规定时限、权限开展增值税发票风险识别。（　　）

【参考答案】 错误

【答案解析】 在发票风险管理主要风险点中，风险识别：(1)未按照规定建立并持续完善增值税发票风险特征库；(2)未按照规定时限、权限开展增值税发票风险识别。

135.在增值税发票风险管理内部控制中，风险处理不包括未按照规定对已经排除风险或已接受处理的纳税人及时解除限制性措施。（　　）

【参考答案】 错误

【答案解析】 在发票风险管理主要风险点中，风险处理：(1)未按照规定向风险管理部门或稽查部门移交风险任务；(2)未按照规定时限对推送的风险任务开展风险应对或申请延期；(3)在接收到异常增值税扣税凭证信息后未按照规定流程进行处理；(4)未按照规定对需要进行风险防范的纳税人采取可行的限制性措施；(5)未按照规定对已经排除风险或已接受处理的纳税人及时解除限制性措施。

136.在增值税发票风险管理内部控制中，风险反馈评价为未按照规定进行风险应对的结果反馈和效果评价和未根据评价结果调整和优化风险特征库及指标模型。（　　）

【参考答案】 正确

【答案解析】 在发票风险管理主要风险点中，风险反馈评价：(1)未按照规定进行风险应对的结果反馈和效果评价；(2)未根据评价结果调整和优化风险特征库及指标模型。

137.在增值税发票风险管理内部控制措施中，应当将内部控制管理嵌入相关信息系统的操作流程，形成顺向相互支撑依靠、逆向真实反馈、有效监督的完整体系。（　　）

【参考答案】 正确

【答案解析】 发票风险管理内部控制措施：(一)各单位要明确发票风险管理流程的岗责分工，加强各环节之间的相互制约与协调衔接，建立权责清晰、分工明确、运行有序的权责体系。(二)将内部控制管理嵌入相关信息系统的操作流程，形成顺向相互支撑依靠、逆向真实反馈、有效监督的完整体系。(三)在发票风险管理的识别、推送、应对、反馈等重要环节预设监督指标进行交叉比对,对应办、待办任务设置提醒,对逻辑错误的风险进程进行干预。(四)完整保存发票风险管理各环节的相关表证单书及信息数据,确保各环节均有痕迹,记录可供查询,结果可以追溯。

138.在增值税发票风险管理内部控制措施中,应当在发票风险管理的识别、推送、应对、反馈等重要环节预设监督指标进行交叉比对,对应办、待办任务设置提醒,对逻辑错误的风险进程进行干预。(　　)

【参考答案】 正确

【答案解析】 发票风险管理内部控制措施:(一)各单位要明确发票风险管理流程的岗责分工,加强各环节之间的相互制约与协调衔接,建立权责清晰、分工明确、运行有序的权责体系。(二)将内部控制管理嵌入相关信息系统的操作流程,形成顺向相互支撑依靠、逆向真实反馈、有效监督的完整体系。(三)在发票风险管理的识别、推送、应对、反馈等重要环节预设监督指标进行交叉比对,对应办、待办任务设置提醒,对逻辑错误的风险进程进行干预。(四)完整保存发票风险管理各环节的相关表证单书及信息数据,确保各环节均有痕迹,记录可供查询,结果可以追溯。

139.在增值税发票管理风险内部控制中,发票风险管理区域协作内部控制内容主要包括跨区域信息共享、跨区域协查、跨区域监督。(　　)

【参考答案】 错误

【答案解析】 发票风险管理区域协作内部控制内容主要包括:跨区域信息共享、跨区域协查。

140.在发票风险管理区域协作内部控制中,区域协作主要风险点为未按照规定传递异常扣税凭证的认定或解除信息、违规解除异常扣税凭证的异常状态、未按照规定对跨区域委托核查函进行核查、反馈和税务处理结果录入。(　　)

【参考答案】 正确

【答案解析】 区域协作主要风险点:(一)未按照规定传递异常扣税凭证的认定或解除信息。(二)违规解除异常扣税凭证的异常状态。(三)未按照规定对跨区域委托核查函进行核查、反馈和税务处理结果录入。

141.根据增值税发票管理风险内部控制的责任分工要求,税务总局增值税发票主管部门牵头负责全国税务系统增值税发票管理风险内部控制总体工作的组织实施,制定增值税发票管理风险内部控制制度,向本级内部控制管理部门传递增值税发票管理风险内部控制情况。(　　)

【参考答案】 正确

【答案解析】 税务总局增值税发票主管部门牵头负责全国税务系统增值税发票管理风险内部控制总体工作的组织实施,制定增值税发票管理风险内部控制制度,向本级内部控制管理部门传递增值税发票管理风险内部控制情况。

142.根据增值税发票管理风险内部控制的责任分工要求,省以下税务机关督察内审部

门牵头负责本单位增值税发票管理风险内部控制工作的组织实施，指导下级单位开展增值税发票管理风险内部控制。（　　）

【参考答案】 错误

【答案解析】 省以下税务机关增值税发票主管部门牵头负责本单位增值税发票管理风险内部控制工作的组织实施，指导下级单位开展增值税发票管理风险内部控制，向本级内部控制管理部门和上级增值税发票主管部门传递增值税发票管理风险内部控制情况。

143. 在增值税发票管理风险内部控制中，各级增值税发票主管部门应定期组织增值税发票管理涉及部门开展内部控制自我评估，重点关注增值税发票管理风险内部控制的成效与结果运用，及时对增值税发票管理风险内控效果开展监督检查和考核评价。（　　）

【参考答案】 错误

【答案解析】 各级内部控制管理部门应定期组织增值税发票管理涉及部门开展内部控制自我评估，重点关注增值税发票管理风险内部控制的成效与结果运用，及时对增值税发票管理风险内控效果开展监督检查和考核评价。

144. 各单位增值税发票主管部门、内部控制管理部门及其他部门应当加强沟通、协调和反馈，做好风险事项的分析判定、应对处置和反馈报告等工作，重大紧急事项报本单位领导研究解决，并报上一级内部控制管理部门。（　　）

【参考答案】 错误

【答案解析】 各单位增值税发票主管部门、内部控制管理部门及其他部门应当加强沟通、协调和反馈，做好风险事项的分析判定、应对处置和反馈报告等工作，重大紧急事项报本单位领导研究解决，并报上一级增值税发票主管部门。

145. 在增值税发票管理风险内部控制中，应当将增值税发票管理风险内部控制作为监督检查的重要内容，发挥增值税发票主管部门和督察内审的监督作用，加强增值税发票管理风险内部控制和执行情况的监督，对重点岗位、重要环节和高风险应对开展专项检查。（　　）

【参考答案】 正确

【答案解析】 各单位应当将增值税发票管理风险内部控制作为监督检查的重要内容，发挥增值税发票主管部门和督察内审的监督作用，加强增值税发票管理风险内部控制和执行情况的监督，对重点岗位、重要环节和高风险应对开展专项检查。

146. 单位领导人对本单位的会计基础工作负有领导责任。（　　）

【参考答案】 正确

【答案解析】 《财政部关于印发〈会计基础工作规范〉的通知》（财会字〔1996〕19 号）第四条规定，单位领导人对本单位的会计基础工作负有领导责任。

147. 各单位应当根据会计业务的需要设置会计机构；不具备单独设置会计机构条件的，应当在有关机构中配备兼职会计人员。（　　）

【参考答案】 错误

【答案解析】 《财政部关于印发〈会计基础工作规范〉的通知》（财会字〔1996〕19 号）第

六条规定，各单位应当根据会计业务的需要设置会计机构；不具备单独设置会计机构条件的，应当在有关机构中配备专职会计人员。

148. 会计工作岗位，可以一人一岗、一人多岗或者一岗多人。但出纳人员不得兼管稽核、会计档案保管和收入、费用、债权债务账目的登记工作。（　　）

【参考答案】 正确

【答案解析】《财政部关于印发〈会计基础工作规范〉的通知》（财会字〔1996〕19 号）第十二条规定，会计工作岗位，可以一人一岗、一人多岗或者一岗多人。但出纳人员不得兼管稽核、会计档案保管和收入、费用、债权债务账目的登记工作。

149. 单位领导人的直系亲属不得担任本单位的会计机构负责人、会计主管人员。会计机构负责人、会计主管人员的直系亲属可以在本单位会计机构中担任出纳工作。（　　）

【参考答案】 错误

【答案解析】《财政部关于印发〈会计基础工作规范〉的通知》（财会字〔1996〕19 号）第十六条规定，国家机关、国有企业、事业单位任用会计人员应当实行回避制度。单位领导人的直系亲属不得担任本单位的会计机构负责人、会计主管人员。会计机构负责人、会计主管人员的直系亲属不得在本单位会计机构中担任出纳工作。需要回避的直系亲属：夫妻关系、直系血亲关系、三代以内旁系血亲以及配偶亲关系。

150. 会计人员应当保守本单位商业秘密。单位领导人同意也不能私自向外界提供或者泄露单位的会计信息。（　　）

【参考答案】 错误

【答案解析】《财政部关于印发〈会计基础工作规范〉的通知》（财会字〔1996〕19 号）第二十三条规定，会计人员应当保守本单位商业秘密。除法律规定和单位领导人同意外，不能私自向外界提供或者泄露单位的会计信息。

151. 按照原始凭证的基本要求，发生销货退回的，除填制退货发票外，还必须有退货验收证明；退款时，必须取得对方的收款收据或者汇款银行的凭证，可以以退货发票代替收据。（　　）

【参考答案】 错误

【答案解析】《财政部关于印发〈会计基础工作规范〉的通知》（财会字〔1996〕19 号）第四十八条规定，原始凭证的基本要求是：（五）发生销货退回的，除填制退货发票外，还必须有退货验收证明；退款时，必须取得对方的收款收据或者汇款银行的凭证，不得以退货发票代替收据。

152. 各单位应当建立会计人员岗位责任制度，主要包括会计人员工作岗位设置、各会计工作岗位的职责和标准、各会计工作岗位的人员和具体分工、会计工作岗位轮换办法、对各会计工作岗位的考核办法。（　　）

【参考答案】 正确

【答案解析】《财政部关于印发〈会计基础工作规范〉的通知》（财会字〔1996〕19 号）第八十七条规定，各单位应当建立会计人员岗位责任制度。主要内容包括：会计人员工作岗位设置；各会计工作岗位的职责和标准；各会计工作岗位的人员和具体分工；会计工作岗位轮换办法；对各会计工作岗位的考核办法。

153. 单位内部控制的目标主要包括合理保证单位经济活动合法合规、资产安全和使用有效、财务信息真实完整，有效防范舞弊和预防腐败，提高公共服务的效率和效果。（ ）

【参考答案】 正确

【答案解析】 《财政部关于印发〈行政事业单位内部控制规范（试行）〉的通知》（财会〔2012〕21 号）第四条规定，单位内部控制的目标主要包括：合理保证单位经济活动合法合规、资产安全和使用有效、财务信息真实完整，有效防范舞弊和预防腐败，提高公共服务的效率和效果。

154. 根据行政事业单位内部控制规范要求，单位建立与实施内部控制的制衡性原则为在全面控制的基础上，内部控制应当关注单位重要经济活动和经济活动的重大风险。（ ）

【参考答案】 错误

【答案解析】 《财政部关于印发〈行政事业单位内部控制规范（试行）〉的通知》（财会〔2012〕21 号）第五条规定，单位建立与实施内部控制，应当遵循下列原则：（一）全面性原则。内部控制应当贯穿单位经济活动的决策、执行和监督全过程，实现对经济活动的全面控制。（二）重要性原则。在全面控制的基础上，内部控制应当关注单位重要经济活动和经济活动的重大风险。（三）制衡性原则。内部控制应当在单位内部的部门管理、职责分工、业务流程等方面形成相互制约和相互监督。（四）适应性原则。内部控制应当符合国家有关规定和单位的实际情况，并随着外部环境的变化、单位经济活动的调整和管理要求的提高，不断修订和完善。

155. 根据行政事业单位内部控制规范要求，单位建立与实施内部控制的适应性原则为内部控制应当符合国家有关规定和单位的实际情况，并随着外部环境的变化、单位经济活动的调整和管理要求的提高，不断修订和完善。（ ）

【参考答案】 正确

【答案解析】 《财政部关于印发〈行政事业单位内部控制规范（试行）〉的通知》（财会〔2012〕21 号）第五条规定，单位建立与实施内部控制，应当遵循下列原则：（一）全面性原则。内部控制应当贯穿单位经济活动的决策、执行和监督全过程，实现对经济活动的全面控制。（二）重要性原则。在全面控制的基础上，内部控制应当关注单位重要经济活动和经济活动的重大风险。（三）制衡性原则。内部控制应当在单位内部的部门管理、职责分工、业务流程等方面形成相互制约和相互监督。（四）适应性原则。内部控制应当符合国家有关规定和单位的实际情况，并随着外部环境的变化、单位经济活动的调整和管理要求的提高，不断修订和完善。

156. 根据行政事业单位内部控制规范要求，单位建立与实施内部控制的重要性原则是内部控制应当贯穿单位经济活动的决策、执行和监督全过程，实现对经济活动的全面控制。（ ）

【参考答案】 错误

【答案解析】 《财政部关于印发〈行政事业单位内部控制规范(试行)〉的通知》(财会〔2012〕21号)第五条规定,单位建立与实施内部控制,应当遵循下列原则:(一)全面性原则。内部控制应当贯穿单位经济活动的决策、执行和监督全过程,实现对经济活动的全面控制。(二)重要性原则。在全面控制的基础上,内部控制应当关注单位重要经济活动和经济活动的重大风险。(三)制衡性原则。内部控制应当在单位内部的部门管理、职责分工、业务流程等方面形成相互制约和相互监督。(四)适应性原则。内部控制应当符合国家有关规定和单位的实际情况,并随着外部环境的变化、单位经济活动的调整和管理要求的提高,不断修订和完善。

157. 单位应当建立经济活动风险定期评估机制,对经济活动存在的风险进行全面、系统和客观评估,经济活动风险评估至少每半年进行一次。(　　)

【参考答案】 错误

【答案解析】 《财政部关于印发〈行政事业单位内部控制规范(试行)〉的通知》(财会〔2012〕21号)第八条规定,单位应当建立经济活动风险定期评估机制,对经济活动存在的风险进行全面、系统和客观评估。经济活动风险评估至少每年进行一次;外部环境、经济活动或管理要求等发生重大变化的,应及时对经济活动风险进行重估。

158. 单位开展经济活动风险评估应当成立风险评估工作小组,由分管财务主要领导担任组长,经济活动风险评估结果应当形成书面报告并及时提交单位领导班子,作为完善内部控制的依据。(　　)

【参考答案】 错误

【答案解析】 《财政部关于印发〈行政事业单位内部控制规范(试行)〉的通知》(财会〔2012〕21号)第九条规定,单位开展经济活动风险评估应当成立风险评估工作小组,单位领导担任组长。经济活动风险评估结果应当形成书面报告并及时提交单位领导班子,作为完善内部控制的依据。

159. 单位进行单位层面的风险评估时,应当重点关注内部控制机制的建设情况,包括经济活动的决策、执行、监督是否实现有效分离;权责是否对等;是否建立健全议事决策机制、岗位责任制、内部监督等机制。(　　)

【参考答案】 正确

【答案解析】 《财政部关于印发〈行政事业单位内部控制规范(试行)〉的通知》(财会〔2012〕21号)第十条规定,单位进行单位层面的风险评估时,应当重点关注以下方面:(一)内部控制工作的组织情况。包括是否确定内部控制职能部门或牵头部门;是否建立单位各部门在内部控制中的沟通协调和联动机制。(二)内部控制机制的建设情况。包括经济活动的决策、执行、监督是否实现有效分离;权责是否对等;是否建立健全议事决策机制、岗位责任制、内部监督等机制。(三)内部管理制度的完善情况。包括内部管理制度是否健全;执行是否有效。(四)内部控制关键岗位工作人员的管理情况。包括是否建立工作人员的培训、评价、轮岗等机制;工作人员是否具备相应的资格和能力。(五)财务信息的编报情况。包括是否按照国家统一的会计制度对经济业务事项进行账务处理；是否按照国家统一的会计制度编制财务会计报告。(六)其他情况。

160.单位进行单位层面的风险评估时，应当重点关注内部控制工作的组织情况，包括是否确定内部控制职能部门或牵头部门；是否建立单位各部门在内部控制中的沟通协调和联动机制；内部管理制度是否健全；执行是否有效。(　　)

【参考答案】 错误

【答案解析】《财政部关于印发〈行政事业单位内部控制规范(试行)〉的通知》(财会〔2012〕21号)第十条规定，单位进行单位层面的风险评估时，应当重点关注以下方面：(一)内部控制工作的组织情况。包括是否确定内部控制职能部门或牵头部门；是否建立单位各部门在内部控制中的沟通协调和联动机制。(二)内部控制机制的建设情况。包括经济活动的决策、执行、监督是否实现有效分离；权责是否对等；是否建立健全议事决策机制、岗位责任制、内部监督等机制。(三)内部管理制度的完善情况。包括内部管理制度是否健全；执行是否有效。(四)内部控制关键岗位工作人员的管理情况。包括是否建立工作人员的培训、评价、轮岗等机制；工作人员是否具备相应的资格和能力。(五)财务信息的编报情况。包括是否按照国家统一的会计制度对经济业务事项进行账务处理；是否按照国家统一的会计制度编制财务会计报告。(六)其他情况。题中“内部管理制度是否健全；执行是否有效。”为内部管理制度的完善情况。

161.单位进行经济活动业务层面的风险评估时，应当重点关注预算管理情况、收支管理情况、政府采购管理情况、资产管理情况、建设项目管理情况、合同管理情况、财务信息的编报情况。(　　)

【参考答案】 错误

【答案解析】《财政部关于印发〈行政事业单位内部控制规范(试行)〉的通知》(财会〔2012〕21号)第十一条规定，单位进行经济活动业务层面的风险评估时，应当重点关注以下方面：(一)预算管理情况。包括在预算编制过程中单位内部各部门间沟通协调是否充分，预算编制与资产配置是否相结合、与具体工作是否相对应；是否按照批复的额度和开支范围执行预算，进度是否合理，是否存在无预算、超预算支出等问题；决算编报是否真实、完整、准确、及时。(二)收支管理情况。包括收入是否实现归口管理，是否按照规定及时向财会部门提供收入的有关凭据，是否按照规定保管和使用印章和票据等；发生支出事项时是否按照规定审核各类凭据的真实性、合法性，是否存在使用虚假票据套取资金的情形。(三)政府采购管理情况。包括是否按照预算和计划组织政府采购业务；是否按照规定组织政府采购活动和执行验收程序；是否按照规定保存政府采购业务相关档案。(四)资产管理情况。包括是否实现资产归口管理并明确使用责任；是否定期对资产进行清查盘点，对账实不符的情况及时进行处理；是否按照规定处置资产。(五)建设项目管理情况。包括是否按照概算投资；是否严格履行审核审批程序；是否建立有效的招投标控制机制；是否存在截留、挤占、挪用、套取建设项目资金的情形；是否按照规定保存建设项目相关档案并及时办理移交手续。(六)合同管理情况。包括是否实现合同归口管理；是否明确应签订合同的经济活动范围和条件；是否有效监控合同履行情况，是否建立合同纠纷协调机制。（七）其他情况。不包括财务信息的编报情况。

162. 单位进行经济活动业务层面的风险评估时，应当重点关注预算管理情况，包括在预算编制过程中单位内部各部门间沟通协调是否充分，预算编制与资产配置是否相结合、与具体工作是否相对应；是否按照批复的额度和开支范围执行预算，进度是否合理，是否存在无预算、超预算支出等问题；决算编报是否真实、完整、准确、及时。（　　）

【参考答案】 正确

【答案解析】《财政部关于印发〈行政事业单位内部控制规范（试行）〉的通知》（财会〔2012〕21 号）第十一条规定，单位进行经济活动业务层面的风险评估时，应当重点关注以下方面：（一）预算管理情况。包括在预算编制过程中单位内部各部门间沟通协调是否充分，预算编制与资产配置是否相结合、与具体工作是否相对应；是否按照批复的额度和开支范围执行预算，进度是否合理，是否存在无预算、超预算支出等问题；决算编报是否真实、完整、准确、及时。（二）收支管理情况。包括收入是否实现归口管理，是否按照规定及时向财会部门提供收入的有关凭据，是否按照规定保管和使用印章和票据等；发生支出事项时是否按照规定审核各类凭据的真实性、合法性，是否存在使用虚假票据套取资金的情形。（三）政府采购管理情况。包括是否按照预算和计划组织政府采购业务；是否按照规定组织政府采购活动和执行验收程序；是否按照规定保存政府采购业务相关档案。（四）资产管理情况。包括是否实现资产归口管理并明确使用责任；是否定期对资产进行清查盘点，对账实不符的情况及时进行处理；是否按照规定处置资产。（五）建设项目管理情况。包括是否按照概算投资；是否严格履行审核审批程序；是否建立有效的招投标控制机制；是否存在截留、挤占、挪用、套取建设项目资金的情形；是否按照规定保存建设项目相关档案并及时办理移交手续。（六）合同管理情况。包括是否实现合同归口管理；是否明确应签订合同的经济活动范围和条件；是否有效监控合同履行情况，是否建立合同纠纷协调机制。（七）其他情况。

163. 单位进行经济活动业务层面的风险评估时，合同管理情况不属于应当重点关注的方面。（　　）

【参考答案】 错误

【答案解析】《财政部关于印发〈行政事业单位内部控制规范（试行）〉的通知》（财会〔2012〕21 号）第十一条规定，单位进行经济活动业务层面的风险评估时，应当重点关注以下方面：（一）预算管理情况。包括在预算编制过程中单位内部各部门间沟通协调是否充分，预算编制与资产配置是否相结合、与具体工作是否相对应；是否按照批复的额度和开支范围执行预算，进度是否合理，是否存在无预算、超预算支出等问题；决算编报是否真实、完整、准确、及时。（二）收支管理情况。包括收入是否实现归口管理，是否按照规定及时向财会部门提供收入的有关凭据，是否按照规定保管和使用印章和票据等；发生支出事项时是否按照规定审核各类凭据的真实性、合法性，是否存在使用虚假票据套取资金的情形。（三）政府采购管理情况。包括是否按照预算和计划组织政府采购业务；是否按照规定组织政府采购活动和执行验收程序；是否按照规定保存政府采购业务相关档案。（四）资产管理情况。包括是否实现资产归口管理并明确使用责任；是否定期对资产进行清查盘点，对账实不符的情况及时进行处理；是否按照规定处置资产。（五）建设项目管理情况。包括是否按照概算投资；是否严格履行审核审批程序；是否建立有效的招投标控制机制；是否存在截留、挤占、挪用、套取建设项目资金的情形；是否按照规定保存建设项目相关档案并及时办理移交手续。（六）合同管理情况。包括是否实现合同归口管理；是否明确应签订合同的经济活动范围和条件；是否有效监控合同履行情况，是否建立合同纠纷协调机制。（七）其他情况。

164. 单位进行经济活动业务层面的风险评估时，是否按照预算和计划组织政府采购业务属于需要重点关注的收支管理情况。（　　）

【参考答案】 错误

【答案解析】 《财政部关于印发〈行政事业单位内部控制规范（试行）〉的通知》（财会〔2012〕21 号）第十一条规定，单位进行经济活动业务层面的风险评估时，应当重点关注以下方面：（一）预算管理情况。包括在预算编制过程中单位内部各部门间沟通协调是否充分，预算编制与资产配置是否相结合、与具体工作是否相对应；是否按照批复的额度和开支范围执行预算，进度是否合理，是否存在无预算、超预算支出等问题；决算编报是否真实、完整、准确、及时。（二）收支管理情况。包括收入是否实现归口管理，是否按照规定及时向财会部门提供收入的有关凭据，是否按照规定保管和使用印章和票据等；发生支出事项时是否按照规定审核各类凭据的真实性、合法性，是否存在使用虚假票据套取资金的情形。（三）政府采购管理情况。包括是否按照预算和计划组织政府采购业务；是否按照规定组织政府采购活动和执行验收程序；是否按照规定保存政府采购业务相关档案。（四）资产管理情况。包括是否实现资产归口管理并明确使用责任；是否定期对资产进行清查盘点，对账实不符的情况及时进行处理；是否按照规定处置资产。（五）建设项目管理情况。包括是否按照概算投资；是否严格履行审核审批程序；是否建立有效的招投标控制机制；是否存在截留、挤占、挪用、套取建设项目资金的情形；是否按照规定保存建设项目相关档案并及时办理移交手续。（六）合同管理情况。包括是否实现合同归口管理；是否明确应签订合同的经济活动范围和条件；是否有效监控合同履行情况，是否建立合同纠纷协调机制。（七）其他情况。

165. 单位内部控制的控制方法中的财产保护控制为建立资产日常管理制度和定期清查机制，采取资产记录、实物保管、定期盘点、账实核对等措施，确保资产安全完整。（　　）

【参考答案】 正确

【答案解析】 《财政部关于印发〈行政事业单位内部控制规范（试行）〉的通知》（财会〔2012〕21 号）第十二条规定，单位内部控制的控制方法一般包括：……（五）财产保护控制。建立资产日常管理制度和定期清查机制，采取资产记录、实物保管、定期盘点、账实核对等措施，确保资产安全完整……

166. 单位内部控制的控制方法中的内部授权审批控制为合理设置内部控制关键岗位，明确划分职责权限，实施相应的分离措施，形成相互制约、相互监督的工作机制。（　　）

【参考答案】 错误

【答案解析】 《财政部关于印发〈行政事业单位内部控制规范(试行)〉的通知》(财会〔2012〕21号)第十二条规定,单位内部控制的控制方法一般包括:(一)不相容岗位相互分离。合理设置内部控制关键岗位,明确划分职责权限,实施相应的分离措施,形成相互制约、相互监督的工作机制。(二)内部授权审批控制。明确各岗位办理业务和事项的权限范围、审批程序和相关责任,建立重大事项集体决策和会签制度。相关工作人员应当在授权范围内行使职权、办理业务。

167. 单位内部控制的控制方法中的会计控制为要求单位根据国家有关规定和单位的经济活动业务流程,在内部管理制度中明确界定各项经济活动所涉及的表单和票据,要求相关工作人员按照规定填制、审核、归档、保管单据。(　　)

【参考答案】 错误

【答案解析】 《财政部关于印发〈行政事业单位内部控制规范(试行)〉的通知》(财会〔2012〕21号)第十二条规定,单位内部控制的控制方法一般包括:……(六)会计控制。建立健全本单位财会管理制度,加强会计机构建设,提高会计人员业务水平,强化会计人员岗位责任制,规范会计基础工作,加强会计档案管理,明确会计凭证、会计账簿和财务会计报告处理程序。(七)单据控制。要求单位根据国家有关规定和单位的经济活动业务流程,在内部管理制度中明确界定各项经济活动所涉及的表单和票据,要求相关工作人员按照规定填制、审核、归档、保管单据。

168. 单位内部控制的控制方法中的信息内部公开是建立健全经济活动相关信息内部公开制度,根据国家有关规定和单位的实际情况,确定信息内部公开的内容、范围、方式和程序。(　　)

【参考答案】 正确

【答案解析】 《财政部关于印发〈行政事业单位内部控制规范(试行)〉的通知》(财会〔2012〕21号)第十二条规定,单位内部控制的控制方法一般包括:……(八)信息内部公开。建立健全经济活动相关信息内部公开制度,根据国家有关规定和单位的实际情况,确定信息内部公开的内容、范围、方式和程序。

169. 关于行政事业单位内部控制,单位经济活动的决策、执行和监督应当相互分离,单位应当建立健全集体研究、专家论证和技术咨询相结合的议事决策机制。(　　)

【参考答案】 正确

【答案解析】 《财政部关于印发〈行政事业单位内部控制规范(试行)〉的通知》(财会〔2012〕21号)第十四条规定,单位经济活动的决策、执行和监督应当相互分离。单位应当建立健全集体研究、专家论证和技术咨询相结合的议事决策机制。重大经济事项的内部决策,应当由单位领导班子集体研究决定。重大经济事项的认定标准应当根据有关规定和本单位实际情况确定,一经确定,不得随意变更。

170. 关于行政事业单位内部控制,重大经济事项的内部决策,应当由单位领导班子集体研究决定。重大经济事项的认定标准应当根据有关规定和本单位实际情况确定,一经确定,不得随意变更。(　　)

【参考答案】 正确

【答案解析】 《财政部关于印发〈行政事业单位内部控制规范（试行）〉的通知》（财会〔2012〕21号）第十四条规定，单位经济活动的决策、执行和监督应当相互分离。单位应当建立健全集体研究、专家论证和技术咨询相结合的议事决策机制。重大经济事项的内部决策，应当由单位领导班子集体研究决定。重大经济事项的认定标准应当根据有关规定和本单位实际情况确定，一经确定，不得随意变更。

171. 根据行政事业单位内部控制要求，单位应当实行内部控制关键岗位工作人员的轮岗制度，每一年轮岗一次。（　　）

【参考答案】 错误

【答案解析】 《财政部关于印发〈行政事业单位内部控制规范（试行）〉的通知》（财会〔2012〕21号）第十五条规定，单位应当建立健全内部控制关键岗位责任制，明确岗位职责及分工，确保不相容岗位相互分离、相互制约和相互监督。单位应当实行内部控制关键岗位工作人员的轮岗制度，明确轮岗周期。

172. 根据行政事业单位内部控制要求，内部控制关键岗位主要包括预算业务管理、收支业务管理、政府采购业务管理、资产管理、建设项目管理、合同管理以及内部监督等经济活动的关键岗位。（　　）

【参考答案】 正确

【答案解析】 《财政部关于印发〈行政事业单位内部控制规范（试行）〉的通知》（财会〔2012〕21号）第十五条规定，单位应当建立健全内部控制关键岗位责任制，明确岗位职责及分工，确保不相容岗位相互分离、相互制约和相互监督。单位应当实行内部控制关键岗位工作人员的轮岗制度，明确轮岗周期。不具备轮岗条件的单位应当采取专项审计等控制措施。内部控制关键岗位主要包括预算业务管理、收支业务管理、政府采购业务管理、资产管理、建设项目管理、合同管理以及内部监督等经济活动的关键岗位。

173. 单位应当充分运用现代科学技术手段加强内部控制。对信息系统建设实施归口管理，将经济活动及其内部控制流程嵌入单位信息系统中，加强人机结合，保护信息安全。（　　）

【参考答案】 错误

【答案解析】 《财政部关于印发〈行政事业单位内部控制规范（试行）〉的通知》（财会〔2012〕21号）第十八条规定，单位应当充分运用现代科学技术手段加强内部控制。对信息系统建设实施归口管理，将经济活动及其内部控制流程嵌入单位信息系统中，减少或消除人为操纵因素，保护信息安全。

174. 单位应当建立健全预算编制、审批、执行、决算与评价等预算内部管理制度。单位应当合理设置岗位，明确相关岗位的职责权限，确保预算编制、审批、执行、评价等不相容岗位相互分离。（　　）

【参考答案】 正确

【答案解析】 《财政部关于印发〈行政事业单位内部控制规范（试行）〉的通知》（财会

〔2012〕21 号)第十九条规定,单位应当建立健全预算编制、审批、执行、决算与评价等预算内部管理制度。单位应当合理设置岗位,明确相关岗位的职责权限,确保预算编制、审批、执行、评价等不相容岗位相互分离。

175. 在预算业务内部控制中,单位应当按照规定进行项目评审,确保预算编制部门及时取得和有效运用与预算编制相关的信息,根据工作计划细化预算编制,提高预算编制的科学性。(　　)

【参考答案】 正确

【答案解析】 《财政部关于印发〈行政事业单位内部控制规范(试行)〉的通知》(财会〔2012〕21 号)第二十条规定,单位的预算编制应当做到程序规范、方法科学、编制及时、内容完整、项目细化、数据准确。(一)单位应当正确把握预算编制有关政策,确保预算编制相关人员及时全面掌握相关规定。(二)单位应当建立内部预算编制、预算执行、资产管理、基建管理、人事管理等部门或岗位的沟通协调机制,按照规定进行项目评审,确保预算编制部门及时取得和有效运用与预算编制相关的信息,根据工作计划细化预算编制,提高预算编制的科学性。

176. 单位应当根据内设部门的职责和分工,对按照法定程序批复的预算在单位内部进行指标分解、审批下达,规范内部预算追加调整程序,发挥预算对经济活动的管控作用。(　　)

【参考答案】 正确

【答案解析】 《财政部关于印发〈行政事业单位内部控制规范(试行)〉的通知》(财会〔2012〕21 号)第二十一条规定,单位应当根据内设部门的职责和分工,对按照法定程序批复的预算在单位内部进行指标分解、审批下达,规范内部预算追加调整程序,发挥预算对经济活动的管控作用。

177. 单位应当建立预算执行分析机制,定期通报各部门预算执行情况,召开预算执行研究会议,研究解决预算执行中存在的问题,提出改进措施,提高预算执行的有效性。(　　)

【参考答案】 错误

【答案解析】 《财政部关于印发〈行政事业单位内部控制规范(试行)〉的通知》(财会〔2012〕21 号)第二十二条规定,单位应当根据批复的预算安排各项收支,确保预算严格有效执行。单位应当建立预算执行分析机制。定期通报各部门预算执行情况,召开预算执行分析会议,研究解决预算执行中存在的问题,提出改进措施,提高预算执行的有效性。

178. 单位应当加强预算绩效管理,建立"预算编制有计划、预算执行有监控、预算完成有分析、评价结果有反馈、反馈结果有应用"的全过程预算绩效管理机制。(　　)

【参考答案】 错误

【答案解析】 《财政部关于印发〈行政事业单位内部控制规范(试行)〉的通知》(财会〔2012〕21 号)第二十四条规定,单位应当加强预算绩效管理,建立"预算编制有目标、预算执行有监控、预算完成有评价、评价结果有反馈、反馈结果有应用"的全过程预算绩效管理机制。

179. 单位的各项收入应当由财会部门归口管理并进行会计核算，严禁设立账外账。（　　）

【参考答案】 正确

【答案解析】 《财政部关于印发〈行政事业单位内部控制规范（试行）〉的通知》（财会〔2012〕21号）第二十六条规定，单位的各项收入应当由财会部门归口管理并进行会计核算，严禁设立账外账。业务部门应当在涉及收入的合同协议签订后及时将合同等有关材料提交财会部门作为账务处理依据，确保各项收入应收尽收，及时入账。财会部门应当定期检查收入金额是否与合同约定相符；对应收未收项目应当查明情况，明确责任主体，落实催收责任。

180. 根据行政事业单位内部控制规定，支出申请和内部审批、付款审批和付款执行、业务经办和会计核算等不相容岗位应当相互分离。（　　）

【参考答案】 正确

【答案解析】 《财政部关于印发〈行政事业单位内部控制规范（试行）〉的通知》（财会〔2012〕21号）第二十九条规定，单位应当建立健全支出内部管理制度，确定单位经济活动的各项支出标准，明确支出报销流程，按照规定办理支出事项。单位应当合理设置岗位，明确相关岗位的职责权限，确保支出申请和内部审批、付款审批和付款执行、业务经办和会计核算等不相容岗位相互分离。

181. 根据行政事业单位支出的内部审批规定，审批人应当在授权范围内审批，若有特殊情况，可以越权审批。（　　）

【参考答案】 错误

【答案解析】 《财政部关于印发〈行政事业单位内部控制规范（试行）〉的通知》（财会〔2012〕21号）第三十条规定，单位应当按照支出业务的类型，明确内部审批、审核、支付、核算和归档等支出各关键岗位的职责权限。实行国库集中支付的，应当严格按照财政国库管理制度有关规定执行。（一）加强支出审批控制。明确支出的内部审批权限、程序、责任和相关控制措施。审批人应当在授权范围内审批，不得越权审批……

182. 根据行政事业单位支出审核控制，应全面审核各类单据，重点审核单据来源是否合法，内容是否真实、完整，使用是否准确，是否符合预算，审批手续是否齐全。（　　）

【参考答案】 正确

【答案解析】 《财政部关于印发〈行政事业单位内部控制规范（试行）〉的通知》（财会〔2012〕21号）第三十条规定，加强支出审核控制。全面审核各类单据。重点审核单据来源是否合法，内容是否真实、完整，使用是否准确，是否符合预算，审批手续是否齐全。支出凭证应当附反映支出明细内容的原始单据，并由经办人员签字或盖章，超出规定标准的支出事项应由经办人员说明原因并附审批依据，确保与经济业务事项相符。

183. 根据行政事业单位支出审核控制，支出凭证应当附反映支出明细内容的原始单据，并由审核人员签字或盖章，超出规定标准的支出事项应由经办人员说明原因并附审批

依据，确保与经济业务事项相符。(　　)

【参考答案】 错误

【答案解析】《财政部关于印发〈行政事业单位内部控制规范(试行)〉的通知》(财会〔2012〕21号)第三十条规定，加强支出审核控制。全面审核各类单据。重点审核单据来源是否合法，内容是否真实、完整，使用是否准确，是否符合预算，审批手续是否齐全。支出凭证应当附反映支出明细内容的原始单据，并由经办人员签字或盖章，超出规定标准的支出事项应由经办人员说明原因并附审批依据，确保与经济业务事项相符。

184. 根据国家规定可以举借债务的单位应当建立健全债务内部管理制度，明确债务管理岗位的职责权限，可以由一人办理债务业务的全过程。(　　)

【参考答案】 错误

【答案解析】《财政部关于印发〈行政事业单位内部控制规范(试行)〉的通知》(财会〔2012〕21号)第三十一条规定，根据国家规定可以举借债务的单位应当建立健全债务内部管理制度，明确债务管理岗位的职责权限，不得由一人办理债务业务的全过程。

185. 大额债务的举借和偿还属于重大经济事项，应当进行充分论证，并由单位主要领导决定。应当加强债务的对账和检查控制，定期与债权人核对债务余额，进行债务清理，防范和控制财务风险。(　　)

【参考答案】 错误

【答案解析】《财政部关于印发〈行政事业单位内部控制规范(试行)〉的通知》(财会〔2012〕21号)第三十一条规定，根据国家规定可以举借债务的单位应当建立健全债务内部管理制度，明确债务管理岗位的职责权限，不得由一人办理债务业务的全过程。大额债务的举借和偿还属于重大经济事项，应当进行充分论证，并由单位领导班子集体研究决定。单位应当做好债务的会计核算和档案保管工作。加强债务的对账和检查控制，定期与债权人核对债务余额，进行债务清理，防范和控制财务风险。

186. 单位应当加强对政府采购申请的内部审核，按照规定选择政府采购方式、发布政府采购信息，对政府采购进口产品、变更政府采购方式等事项应当加强内部审核，严格履行审批手续。(　　)

【参考答案】 正确

【答案解析】《财政部关于印发〈行政事业单位内部控制规范(试行)〉的通知》(财会〔2012〕21号)第三十五条规定，单位应当加强对政府采购活动的管理。对政府采购活动实施归口管理，在政府采购活动中建立政府采购、资产管理、财会、内部审计、纪检监察等部门或岗位相互协调、相互制约的机制。单位应当加强对政府采购申请的内部审核，按照规定选择政府采购方式、发布政府采购信息。对政府采购进口产品、变更政府采购方式等事项应当加强内部审核，严格履行审批手续。

187. 单位应当加强对政府采购项目验收的管理。根据规定的验收制度和政府采购文件，由财务部门对所购物品的品种、规格、数量、质量和其他相关内容进行验收，并出具验收证明。(　　)

【参考答案】　错误

【答案解析】　《财政部关于印发〈行政事业单位内部控制规范（试行）〉的通知》（财会〔2012〕21 号）第三十六条规定，单位应当加强对政府采购项目验收的管理。根据规定的验收制度和政府采购文件，由指定部门或专人对所购物品的品种、规格、数量、质量和其他相关内容进行验收，并出具验收证明。

188. 单位应当加强对政府采购业务的记录控制。妥善保管政府采购预算与计划、各类批复文件、招标文件、投标文件、评标文件、合同文本、验收证明等政府采购业务相关资料。（　　）

【参考答案】　正确

【答案解析】　《财政部关于印发〈行政事业单位内部控制规范（试行）〉的通知》（财会〔2012〕21 号）第三十八条规定，单位应当加强对政府采购业务的记录控制。妥善保管政府采购预算与计划、各类批复文件、招标文件、投标文件、评标文件、合同文本、验收证明等政府采购业务相关资料。定期对政府采购业务信息进行分类统计，并在内部进行通报。

189. 严禁一人保管收付款项所需的全部印章，财务专用章应当由专人保管，个人名章只能由本人保管，负责保管印章的人员要配置单独的保管设备，并做到人走柜锁。（　　）

【参考答案】　错误

【答案解析】　《财政部关于印发〈行政事业单位内部控制规范（试行）〉的通知》（财会〔2012〕21 号）第四十一条规定，严禁一人保管收付款项所需的全部印章。财务专用章应当由专人保管，个人名章应当由本人或其授权人员保管。负责保管印章的人员要配置单独的保管设备，并做到人走柜锁。

190. 单位应当加强对资产的管理，贵重资产、危险资产、有保密等特殊要求的资产，应当指定专人保管、专人使用，并规定严格的接触限制条件和审批程序。（　　）

【参考答案】　正确

【答案解析】　《财政部关于印发〈行政事业单位内部控制规范（试行）〉的通知》（财会〔2012〕21 号）第四十四条规定，单位应当加强对实物资产和无形资产的管理，明确相关部门和岗位的职责权限，强化对配置、使用和处置等关键环节的管控。（一）对资产实施归口管理。明确资产使用和保管责任人，落实资产使用人在资产管理中的责任。贵重资产、危险资产、有保密等特殊要求的资产，应当指定专人保管、专人使用，并规定严格的接触限制条件和审批程序……

191. 单位应当定期清查盘点资产，确保账实相符。财会、资产管理、资产使用等部门或岗位应当定期对账，发现不符的，应当及时查明原因，并按照相关规定处理。（　　）

【参考答案】　正确

【答案解析】　《财政部关于印发〈行政事业单位内部控制规范（试行）〉的通知》（财会〔2012〕21 号）第四十四条规定，建立资产台账，加强资产的实物管理。单位应当定期清查盘点资产，确保账实相符。财会、资产管理、资产使用等部门或岗位应当定期对账，发现不符的，应当及时查明原因，并按照相关规定处理。

192. 单位对外投资，应当由单位主要领导决定，对投资项目的追踪管理，应当及时、全面、准确地记录对外投资的价值变动和投资收益情况。（　　）

【参考答案】 正确

【答案解析】 《财政部关于印发〈行政事业单位内部控制规范（试行）〉的通知》（财会〔2012〕21号）第四十五条规定，单位应当根据国家有关规定加强对对外投资的管理。……（二）单位对外投资，应当由单位领导班子集体研究决定。（三）加强对投资项目的追踪管理，及时、全面、准确地记录对外投资的价值变动和投资收益情况。

193. 在建设项目控制中，单位应当建立与建设项目相关的议事决策机制，严禁任何个人单独决策或者擅自改变集体决策意见。（　　）

【参考答案】 正确

【答案解析】 《财政部关于印发〈行政事业单位内部控制规范（试行）〉的通知》（财会〔2012〕21号）第四十七条规定，单位应当建立与建设项目相关的议事决策机制，严禁任何个人单独决策或者擅自改变集体决策意见。决策过程及各方面意见应当形成书面文件，与相关资料一同妥善归档保管。

194. 在建设项目控制中，单位应当依据国家有关规定组织建设项目招标工作，并接受本部门监督，应当采取签订保密协议、限制接触等必要措施，确保标底编制、评标等工作在严格保密的情况下进行。（　　）

【参考答案】 错误

【答案解析】 《财政部关于印发〈行政事业单位内部控制规范（试行）〉的通知》（财会〔2012〕21号）第四十九条规定，单位应当依据国家有关规定组织建设项目招标工作，并接受有关部门的监督。单位应当采取签订保密协议、限制接触等必要措施，确保标底编制、评标等工作在严格保密的情况下进行。

195. 在建设项目控制中，单位应当按照审批单位下达的投资计划和预算对建设项目资金实行专款专用，特殊情况下，可以超批复内容使用资金。（　　）

【参考答案】 错误

【答案解析】 《财政部关于印发〈行政事业单位内部控制规范（试行）〉的通知》（财会〔2012〕21号）第五十条规定，单位应当按照审批单位下达的投资计划和预算对建设项目资金实行专款专用，严禁截留、挪用和超批复内容使用资金。财会部门应当加强与建设项目承建单位的沟通，准确掌握建设进度，加强价款支付审核，按照规定办理价款结算。实行国库集中支付的建设项目，单位应当按照财政国库管理制度相关规定支付资金。

196. 在建设项目控制中，建设项目竣工后，单位应当按照规定的时限及时办理竣工决算，组织竣工决算审计，并根据批复的竣工决算和有关规定办理建设项目档案和资产移交等工作。（　　）

【参考答案】 正确

【答案解析】 《财政部关于印发〈行政事业单位内部控制规范（试行）〉的通知》（财会〔2012〕21号）第五十三条规定，建设项目竣工后，单位应当按照规定的时限及时办理竣工决算，组织竣工决算审计，并根据批复的竣工决算和有关规定办理建设项目档案和资产移交等工作。

197. 在建设项目控制中，建设项目已实际投入使用但超时限未办理竣工决算的，单位应当根据对建设项目的预算暂估入账，转作相关资产管理。（　　）

【参考答案】 错误

【答案解析】 《财政部关于印发〈行政事业单位内部控制规范（试行）〉的通知》（财会〔2012〕21 号）第五十三条规定，建设项目已实际投入使用但超时限未办理竣工决算的，单位应当根据对建设项目的实际投资暂估入账，转作相关资产管理。

198. 在单位合同控制中，单位应当明确合同的授权审批和签署权限，妥善保管和使用合同专用章，严禁未经授权擅自以单位名义对外签订合同，严禁违规签订担保、投资和借贷合同。（　　）

【参考答案】 正确

【答案解析】 《财政部关于印发〈行政事业单位内部控制规范（试行）〉的通知》（财会〔2012〕21 号）第五十四条规定，单位应当建立健全合同内部管理制度。单位应当合理设置岗位，明确合同的授权审批和签署权限，妥善保管和使用合同专用章，严禁未经授权擅自以单位名义对外签订合同，严禁违规签订担保、投资和借贷合同。

199. 在单位合同控制中，单位应当加强对合同订立的管理，明确合同订立的范围和条件，对于影响重大、涉及较高专业技术或法律关系复杂的合同，应当组织法律、技术、财会等工作人员参与谈判，但不可以聘请外部人员参与相关工作。（　　）

【参考答案】 错误

【答案解析】 《财政部关于印发〈行政事业单位内部控制规范（试行）〉的通知》（财会〔2012〕21 号）第五十五条规定，单位应当加强对合同订立的管理，明确合同订立的范围和条件。对于影响重大、涉及较高专业技术或法律关系复杂的合同，应当组织法律、技术、财会等工作人员参与谈判，必要时可聘请外部专家参与相关工作。谈判过程中的重要事项和参与谈判人员的主要意见，应当予以记录并妥善保管。

200. 在单位合同控制中，合同纠纷协商一致的，双方应当签订书面协议，合同纠纷经协商无法解决的，经办人员应向单位主要负责人报告，并根据合同约定选择仲裁或诉讼方式解决。（　　）

【参考答案】 错误

【答案解析】 《财政部关于印发〈行政事业单位内部控制规范（试行）〉的通知》（财会〔2012〕21 号）第五十九条规定，单位应当加强对合同纠纷的管理。合同发生纠纷的，单位应当在规定时效内与对方协商谈判。合同纠纷协商一致的，双方应当签订书面协议；合同纠纷经协商无法解决的，经办人员应向单位有关负责人报告，并根据合同约定选择仲裁或诉讼方式解决。

201. 单位负责人应当指定专门部门或专人负责对单位内部控制的有效性进行评价并出具单位内部控制自我评价报告。（　　）

【参考答案】 正确

【答案解析】 《财政部关于印发〈行政事业单位内部控制规范(试行)〉的通知》(财会〔2012〕21 号)第六十三条规定,单位负责人应当指定专门部门或专人负责对单位内部控制的有效性进行评价并出具单位内部控制自我评价报告。

202. 禁止任何单位和个人在购买生活用品等物品时,以“办公用品”的名目开具虚假发票用公款报销。( )

【参考答案】 正确

【答案解析】 《中共中央纪委关于坚决制止开具虚假发票公款报销行为的通知》(中纪发〔2003〕1 号)规定,坚决杜绝开具虚假发票的行为。禁止任何单位和个人在购买生活用品等物品时,以“办公用品”的名目开具虚假发票用公款报销;禁止通过这种手段滥发钱物,请客送礼,甚至贪污公款。已经发生的,要立即予以纠正。

203. 各级纪检监察机关要切实发挥职能作用,加强监督检查。对有令不行、有禁不止,开具虚假发票、滥发钱物的行为,要会同有关部门坚决查处,对情节严重、造成恶劣影响的,要坚决追究单位主要领导的责任。( )

【参考答案】 错误

【答案解析】 《中共中央纪委关于坚决制止开具虚假发票公款报销行为的通知》(中纪发〔2003〕1 号)规定,各级纪检监察机关要切实发挥职能作用,加强监督检查。对违反本通知精神,有令不行、有禁不止,开具虚假发票、滥发钱物的行为,要会同有关部门坚决查处;对情节严重、造成恶劣影响的,要坚决追究有关领导的责任。

204. 党政机关应当加强预算编制管理,按照综合预算的要求,将各项收入和支出全部纳入部门预算。( )

【参考答案】 正确

【答案解析】 《党政机关厉行节约反对浪费条例》第七条规定,党政机关应当加强预算编制管理,按照综合预算的要求,将各项收入和支出全部纳入部门预算。

205. 严格控制国内差旅费、因公临时出国(境)费、公务接待费、公务用车购置及运行费、会议费、培训费等支出。年度预算执行中不予追加,因特殊需要确需追加的,由上级部门审核后按程序报批。( )

【参考答案】 错误

【答案解析】 《党政机关厉行节约反对浪费条例》第八条规定,严格控制国内差旅费、因公临时出国(境)费、公务接待费、公务用车购置及运行费、会议费、培训费等支出。年度预算执行中不予追加,因特殊需要确需追加的,由财政部门审核后按程序报批。

206. 党政机关国内发生的公务差旅费、公务接待费、公务用车购置及运行费、会议费、培训费等经费支出,必须使用公务卡结算。( )

【参考答案】 错误

【答案解析】 《党政机关厉行节约反对浪费条例》第十一条规定,全面实行公务卡制度。健全公务卡强制结算目录,党政机关国内发生的公务差旅费、公务接待费、公务用车购置及运行费、会议费、培训费等经费支出，除按规定实行财政直接支付或者银行转账外，应当使用公务卡结算。

207. 党政机关应当严格执行政府采购程序，不得违反规定以任何方式和理由指定或者变相指定品牌、型号、产地。（　　）

【参考答案】 正确

【答案解析】《党政机关厉行节约反对浪费条例》第十二条规定，严格执行政府采购程序，不得违反规定以任何方式和理由指定或者变相指定品牌、型号、产地。

208. 采购公开招标数额标准以上的货物、工程和服务，应当进行公开招标，确需改变采购方式的，应当严格执行有关公示和审批程序。（　　）

【参考答案】 正确

【答案解析】《党政机关厉行节约反对浪费条例》第十二条规定，严格执行政府采购程序，不得违反规定以任何方式和理由指定或者变相指定品牌、型号、产地。采购公开招标数额标准以上的货物、工程和服务，应当进行公开招标，确需改变采购方式的，应当严格执行有关公示和审批程序。

209. 党政机关应当加强因公临时出国经费预算总额控制，严格执行经费先行审核制度。（　　）

【参考答案】 正确

【答案解析】《党政机关厉行节约反对浪费条例》第十六条规定，外事管理部门应当加强因公临时出国审核审批管理，对违反规定、不适合成行的团组予以调整或者取消。加强因公临时出国经费预算总额控制，严格执行经费先行审核制度。

210. 党政机关应当建立公务接待审批控制制度，对无公函的公务活动不予接待，严禁将非公务活动纳入接待范围。（　　）

【参考答案】 正确

【答案解析】《党政机关厉行节约反对浪费条例》第二十条规定，党政机关应当建立公务接待审批控制制度，对无公函的公务活动不予接待，严禁将非公务活动纳入接待范围。

211. 党政机关不得以任何名义新建、改建、扩建所属宾馆、招待所等具有接待功能的设施或者场所。（　　）

【参考答案】 正确

【答案解析】《党政机关厉行节约反对浪费条例》第二十四条规定，党政机关不得以任何名义新建、改建、扩建所属宾馆、招待所等具有接待功能的设施或者场所。

212. 党政机关应当从严配备实行定向化保障的公务用车，不得以特殊用途等理由变相超编制、超标准配备公务用车，可以换用、借用下属单位或者其他单位和个人的车辆。（　　）

【参考答案】 错误

【答案解析】《党政机关厉行节约反对浪费条例》第二十六条规定，党政机关应当从严配备实行定向化保障的公务用车，不得以特殊用途等理由变相超编制、超标准配备公务用车，不得以任何方式换用、借用、占用下属单位或者其他单位和个人的车辆，不得接受企事业单位和个人赠送的车辆。

213. 执法执勤用车配备应当严格限制在一线执法执勤岗位，机关内部管理和后勤岗位以及机关所属事业单位一律不得配备。（　　）

【参考答案】 正确

【答案解析】《党政机关厉行节约反对浪费条例》第二十六规定，从严控制执法执勤用车的配备范围、编制和标准。执法执勤用车配备应当严格限制在一线执法执勤岗位，机关内部管理和后勤岗位以及机关所属事业单位一律不得配备。

214. 公务用车实行政府集中采购，应当选用国产汽车，优先选用电动汽车。（　　）

【参考答案】 错误

【答案解析】《党政机关厉行节约反对浪费条例》第二十七条规定，公务用车实行政府集中采购，应当选用国产汽车，优先选用新能源汽车。

215. 党政机关会议实行分类管理、分级审批，财政部门应当会同机关事务管理等部门制定本级党政机关会议费管理办法，从严控制会议数量、会期和参会人员规模。（　　）

【参考答案】 正确

【答案解析】《党政机关厉行节约反对浪费条例》第三十条规定，党政机关应当精简会议，严格执行会议费开支范围和标准。党政机关会议实行分类管理、分级审批。财政部门应当会同机关事务管理等部门制定本级党政机关会议费管理办法，从严控制会议数量、会期和参会人员规模。完善并严格执行严禁党政机关到风景名胜区开会制度规定。

216. 未经批准以及超范围、超标准开支的会议费用，一律不予报销。严禁违规使用会议费购置办公设备，严禁列支公务接待费等与会议无关的任何费用，严禁套取会议资金。（　　）

【参考答案】 正确

【答案解析】《党政机关厉行节约反对浪费条例》第三十一条规定，完善会议费报销制度。未经批准以及超范围、超标准开支的会议费用，一律不予报销。严禁违规使用会议费购置办公设备，严禁列支公务接待费等与会议无关的任何费用，严禁套取会议资金。

217. 严格控制和规范各类评比达标表彰活动，实行中央和省、市三级审批制度，评比达标表彰项目费用由举办单位承担，不得以任何方式向相关单位和个人收取费用。（　　）

【参考答案】 错误

【答案解析】《党政机关厉行节约反对浪费条例》第三十四条规定，严格控制和规范各类评比达标表彰活动，实行中央和省（自治区、直辖市）两级审批制度。评比达标表彰项目费用由举办单位承担，不得以任何方式向相关单位和个人收取费用。

218. 党政机关办公用房建设应当从严控制，凡是超规模、超标准、超投资概算建设的办公用房项目，应当根据具体情况限期腾退超标准面积或者全部没收、拍卖。（　　）

【参考答案】 正确

【答案解析】《党政机关厉行节约反对浪费条例》第三十五条规定，党政机关办公用房建设应当从严控制。凡是违反规定的拟建办公用房项目，必须坚决终止；凡是未按照规定程序履行审批手续、擅自开工建设的办公用房项目，必须停建并予以没收；凡是超规模、超标准、超投资概算建设的办公用房项目，应当根据具体情况限期腾退超标准面积或者全部没收、拍卖。

219. 根据党政机关办公用房相关规定，严禁出租出借办公用房，已经出租出借的，到期必须收回；租赁合同未到期的，租金收入应当用于办公用房建设。（　　）

【参考答案】 错误

【答案解析】 《党政机关厉行节约反对浪费条例》第三十五条规定，党政机关办公用房应当严格管理，推进办公用房资源的公平配置和集约使用。凡是超过规定面积标准占有、使用办公用房以及未经批准租用办公用房的，必须腾退；凡是未经批准改变办公用房使用功能的，原则上应当恢复原使用功能。严禁出租出借办公用房，已经出租出借的，到期必须收回；租赁合同未到期的，租金收入应当按照收支两条线管理。

220. 新建、调整办公用房的单位，应当按照“建新交旧”、“调新交旧”的原则，在搬入新建或者新调整办公用房的同时，将原办公用房腾退移交机关事务管理部门统一调剂使用。（　　）

【参考答案】 正确

【答案解析】 《党政机关厉行节约反对浪费条例》第四十条规定，新建、调整办公用房的单位，应当按照“建新交旧”、“调新交旧”的原则，在搬入新建或者新调整办公用房的同时，将原办公用房腾退移交机关事务管理部门统一调剂使用。

221. 党政机关领导干部应当按照标准配置使用一处办公用房，领导干部可以长期租用宾馆、酒店房间作为办公用房，配置使用的办公用房，在退休或者调离时应当及时腾退并由原单位收回。（　　）

【参考答案】 错误

【答案解析】 《党政机关厉行节约反对浪费条例》第四十一条规定，党政机关领导干部应当按照标准配置使用一处办公用房，确因工作需要另行配置办公用房的，应当严格履行审批程序。领导干部不得长期租用宾馆、酒店房间作为办公用房。配置使用的办公用房，在退休或者调离时应当及时腾退并由原单位收回。

222. 党政机关应当推广应用节能技术产品，淘汰高耗能设施设备，重点推广应用新能源和可再生能源，积极使用节水型器具，建设节水型单位。（　　）

【参考答案】 正确

【答案解析】 《党政机关厉行节约反对浪费条例》第四十三条规定，对能源、水的使用实行分类定额和目标责任管理。推广应用节能技术产品，淘汰高耗能设施设备，重点推广应用新能源和可再生能源。积极使用节水型器具，建设节水型单位。

223. 党政机关应当优化办公家具、办公设备等资产的配置和使用，已到更新年限尚能继续使用的，不得报废处置。（　　）

【参考答案】 正确

【答案解析】《党政机关厉行节约反对浪费条例》第四十四条规定,优化办公家具、办公设备等资产的配置和使用,通过调剂方式盘活存量资产,节约购置资金。已到更新年限尚能继续使用的,不得报废处置。

224.党政机关应当开展对厉行节约反对浪费工作的督促检查,每年至少组织开展一次专项督查,并将督查情况在适当范围内通报。(　　)

【参考答案】 正确

【答案解析】《党政机关厉行节约反对浪费条例》第五十一条规定,党委办公厅(室)、政府办公厅(室)负责统筹协调相关部门开展对厉行节约反对浪费工作的督促检查。每年至少组织开展一次专项督查,并将督查情况在适当范围内通报。

225.财政部门应当加强对党政机关预算编制、执行等财政、财务、政府采购和会计事项的监督检查,依法处理发现的违规问题,并及时向本级党委和政府汇报监督检查结果。(　　)

【参考答案】 正确

【答案解析】《党政机关厉行节约反对浪费条例》第五十三条规定,财政部门应当加强对党政机关预算编制、执行等财政、财务、政府采购和会计事项的监督检查,依法处理发现的违规问题,并及时向本级党委和政府汇报监督检查结果。

226.党政机关对采取弄虚作假等手段违规取得审批的,应当追究主要负责人或者有关领导干部的责任。(　　)

【参考答案】 错误

【答案解析】《党政机关厉行节约反对浪费条例》第五十八条规定,有下列情形之一的,追究相关人员的责任:(一)未经审批列支财政性资金的;(二)采取弄虚作假等手段违规取得审批的;(三)违反审批要求擅自变通执行的;(四)违反管理规定超标准或者以虚假事项开支的;(五)利用职务便利假公济私的;(六)有其他违反审批、管理、监督规定行为的。第五十九条规定,有下列情形之一的,追究主要负责人或者有关领导干部的责任:(一)本地区、本部门、本单位铺张浪费、奢侈奢华问题严重,对发现的问题查处不力,干部群众反映强烈的;(二)指使、纵容下属单位或者人员违反本条例规定造成浪费的;(三)不履行内部审批、管理、监督职责造成浪费的;(四)不按规定及时公开本地区、本部门、本单位有关厉行节约反对浪费工作信息的;(五)其他对铺张浪费问题负有领导责任的。

227.党政机关对指使、纵容下属单位或者人员违反本条例规定造成浪费的,应当追究相关人员的责任,无领导责任。(　　)

【参考答案】 错误

【答案解析】《党政机关厉行节约反对浪费条例》第五十八条规定,有下列情形之一的,追究相关人员的责任:(一)未经审批列支财政性资金的;(二)采取弄虚作假等手段违规取得审批的;(三)违反审批要求擅自变通执行的;(四)违反管理规定超标准或者以虚假事项开支的;(五)利用职务便利假公济私的;(六)有其他违反审批、管理、监督规定行为的。第五十九条规定,有下列情形之一的,追究主要负责人或者有关领导干部的责任:(一)本地区、本部门、本单位铺张浪费、奢侈奢华问题严重，对发现的问题查处不力，干部群众反映强烈的；(二)指使、纵容下属单位或者人员违反本条例规定造成浪费的；(三)不履行内部审批、管理、监督职责造成浪费的；(四)不按规定及时公开本地区、本部门、本单位有关厉行节约反对浪费工作信息的；(五)其他对铺张浪费问题负有领导责任的。

228.党政机关对于不履行内部审批、管理、监督职责造成浪费的，应当追究主要负责人或者有关领导干部的责任。(　　)

【参考答案】　正确

【答案解析】　《党政机关厉行节约反对浪费条例》第五十九条规定，有下列情形之一的，追究主要负责人或者有关领导干部的责任：(一)本地区、本部门、本单位铺张浪费、奢侈奢华问题严重，对发现的问题查处不力，干部群众反映强烈的；(二)指使、纵容下属单位或者人员违反本条例规定造成浪费的；(三)不履行内部审批、管理、监督职责造成浪费的；(四)不按规定及时公开本地区、本部门、本单位有关厉行节约反对浪费工作信息的；(五)其他对铺张浪费问题负有领导责任的。

229.党政机关厉行节约反对浪费工作责任追究时，受到责任追究的人员对处理决定不服的，可以按照相关规定向有关机关提出申诉，申诉期间，停止处理决定的执行。(　　)

【参考答案】　错误

【答案解析】　《党政机关厉行节约反对浪费条例》第六十二条规定，受到责任追究的人员对处理决定不服的，可以按照相关规定向有关机关提出申诉。受理申诉机关应当依据有关规定认真受理并作出结论。申诉期间，不停止处理决定的执行。

230.根据税务系统财务管理岗位职责规范要求，预算管理岗位需要编制年度部门预算，完成行政事业单位“一上”和“二上”预算的编制上报工作。(　　)

【参考答案】　正确

【答案解析】　预算管理岗位职责：(一)贯彻执行预算管理相关法律、法规、规章和制度；结合实际，制定本部门预算管理办法和实施措施，建立和完善预算管理工作规章制度。(二)编制年度部门预算，完成行政事业单位“一上”和“二上”预算的编制上报工作。

231.根据税务系统财务管理岗位职责规范要求，会计岗位负责按照年度预算，审核下级用款申请。(　　)

【参考答案】　正确

【答案解析】　会计岗位职责：……按照年度预算，审核下级用款申请。

232.根据税务系统财务管理岗位职责规范要求，预算管理岗负责本单位会计档案的搜集、整理和保管工作。(　　)

【参考答案】　错误

【答案解析】　会计岗位负责本单位会计档案的搜集、整理和保管工作。

233.根据税务系统财务管理岗位职责规范要求，出纳岗负责按照年度预算及有关规定办理经费申领手续。(　　)

【参考答案】　正确

【答案解析】 出纳岗位负责按照年度预算及有关规定办理经费申领手续。

234.根据税务系统财务管理岗位职责规范要求,基本建设管理岗负责按审批权限审批固定资产购建、调拨、转让、报废、报损。( )

【参考答案】 错误

【答案解析】 固定资产管理岗位负责按审批权限审批固定资产购建、调拨、转让、报废、报损。

235.根据税务系统财务管理岗位职责规范要求,决算管理岗负责按规定委托中介机构对基建项目进行竣工决算审计和财务决算审计。( )

【参考答案】 错误

【答案解析】 内部审计岗位负责按规定委托中介机构对基建项目进行竣工决算审计和财务决算审计。

236.根据税务系统财务管理岗位职责规范要求,财务管理人员必须严格按照本规范的要求,认真履行职责,对不能胜任工作要求,难予履行职责的,必须离岗,不得重新上岗。( )

【参考答案】 错误

【答案解析】 财务管理人员必须严格按照本规范的要求,认真履行职责,对不能胜任工作要求,难予履行职责的,必须暂时离岗,经培训、考核合格后,才能重新上岗。

237.根据税务系统财务公开相关规定,财务公开的内容包括财务管理相关规章制度以及预算管理、财务管理、资产管理、基本建设管理、内部审计等方面重大问题,不包括税务干部职工关心的财务事项。( )

【参考答案】 错误

【答案解析】 财务公开的内容包括财务管理相关规章制度以及预算管理、财务管理、资产管理、基本建设管理、内部审计等方面重大问题和税务干部职工关心的财务事项。

238.根据税务系统财务公开相关规定,财务管理公开中年度部门决算中专项经费收支余情况,内容为本级及系统预算单位的汇总及明细数据。( )

【参考答案】 错误

【答案解析】 年度部门决算中专项经费收支余情况,内容为本级及系统预算单位的汇总数据。

239.已审批立项的基本建设项目按照规定签定基本建设管理责任状的情况不属于项目跟踪管理公开的内容。( )

【参考答案】 错误

【答案解析】 已审批立项的基本建设项目按照规定签定基本建设管理责任状的情况属于项目跟踪管理公开的内容。

240.税务服装管理情况的公开,包括公开中标的布料、制作、服饰、厂家及中标价格。( )

【参考答案】 正确

【答案解析】　根据税务系统财务公开相关规定，税务服装管理情况的公开，包括公开中标的布料、制作、服饰、厂家及中标价格。

241. 财务公开的时间要与公开的内容相适应，日常性工作内容定期公开；阶段性工作内容逐段公开；临时性工作内容及时公开；涉及职工切身利益的财务事项随时公开。(　　)

【参考答案】　正确

【答案解析】　根据税务系统财务公开相关规定，财务公开的时间要与公开的内容相适应，日常性工作内容定期公开；阶段性工作内容逐段公开；临时性工作内容及时公开；涉及职工切身利益的财务事项随时公开。

242. 财务公开的形式可以灵活多样，基本形式分为文件形式公开、张贴形式公开、网络形式等，但不包括会议传达公开。(　　)

【参考答案】　错误

【答案解析】　财务公开的形式可以灵活多样，因地制宜，基本形式分为：会议传达公开；文件形式公开；张贴形式公开；网络形式及其他形式的公开。

243. 财务公开的范围要从实际出发，针对不同的内容、在不同的范围公开。属于内部管理的事项，主要通过办公会、群众代表会、干部职工大会和公告栏、内部网站等形式进行公开。需要对所属预算单位公开的事项，通过政策法规文件、财务工作会议及系统网站等形式进行公开。(　　)

【参考答案】　正确

【答案解析】　根据税务系统财务公开相关规定，财务公开的范围要从实际出发，针对不同的内容、在不同的范围公开。属于内部管理的事项，主要通过办公会、群众代表会、干部职工大会和公告栏、内部网站等形式进行公开。需要对所属预算单位公开的事项，通过政策法规文件、财务工作会议及系统网站等形式进行公开。

244. 财务公开工作在税务系统各级政务公开领导小组的统一领导下进行，按照“谁主管、谁公开，统一管理，统一公开”的要求明确分工、各负其责。(　　)

【参考答案】　错误

【答案解析】　财务公开工作在税务系统各级政务公开领导小组的统一领导下进行，按照“谁主管、谁公开，分级管理，分级公开”的要求明确分工、各负其责。

245. 财务公开的内容要经财务部门负责人签字，报分管领导审批，分管领导、财务部门负责人对财务公开事项的真实性负责。(　　)

【参考答案】　错误

【答案解析】　财务公开的内容要经财务部门负责人签字，报单位负责人审批，单位负责人、财务部门负责人对财务公开事项的真实性负责。

246. 在税务系统改革期间，财务管理要从严控制“三公”经费、会议费预算，确保“三公”经费和会议费预算及实际支出零增长。(　　)

【参考答案】　正确

【答案解析】 要认真落实税务系统经费保障体制，严格按照经费保障实施办法确定的保障范围和预算编报的时间节点，编报2019年部门预算及项目支出三年规划。要按照全口径综合预算管理要求，将各项收支全部纳入中央财政和地方财政预算编报范围。要从严控制“三公”经费、会议费预算，确保“三公”经费和会议费预算及实际支出零增长。严格按照相关预算定额标准和资产配置标准编制预算。加强预算编报审核，严禁多报、虚报在编人数“吃空饷”，严禁重复、多头申报或虚报项目预算。

247.根据坚决贯彻落实中央过“紧日子”的要求，要统筹兼顾、突出重点，优化支出结构，有效盘活存量资金，对已确认的结余资金和结转两年以上的中财资金，要按规定全部交回中央财政。（　　）

【参考答案】 正确

【答案解析】 要统筹兼顾、突出重点，优化支出结构，有效盘活存量资金，对已确认的结余资金和结转两年以上的中财资金，要按规定全部交回中央财政。

248.根据坚决贯彻落实中央过“紧日子”的要求，要建立预算执行存量资金与预算安排挂钩机制，对于预算执行进度慢、结转资金规模较大单位和项目，相应减少经费预算。（　　）

【参考答案】 正确

【答案解析】 要建立预算执行存量资金与预算安排挂钩机制，对于预算执行进度慢、结转资金规模较大单位和项目，相应减少经费预算。

249.对因机构改革在乡镇设立税务分局或税务所没有办公用房的，要加强与地方政府以及所在地中央垂直管理单位的沟通协调，通过统筹调剂、置换等方式解决现有办公用房。（　　）

【参考答案】 正确

【答案解析】 根据坚决贯彻落实中央过“紧日子”的要求，对因机构改革在乡镇设立税务分局或税务所没有办公用房的，要加强与地方政府以及所在地中央垂直管理单位的沟通协调，通过统筹调剂、置换等方式解决现有办公用房。

250.财政、税务、海关等部门在预算执行中，应当加强对预算执行的分析，发现问题时应当及时建议本级政府采取措施予以解决。（　　）

【参考答案】 正确

【答案解析】 《中华人民共和国预算法》（中华人民共和国主席令第22号）第六十二条规定，各级政府应当加强对预算执行的领导，支持政府财政、税务、海关等预算收入的征收部门依法组织预算收入，支持政府财政部门严格管理预算支出。财政、税务、海关等部门在预算执行中，应当加强对预算执行的分析；发现问题时应当及时建议本级政府采取措施予以解决。

251.各部门、各单位应当加强对预算收入和支出的管理，不得截留或者动用应当上缴的预算收入，不得擅自改变预算支出的用途。（　　）

【参考答案】 正确

【答案解析】《中华人民共和国预算法》(中华人民共和国主席令第 22 号)第六十三条规定,各部门、各单位应当加强对预算收入和支出的管理,不得截留或者动用应当上缴的预算收入,不得擅自改变预算支出的用途。

252.违反预算法规定,进行预算调整的,应当责令改正,对负有直接责任的主管人员和其他直接责任人员追究过错责任。(　　)

【参考答案】 错误

【答案解析】《中华人民共和国预算法》(中华人民共和国主席令第 22 号)第九十二条规定,各级政府及有关部门有下列行为之一的,责令改正,对负有直接责任的主管人员和其他直接责任人员追究行政责任:(一)未依照本法规定,编制、报送预算草案、预算调整方案、决算草案和部门预算、决算以及批复预算、决算的;(二)违反本法规定,进行预算调整的;(三)未依照本法规定对有关预算事项进行公开和说明的;(四)违反规定设立政府性基金项目和其他财政收入项目的;(五)违反法律、法规规定使用预算预备费、预算周转金、预算稳定调节基金、超收收入的;(六)违反本法规定开设财政专户的。

253.对于未依照预算法规定对有关预算事项进行公开和说明的,应当责令改正,对负有直接责任的主管人员和其他直接责任人员追究行政责任。(　　)

【参考答案】 正确

【答案解析】《中华人民共和国预算法》(中华人民共和国主席令第 22 号)第九十二条规定,各级政府及有关部门有下列行为之一的,责令改正,对负有直接责任的主管人员和其他直接责任人员追究行政责任:(一)未依照本法规定,编制、报送预算草案、预算调整方案、决算草案和部门预算、决算以及批复预算、决算的;(二)违反本法规定,进行预算调整的;(三)未依照本法规定对有关预算事项进行公开和说明的;(四)违反规定设立政府性基金项目和其他财政收入项目的;(五)违反法律、法规规定使用预算预备费、预算周转金、预算稳定调节基金、超收收入的;(六)违反本法规定开设财政专户的。

254.对违反法律、法规的规定,改变预算收入上缴方式的,应当责令改正,追回骗取、使用的资金,有违法所得的没收违法所得,对单位给予警告或者通报批评,对负有直接责任的主管人员和其他直接责任人员依法给予处分。(　　)

【参考答案】 正确

【答案解析】《中华人民共和国预算法》(中华人民共和国主席令第 22 号)第九十五条规定,各级政府有关部门、单位及其工作人员有下列行为之一的,责令改正,追回骗取、使用的资金,有违法所得的没收违法所得,对单位给予警告或者通报批评;对负有直接责任的主管人员和其他直接责任人员依法给予处分:(一)违反法律、法规的规定,改变预算收入上缴方式的;(二)以虚报、冒领等手段骗取预算资金的;(三)违反规定扩大开支范围、提高开支标准的;(四)其他违反财政管理规定的行为。

255.单位预算、决算应当公开基本支出和项目支出,单位预算、决算支出按其经济性质分类应当公开到项;按其功能分类,基本支出应当公开到款。(　　)

【参考答案】 错误

【答案解析】 《中华人民共和国预算法实施条例》(中华人民共和国国务院令第729号)第六条规定,部门预算、决算应当公开基本支出和项目支出。部门预算、决算支出按其功能分类应当公开到项;按其经济性质分类,基本支出应当公开到款。

256. 各级政府财政部门编制收入预算草案时,无需征求税务、海关等预算收入征收部门和单位的意见。(　　)

【参考答案】 错误

【答案解析】 《中华人民共和国预算法实施条例》(中华人民共和国国务院令第729号)第二十九条规定,各级政府财政部门编制收入预算草案时,应当征求税务、海关等预算收入征收部门和单位的意见。

257. 增值税专用发票和其他发票均由国务院税务主管部门确定的企业印制。(　　)

【参考答案】 错误

【答案解析】 《中华人民共和国发票管理办法》(中华人民共和国国务院令第709号)第七条规定,增值税专用发票由国务院税务主管部门确定的企业印制;其他发票,按照国务院税务主管部门的规定,由省、自治区、直辖市税务机关确定的企业印制。

258. 发票应当套印全国统一发票监制章。全国统一发票监制章的式样和发票版面印刷的要求,由国务院税务主管部门规定。发票监制章由省、自治区、直辖市税务机关制作。(　　)

【参考答案】 正确

【答案解析】 《中华人民共和国发票管理办法》(中华人民共和国国务院令第709号)第十条规定,发票应当套印全国统一发票监制章。全国统一发票监制章的式样和发票版面印刷的要求,由国务院税务主管部门规定。发票监制章由省、自治区、直辖市税务机关制作。

259. 销售商品、提供服务以及从事其他经营活动的单位和个人,对外发生经营业务收取款项,收款方必须向付款方开具发票。(　　)

【参考答案】 错误

【答案解析】 《中华人民共和国发票管理办法》(中华人民共和国国务院令第709号)第十九条规定,销售商品、提供服务以及从事其他经营活动的单位和个人,对外发生经营业务收取款项,收款方应当向付款方开具发票;特殊情况下,由付款方向收款方开具发票。

260. 开具发票的单位和个人应当在办理变更或者注销税务登记的同时,办理发票和发票领购簿的变更、缴销手续。(　　)

【参考答案】 正确

【答案解析】 《中华人民共和国发票管理办法》(中华人民共和国国务院令第709号)第二十八条规定,开具发票的单位和个人应当在办理变更或者注销税务登记的同时,办理发票和发票领购簿的变更、缴销手续。

261. 开具发票的单位和个人应当按照税务机关的规定存放和保管发票,不得擅自损毁。已经开具的发票存根联和发票登记簿,应当保存10年。保存期满,报经税务机关查验后销毁。(　　)

【参考答案】　错误

【答案解析】《中华人民共和国发票管理办法》(中华人民共和国国务院令第709号)第二十九条规定,开具发票的单位和个人应当按照税务机关的规定存放和保管发票,不得擅自损毁。已经开具的发票存根联和发票登记簿,应当保存5年。保存期满,报经税务机关查验后销毁。

262.违反发票管理法规,导致其他单位或者个人未缴、少缴或者骗取税款的,由税务机关没收违法所得,可以并处未缴、少缴或者骗取的税款1倍以下的罚款。(　　)

【参考答案】　正确

【答案解析】《中华人民共和国发票管理办法》(中华人民共和国国务院令第709号)第四十一条规定,违反发票管理法规,导致其他单位或者个人未缴、少缴或者骗取税款的,由税务机关没收违法所得,可以并处未缴、少缴或者骗取的税款1倍以下的罚款。

263.行政事业单位取得的拨入经费、财政补助收入、上级补助收入等形成本单位收入,可以使用资金往来结算票据。(　　)

【参考答案】　错误

【答案解析】《财政部关于印发〈行政事业单位资金往来结算票据使用管理暂行办法〉的通知》(财综〔2010〕1号)规定,行政事业单位取得的拨入经费、财政补助收入、上级补助收入等形成本单位收入,不得使用资金往来结算票据。

264.行政事业单位必须严格按照财政票据监管机构核准的使用范围开具资金往来结算票据,不得超范围使用资金往来结算票据。(　　)

【参考答案】　正确

【答案解析】《财政部关于印发〈行政事业单位资金往来结算票据使用管理暂行办法〉的通知》(财综〔2010〕1号)第十六条规定,行政事业单位必须严格按照财政票据监管机构核准的使用范围开具资金往来结算票据,不得超范围使用资金往来结算票据。

265.行政事业单位应当妥善保管已开具的资金往来结算票据存根,票据存根保存期限一般为10年。(　　)

【参考答案】　错误

【答案解析】《财政部关于印发〈行政事业单位资金往来结算票据使用管理暂行办法〉的通知》(财综〔2010〕1号)第二十二条规定,行政事业单位应当妥善保管已开具的资金往来结算票据存根,票据存根保存期限一般为5年。

266.行政事业单位应当建立资金往来结算票据管理制度,设置管理台账,由专人负责资金往来结算票据的领购、使用登记与保管,并按规定向同级财政票据管理机构报送资金往来结算票据的领购、使用、结存情况。(　　)

【参考答案】　正确

【答案解析】《财政部关于印发〈行政事业单位资金往来结算票据使用管理暂行办法〉的通知》(财综〔2010〕1号)第十九条规定,行政事业单位应当建立资金往来结算票据管理制度,设置管理台账,由专人负责资金往来结算票据的领购、使用登记与保管,并按规定向同级财政票据管理机构报送资金往来结算票据的领购、使用、结存情况。

267. 对保存期满需要销毁的资金往来结算票据存根和未使用的需要作废销毁的资金往来结算票据，由行政事业单位负责登记造册，报经同级财政票据监管机构核准后，由同级行政事业单位销毁。（ ）

【参考答案】 错误

【答案解析】《财政部关于印发〈行政事业单位资金往来结算票据使用管理暂行办法〉的通知》（财综〔2010〕1 号）第二十三条规定，对保存期满需要销毁的资金往来结算票据存根和未使用的需要作废销毁的资金往来结算票据，由行政事业单位负责登记造册，报经同级财政票据监管机构核准后，由同级财政票据监管机构组织销毁。

268. 严格执行公务卡强制结算目录，凡目录规定的公务支出项目，应按规定使用公务卡结算，原则上不再使用现金结算。原使用转账方式结算的，可继续使用转账方式。（ ）

【参考答案】 正确

【答案解析】《财政部关于实施中央预算单位公务卡强制结算目录的通知》（财库〔2011〕160 号）规定，严格执行公务卡强制结算目录。凡目录规定的公务支出项目，应按规定使用公务卡结算，原则上不再使用现金结算。原使用转账方式结算的，可继续使用转账方式。

269. 在县级及县级以上地区不具备刷卡条件的场所发生的单笔消费在 500 元以下的公务支出可暂不使用公务卡结算。（ ）

【参考答案】 错误

【答案解析】《财政部关于实施中央预算单位公务卡强制结算目录的通知》（财库〔2011〕160 号）规定，下列情况可暂不使用公务卡结算：在县级及县级以上地区不具备刷卡条件的场所发生的单笔消费在 200 元以下的公务支出。

270. 因特殊情形确实不能使用公务卡结算的，应报经分管财务部门领导批准。（ ）

【参考答案】 错误

【答案解析】《财政部关于实施中央预算单位公务卡强制结算目录的通知》（财库〔2011〕160 号）规定，因特殊情形确实不能使用公务卡结算的，应报经单位财务部门批准。

271. 有违规发放津贴补贴行为的单位，其负有责任的领导人员和直接责任人员，以及有违规发放津贴补贴行为的个人，应当承担纪律责任。（ ）

【参考答案】 正确

【答案解析】 根据《违规发放津贴补贴行为处分规定》第三条，有违规发放津贴补贴行为的单位，其负有责任的领导人员和直接责任人员，以及有违规发放津贴补贴行为的个人，应当承担纪律责任。

272. 根据督察审计规范，职业规范是指督察审计人员应遵守的行为准则，包括宗旨、职责、权限、职业道德、职业纪律等五个方面。（ ）

【参考答案】 正确

【答案解析】《全国税务系统督察审计规范(升级版)》规定，职业规范是指督察审计人员应遵守的行为准则，包括宗旨、职责、权限、职业道德、职业纪律等五个方面。

273.督察审计是各级税务机关依照规定权限和程序，对下级单位的税收管理和财务管理行为的真实性、合法性和效益性进行监督、检查和评价的活动。(　　)

【参考答案】 错误

【答案解析】《全国税务系统督察审计规范(升级版)》规定，督察审计是各级税务机关依照规定权限和程序，对本级及下级单位的税收管理和财务管理行为的真实性、合法性和效益性进行监督、检查和评价的活动。

274.组织实施对税制改革、税收政策调整、税收管理、财务管理措施等税务总局重大决策部署贯彻落实情况的监督检查，并提出处理意见和整改要求不属于督察审计职责。(　　)

【参考答案】 错误

【答案解析】《全国税务系统督察审计规范(升级版)》规定，组织实施对税制改革、税收政策调整、税收管理、财务管理措施等税务总局重大决策部署贯彻落实情况的监督检查，并提出处理意见和整改要求。

275.对督察审计过程中发现的严重违法违规和严重损失浪费等行为，报经税务机关负责人批准后，可作出临时制止决定。(　　)

【参考答案】 正确

【答案解析】《全国税务系统督察审计规范(升级版)》规定，违规行为制止权。对督察审计过程中发现的严重违法违规和严重损失浪费等行为，报经税务机关负责人批准后，可作出临时制止决定。

276.对督察审计发现的重大问题，报经分管督察内审部门领导批准后，移送稽查、人事、纪检监察等部门处理。(　　)

【参考答案】 错误

【答案解析】《全国税务系统督察审计规范(升级版)》规定，违规线索移交权。对督察审计发现的重大问题，报经税务机关负责人批准后，移送稽查、人事、纪检监察等部门处理。

277.要求被督察审计单位按时提供与督察审计事项相关的资料，被督察审计单位及其主要负责人对本单位提供资料的真实性和完整性负责。(　　)

【参考答案】 正确

【答案解析】《全国税务系统督察审计规范(升级版)》规定，要求提供资料权。要求被督察审计单位按时提供与督察审计事项相关的资料，被督察审计单位及其主要负责人对本单位提供资料的真实性和完整性负责。

278.督察审计人员应当客观、公正、不偏不倚地作出职业判断是正直原则。(　　)

【参考答案】 错误

【答案解析】《全国税务系统督察审计规范(升级版)》规定，……(2)正直原则。督察审计人员应当廉洁、正直，坚持原则。(3)客观原则。督察审计人员应当客观、公正、不偏不倚地作出职业判断……

279.督察审计人员应当具备与从事工作相关的知识、技能和经验，并持续提高专业能力，属于胜任原则。（　　）

【参考答案】 正确

【答案解析】《全国税务系统督察审计规范（升级版）》规定，胜任原则。督察审计人员应当具备与从事工作相关的知识、技能和经验，并持续提高专业能力。

280.督察审计人员职业道德基本原则包括诚信原则、正直原则、客观原则、保密原则、胜任原则。（　　）

【参考答案】 正确

【答案解析】《全国税务系统督察审计规范（升级版）》规定，督察审计人员职业道德基本原则包括：(1)诚信原则。督察审计人员应当诚实、勤恳、负责地开展督察审计。(2)正直原则。督察审计人员应当廉洁、正直，坚持原则。(3)客观原则。督察审计人员应当客观、公正、不偏不倚地作出职业判断。(4)保密原则。督察审计人员应当保守秘密，谨慎利用和保护履行职责过程中获取的信息。(5)胜任原则。督察审计人员应当具备与从事工作相关的知识、技能和经验，并持续提高专业能力。

281.行政机关公务员有违规发放津贴补贴行为的，由任免机关或者监察机关按照管理权限依法给予处分。（　　）

【参考答案】 正确

【答案解析】 根据《违规发放津贴补贴行为处分规定》第三条，有违规发放津贴补贴行为的单位，其负有责任的领导人员和直接责任人员，以及有违规发放津贴补贴行为的个人，应当承担纪律责任。属于下列人员的，由任免机关或者监察机关按照管理权限依法给予处分：(一)行政机关公务员；(二)法律、法规授权的具有公共事务管理职能的事业单位中经批准参照《中华人民共和国公务员法》管理的工作人员。

282.超过规定标准、范围发放津贴补贴的，应当给予记过或者记大过处分；情节较重的，给予降级或者撤职处分。（　　）

【参考答案】 错误

【答案解析】《违规发放津贴补贴行为处分规定》第四条规定，有下列行为之一的，给予警告处分；情节较重的，给予记过或者记大过处分；情节严重的，给予降级或者撤职处分：(一)违反规定自行新设项目或者继续发放已经明令取消的津贴补贴的；(二)超过规定标准、范围发放津贴补贴的……

283.违反规定发放加班费、值班费和未休年休假补贴的，应给予警告处分；情节较重的，给予记过或者记大过处分；情节严重的，给予降级或者撤职处分。（　　）

【参考答案】 正确

【答案解析】《违规发放津贴补贴行为处分规定》第四条规定，有下列行为之一的，给予警告处分；情节较重的，给予记过或者记大过处分；情节严重的，给予降级或者撤职处分：(一)违反规定自行新设项目或者继续发放已经明令取消的津贴补贴的；(二)超过规定标准、范围发放津贴补贴的;(三)违反中共中央组织部、人力资源社会保障部有关公务员奖励的规定,以各种名义向职工普遍发放各类奖金的;(四)在实施职务消费和福利待遇货币化改革并发放补贴后,继续开支相关职务消费和福利费用的;(五)违反规定发放加班费、值班费和未休年休假补贴的;(六)违反《中共中央纪委、中共中央组织部、监察部、财政部、人事部、审计署关于规范公务员津贴补贴问题的通知》(中纪发〔2006〕17号)等规定,擅自提高标准发放改革性补贴的;(七)超标准缴存住房公积金的;(八)以有价证券、支付凭证、商业预付卡、实物等形式发放津贴补贴的;(九)违反规定使用工会会费、福利费及其他专项经费发放津贴补贴的;(十)借重大活动筹备或者节日庆祝之机,变相向职工普遍发放现金、有价证券或者与活动无关的实物的;(十一)违反规定向关联单位(企业)转移好处,再由关联单位(企业)以各种名目给机关职工发放津贴补贴的;(十二)其他违反规定发放津贴补贴的。

284. 将执收执罚工作与津贴补贴挂钩,使用行政事业性收费、罚没收入发放津贴补贴的,应给予记大过处分;情节严重的,给予降级或者撤职处分。( )

【参考答案】 正确

【答案解析】 《违规发放津贴补贴行为处分规定》第五条规定,将执收执罚工作与津贴补贴挂钩,使用行政事业性收费、罚没收入发放津贴补贴的,给予记大过处分;情节严重的,给予降级或者撤职处分。

285. 以发放津贴补贴的形式,变相将国有资产集体私分给个人的,应给予记大过处分;情节较重的,给予降级或者撤职处分;情节严重的,给予开除处分。( )

【参考答案】 正确

【答案解析】 《违规发放津贴补贴行为处分规定》第六条规定,以发放津贴补贴的形式,变相将国有资产集体私分给个人的,给予记大过处分;情节较重的,给予降级或者撤职处分;情节严重的,给予开除处分。

286. 违反财政部关于行政事业单位工资津贴补贴有关会计核算的规定核算津贴补贴的,应给予记大过处分;情节较重的,给予降级或者撤职处分;情节严重的,给予开除处分。( )

【参考答案】 错误

【答案解析】 《违规发放津贴补贴行为处分规定》第七条规定,违反财政部关于行政事业单位工资津贴补贴有关会计核算的规定核算津贴补贴的,给予警告处分;情节较重的,给予记过或者记大过处分;情节严重的,给予降级或者撤职处分。

287. 使用"小金库"款项发放津贴补贴的,应给予记大过处分;情节较重的,给予降级或者撤职处分;情节严重的,给予开除处分。( )

【参考答案】 错误

【答案解析】 《违规发放津贴补贴行为处分规定》第八条规定,使用"小金库"款项发放津贴补贴的,给予警告处分;情节较重的,给予记过或者记大过处分;情节严重的,给予降级或者撤职处分。

288. 利用职务上的便利或者职务影响,违反规定在其他单位领取津贴补贴的,应给予

记过或者记大过处分；情节较重的，给予降级或者撤职处分；情节严重的，给予开除处分。（　）

【参考答案】 正确

【答案解析】 《违规发放津贴补贴行为处分规定》第九条规定，利用职务上的便利或者职务影响，违反规定在其他单位领取津贴补贴的，给予记过或者记大过处分；情节较重的，给予降级或者撤职处分；情节严重的，给予开除处分。

289. 根据差旅费管理相关规定，差旅费是指工作人员临时到常驻地以外地区公务出差所发生的城市间交通费、住宿费、伙食补助费和市内交通费。（　）

【参考答案】 正确

【答案解析】 《财政部关于印发〈中央和国家机关差旅费管理办法〉的通知》（财行〔2013〕531 号）第三条规定，差旅费是指工作人员临时到常驻地以外地区公务出差所发生的城市间交通费、住宿费、伙食补助费和市内交通费。

290. 根据差旅费管理相关规定，乘坐飞机、火车、轮船等交通工具的，每人次可以购买交通意外保险一份。所在单位统一购买交通意外保险的，可重复购买一份。（　）

【参考答案】 错误

【答案解析】 《财政部关于印发〈中央和国家机关差旅费管理办法〉的通知》（财行〔2013〕531 号）第十条规定，乘坐飞机、火车、轮船等交通工具的，每人次可以购买交通意外保险一份。所在单位统一购买交通意外保险的，不再重复购买。

291. 根据差旅费管理相关规定，出差人员应当自行用餐，凡由接待单位统一安排用餐的，应当向接待单位交纳伙食费。（　）

【参考答案】 正确

【答案解析】 《财政部关于印发〈中央和国家机关差旅费管理办法〉的通知》（财行〔2013〕531 号）第十八条规定，出差人员应当自行用餐。凡由接待单位统一安排用餐的，应当向接待单位交纳伙食费。

292. 根据差旅费管理相关规定，市内交通费按出差自然（日历）天数计算，每人每天 100 元包干使用。（　）

【参考答案】 错误

【答案解析】 《财政部关于印发〈中央和国家机关差旅费管理办法〉的通知》（财行〔2013〕531 号）第二十条规定，市内交通费按出差自然（日历）天数计算，每人每天 80 元包干使用。

293. 根据差旅费管理相关规定，出差人员应当严格按规定开支差旅费，费用由所在单位承担，不得向下级单位、企业或其他单位转嫁。（　）

【参考答案】 正确

【答案解析】 《财政部关于印发〈中央和国家机关差旅费管理办法〉的通知》（财行〔2013〕531 号）第二十二条规定，出差人员应当严格按规定开支差旅费，费用由所在单位承担，不得向下级单位、企业或其他单位转嫁。

294. 根据差旅费管理相关规定，城市间交通费按乘坐交通工具的等级凭据报销，转签费、退票费或交通意外保险费不能报销。（　　）

【参考答案】 错误

【答案解析】 《财政部关于印发〈中央和国家机关差旅费管理办法〉的通知》（财行〔2013〕531 号）第二十三条规定，城市间交通费按乘坐交通工具的等级凭据报销，订票费、经批准发生的签转或退票费、交通意外保险费凭据报销。

295. 根据差旅费管理相关规定，实际发生住宿而无住宿费发票的，不得报销住宿费以及城市间交通费、伙食补助费和市内交通费。（　　）

【参考答案】 正确

【答案解析】 《财政部关于印发〈中央和国家机关差旅费管理办法〉的通知》（财行〔2013〕531 号）第二十五条规定，财务部门应当严格按规定审核差旅费开支，对未经批准出差以及超范围、超标准开支的费用不予报销。实际发生住宿而无住宿费发票的，不得报销住宿费以及城市间交通费、伙食补助费和市内交通费。

296. 根据差旅费管理相关规定，工作人员外出参加会议、培训，举办单位统一安排食宿的，会议、培训期间的食宿费和市内交通费由会议、培训举办单位按规定统一开支；往返会议、培训地点的差旅费由所在单位按照规定报销。（　　）

【参考答案】 正确

【答案解析】 《财政部关于印发〈中央和国家机关差旅费管理办法〉的通知》（财行〔2013〕531 号）第三十条规定，工作人员外出参加会议、培训，举办单位统一安排食宿的，会议、培训期间的食宿费和市内交通费由会议、培训举办单位按规定统一开支；往返会议、培训地点的差旅费由所在单位按照规定报销。

297. 根据差旅费管理相关规定，出差人员不得向接待单位提出正常公务活动以外的要求，不得在出差期间接受违反规定用公款支付的宴请、游览和非工作需要的参观，不得接受礼品、礼金和土特产品。（　　）

【参考答案】 正确

【答案解析】 《财政部关于印发〈中央和国家机关差旅费管理办法〉的通知》（财行〔2013〕531 号）第二十八条规定，出差人员不得向接待单位提出正常公务活动以外的要求，不得在出差期间接受违反规定用公款支付的宴请、游览和非工作需要的参观，不得接受礼品、礼金和土特产品等。

298. 根据差旅费管理相关规定，若存在擅自扩大差旅费开支范围和提高开支标准的，由财政部会同有关部门责令改正，违规资金应予追回，并视情况予以通报。对直接责任人和相关负责人，报请其所在单位按规定给予警告处分。（　　）

【参考答案】 错误

【答案解析】 《财政部关于印发〈中央和国家机关差旅费管理办法〉的通知》（财行〔2013〕531 号）第二十九条规定，违反本办法规定，有下列行为之一的，依法依规追究相关单位和人员的责任：（一）单位无出差审批制度或出差审批控制不严的；（二）虚报冒领差旅费的；（三）擅自扩大差旅费开支范围和提高开支标准的；（四）不按规定报销差旅费的；（五）转嫁差旅费的；（六）其他违反本办法行为的。有前款所列行为之一的，由财政部会同有关部门责令改正，违规资金应予追回，并视情况予以通报。对直接责任人和相关负责人，报请其所在单位按规定给予行政处分。涉嫌违法的，移送司法机关处理。

299. 根据公务接待管理相关规定，公务外出确需接待的，派出单位应当向接待单位发出公函，告知内容、行程和人员。（　　）

【参考答案】 正确

【答案解析】《国家税务总局关于印发〈税务机关国内公务接待管理办法〉的通知》（税总发〔2014〕4 号）第七条规定，公务外出确需接待的，派出单位应当向接待单位发出公函，告知内容、行程和人员，具体格式见附件。

300. 根据公务接待管理相关规定，国内公务接待不得在机场、车站、码头和辖区边界组织迎送活动，不得跨地区迎送，不得张贴悬挂标语横幅，不得铺设迎宾地毯，各级税务机关主要负责人可以参加迎送。（　　）

【参考答案】 错误

【答案解析】《国家税务总局关于印发〈税务机关国内公务接待管理办法〉的通知》（税总发〔2014〕4 号）第十条规定，国内公务接待不得在机场、车站、码头和辖区边界组织迎送活动，不得跨地区迎送，不得张贴悬挂标语横幅，不得铺设迎宾地毯；各级税务机关主要负责人不得参加迎送。接待单位严格控制陪同人数，不得层层多人陪同。

301. 督察审计人员在实施督察审计业务前，应当向副组长或者督察内审部门负责人报告客观性受损可能造成的影响。（　　）

【参考答案】 错误

【答案解析】《全国税务系统督察审计规范》规定，客观督察审计人员在实施督察审计业务前，应当向组长或者督察内审部门负责人报告客观性受损可能造成的影响。

302. 督察审计人员应当通过后续教育和职业实践等途径，了解、学习和掌握相关法律法规、专业知识、技术方法和督察审计实务的发展变化，不断保持和提升专业胜任能力。（　　）

【参考答案】 正确

【答案解析】《全国税务系统督察审计规范》规定，胜任督察审计人员应当通过后续教育和职业实践等途径，了解、学习和掌握相关法律法规、专业知识、技术方法和督察审计实务的发展变化，不断保持和提升专业胜任能力。

303. 在督察审计期间，不准由被督察审计对象报销、支付或补贴应由督察审计人员承担的住宿、餐饮、交通、通讯等费用。（　　）

【参考答案】 正确

【答案解析】《全国税务系统督察审计规范》规定，职业纪律不准由被督察审计对象报销、支付或补贴应由督察审计人员承担的住宿、餐饮、交通、通讯等费用。

304. 督察审计组组长是督察审计工作业务、廉政、保密、安全等工作的第一责任人。（　　）

【参考答案】 正确

【答案解析】 《全国税务系统督察审计规范》规定，督察审计组组长是督察审计组实施某个督察审计项目过程中在行政和业务方面的主要负责人，是督察审计组开展与督察审计事项有关活动的组织者和指挥者，是督察审计工作业务、廉政、保密、安全等工作的第一责任人。

305. 督察审计组副组长负责组织复核工作底稿，审核证据资料，对存在问题及时督促补正。（　　）

【参考答案】 错误

【答案解析】 《全国税务系统督察审计规范》规定，督察审计组组长负责组织复核工作底稿，审核证据资料，对存在问题及时督促补正。

306. 督察审计组副组长负责做好组长分配的督察审计工作，指导组内成员开展督察审计业务，并对相关业务进行具体审核。（　　）

【参考答案】 错误

【答案解析】 《全国税务系统督察审计规范》规定，督察审计组项目主审是组内具有督察审计业务专长或丰富工作经验的组员，由督察审计组组长指定，负责做好组长分配的督察审计工作，指导组内成员开展督察审计业务，并对相关业务进行具体审核。

307. 督察审计组组员按照工作角色和职责分工不同，可分为综合岗、数据采集岗、风险分析岗、执法督察业务岗、内部审计业务岗。（　　）

【参考答案】 错误

【答案解析】 《全国税务系统督察审计规范》规定，督察审计组组员按照工作角色和职责分工不同，可分为综合岗、数据采集岗、执法督察业务岗、内部审计业务岗。

308. 在督察审计时，督察审计组组员可以一岗多人，也可以一人多岗。（　　）

【参考答案】 正确

【答案解析】 《全国税务系统督察审计规范》规定，督察审计组组员可以一岗多人，也可以一人多岗。

309. 督察审计时，综合岗负责根据督察审计业务需求，采集所需数据，加以整理分析，并推送至相应的督察审计业务岗。（　　）

【参考答案】 错误

【答案解析】 《全国税务系统督察审计规范》规定，数据采集岗负责根据督察审计业务需求，采集所需数据，加以整理分析，并推送至相应的督察审计业务岗。

310. 督察内审部门应当根据年度督察审计计划、其他授权或委托文件编制《督察审计工作方案》，确定督察审计目标、范围、重点和项目组织实施等内容。（　　）

【参考答案】 正确

【答案解析】 《全国税务系统督察审计规范》规定，督察内审部门应当根据年度督察审计计划、其他授权或委托文件编制《督察审计工作方案》，确定督察审计目标、范围、重点和项目组织实施等内容。

311. 签订《督察审计现场工作承诺书》时，督察审计组全体成员分别签订《督察审计现场工作承诺书》，本人签字后交副组长。（　　）

【参考答案】 错误

【答案解析】《全国税务系统督察审计规范》规定，督察审计组全体成员分别签订《督察审计现场工作承诺书》，本人签字后交综合岗。

312. 督察内审部门应当在实施督察审计 7 日前，向被督察审计单位下达通知书。（　　）

【参考答案】 错误

【答案解析】《全国税务系统督察审计规范》规定，督察内审部门应当在实施督察审计 3 日前，向被督察审计单位下达通知书。

313. 领导干部经济责任审计前，应当向人事、巡视、纪检监察等部门发出《经济责任审计征询意见函》，征询有无需要审计核实的情况，属于审计范围的，列入审计项目实施方案。（　　）

【参考答案】 正确

【答案解析】《全国税务系统督察审计规范》规定，领导干部经济责任审计前，向人事、巡视、纪检监察等部门发出《经济责任审计征询意见函》，征询有无需要审计核实的情况，属于审计范围的，列入审计项目实施方案。

314. 督察审计组在现场工作期间，应当在被督察审计单位公示督察审计有关事项，接受监督举报，在被督察审计单位办公地点醒目位置公开《督察审计公示》。（　　）

【参考答案】 正确

【答案解析】《全国税务系统督察审计规范》规定，督察审计组在现场工作期间，应当在被督察审计单位公示督察审计有关事项，接受监督举报，在被督察审计单位办公地点醒目位置公开《督察审计公示》。

315. 被督察审计单位就提供资料（包括电子数据资料）的真实性、完整性等作出承诺，并由督察审计部门负责人在承诺书上签字，加盖被督察审计单位公章。（　　）

【参考答案】 错误

【答案解析】《全国税务系统督察审计规范》规定，被督察审计单位就提供资料（包括电子数据资料）的真实性、完整性等作出承诺，并由被督察审计单位负责人在承诺书上签字，加盖被督察审计单位公章。

316. 在督察审计实施阶段，督察审计组根据实际需要，通过现场调查检查、座谈、询问、延伸调查等方式，深入了解与督察审计事项有关的情况，并对相关问题进行确认。（　　）

【参考答案】 正确

【答案解析】《全国税务系统督察审计规范》规定，在督察审计实施阶段，督察审计组根据实际需要，通过现场调查检查、座谈、询问、延伸调查等方式，深入了解与督察审计事项有关的情况，并对相关问题进行确认。

317. 在督察审计期间，书面证据是指以各种书面文书为形态的一类证据，包括被督察

审计单位的各类原始凭证、记账凭证、账簿、案卷、报表及其他资料，以及各种会议记录、文件、合同、章程、报告、函件等。（ ）

【参考答案】 正确

【答案解析】《全国税务系统督察审计规范》规定，书面证据是指以各种书面文书为形态的一类证据，包括被督察审计单位的各类原始凭证、记账凭证、账簿、案卷、报表及其他资料，以及各种会议记录、文件、合同、章程、报告、函件等。

318. 在督察审计期间，在督察审计提取口头证据时，只能采取口头询问，不能采取书面询问的方式。（ ）

【参考答案】 错误

【答案解析】《全国税务系统督察审计规范》规定，在督察审计提取口头证据时，可以采取口头询问和书面询问的方式。

319. 在督察审计期间，被督察审计单位在规定时限内未反馈督察审计事实确认单的，视同确认。（ ）

【参考答案】 正确

【答案解析】《全国税务系统督察审计规范》规定，被督察审计单位在规定时限内未反馈的，视同确认。

320. 督察审计工作底稿应当由督察审计人员根据实施方案确定的项目内容，逐项逐事编制形成，做到一项一稿或一事一稿。（ ）

【参考答案】 正确

【答案解析】《全国税务系统督察审计规范》规定，督察审计工作底稿应当由督察审计人员根据实施方案确定的项目内容，逐项逐事编制形成，做到一项一稿或一事一稿。

321. 督察审计工作底稿审核实行逐级负责制，先由项目综合岗审核，再由督察审计组主审审核，最后报督察审计组组长审定。（ ）

【参考答案】 错误

【答案解析】《全国税务系统督察审计规范》规定，督察审计工作底稿审核实行逐级负责制，先由项目主审审核，再由督察审计组副组长审核，最后报督察审计组组长审定。

322. 督察审计组在督察审计实施阶段结束之前，以会议形式就督察审计发现的问题与被督察审计单位交换意见，完成现场督审收尾工作。（ ）

【参考答案】 正确

【答案解析】《全国税务系统督察审计规范》规定，督察审计组在督察审计实施阶段结束之前，以会议形式就督察审计发现的问题与被督察审计单位交换意见，完成现场督审收尾工作。

323. 督察审计组制作《督察审计报告征求意见书》和督察审计报告征求意见稿，由督察审计组主审签批后送达被督察审计单位。（ ）

【参考答案】 错误

【答案解析】《全国税务系统督察审计规范》规定，督察审计组制作《督察审计报告征求意见书》和督察审计报告征求意见稿，由督察审计组组长签批后送达被督察审计单位。

324. 在督察审计期间，征求被督察审计单位意见时，对于领导干部经济责任审计报告反馈意见的，还须经被审计领导干部本人签字。（　　）

【参考答案】 正确

【答案解析】《全国税务系统督察审计规范》规定，领导干部经济责任审计报告征求意见稿，还须送被审计领导干部本人。

325. 督察内审部门在审计报告的基础上，精简提炼形成反映被审计领导干部履行经济责任情况的审计结果，向本级局党组书记、局长和授权审计的上级国家税务局报送，提交委托审计的纪检部门。（　　）

【参考答案】 错误

【答案解析】《全国税务系统督察审计规范》规定，督察内审部门在审计报告的基础上，精简提炼形成反映被审计领导干部履行经济责任情况的审计结果，向本级局党组书记、局长和授权审计的上级国家税务局报送，提交委托审计的人事部门。

326.《经济责任审计结果报告》由督察审计组组长签批，如存在被审计领导负直接责任或主管责任的问题，应报局领导签批。（　　）

【参考答案】 错误

【答案解析】《经济责任审计结果报告》规定，由督察内审部门负责人签批，如存在被审计领导负直接责任或主管责任的问题，应报局领导签批。

327. 被督察审计单位或被审计领导干部应自收到督察审计报告或处理意见书、决定书之日起60日内向实施督察审计的税务机关提起申诉，实施督察审计的税务机关应当及时受理。（　　）

【参考答案】 错误

【答案解析】《经济责任审计结果报告》规定，被督察审计单位或被审计领导干部应自收到督察审计报告或处理意见书、决定书之日起30日内向实施督察审计的税务机关提起申诉，实施督察审计的税务机关应当及时受理。

328. 实施督察审计的税务机关应当自收到被督察审计单位或被审计领导干部申诉之日起30日内作出复查决定，制作并下达《督察审计复查决定书》。（　　）

【参考答案】 正确

【答案解析】《全国税务系统督察审计规范》规定，实施督察审计的税务机关应当自收到申诉之日起30日内作出复查决定，制作并下达《督察审计复查决定书》。

329. 督察内审部门受理举报事项时，若被举报人为税务机关的，由其上一级税务机关负责调查处理；若被举报人为税务人员的，由其任免机关负责调查处理。（　　）

【参考答案】 正确

【答案解析】《全国税务系统督察审计规范》规定，督察内审部门对受理的举报事项，按照以下原则，确定由本级税务机关组织调查处理或者交下级税务机关调查处理：(1)被举报人为税务机关的，由其上一级税务机关负责调查处理；(2)被举报人为税务人员的，由其任免机关负责调查处理。

330.督察审计组工作评价表应在督察审计工作结束后10个工作日内反馈。(　　)

【参考答案】 错误

【答案解析】《全国税务系统督察审计规范》规定,督察审计组工作评价表应在督察审计工作结束后5个工作日内反馈。

331.根据公务接待管理相关规定,接待费报销凭证应当包括财务票据、派出单位公函和接待清单。(　　)

【参考答案】 正确

【答案解析】《国家税务总局关于印发〈税务机关国内公务接待管理办法〉的通知》(税总发〔2014〕4号)第十五条规定,接待费报销凭证应当包括财务票据、派出单位公函和接待清单。

332.根据公务接待管理相关规定,各级税务机关不得以任何名义新建、改建、扩建内部接待所,不得对机关内部接待场所进行超标准装修或者装饰、超标准配置家具和电器。(　　)

【参考答案】 正确

【答案解析】《国家税务总局关于印发〈税务机关国内公务接待管理办法〉的通知》(税总发〔2014〕4号)第十六条规定,各级税务机关不得以任何名义新建、改建、扩建内部接待所,不得对机关内部接待场所进行超标准装修或者装饰、超标准配置家具和电器。

333.根据公务接待管理相关规定,督察内审部门应当对本机关国内公务接待经费进行审计,不能对机关内部接待场所进行审计监督。(　　)

【参考答案】 错误

【答案解析】《国家税务总局关于印发〈税务机关国内公务接待管理办法〉的通知》(税总发〔2014〕4号)第十九条规定,各级税务机关财务管理部门应当对本机关国内公务接待经费开支和使用情况进行监督。督察内审部门应当对本机关国内公务接待经费进行审计,并加强对机关内部接待场所的审计监督。

334.根据公务接待管理相关规定,各级税务机关应当每半年组织公开本机关国内公务接待制度规定、标准、经费支出、接待场所、接待项目等有关情况,接受社会监督。(　　)

【参考答案】 错误

【答案解析】《国家税务总局关于印发〈税务机关国内公务接待管理办法〉的通知》(税总发〔2014〕4号)第二十条规定,各级税务机关应当按年度组织公开本机关国内公务接待制度规定、标准、经费支出、接待场所、接待项目等有关情况,接受社会监督。

335.根据《中央和国家机关会议费管理办法》的会议分类,税务系统会议分为一、二、三、四类会议。(　　)

【参考答案】 错误

【答案解析】《税务系统会议费管理办法》第六条规定,根据《中央和国家机关会议费管理办法》的会议分类,税务系统会议分为二、三、四类会议。

336. 根据会议费管理相关规定，二类会议，是指税务总局召开的全国税务工作会议，要求各省、自治区、直辖市和计划单列市税务局主要负责同志参加，二类会议原则上每年不超过 2 次。（　　）

【参考答案】 错误

【答案解析】 《税务系统会议费管理办法》规定，二类会议，是指税务总局召开的全国税务工作会议，要求各省、自治区、直辖市和计划单列市税务局主要负责同志参加。二类会议原则上每年不超过 1 次。

337. 根据会议费管理相关规定，税务系统四类会议，需经本单位主要领导审核后列入单位年度会议计划。（　　）

【参考答案】 错误

【答案解析】 《税务系统会议费管理办法》规定，四类会议，经本单位分管局领导审核后列入单位年度会议计划。

338. 根据会议费管理相关规定，税务系统会议时间上，二、三、四类会议会期均不得超过 2 天，传达、布置类会议会期不得超过 1 天。会议报到和离开时间，二、三类会议合计不得超过 2 天，四类会议合计不得超过 1 天。（　　）

【参考答案】 正确

【答案解析】 《税务系统会议费管理办法》规定，二、三、四类会议会期均不得超过 2 天；传达、布置类会议会期不得超过 1 天。会议报到和离开时间，二、三类会议合计不得超过 2 天，四类会议合计不得超过 1 天。

339. 根据会议费管理相关规定，税务系统三类会议，参会人员不得超过 150 人，其中，工作人员控制在会议代表人数的 10%以内。（　　）

【参考答案】 正确

【答案解析】 《税务系统会议费管理办法》规定，三类会议，参会人员不得超过 150 人，其中，工作人员控制在会议代表人数的 10%以内。

340. 税务系统四类会议，参会人员视内容而定，一般不得超过 80 人。（　　）

【参考答案】 错误

【答案解析】 《税务系统会议费管理办法》规定，四类会议，参会人员视内容而定，一般不得超过 50 人。

341. 根据会议费管理相关规定，会议费由会议召开单位承担，不得向参会人员收取，不得以任何方式向下属机构、企事业单位、地方转嫁或摊派。（　　）

【参考答案】 正确

【答案解析】 《税务系统会议费管理办法》第十五条规定，二、三、四类会议费原则上在部门预算公用经费中列支。会议费由会议召开单位承担，不得向参会人员收取，不得以任何方式向下属机构、企事业单位、地方转嫁或摊派。

342. 根据会议费管理相关规定，会议费支付应当严格按照国库集中支付制度和公务卡管理制度的有关规定执行，以银行转账或公务卡方式结算，特殊情况，可以现金方式结算。（　　）

【参考答案】 错误

【答案解析】 《税务系统会议费管理办法》第十七条规定，会议费支付应当严格按照国库集中支付制度和公务卡管理制度的有关规定执行，以银行转账或公务卡方式结算，禁止以现金方式结算。具备条件的，应由单位财务部门直接结算。

343.根据内部控制管理制度相关规定，内部风险识别、风险定级、风险应对，编制和完善风险目录，是内部控制主责部门的内部控制职责之一。（ ）

【参考答案】 正确

【答案解析】 《全国税务系统内部控制管理制度（试行）》第十条规定，各级税务机关所属部门（单位）是内部控制主责部门，主要职责包括：（一）制定和完善内部控制相关制度；（二）开展风险识别、风险定级、风险应对，编制和完善风险目录，并向内部控制管理部门报备；（三）落实内部控制内生化工作，开展风险防控；（四）开展内部控制自我评估并提出应对和改进措施；（五）应用内部控制监督平台开展风险发布、需求响应、建议落实等；（六）指导下级税务机关相关部门的内部控制工作；（七）办理内部控制工作的其他事项。

344.根据内部控制管理制度相关规定，各级税务机关的内部控制主责部门是督察内审或承担督察内审职能的部门。（ ）

【参考答案】 错误

【答案解析】 《全国税务系统内部控制管理制度（试行）》第十条规定，各级税务机关所属部门（单位）是内部控制主责部门。

345.根据内部控制相关规定，内部控制内生化是通过数据接口对接以金税三期工程为主体的核心征管软件和其他业务软件，获取并集中数据，依托风险指标和防控措施，对数据进行比对分析，发现漏洞和薄弱环节，经汇总统计后形成疑点信息，推送至责任部门和基层单位进行风险防控。（ ）

【参考答案】 正确

【答案解析】 根据《深入推进内控机制建设切实发挥治税管队作用》，内部控制内生化是通过数据接口对接以金税三期工程为主体的核心征管软件和其他业务软件，获取并集中数据，依托风险指标和防控措施，对数据进行比对分析，发现漏洞和薄弱环节，经汇总统计后形成疑点信息，推送至责任部门和基层单位进行风险防控。

346.各级税务机关应当成立内部控制工作领导小组，主要负责人任组长，其他局领导任副组长，各部门（单位）内部控制管理岗人员为成员。（ ）

【参考答案】 错误

【答案解析】 《全国税务系统内部控制管理制度（试行）》第五条规定，各级税务机关应当成立内部控制工作领导小组（以下简称“领导小组”），主要负责人任组长，其他局领导任副组长，各部门（单位）主要负责人为成员。

347.根据内部控制管理制度相关规定，税务机关自我评估由内部控制主责部门牵头组织实施，每年开展1次。（ ）

【参考答案】 错误

【答案解析】 《全国税务系统内部控制管理制度(试行)》第十九条规定,税务机关自我评估由内部控制管理部门牵头组织实施,每年开展1次。

348. 各级税务机关主要负责人对本单位内部控制工作负总责,所属部门和单位主要负责人对职责范围内的内部控制工作负责。(　　)

【参考答案】 正确

【答案解析】 根据国家税务总局相关文件规定,各级税务机关主要负责人对本单位内部控制工作负总责,所属部门和单位主要负责人对职责范围内的内部控制工作负责。

349. 根据内部控制管理制度相关规定,内部控制主责部门可以采取内部排查、外部排查等方式,及时、全面地识别职责范围内的风险。(　　)

【参考答案】 错误

【答案解析】 《全国税务系统内部控制管理制度(试行)》第十二条规定,内部控制主责部门可以采取内部排查、外部推送等方式,及时、全面地识别职责范围内的风险。

350. 各省(区、市)税务局主责部门原则上每年至少开展一次内部风险筛查和推送工作。(　　)

【参考答案】 错误

【答案解析】 根据《全国税务系统内部控制监督平台使用管理办法(试行)》的规定,各省(区、市)税务局主责部门原则上每季度至少开展一次内部风险筛查和推送工作。

351. 税务系统内部控制监督平台中的督察审计判断流程管理系统,包含督察审计项目流程、疑点核查流程、配合外部审计三个功能模块。(　　)

【参考答案】 错误

【答案解析】 根据《税务系统内部控制监督平台操作手册》第3章督察审计流程管理系统"3.1.1系统功能介绍",督察审计流程管理系统,包含督察审计项目流程、疑点核查流程、配合外部审计和信访举报处理。

352. 内控内生化内容应当根据内部控制制度和风险防控的实际需要确定,突出对普遍风险和重点风险的防控。(　　)

【参考答案】 正确

【答案解析】 根据《全国税务系统应用软件内控功能内生化管理办法(试行)》第六条的规定,内控内生化内容应当根据内部控制制度和风险防控的实际需要确定,突出对普遍风险和重点风险的防控。

353. 税务系统内控内生化工作,由使用应用软件的税务机关负责实施。(　　)

【参考答案】 错误

【答案解析】 《全国税务系统应用软件内控功能内生化管理办法(试行)》第四条规定,内控内生化工作由组织开发应用软件的税务机关负责实施。

354. 行政管理风险,是指税务机关及其工作人员在内部管理过程中,故意损害国家利益、管理秩序或相关当事人合法权益的可能性。(　　)

【参考答案】 错误

【答案解析】 行政管理风险，是指税务机关及其工作人员在内部管理过程中，因故意或过失损害国家利益、管理秩序或相关当事人合法权益的可能性。

355. 在构建“制度＋科技＋文化”体系的全面提升阶段，全面加强文化建设，树立内控理念，逐步实现由“要我控”到“我要控”再到“我会控”的转变。（ ）

【参考答案】 正确

【答案解析】 在构建“制度＋科技＋文化”体系的全面提升阶段，全面加强文化建设，树立内控理念，逐步实现由“要我控”到“我要控”再到“我会控”的转变。

356. 加强内控机制，就是要构建制度、流程、信息、风险四道防线。（ ）

【参考答案】 错误

【答案解析】 通过明确权责分配规范权力运行程序、强化风险管理、健全规章制度是权力运行完成分权制衡、流程制约、风险管理、信息化运行，着力构建制度、流程、信息、监督四道防线，从而在税收管理、税收执法和行政管理各项权力运行中，形成内生的制约力的管理机制。

357. 各级税务机关教育培训主管部门制订的本单位年度培训计划经单位财务部门审核后，报单位主要负责人批准后施行。（ ）

【参考答案】 错误

【答案解析】 《税务系统培训费管理办法》第四条规定，建立培训计划编报和审批制度。各级税务机关教育培训主管部门制订的本单位年度培训计划（包括培训名称、目的、对象、内容、时间、地点、参训人数、所需经费及列支渠道等）经单位财务部门审核后，报单位局长办公会议或党组会议批准后施行。

358. 税务系统参训人员参加培训往返及异地教学发生的城市间交通费，按照差旅费有关规定回单位报销。（ ）

【参考答案】 正确

【答案解析】 《税务系统培训费管理办法》规定，参训人员参加培训往返及异地教学发生的城市间交通费，按照差旅费有关规定回单位报销。

359. 组织培训的工作人员控制在参训人员数量的10％以内，最多不超过5人。（ ）

【参考答案】 错误

【答案解析】 《税务系统培训费管理办法》第十二条规定，组织培训的工作人员控制在参训人员数量的10％以内，最多不超过10人。

360. 资产配置标准是对中央行政事业单位配置资产的品目、数量、价格、使用年限等指标的限额规定，是编报和审核新增资产配置相关预算、实施资产采购和监督检查的重要依据。（ ）

【参考答案】 正确

【答案解析】 《财政部关于印发〈中央行政事业单位国有资产配置管理办法〉的通知》（财资〔2018〕98号）第八条规定，资产配置标准是对中央行政事业单位配置资产的品目、数量、价格、使用年限等指标的限额规定，是编报和审核新增资产配置相关预算、实施资产采购和监督检查的重要依据。

361.中央行政事业单位资产配置后应当及时验收、登记，建立资产卡片和资产账目，并将资产的相关信息录入资产管理信息系统。（　　）

【参考答案】 正确

【答案解析】《财政部关于印发〈中央行政事业单位国有资产配置管理办法〉的通知》（财资〔2018〕98号）第二十三条规定，中央行政事业单位资产配置后应当及时验收、登记，建立资产卡片和资产账目，并将资产的相关信息录入资产管理信息系统。

362.未达到最低使用年限的办公设备、家具，除损毁且无法修复外，原则上不得更新。已达到使用年限仍可以使用的，不应继续使用。（　　）

【参考答案】 错误

【答案解析】《财政部 全国人大常委会办公厅 政协全国委员会办公厅 国管局 中直管理局关于印发〈中央行政单位通用办公设备家具配置标准〉的通知》（财资〔2016〕27号）规定，最低使用年限根据办公设备、家具的使用频率和耐用程度等确定，是通用办公设备、家具使用的低限标准。未达到最低使用年限的，除损毁且无法修复外，原则上不得更新。已达到使用年限仍可以使用的，应当继续使用。

363.政府机关配置的办公通用软件，最低使用年限为5年。已达到规定的最低使用年限但仍有使用价值的，应当继续使用。（　　）

【参考答案】 正确

【答案解析】《政府机关办公通用软件资产配置标准（试行）》第八条规定，政府机关配置的办公通用软件，最低使用年限为5年。已达到规定的最低使用年限但仍有使用价值的，应当继续使用。

364.公务用车配备新能源轿车的，价格不得超过15万元。（　　）

【参考答案】 错误

【答案解析】《党政机关公务用车管理办法》规定，公务用车配备新能源轿车的，价格不得超过18万元。

365.税务系统行政单位新配置办公用房的，应当在搬入新办公用房后2个月内，将超出核定面积的原有办公用房腾退，不得继续占用或者自行处置，不得自行安排其他单位使用。（　　）

【参考答案】 错误

【答案解析】《税务系统行政单位办公用房管理办法（试行）》第十六条规定，税务系统行政单位新配置办公用房的，应当在搬入新办公用房后1个月内，将超出核定面积的原有办公用房腾退，不得继续占用或者自行处置，不得自行安排其他单位使用。

366.市税务局办公用房以及县税务局投资总额2000万元以上的办公用房新建、购建和改扩建项目，由省税务局核报税务总局审批。（　　）

【参考答案】 错误

【答案解析】《税务系统基本建设管理办法》规定，市税务局办公用房以及县税务局投资总额3000万元以上的办公用房新建、购建和改扩建项目，由省税务局核报税务总局审批。

367.税务系统现有办公用房投入使用15年以上，面积不足规定标准面积四分之三，功能不全，严重制约工作正常开展，且无法调剂使用的，可以申请新建、购建或者改扩建。（ ）

【参考答案】 错误

【答案解析】《税务系统基本建设管理办法》规定，现有办公用房投入使用15年以上，面积不足规定标准面积三分之二，功能不全，严重制约工作正常开展，且无法调剂使用的，可以申请新建、购建或者改扩建。

368.税务总局和省税务局基本建设主管部门应当根据项目的不同类别，将通过初步审核的项目建议书，分别送本级人事、督察内审、征管科技、电子税务（信息中心）、政府采购、教育等有关职能部门会签，会签同意后报本级分管财务工作的局领导审核，并提请本级党委会审议。（ ）

【参考答案】 正确

【答案解析】《税务系统基本建设管理办法》规定，税务总局和省税务局基本建设主管部门应当根据项目的不同类别，将通过初步审核的项目建议书，分别送本级人事、督察内审、征管科技、电子税务（信息中心）、政府采购、教育等有关职能部门会签，会签同意后报本级分管财务工作的局领导审核，并提请本级党委会审议。

369.税务系统在新建、购建、改扩建项目以及投资总额100万元以上的维修改造项目初步设计审批前，须进行项目评审。（ ）

【参考答案】 错误

【答案解析】《税务系统基本建设管理办法》第六十一条规定，新建、购建、改扩建项目以及投资总额200万元以上的维修改造项目初步设计审批前，须进行项目评审。

370.基建项目完工可以投入使用或者试运行合格后，应当在2个月内编报竣工财务决算。（ ）

【参考答案】 错误

【答案解析】《税务系统基本建设管理办法》第九十九条规定，基建项目完工可以投入使用或者试运行合格后，应当在3个月内编报竣工财务决算。特殊情况确需延长时间的，投资总额不满3 000万元的中小型项目延长时间不得超过2个月，投资总额3 000万元以上的大型项目延长时间不得超过6个月。

371.税务系统基本建设项目审批部门未按程序核定或调整概算的，应当及时改正。对直接负责的主管人员和其他责任人员进行诫勉谈话、通报批评或者给予党纪政纪处分。（ ）

【参考答案】 正确

【答案解析】《税务系统基本建设项目投资概算管理暂行办法》第二十二条规定，项目审批部门未按程序核定或调整概算的，应当及时改正。对直接负责的主管人员和其他责任人员进行诫勉谈话、通报批评或者给予党纪政纪处分。

372. 编制项目竣工财务决算前，项目建设单位应当完成各项财务处理及财产物资的盘点核实，做到账账、账证、账实、账表相符。（　　）

【参考答案】 正确

【答案解析】《税务系统基本建设项目投资概算管理暂行办法》第八条规定，编制项目竣工财务决算前，项目建设单位应当完成各项财务处理及财产物资的盘点核实，做到账账、账证、账实、账表相符。项目建设单位应当逐项盘点核实、填列各种材料、设备、工具、器具等清单并妥善保管，应变价处理的库存设备、材料以及应处理的自用固定资产要公开变价处理，不得侵占、挪用。

373. 政府采购实行集中采购和分散采购相结合，集中采购的范围由省级以上人民政府公布的集中采购目录确定。（　　）

【参考答案】 正确

【答案解析】《中华人民共和国政府采购法》（中华人民共和国主席令第 14 号）第七条规定，政府采购实行集中采购和分散采购相结合。集中采购的范围由省级以上人民政府公布的集中采购目录确定。

374. 采购人不得将应当以公开招标方式采购的货物或者服务化整为零或者以其他任何方式规避公开招标采购。（　　）

【参考答案】 正确

【答案解析】《中华人民共和国政府采购法》（中华人民共和国主席令第 14 号）第二十八条规定，采购人不得将应当以公开招标方式采购的货物或者服务化整为零或者以其他任何方式规避公开招标采购。

375. 必须保证原有采购项目一致性或者服务配套的要求，需要继续从原供应商处添购，且添购资金总额不超过原合同采购金额百分之二十的，可以采用单一来源方式采购。（　　）

【参考答案】 错误

【答案解析】《中华人民共和国政府采购法》（中华人民共和国主席令第 14 号）第三十一条规定，符合下列情形之一的货物或者服务，可以依照本法采用单一来源方式采购：（一）只能从唯一供应商处采购的；（二）发生了不可预见的紧急情况不能从其他供应商处采购的；（三）必须保证原有采购项目一致性或者服务配套的要求，需要继续从原供应商处添购，且添购资金总额不超过原合同采购金额百分之十的。

376. 货物和服务项目实行招标方式采购的，自招标文件开始发出之日起至投标人提交投标文件截止之日止，不得少于三十日。（　　）

【参考答案】 错误

【答案解析】《中华人民共和国政府采购法》（中华人民共和国主席令第 14 号）第三十五条规定，货物和服务项目实行招标方式采购的，自招标文件开始发出之日起至投标人提交投标文件截止之日止，不得少于二十日。

377. 采购人、采购代理机构擅自提高采购标准的，责令限期改正，给予警告，可以并处

罚款,对直接负责的主管人员和其他直接责任人员,由其行政主管部门或者有关机关给予处分,并予通报。(　　)

【参考答案】 正确

【答案解析】《中华人民共和国政府采购法》(中华人民共和国主席令第14号)第七十二条规定,采购人、采购代理机构及其工作人员有下列情形之一,构成犯罪的,依法追究刑事责任;尚不构成犯罪的,处以罚款,有违法所得的,并处没收违法所得,属于国家机关工作人员的,依法给予行政处分:(一)与供应商或者采购代理机构恶意串通的;(二)在采购过程中接受贿赂或者获取其他不正当利益的;(三)在有关部门依法实施的监督检查中提供虚假情况的;(四)开标前泄露标底的。

378.采购人未依法公布政府采购项目的采购标准和采购结果的,责令改正,对直接负责的主管人员依法给予处分。(　　)

【参考答案】 正确

【答案解析】《中华人民共和国政府采购法》(中华人民共和国主席令第14号)第七十五条规定,采购人未依法公布政府采购项目的采购标准和采购结果的,责令改正,对直接负责的主管人员依法给予处分。

379.稽查办案所需的各类可移动可携带的专用设备,应统一购置、统一调配,并建立领用归还登记制度,专人管理,办案人员按需领取、周转使用、结案后归还。(　　)

【参考答案】 正确

【答案解析】《税务稽查办案专项经费管理办法》规定,稽查办案所需的各类可移动可携带的专用设备,应统一购置、统一调配,并建立领用归还登记制度,专人管理,办案人员按需领取、周转使用、结案后归还。

380.稽查部门组织集中办理重大案件,应当由单位主要负责人批准后开展。(　　)

【参考答案】 错误

【答案解析】《税务稽查办案专项经费管理办法》规定,组织集中办理重大案件,应当由分管稽查工作的税务局领导批准后开展。发生的相关费用,凭有效票据和工作通知、办案人员签到记录等资料报销。

381.各单位应当将增值税发票管理风险内部控制结果与党风廉政建设、绩效管理、数字人事等工作有机结合,实现信息共享、结果共用。(　　)

【参考答案】 正确

【答案解析】《增值税发票管理风险内部控制制度》规定,各单位应当将增值税发票管理风险内部控制结果与党风廉政建设、绩效管理、数字人事等工作有机结合,实现信息共享、结果共用。

382.各级单位均应当将增值税发票管理风险内部控制措施固化融入相关信息管理系统,从权限、流程、模板、指引等方面着手,对增值税发票管理风险实行信息化防控。(　　)

【参考答案】 错误

【答案解析】《增值税发票管理风险内部控制制度》第十八条规定,有信息管理系统开发优化权限的单位，应当将增值税发票管理风险内部控制措施固化融入相关信息管理系统，从权限、流程、模板、指引等方面着手，对增值税发票管理风险实行信息化防控。

383. 固定资产是指使用期限超过一年，单位价值在 1 500 元以上，并且在使用过程中基本保持原有物质形态的资产。（　　）

【参考答案】 错误

【答案解析】《税务系统行政单位办公用房管理办法（试行）》第十九条规定，固定资产是指使用期限超过一年，单位价值在 1 000 元以上（其中：专用设备单位价值在 1 500 元以上），并且在使用过程中基本保持原有物质形态的资产。单位价值虽未达到规定标准，但是耐用时间在一年以上的大批同类物资，作为固定资产管理。

384. 税务系统行政单位办公用房配置所需资金，应当通过部门预算安排，不得接受任何形式赞助或者捐款，不得搞任何形式集资或者摊派，不得向其他任何单位借款，不得让施工单位垫资，严禁挪用各类专项资金。（　　）

【参考答案】 正确

【答案解析】《税务系统行政单位办公用房管理办法（试行）》第十五条规定，税务系统行政单位办公用房配置所需资金，应当通过部门预算安排，不得接受任何形式赞助或者捐款，不得搞任何形式集资或者摊派，不得向其他任何单位借款，不得让施工单位垫资，严禁挪用各类专项资金。

385. 税务系统行政单位办公用房经专业机构鉴定属于危房，且无加固改造价值的，可以按照有关规定采取调剂使用、转换用途、置换、出租、拆除、拍卖等方式及时处置利用。（　　）

【参考答案】 正确

【答案解析】《税务系统行政单位办公用房管理办法（试行）》第二十五条规定，税务系统行政单位办公用房有下列情形之一闲置的，可以按照有关规定采取调剂使用、转换用途、置换、出租、拆除、拍卖等方式及时处置利用：（一）充分满足办公办税和事业发展需求，仍有余量的；（二）因地理位置、周边环境、房屋结构等原因，不适合继续作为办公用房使用的；（三）因城乡规划调整等需要拆迁的；（四）经专业机构鉴定属于危房，且无加固改造价值的；（五）其他原因导致办公用房闲置的。

386. 各级税务机关应当建立本单位办公用房内部使用管理制度，办公用房管理部门应当根据职责分工，加强监督检查和责任追究，及时发现和纠正违规问题。（　　）

【参考答案】 正确

【答案解析】《税务系统行政单位办公用房管理办法（试行）》第三十条规定，各级税务机关应当建立本单位内部使用管理制度，办公用房管理部门应当根据职责分工，加强监督检查和责任追究，及时发现和纠正违规问题。

387. 税务系统行政单位固定资产实物管理部门对本单位占有、使用的固定资产实施实物管理，应定期与财务部门和固定资产使用部门对账，做到账账相符、账实相符。（　　）

【参考答案】 正确

【答案解析】《税务系统行政单位国有资产管理办法》第十四条规定，税务系统行政单位固定资产实物管理部门对本单位占有、使用的固定资产实施实物管理，其主要职责是：……（六）定期与财务部门和固定资产使用部门对账，做到账账相符、账实相符。

388. 盘盈的固定资产，按照取得同类或类似固定资产的实际成本确定入账价值；没有同类或类似固定资产的实际成本，按照同类或类似固定资产的最低价格确定入账价值。（　　）

【参考答案】错误

【答案解析】《税务系统行政单位国有资产管理办法》规定，盘盈的固定资产，按照取得同类或类似固定资产的实际成本确定入账价值；没有同类或类似固定资产的实际成本，按照同类或类似固定资产的市场价格确定入账价值。

389. 流动资产是指可以在一年内变现或者耗用的资产，包括现金、银行存款、零余额账户用款额度（财政应返还额度）、应收及暂付款项、存货等。（　　）

【参考答案】正确

【答案解析】《税务系统行政单位国有资产管理办法》第二十五条规定，流动资产是指可以在一年内变现或者耗用的资产，包括现金、银行存款、零余额账户用款额度（财政应返还额度）、应收及暂付款项、存货等。其中，存货是指行政单位在工作中为耗用而存储的资产，包括材料、燃料、包装物和低值易耗品等。

390. 税务系统行政单位接受捐赠或盘盈的固定资产，应由财务部门办理交接，并根据固定资产交接单、发票或固定资产盘盈报告等凭证，办理有关入库、财务等手续。（　　）

【参考答案】错误

【答案解析】《税务系统行政单位国有资产管理办法》第四十四条规定，税务系统行政单位接受捐赠或盘盈的固定资产，应由固定资产实物管理部门办理交接，并根据固定资产交接单、发票或固定资产盘盈报告等凭证，办理有关入库、财务等手续。

391. 税务系统行政单位应当对公务用车实行集中管理、统一调度，并建立健全公务用车使用登记管理制度。特殊情况下，可以借用下级单位和其他单位的车辆。（　　）

【参考答案】错误

【答案解析】《税务系统行政单位国有资产管理办法》第五十二条规定，税务系统行政单位应当对公务用车实行集中管理、统一调度，并建立健全公务用车使用登记管理制度。不得借用、占用下级单位和其他单位的车辆。

392. 稽查部门购置办案专用设备，应当经财务部门和资产管理部门审核，并按程序报批后，根据政府采购和国库集中支付的有关规定办理。发生的相关费用，凭有效票据和购买合同等资料报销。（　　）

【参考答案】正确

【答案解析】《税务稽查办案专项经费管理办法》规定，购置办案专用设备，应当经财务部门和资产管理部门审核，并按程序报批后，根据政府采购和国库集中支付的有关规定办理。发生的相关费用，凭有效票据和购买合同等资料报销。

393. 税务系统政府采购项目档案管理工作分别由采购部门和档案管理部门组织实施，

其中采购部门负责归档前管理，档案管理部门负责归档后管理。（ ）

【参考答案】 正确

【答案解析】《税务系统政府采购档案管理办法（试行）》第四条规定，税务系统政府采购项目档案管理工作分别由采购部门和档案管理部门组织实施，其中采购部门负责归档前管理，档案管理部门负责归档后管理。

394. 政府采购项目档案的保管期限从采购结束之日起至少保存十年。（ ）

【参考答案】 错误

【答案解析】《税务系统政府采购档案管理办法（试行）》规定，政府采购项目档案的保管期限从采购结束之日起至少保存十五年。

395. 税收服务项目的政府采购限额标准、公开招标数额标准、变更采购方式审核、信息公开、质疑投诉等按照政府采购相关规定执行。（ ）

【参考答案】 正确

【答案解析】《税收服务项目政府采购管理办法（暂行）》第十四条规定，税收服务项目的政府采购限额标准、公开招标数额标准、变更采购方式审核、信息公开、质疑投诉等按照政府采购相关规定执行。

396. 内部审计机构应当根据工作需要，合理配备内部审计人员。除涉密事项外，可以根据内部审计工作需要向社会购买审计服务，并对采用的审计结果负责。（ ）

【参考答案】 正确

【答案解析】《审计署关于内部审计工作的规定》第八条规定，内部审计机构应当根据工作需要，合理配备内部审计人员。除涉密事项外，可以根据内部审计工作需要向社会购买审计服务，并对采用的审计结果负责。

397. 单位应当建立健全审计发现问题整改机制，明确被审计单位主要负责人为整改第一责任人。对审计发现的问题和提出的建议，被审计单位应当及时整改，并将整改结果书面告知内部审计机构。（ ）

【参考答案】 正确

【答案解析】《审计署关于内部审计工作的规定》第十八条规定，单位应当建立健全审计发现问题整改机制，明确被审计单位主要负责人为整改第一责任人。对审计发现的问题和提出的建议，被审计单位应当及时整改，并将整改结果书面告知内部审计机构。

398. 内部审计结果及整改情况应当作为考核、任免、奖惩干部和相关决策的重要依据。（ ）

【参考答案】 正确

【答案解析】《审计署关于内部审计工作的规定》第二十条规定，内部审计机构应当加强与内部纪检监察、巡视巡察、组织人事等其他内部监督力量的协作配合，建立信息共享、结果共用、重要事项共同实施、问题整改问责共同落实等工作机制。内部审计结果及整改情况应当作为考核、任免、奖惩干部和相关决策的重要依据。

399. 单位对内部审计发现的典型性、普遍性、倾向性问题，应当及时分析研究，制定和

完善相关管理制度，建立健全内部控制措施。（ ）

【参考答案】 正确

【答案解析】《审计署关于内部审计工作的规定》第十九条规定，单位对内部审计发现的典型性、普遍性、倾向性问题，应当及时分析研究，制定和完善相关管理制度，建立健全内部控制措施。

400.审计机关可以采取日常监督、结合审计项目监督、专项检查等方式，对单位的内部审计制度建立健全情况、内部审计工作质量情况等进行指导和监督。（ ）

【参考答案】 正确

【答案解析】《审计署关于内部审计工作的规定》第二十六条规定，审计机关可以采取日常监督、结合审计项目监督、专项检查等方式，对单位的内部审计制度建立健全情况、内部审计工作质量情况等进行指导和监督。

401.被审计单位拒绝、拖延提供与内部审计事项有关的资料，或者提供资料不真实、不完整的，由部门负责人责令改正，并对直接负责的主管人员和其他直接责任人员进行处理。（ ）

【参考答案】 错误

【答案解析】《审计署关于内部审计工作的规定》第二十八条规定，被审计单位有下列情形之一的，由单位党组织、董事会（或者主要负责人）责令改正，并对直接负责的主管人员和其他直接责任人员进行处理：（一）拒绝接受或者不配合内部审计工作的；（二）拒绝、拖延提供与内部审计事项有关的资料，或者提供资料不真实、不完整的；（三）拒不纠正审计发现问题的；（四）整改不力、屡审屡犯的；（五）违反国家规定或者本单位内部规定的其他情形。

四、问答题

1.内部控制管理应当遵循的原则是什么？

【参考答案】 内部控制管理应当遵循以下原则：（一）统一领导，分级管理；（二）各司其职，协调配合；（三）问题导向，持续改进；（四）科学合理，客观公正。

2.内部控制工作领导小组的主要职责是什么？

【参考答案】 内部控制工作领导小组的主要职责包括：（一）研究审定内部控制制度及管理措施；（二）审定内部控制工作计划和实施方案；（三）研究审定风险目录、考核评价结果及结果运用方案；（四）研究部署内部控制信息化建设重要工作；（五）研究部署内部控制其他重大事项和管理措施。

3.内部控制工作领导小组办公室的主要职责是什么？

【参考答案】 内部控制工作领导小组办公室的主要职责包括：（一）牵头拟定内部控制工作计划、实施方案并组织落实；（二）初审内部控制制度、风险目录、考核评价结果及结果运用方案；（三）指导、协调、督促内部控制日常工作，定期向领导小组汇报；（四）承办领导小组会议，完成领导小组交办的其他事项。

4.内部控制管理部门的主要职责是什么？

【参考答案】 各级税务机关督察内审部门（或者承担督察内审职能的部门）是内部控

制管理部门，主要职责包括：(一)组织制定、完善内部控制制度；(二)应用内部控制监督平台开展任务推送、风险目录管理、监督检查、考核评价等，研究内部控制存在的问题，提出处理意见；(三)组织内部控制宣传和培训工作；(四)办理内部控制管理工作的其他事项。

5. 内部控制主责部门的主要职责是什么？

【参考答案】 各级税务机关所属部门(单位)是内部控制主责部门，主要职责包括：(一)制定和完善内部控制相关制度；(二)开展风险识别、风险定级、风险应对，编制和完善风险目录，并向内部控制管理部门报备；(三)落实内部控制内生化工作，开展风险防控；(四)开展内部控制自我评估并提出应对和改进措施；(五)应用内部控制监督平台开展风险发布、需求响应、建议落实等；(六)指导下级税务机关相关部门的内部控制工作；(七)办理内部控制工作的其他事项。

6. 风险日常管理的主要内容是什么？

【参考答案】 风险日常管理的主要内容包括风险识别、风险定级、风险应对、风险报备、风险目录编制等。

7. 风险点的风险等级有哪几种？

【参考答案】 内部控制主责部门应当确定风险点的风险等级，一般分为高、中、低三个等级。

8. 内部控制主责部门应当向本级税务机关内部控制管理部门进行风险报备，报备内容主要包括什么？

【参考答案】 内部控制主责部门应当向本级税务机关内部控制管理部门进行风险报备。报备内容主要包括：(一)风险事项收集识别情况，特别是风险点增加、修改和删除的情况及原因；(二)风险定级的标准、方式和结果，特别是风险定级调整情况及原因；(三)风险事项的控制措施和建议，特别是控制措施的增加、修改和删除的情况及原因；(四)风险目录。

9. 各级税务机关及其所属部门(单位)应当定期对内部控制建设和实施情况开展自我评估，自我评估的内容包括什么？

【参考答案】 自我评估的内容包括：(一)内部控制制度建设和落实情况；(二)风险识别、定级和应对情况；(三)内部控制监督平台的运行和应用情况；(四)内部控制工作的管理情况。

10. 各级税务机关应当定期对本级税务机关所属部门(单位)以及下级税务机关的内部控制建立、组织和实施情况开展监督检查，监督检查内容主要包括什么？

【参考答案】 监督检查内容主要包括：(一)内部控制组织领导情况；(二)内部控制相关制度的建设和落实情况；(三)风险识别、定级和应对情况；(四)内部控制监督平台的运行和应用情况；(五)内部控制工作的宣传和培训情况；(六)内部控制自我评估情况；(七)内部控制内生化落实情况；(八)内部控制工作其他情况。

11. 内部控制的目标是什么？

【参考答案】 内部控制目标，主要包括：(一)服务中心工作，提高工作质效，有效履行税收职能，贯彻落实好党中央、国务院决策部署。（二）坚持依法治税，规范税收执法行为，有效维护行政管理相对人合法权益，各项税收业务活动合法合规。（三）严格内部管理，规范政务运转，提高行政效能，各项行政管理工作安全有序。（四）规范权力运行，筑牢反腐防线，防范职务风险，促进廉洁从税。

12. 建立和实施内部控制，应当遵的原则是什么？

【参考答案】 建立和实施内部控制，应当遵循以下原则：（一）全面覆盖。涵盖税务工作的所有领域，贯穿决策、执行、监督的全过程，覆盖所有单位、部门、岗位和人员。（二）突出重点。重点加强对税务工作重点领域、关键环节、重要岗位风险的防范和控制。（三）权力制衡。分事行权、分岗设权、分级授权，在机构设置、层级管理、岗责配置、业务流程等方面实现相互制约、相互监督、相互协调。（四）融合联动。与政策制定、税收执法、行政管理和党风廉政建设等工作紧密结合、深度融合、高度契合，形成整体联动效应。（五）持续改进。强化动态管理，及时发现和纠正存在的问题，根据内外部工作环境和工作要求的变化不断优化完善，使内部控制与人员规模、业务重点、风险水平相适应。

13. 内部控制制度体系，包括什么？

【参考答案】 内部控制制度体系包括：（一）基本制度，是指国家税务总局制定的，用于指导全国税务系统建立和实施内部控制的基本准则。（二）专项制度，是指国家税务总局依据基本制度制定的，用于指导税务工作特定领域风险防控的专门制度。省税务机关可以结合实际制定本单位（系统）的专项制度。（三）操作规程，是指各级税务机关依据基本制度和专项制度制定的，用于防控税务工作特定领域具体风险的有关职责、措施、流程和程序的集合。（四）管理制度，是指各级税务机关依据基本制度制定的，用于规范内部控制自我评估、监督检查、考核评价、结果运用等工作的制度或办法。

14. 什么是内部控制的政策制定风险？

【参考答案】 内部控制的政策制定风险，是指税务机关在制定税收政策的过程中，因目标或导向失误、制定依据不充分、与上位法相抵触、制定程序违规等，造成国家利益或行政管理相对人利益损失的可能性。

15. 什么是内部控制的税收执法风险？

【参考答案】 内部控制的税收执法风险，是指税务机关及其工作人员在税收执法过程中，因故意或过失，损害国家利益或行政管理相对人合法权益的可能性。包括以下内容：（一）税款征收风险，主要指在税款的征收、缴库、退库、调库、追征和办理税收优惠等工作中存在的风险。（二）税务管理风险，主要指在税务登记、发票管理、认定管理、纳税申报、税额确认、行政许可、凭证管理、证明办理、对纳税人备案事项的后续管理等工作中存在的风险。（三）纳税服务风险，主要指在宣传咨询、信用评价、权益维护、中介机构管理等工作中存在的风险。（四）税务稽查风险，主要指在选案、检查、审理、执行等稽查工作中存在的风险。（五）出口退（免）税风险，主要指在出口退（免）税申报受理、审核、核准、办理等工作中存在的风险。（六）税收法制风险，主要指在行政处罚、行政复议、行政诉讼、行政强制、行政赔偿等工作中存在的风险。（七）其他税收执法风险。

16. 什么是内部控制的行政管理风险？

【参考答案】 内部控制的行政管理风险，是指税务机关及其工作人员在内部管理过程中，因故意或过失，损害国家利益、管理秩序或相关当事人合法权益的可能性。包括以下内容：(一)人事管理风险，主要指在机构编制、人员录用和调配、干部选拔任用、干部监督、考核奖惩、工资福利、干部档案管理、教育培训等工作中存在的风险。(二)财务管理风险，主要指在预算管理、会计和决算管理、国库集中收付管理、国有资产管理、基本建设管理等工作中存在的风险。(三)政府采购风险，主要指在采购预算管理、立项管理、采购需求管理、采购计划管理、采购实施、合同管理、验收和资金支付、档案管理等工作中存在的风险。(四)政务管理风险，主要指在公文处理、会议管理、印章管理、保密管理、档案管理、舆情应对、信访管理、信息公开、应急管理、绩效管理等工作中存在的风险。(五)信息系统管理风险，主要指在信息系统建设、业务流程控制、数据应用管理和信息安全等工作中存在的风险。(六)内部监督风险，主要指在巡视巡察、纪检监察、督察审计、督查督办等工作中存在的风险。(七)其他行政管理风险。

17. 内部控制的制约控制方法包括什么？

【参考答案】 内部控制的制约控制方法包括：(一)职责分工控制。优化内设机构设置，合理划分、科学配置内设机构职能，明确不同岗位之间的权限和职责，构建权责一致、边界清晰、协调配合、运转高效的职能体系，强化责任落实。(二)不相容岗位(职责)分离控制。对一人履职可能发生错误或舞弊风险，并可能自我掩盖的岗位(职责)，采取相应岗位(职责)分离措施，明确细化责任，形成横向、纵向相互制约监督的工作机制。(三)授权审批控制。建立与税务工作相适应的内部授权管理体系，明确权限范围、审批程序和相关责任，确保各单位及关键岗位人员在授权范围内行使职权、办理业务。(四)流程控制。将内部控制嵌入工作流程，对各环节实行模块化管理，对流程进行持续的监督、评价和优化，使风险点在流程中得到控制和解决，形成顺向相互支撑、有效制衡，逆向真实反馈、有效监督的完整体系。(五)过程预警控制。根据工作规程和业务运转的内在逻辑，在重要节点预设监控指标进行检索、比对，对应办事项及时提醒，对错办事项及时干预、强制阻断。(六)集体决策控制。建立重大事项集体决策和重要事项会签制度，明确集体决策和会签事项范围，规范集体决策和会签程序，加强对重大事项和重要事项风险的事前控制。(七)公开运行控制。根据国家有关规定和本单位的实际情况，建立健全信息公开、公示制度，明确公开、公示的内容、范围、方式和程序，为外部监督和内部监督提供保障。(八)痕迹记录控制。利用有效手段保留完整的工作记录、台账、表单、票据和文书等，通过运行痕迹记录对工作事项处理进行过程控制，确保工作过程可查询、可追溯、可比较。(九)其他制约控制方法。

18. 内部控制的监督控制方法包括什么？

【参考答案】 内部控制的监督控制方法包括：(一)日常监督控制。上级税务机关业务主管部门应对下级税务机关及税务人员遵守和执行职责范围内相关制度、流程情况实行日常监督管理。(二)专门监督控制。各级税务机关专门监督部门应依据职责分工和管辖权限对税务机关及税务人员遵守和执行相关制度、流程情况实行专门监督检查。

19.国家税务总局内控管理部门的职责包括什么?

【参考答案】 国家税务总局内控管理部门的职责包括:(一)统筹、协调、指导全国税务系统内部控制工作;(二)拟订全国税务系统内部控制基本制度和管理制度,组织税务总局局内各单位制定专项制度和操作规程;(三)负责全国税务系统内部控制监督平台建设,指导业务软件内部控制功能内生化建设;(四)组织对全国税务系统内部控制工作的检查、考核和评价,对内部控制存在的问题进行研究,提出处理意见;(五)负责处理内部控制日常事务;(六)办理其他相关事项。

20.省以下税务机关内控管理部门的职责包括什么?

【参考答案】 省以下税务机关内控管理部门的职责包括:(一)统筹、协调、指导本系统内部控制工作;(二)组织本机关所属部门和单位制定、完善相关制度和操作规程;(三)组织对本系统内部控制工作的检查、考核和评价,对内部控制存在的问题进行研究,提出处理意见;(四)负责处理内部控制日常事务;(五)办理其他相关事项。

21.税务行政处罚主要风险点有哪些?

【参考答案】 税务行政处罚的主要风险点包括(一)调查:未按规定程序进行调查取证;未按规定听取当事人陈述申辩并做笔录;未按行政处罚裁量基准提出处罚建议。(二)告知:未按规定告知当事人拟作出处罚决定的事实、理由和依据;未按规定告知当事人依法享有的陈述、申辩或要求听证权利,以及申请听证期限。(三)听证:未按规定受理当事人提出的听证申请;未按规定通知当事人举行听证的有关事项;未按规定程序组织听证。(四)审查:未按规定期限审查案卷;未按规定程序审查案卷;未按规定适用行政处罚裁量基准作出审查报告。(五)决定:未按规定期限作出税务行政处罚决定;违反规定作出不予处罚、减轻处罚、从轻处罚、加重处罚的决定;未按规定权限作出税务行政处罚决定;未按规定制作《税务行政处罚决定书》。(六)执行:未按规定期限送达《税务行政处罚决定书》;未按规定程序送达《税务行政处罚决定书》。

22.税务行政复议风险内部控制的内容主要包括什么?

【参考答案】 税务行政复议受理、审查、中止和终止、决定、和解和调解、执行等事项的工作风险以及由此产生的廉政风险。

23.违反《税务系统会议费管理办法》规定的哪些行为,依法依规追究会议举办单位和相关人员的责任。

【参考答案】 违反《税务系统会议费管理办法》规定,有下列行为之一的,依法依规追究会议举办单位和相关人员的责任:(一)计划外召开会议的。(二)以虚报、冒领手段骗取会议费的。(三)虚报会议人数、天数等进行报销的。(四)违规扩大会议费开支范围,擅自提高会议费开支标准的。(五)违规报销与会议无关费用的。(六)其他违反本办法行为的。

24.税务系统行政单位办公用房管理应当遵循哪些原则?

【参考答案】 税务系统行政单位办公用房管理应当遵循下列原则:(一)依法合规,严格执行国家法律法规和有关制度规定,强化监督管理;(二)规范配置,严格执行标准,严格审核程序，合理保障需求；（三）有效利用，统筹调剂余缺，及时依规处置，避免闲置浪费；（四）厉行节约，注重庄重朴素、经济适用，节约能源资源。

25. 税务系统内控内生化工作应当遵循的原则是什么？

【参考答案】 税务系统内控内生化工作应当遵循以下原则：（一）全面内生。应用软件应当具有内部控制功能，可以嵌入软件的风险防控措施应当尽量嵌入，实现内控内生的最大化。（二）突出重点。重点做好全国税务系统通用的应用软件以及省税务机关组织开发的主要应用软件的内控内生化，且突出对高等级风险的重点防控。（三）持续改进。根据政策调整、业务变化及风险防控需要，适时调整、完善应用软件内部控制与风险防控的措施和功能。（四）统筹兼顾。内控内生化应当统筹应用软件内部控制与业务管理的内容、要求和功能，做到协调统一、有机融合。在确保实现应用软件业务功能、效率的前提下，最大限度实现内控内生化。

26. 能够嵌入应用软件，应当予以内生化的风险防控措施有哪些？

【参考答案】 以下风险防控措施能够嵌入应用软件的，应当予以内生化：（一）事前预警。对法律、行政法规、规章制度及操作规范规定有前置条件的操作行为，应当设置违规操作风险预警指标，对不满足前置条件的行为进行事前预警。（二）事中阻断。对法律、行政法规、规章制度及操作规范明确禁止的操作行为应当设置阻断，进行事中阻断。（三）事后筛查。对无法通过事前预警、事中阻断措施防控的其他风险，可以根据风险防控的需要设置事后风险筛查指标，进行事后的风险筛选、核查。

27. 内控内生化工作中，应用软件业务主管部门的职责是什么？

【参考答案】 应用软件业务主管部门的职责包括：（一）制定内控内生化方案；（二）组织实施内控内生化方案；（三）负责内控内生化的自我评估和持续改进；（四）其他相关工作事项。

28. 内控内生化工作中，应用软件使用部门的职责是什么？

【参考答案】 应用软件使用部门的职责包括：（一）按照规定使用应用软件的内部控制和风险防控功能；（二）及时反映使用中发现的问题，提出改进建议；（三）其他相关工作事项。

29. 根据增值税发票管理风险涉及事项或环节的重要程度、发生概率、危害程度等因素，将其分为高、中、低三个等级，其中高风险是什么？

【参考答案】 高风险，是指违反相关法律、法规、规章及增值税发票管理工作规定，未履行法定职责，在增值税发票日常管理、风险管理、区域协作等环节管理不当，造成程序违法、认定错误等情形，导致税务机关行政行为违法；以及税务人员徇私舞弊、滥用职权、玩忽职守等渎职行为，导致国家税款或纳税人合法权益遭受严重损失，税务人员被行政处分或承担刑事责任，造成严重后果的风险。

30. 发票日常管理风险内部控制的内容主要包括哪些？

【参考答案】 发票日常管理风险内部控制的内容主要包括：增值税专用发票最高开票限额审批、发票发放、税控设备管理、发票代开、申报比对等事项的工作风险，以及由此产生的税收执法风险和廉政风险。

31. 发票风险管理内部控制内容主要包括哪些？

【参考答案】 发票风险管理内部控制内容主要包括：风险识别、风险处理、风险反馈评价。

32. 发票风险管理区域协作内部控制内容主要包括哪些？

【参考答案】 发票风险管理区域协作内部控制内容主要包括：跨区域信息共享、跨区域协查。

33. 什么是经济责任？

【参考答案】 经济责任，是指领导干部在任职期间，对其管辖范围内贯彻执行党和国家经济方针政策、决策部署，推动经济和社会事业发展，管理公共资金、国有资产、国有资源，防控重大经济风险等有关经济活动应当履行的职责。

34. 领导干部经济责任审计的对象是什么？

【参考答案】 领导干部经济责任审计对象包括：（一）地方各级党委、政府、纪检监察机关、法院、检察院的正职领导干部或者主持工作 1 年以上的副职领导干部；（二）中央和地方各级党政工作部门、事业单位和人民团体等单位的正职领导干部或者主持工作 1 年以上的副职领导干部；（三）国有和国有资本占控股地位或者主导地位的企业（含金融机构，以下统称国有企业）的法定代表人或者不担任法定代表人但实际行使相应职权的主要领导人员；（四）上级领导干部兼任下级单位正职领导职务且不实际履行经济责任时，实际分管日常工作的副职领导干部；（五）党中央和县级以上地方党委要求进行经济责任审计的其他主要领导干部。

35. 经济责任审计的内容如何确定的？

【参考答案】 经济责任审计应当以领导干部任职期间公共资金、国有资产、国有资源的管理、分配和使用为基础，以领导干部权力运行和责任落实情况为重点，充分考虑领导干部管理监督需要、履职特点和审计资源等因素，依规依法确定审计内容。

36. 地方各级党委和政府主要领导干部经济责任审计的内容包括什么？

【参考答案】 地方各级党委和政府主要领导干部经济责任审计的内容包括：（一）贯彻执行党和国家经济方针政策、决策部署情况；（二）本地区经济社会发展规划和政策措施的制定、执行和效果情况；（三）重大经济事项的决策、执行和效果情况；（四）财政财务管理和经济风险防范情况，民生保障和改善情况，生态文明建设项目、资金等管理使用和效益情况，以及在预算管理中执行机构编制管理规定情况；（五）在经济活动中落实有关党风廉政建设责任和遵守廉洁从政规定情况；（六）以往审计发现问题的整改情况；（七）其他需要审计的内容。

37. 党政工作部门、纪检监察机关、法院、检察院、事业单位和人民团体等单位主要领导干部经济责任审计的内容包括什么？

【参考答案】 党政工作部门、纪检监察机关、法院、检察院、事业单位和人民团体等单位主要领导干部经济责任审计的内容包括：（一）贯彻执行党和国家经济方针政策、决策部署情况；（二）本部门本单位重要发展规划和政策措施的制定、执行和效果情况；（三）重大经济事项的决策、执行和效果情况；（四）财政财务管理和经济风险防范情况，生态文明建设项目、资金等管理使用和效益情况，以及在预算管理中执行机构编制管理规定情况；（五）在经济活动中落实有关党风廉政建设责任和遵守廉洁从政规定情况；（六）以往审计发现问题的整改情况；（七）其他需要审计的内容。

38. 被审计领导干部及其所在单位，以及其他有关单位应当及时、准确、完整地提供什么资料？

【参考答案】 被审计领导干部及其所在单位，以及其他有关单位应当及时、准确、完整地提供与被审计领导干部履行经济责任有关的下列资料：（一）被审计领导干部经济责任履行情况报告；（二）工作计划、工作总结、工作报告、会议记录、会议纪要、决议决定、请示、批示、目标责任书、经济合同、考核检查结果、业务档案、机构编制、规章制度、以往审计发现问题整改情况等资料；（三）财政收支、财务收支相关资料；（四）与履行职责相关的电子数据和必要的技术文档；（五）审计所需的其他资料。

39. 领导干部对履行经济责任过程中应当承担直接责任的情况是什么？

【参考答案】 领导干部对履行经济责任过程中的下列行为应当承担直接责任：（一）直接违反有关党内法规、法律法规、政策规定的；（二）授意、指使、强令、纵容、包庇下属人员违反有关党内法规、法律法规、政策规定的；（三）贯彻党和国家经济方针政策、决策部署不坚决不全面不到位，造成公共资金、国有资产、国有资源损失浪费，生态环境破坏，公共利益损害等后果的；（四）未完成有关法律法规规章、政策措施、目标责任书等规定的领导干部作为第一责任人（负总责）事项，造成公共资金、国有资产、国有资源损失浪费，生态环境破坏，公共利益损害等后果的；（五）未经民主决策程序或者民主决策时在多数人不同意的情况下，直接决定、批准、组织实施重大经济事项，造成公共资金、国有资产、国有资源损失浪费，生态环境破坏，公共利益损害等后果的；（六）不履行或者不正确履行职责，对造成的后果起决定性作用的其他行为。

40. 领导干部对履行经济责任过程中应当承担领导责任的情况是什么？

【参考答案】 领导干部对履行经济责任过程中的下列行为应当承担领导责任：（一）民主决策时，在多数人同意的情况下，决定、批准、组织实施重大经济事项，由于决策不当或者决策失误造成公共资金、国有资产、国有资源损失浪费，生态环境破坏，公共利益损害等后果的；（二）违反部门、单位内部管理规定造成公共资金、国有资产、国有资源损失浪费，生态环境破坏，公共利益损害等后果的；（三）参与相关决策和工作时，没有发表明确的反对意见，相关决策和工作违反有关党内法规、法律法规、政策规定，或者造成公共资金、国有资产、国有资源损失浪费，生态环境破坏，公共利益损害等后果的；（四）疏于监管，未及时发现和处理所管辖范围内本级或者下一级地区（部门、单位）违反有关党内法规、法律法规、政策规定的问题，造成公共资金、国有资产、国有资源损失浪费，生态环境破坏，公共利益损害等后果的；（五）除直接责任外，不履行或者不正确履行职责，对造成的后果应当承担责任的其他行为。

41. 什么是税收执法督察？

【参考答案】 税收执法督察，是指县以上（含县）各级税务机关对本级税务机关内设机构、直属机构、派出机构或者下级税务机关的税收执法行为实施检查和处理的行政监督。

42. 执法督察工作经费应如何使用？

【参考答案】 各级税务机关应当统一安排专门的执法督察工作经费，根据年度执法督察工作计划和具体执法督察工作的开展情况，做好经费预算，并保障经费的正确合理使用。

43. 执法督察的内容包括什么？

【参考答案】 执法督察的内容包括：（一）税收法律、行政法规、规章和规范性文件的执行情况；（二）国务院和上级税务机关有关税收工作重要决策、部署的贯彻落实情况；（三）税务机关制定或者与其他部门联合制定的涉税文件，以及税务机关以外的单位制定的涉税文件的合法性；（四）外部监督部门依法查处或者督查、督办的税收执法事项；（五）上级机关交办、有关部门转办的税收执法事项；（六）执法督察所发现问题的整改和责任追究情况；（七）其他需要实施执法督察的税收执法事项。

44. 执法督察的形式有什么？

【参考答案】 执法督察可以通过全面执法督察、重点执法督察、专项执法督察和专案执法督察等形式开展。

45. 什么是全面执法督察？

【参考答案】 全面执法督察是指税务机关对本级和下级税务机关的税收执法行为进行的广泛、系统的监督检查。

46. 什么是重点执法督察？

【参考答案】 重点执法督察是指税务机关对本级和下级税务机关某些重点方面、重点环节、重点行业的税收执法行为所进行的监督检查。

47. 什么是专项执法督察？

【参考答案】 专项执法督察是指税务机关对本级和下级税务机关某项特定内容涉及的税收执法行为进行的监督检查。

48. 什么是专案执法督察？

【参考答案】 专案执法督察是指税务机关对上级机关交办、有关部门转办的特定税收执法事项，以及通过信访、举报、媒体等途径反映的重大税收执法问题所涉及的本级和下级税务机关的税收执法行为进行的监督检查。

49. 执法督察可以采取的工作方式有哪些？

【参考答案】 执法督察可以采取下列工作方式：（一）听取被督察单位税收执法情况汇报；（二）调阅被督察单位收发文簿、会议纪要、涉税文件、税收执法卷宗和文书，以及其他相关资料；（三）查阅、调取与税收执法活动有关的各类信息系统电子文档和数据；（四）与被督察单位有关人员谈话，了解有关情况；（五）特殊情况下需要到相关纳税人和有关单位了解情况或者取证时，应当按照法律规定的权限进行，并商请主管税务机关予以配合；（六）其他方式。

50. 执法督察组实施执法督察后，应当起草税收执法督察报告，报告的内容有哪些？

【参考答案】 执法督察组实施执法督察后，应当起草税收执法督察报告，内容包括：(一)执法督察的时间、内容、方法、步骤；(二)被督察单位税收执法的基本情况；(三)执法督察发现的具体问题，认定被督察单位存在违法、违规问题的基本事实和法律依据；(四)对发现问题的拟处理意见；(五)加强税收执法监督管理的建议；(六)执法督察组认为应当报告的其他事项。

51. 对违反税收法律、行政法规、规章和上级税收规范性文件的涉税文件作出执法督察决定的原则是什么？

【参考答案】 对违反税收法律、行政法规、规章和上级税收规范性文件的涉税文件，按下列原则作出执法督察决定：(一)对下级税务机关制定，或者下级税务机关与其他部门联合制定的，责令停止执行，并予以纠正；(二)对本级税务机关制定的，应当停止执行并提出修改建议；(三)对地方政府和其他部门制定的，同级税务机关应当停止执行，向发文单位提出修改建议，并报告上级税务机关。

52. 被督察单位收到《税收执法督察处理决定书》和《税收执法督察处理意见书》后，应当在规定的期限内执行，并以书面形式向实施执法督察的税务机关报告的执行结果是什么？

【参考答案】 被督察单位收到《税收执法督察处理决定书》和《税收执法督察处理意见书》后，应当在规定的期限内执行，并以书面形式向实施执法督察的税务机关报告下列执行结果：(一)对违法、违规涉税文件的清理情况和清理结果；(二)对违法、违规的税收执法行为予以变更、撤销和重新作出执法行为的情况；(三)对有关责任人的责任追究情况；(四)要求报送的其他文件和资料。

53. 被督察单位对执法督察处理决定有异议的，如何处理？

【参考答案】 被督察单位对执法督察处理决定有异议的，可以在规定的期限内向实施执法督察的税务机关提出复核申请。实施执法督察的税务机关应当进行复核，并作出答复。

54. 什么是税收执法过错？

【参考答案】 税收执法过错，是指税收执法人员因故意或者过失，导致税收执法行为违法或者不履行法定职责的情形。

55. 税收执法过错责任追究形式包括什么？

【参考答案】 税收执法过错责任追究形式包括：(一)批评教育；(二)责令作出书面检查；(三)通报批评；(四)取消评选先进的资格；(五)责令待岗；(六)调离执法岗位；(七)取消执法资格。

56. 什么是政府采购？

【参考答案】 根据《中华人民共和国政府采购法》的规定，政府采购，是指各级国家机关、事业单位和团体组织，使用财政性资金采购依法制定的集中采购目录以内的或者采购限额标准以上的货物、工程和服务的行为。

57.政府采购应当遵循的原则是什么?

【参考答案】 根据《中华人民共和国政府采购法》的规定,政府采购应当遵循公开透明原则、公平竞争原则、公正原则和诚实信用原则。

58.什么是政府采购的当事人?

【参考答案】 根据《中华人民共和国政府采购法》的规定,政府采购当事人是指在政府采购活动中享有权利和承担义务的各类主体,包括采购人、供应商和采购代理机构等。

59.政府采购采用的方式有什么?

【参考答案】 根据《中华人民共和国政府采购法》的规定,政府采购采用以下方式:(一)公开招标;(二)邀请招标;(三)竞争性谈判;(四)单一来源采购;(五)询价;(六)国务院政府采购监督管理部门认定的其他采购方式。

60.什么是政府采购采用的主要方式?

【参考答案】 根据《中华人民共和国政府采购法》的规定,公开招标应作为政府采购的主要采购方式。

61.什么是督察审计?

【参考答案】 督察审计是各级税务机关依照规定权限和程序,对本级及下级单位的税收管理和财务管理行为的真实性、合法性和效益性进行监督、检查和评价的活动。

62.督察审计的宗旨是什么?

【参考答案】 督察审计的宗旨是:强化行政监督,防范系统风险,服务税收大局,促进治税管队。围绕组织收入、内部管理和队伍建设,通过税收执法督察和内部审计监督,发现解决问题,规范税收管理,促进履职尽责,防范执法风险、财务风险和廉政风险,为税收工作发挥支持性、服务性和保障性作用,为推进税务系统全面从严治党和实现税收治理现代化作出积极贡献。

63.督察审计的职责是什么?

【参考答案】 督察审计的职责是:(1)组织实施对税收法律、法规、规章执行情况,税收规范性文件的制发和执行情况,组织收入、税收管理和执法行为的督察,并提出处理意见和整改要求。(2)组织实施对财务收支、基本建设项目、政府采购、领导干部经济责任履行等事项的审计,并提出处理意见和整改要求。(3)组织实施对特定事项的专项(案)督察审计或调查,并提出处理意见和整改要求。(4)组织实施对税制改革、税收政策调整、税收管理、财务管理措施等税务总局重大决策部署贯彻落实情况的监督检查,并提出处理意见和整改要求。(5)报告、通报督察审计情况和结果,督促、检查督察审计结果的整改落实。

64.督察审计的权限是什么?

【参考答案】 督察审计的权限有要求提供资料权、现场检查权、调查询问权、违规行为制止权、违规处理建议权、违规线索移交权、实施督察审计项目所必需的其他权限。

65.什么是督察审计人员的职业道德?

【参考答案】 职业道德是督察审计人员应当具有的职业品德、应当遵守的职业纪律、应当具备的专业胜任能力和应当承担的职业责任的总称。

66.督察审计人员职业道德的基本原则是什么？

【参考答案】 督察审计人员职业道德的基本原则是：(1)诚信原则。督察审计人员应当诚实、勤恳、负责地开展督察审计。(2)正直原则。督察审计人员应当廉洁、正直，坚持原则。(3)客观原则。督察审计人员应当客观、公正、不偏不倚地作出职业判断。(4)保密原则。督察审计人员应当保守秘密，谨慎利用和保护履行职责过程中获取的信息。(5)胜任原则。督察审计人员应当具备与从事工作相关的知识、技能和经验，并持续提高专业能力。

67.什么是督察审计人员的诚信原则？

【参考答案】 督察审计人员在实施督察审计业务时，不应有下列行为：(1)歪曲事实。(2)隐瞒督察审计发现的问题。(3)进行缺少证据支持的判断。(4)做误导性或者含糊性的陈述。

68.什么是督察审计人员的客观原则？

【参考答案】 督察审计人员的客观原则：(1)督察审计人员在实施督察审计业务前，应当对客观性进行评估。(2)督察审计人员在实施督察审计业务前，应当识别可能影响客观性的因素。(3)督察审计人员在实施督察审计业务前，应当向组长或者督察内审部门负责人报告客观性受损可能造成的影响。(4)督察审计人员与被督察审计单位或者个人有直接利害关系的，应当回避。(5)督察审计人员在实施督察审计业务时，应当实事求是，不得由于偏见、利益冲突而影响职业判断。

69.什么是督察审计人员的正直原则？

【参考答案】 督察审计人员的正直原则是指在实施督察审计业务时，不应有下列行为：(1)利用职权谋取私利。(2)屈从于外部压力，违反原则。

70.什么是督察审计人员的保密原则？

【参考答案】 督察审计人员的保密原则：(1)督察审计人员对实施督察审计业务所获取的信息保密，非因有效授权、法律规定或其他合法事由不得对外披露。(2)督察审计人员在社会交往中，应当履行保密义务，警惕非故意泄密的可能性。(3)督察审计人员不得利用其在实施督察审计业务时获取的信息牟取不正当利益，或者以有悖于法律法规、组织规定及职业道德的方式使用信息。

71.税务系统督察审计工作中，调查了解被督察审计单位内部控制建设情况，可以采取的方式有哪些？

【参考答案】 税务系统督察审计工作中，调查了解被督察审计单位内部控制建设情况，可以采取以下方法：(1)询问。(2)检查。(3)观察。(4)符合性测试。

72.税务系统督察审计工作中，对被督察审计单位内部控制初步评价工作要求是什么？

【参考答案】 税务系统督察审计工作中，对被督察审计单位内部控制初步评价工作要求：(1)健全性评价。主要是根据单位的业务特点，分析主要管理活动及其业务流程和高风险领域是否建立了内部控制，是否存在失控环节。(2)合理性评价。分析内部控制环节是否设置合理、分工和职责划分是否适当，内部控制制度是否存在违反国家法律法规、规章制度的条款。(3)有效性评价。分析内部控制措施是否得到有效执行，是否达到预期目标。

73.税务系统督察审计工作中,审核资料的重点是什么?

【参考答案】 税务系统督察审计工作中,审核资料的重点:(1)审核资料的真实性。核查资料内容是否符合并真实反映被督察审计单位实际情况。(2)审核资料的完整性。核查资料是否有遗漏,提供的资料是否覆盖督察审计项目的全部内容。(3)审核资料的合规性。核查资料是否符合国家法律法规、政策规定及上级要求。(4)审核资料的效益性。核查资料是否最大限度满足实现督察审计目标的需要。

74.税务系统督察审计工作中,延伸调查的原则是什么?

【参考答案】 延伸调查的原则:(1)合法性原则。督察审计组人员应根据法律、法规的要求,规范实施延伸调查。(2)客观性原则。督察审计组人员实施延伸调查,应当事先充分评估发现的疑点问题、性质和后果,围绕被督察审计单位的问题和督察审计目标展开。(3)效率性原则。延伸调查应以尽可能少的成本达到预定的目标,取得既定成效,对社会经济活动的妨碍最小化。

75.税务系统督察审计工作中,督察审计证据的种类有什么?

【参考答案】 督察审计证据的种类:(1)书面证据。(2)实物证据。(3)视听电子证据。(4)口头证据。

76.督察审计人员取得督察审计证据的方法有什么?

【参考答案】 督察审计人员可以采用下列方法取得督察审计证据:(1)审核。是对被督察审计单位或延伸调查单位的会计资料和其他书面文件进行审阅与复核,是取得书面证据的方法。(2)观察。是对被督察审计单位的工作场所、实物资产和有关业务活动及其内部控制的执行情况等进行实地察看,是取得实物证据的方法。(3)监盘。是现场监督被督察审计单位对各种实物资产及现金、有价证券等进行盘点,并进行适当的抽查,是取得实物证据的方法。(4)询问。是向被督察审计单位的有关人员、其他和被督察审计单位相关联的人员,以及独立的各方当事人了解情况,包括口头询问和书面询问两种方式,是取得口头证据的方法。(5)重新计算。是指以手工方式或者使用信息技术对有关数据计算的正确性进行核对,是取得书面证据的方法。通过重新计算方法收集证据时,应当编制计算表或者计算工作记录,注明计算的事项,所依据的相关数据、计算的方法和结果等。(6)分析性复核。是对重要的比率或者趋势进行分析,包括调查异常变动项目以及这些重要比率或者趋势与预期数额和相关信息的差异,以发现异常变动,对督察审计事项进行进一步核实。

77.税务系统督察审计工作中,督察审计组组长、副组长或项目主审对取得的证据进行审核,对不符合要求的证据应予以补充完善或重新取得,重点审核的内容有什么?

【参考答案】 督察审计组组长、副组长或项目主审对取得的证据进行审核,对不符合要求的证据应予以补充完善或重新取得,重点审核以下方面:(1)证据数量是否足以证实督察审计事项,作出督察审计结论和建议;(2)证据和督察审计目标是否相关联,所反映的内容是否能够支持督察审计结论和建议;(3)证据的真实性、合法性;(4)证据是否能够反映督察审计事项的客观事实。

78. 税务系统督察审计工作中，督察审计工作底稿的审核事项有什么？

【参考答案】 督察审计工作底稿的审核事项：(1)具体督察审计目标是否实现；(2)督察审计措施是否有效执行；(3)事实是否清楚；(4)证据是否客观、充分；(5)得出的督察审计结论及其相关标准是否适当；(6)其他有关事项。

79. 税务系统督察审计工作中督察审计组听取陈述申辩的方式有哪些？

【参考答案】 督察审计组可根据情况，选择以下方式：(1)记录口头陈述申辩意见，经申辩人签字确认；(2)被督察审计单位作出书面陈述申辩意见，阐明对督察审计事实确认单、询问单、询问笔录等文书存在异议的理由。

80. 税务系统督察审计工作中，关于督察审计报告的要求是什么？

【参考答案】 督察审计报告必须达到客观、完整、清晰、具有建设性并体现重要性的质量要求。

五、案例分析题

(一)

A 区税务局管理员马某在日常税务检查过程中发现，F 房地产开发公司 2021 年未如实申报税款 999 516.7 元。税务机关及时向该公司发出《税务事项通知书》，要求其缴纳相关税款 999 516.7 元。之后 F 房地产开发公司陆续缴纳税款 350 354.48 元。直至 2023 年，F 房地产开发公司也没有缴纳剩余的欠税款 649 162.22 元。马某没有按照规定进行催缴处理，没有进行欠税公告，也没有采取强制执行，造成国家财产直接经济损失达 649 162.22 元。案发后，F 房地产开发公司缴清了所欠税款和滞纳金。

1. 本案例中，税务人员在税收执法过程中，未按规定进行欠税管理，根据《全国税务系统内部控制基本制度(试行)》的内部控制内容分类，属于(　　)风险。

A. 税款征收　　B. 税务管理

C. 税务稽查　　D. 税收法制

【参考答案】 A

【答案解析】 根据《全国税务系统内部控制基本制度(试行)》第十一条，税收执法风险，是指税务机关及其工作人员在税收执法过程中，因故意或过失，损害国家利益或行政管理相对人合法权益的可能性。包括以下内容：(一)税款征收风险，主要指在税款的征收、缴库、退库、调库、追征和办理税收优惠等工作中存在的风险。(二)税务管理风险，主要指在税务登记、发票管理、认定管理、纳税申报、税额确认、行政许可、凭证管理、证明办理、对纳税人备案事项的后续管理等工作中存在的风险。(三)纳税服务风险，主要指在宣传咨询、信用评价、权益维护、中介机构管理等工作中存在的风险。(四)税务稽查风险，主要指在选案、检查、审理、执行等稽查工作中存在的风险。(五)出口退(免)税风险，主要指在出口退(免)税申报受理、审核、核准、办理等工作中存在的风险。(六)税收法制风险，主要指在行政处罚、行政复议、行政诉讼、行政强制、行政赔偿等工作中存在的风险。(七)其他税收执法风险。该案例中，风险发生在税款征收环节，故选择 A。

2. 本案例发生的原因有（　　）。

A. 风险预警机制缺位　　　　B. 监督不到位

C. 纳税人纳税遵从意识不强　　　　D. 欠税管理方面法律规定模糊

【参考答案】 ABC

【答案解析】 本案例发生原因有三个方面：一是风险预警机制缺位。本案例中，F 房地产开发公司长期欠税不缴，A 区税务局未进行任何风险提醒，明显缺乏有效的风险提醒机制。二是监督不到位。上级业务主管部门以及同级监督部门对欠税管理存在的问题未及时提醒和监督，使基层税务机关以及税务人员心存侥幸，也是欠税管理薄弱的重要原因之一。三是纳税人纳税遵从意识不强。F 房地产开发公司明知欠税，却不主动履行税款缴纳义务，在一定程度上增加了欠税管理的难度。故选择 ABC。

3. 针对本案例出现的问题，可采取以下控制方法（　　）。

A. 加强欠税管理的流程控制

B. 加强欠税管理工作的过程预警控制

C. 加强对欠税管理工作的岗位配置控制

D. 加强对欠税管理工作的监督控制

【参考答案】 ABD

【答案解析】 针对本案例出现的问题，可采取以下控制方法：一是加强欠税管理的流程控制。将欠税发生后的催缴、公告、税收保全、强制执行等相关流程模块化，规范各个环节的操作方法，对各环节实行管理，使风险点在流程中得到控制和解决。二是加强欠税管理工作的过程预警控制。加强对欠税管理的分析，在欠税管理的重要节点预设监控指标进行检索、比对，对应办事项及时提醒。三是加强对欠税管理工作的监督控制。上级业务部门要加强对下级业务部门的业务指导和监督，发现问题及时提醒。监督部门应依据职责分工和管辖权限定期对欠税管理情况进行督察，一旦发现欠税管理不到位导致欠税未及时清缴的，要严肃追责，惩前毖后。

4. 税务机关在欠税公告时，可以在以下场所发布欠税公告（　　）。

A. 广播　　　　B. 电视

C. 报纸　　　　D. 办税服务厅

E. 网络

【参考答案】 ABCDE

【答案解析】 《欠税公告办法（试行）》（国家税务总局令第 9 号）第四条规定，公告机关应当按期在办税场所或者广播、电视、报纸、期刊、网络等新闻媒体上公告纳税人的欠缴税款情况。

5. 从事生产、经营的纳税人、扣缴义务人未按照规定的期限缴纳或者解缴税款，由税务机关责令限期缴纳，逾期仍未缴纳的，经（　　）局长批准，税务机关可以采取强制执行措施。

A. 市以上税务局（分局）　　　　B. 县以上税务局（分局）

C. 稽查局　　　　D. 省以上税务局(分局)

【参考答案】 B

【答案解析】 《中华人民共和国税收征收管理法》第四十条规定,从事生产、经营的纳税人、扣缴义务人未按照规定的期限缴纳或者解缴税款,纳税担保人未按照规定的期限缴纳所担保的税款,由税务机关责令限期缴纳,逾期仍未缴纳的,经县以上税务局(分局)局长批准,税务机关可以采取下列强制执行措施:(一)书面通知其开户银行或者其他金融机构从其存款中扣缴税款;(二)扣押、查封、依法拍卖或者变卖其价值相当于应纳税款的商品、货物或者其他财产,以拍卖或者变卖所得抵缴税款。税务机关采取强制执行措施时,对前款所列纳税人、扣缴义务人、纳税担保人未缴纳的滞纳金同时强制执行。个人及其所扶养家属维持生活必需的住房和用品,不在强制执行措施的范围之内。

(二)

冯某自 2017 年 8 月起在 B 县税务局办税服务厅主要负责二手房交易税款征收。其间,他与房屋中介人员勾结,利用职权违规少征不动产相关税款。为方便获取钱款,冯某避开 POS 机缴税的约束,以现金方式收取中介人代缴的税款。先违规拆联开具缴纳人所需的税票第一联(应缴税款,房管部门办证用),交由中介人转交缴纳人。无视发票开具审核流程,不严格比对相关资料,擅自调减数据打印比第一联税额小的第二、第三联(实缴税款,税务部门存根联)。冯某将存根联的金额入库,未上缴的税款差额与中介人平分。2017 年至 2023 年,冯某违规不征、少征税款 40 841.28 元,收受他人贿赂 6 000 元,侵吞税款 96 055.34 元。

1. 本案例中,冯某可能涉及的罪名有(　　)。

A. 徇私舞弊不征、少征税款罪　　　　B. 贪污罪

C. 受贿罪　　　　D. 行贿罪

【参考答案】 AB

【答案解析】 本案中,冯某不征、少征税款行为,应犯徇私舞弊不征、少征税款罪,侵吞税款,应犯贪污罪。受贿数额在三万元以上,构成受贿罪,因此,本案不构成受贿罪。本案未涉及行贿罪行为,故本题选择 AB。

2. 本案例中,主要风险发生在(　　)环节。

A. 税款征收　　　　B. 税款管理

C. 申报　　　　D. 欠税管理

【参考答案】 A

【答案解析】 本案例中,冯某在税款征收过程中徇私舞弊,不征、少征、侵吞税款,按照《全国税务系统内部控制基本制度(试行)》的内部控制内容分类,属于税收执法风险中的税款征收风险,风险发生在税款征收环节。

3. 对于凭证管理风险内部控制措施中,下列说法正确的有(　　)。

A. 按照"因事设岗、分类管事"原则确立岗责体系

B. 合理设置凭证管理岗位，明确相关岗位的职责权限，严格执行凭证管理管监分离

C. 完整保存相关表证单书及信息数据，确保凭证管理操作有痕迹、记录可查询、结果可追溯

D. 形成既相互制衡又协调配合的凭证管理机制

【参考答案】 ABCD

【答案解析】 《税收征管风险内部控制制度》第二十四条规定，凭证管理风险内部控制措施：(一)按照“因事设岗、分类管事”原则确立岗责体系，明确凭证管理各环节、各岗位的工作职责，形成职权与责任对等、环节与岗位匹配、时限与程序协调，既相互制衡又协调配合的凭证管理机制……(四)严格执行凭证管理相关规定，完整保存相关表证单书及信息数据，确保凭证管理操作有痕迹、记录可查询、结果可追溯。(五)各单位应当合理设置凭证管理岗位，明确相关岗位的职责权限，严格执行凭证管理管监分离。

4. 本案例发生的主要原因有(　　)。

A. 内外勾结，目无法纪，故意违反税款征收开票程序

B. 税款征收缺乏制约环节，税额的核算、征收由一人独立完成

C. 事后审核检查缺失，办税服务厅对开票资料没有复查

D. 廉政教育不到位

【参考答案】 ABC

【答案解析】 本案例发生的主要原因有三个方面：一是内外勾结，目无法纪，故意违反税款征收开票程序。二是税款征收缺乏制约环节，税额的核算、征收由一人独立完成。三是事后审核检查缺失，办税服务厅对开票资料没有复查，未能甄别出所开票据与审核资料不一致。

5. 针对本案例出现的问题，可采取的控制方法有(　　)。

A. 加强税款征收职责分工控制　　B. 加强税款征收不相容岗位分离控制

C. 加强税款征收的痕迹记录控制　　D. 加强对税款征收环节监督控制

【参考答案】 ABCD

【答案解析】 针对本案例出现的问题，可采取以下控制方法：一是加强税款征收职责分工控制。明确税款征收岗、税票开具岗以及凭证管理岗位等权限和职责，做到既边界清晰又协调配合。二是加强税款征收不相容岗位分离控制。将税款征收、税票开具岗以及凭证管理岗分离，形成相互制约、互相监督的工作机制，防止一人多岗发生错误或舞弊风险。三是加强税款征收的痕迹记录控制。严格执行凭证管理相关规定，完整保存相关表证单书及信息数据，确保凭证管理操作有痕迹、记录可查询、结果可追溯。四是加强对税款征收环节监督控制。上级业务主管部门以及监督部门应依据职责分工和管辖权限加强对税款征收的高风险事项的指导和检查，确保职责分工明确、不相容岗位严格分离以及各项制度落实到位。

(三)

K公司2022年6月申报期结束后已连续12个月累计销售额达到一般纳税人标准，主

管税务机关A市B区税务局于2022年8月19日向K公司送达《税务事项通知书》，要求其限期办理一般纳税人登记。K公司一直未办理一般纳税人登记手续，但B区税务局在2022年12月仍为K公司代开增值税专用发票10份，金额74.27万元(不含税)，征收税款2.22万元，造成少征税款8.89万元。且K公司2022年9月至2023年3月共421万元销售额仍按3%的征收率缴纳税款，造成大量税款流失。

1. 本案例属于税务管理风险，以下哪些选项是税务管理风险内容(　　)。

A. 税务登记　　B. 发票管理

C. 行政许可　　D. 办理税收优惠

【参考答案】 ABC

【答案解析】 根据《全国税务系统内部控制基本制度(试行)》第十一条，税收执法风险，是指税务机关及其工作人员在税收执法过程中，因故意或过失，损害国家利益或行政管理相对人合法权益的可能性。包括以下内容:(一)税款征收风险，主要指在税款的征收、缴库、退库、调库、追征和办理税收优惠等工作中存在的风险。(二)税务管理风险，主要指在税务登记、发票管理、认定管理、纳税申报、税额确认、行政许可、凭证管理、证明办理、对纳税人备案事项的后续管理等工作中存在的风险。办理税收优惠为税款征收风险，故选择ABC。

2. 纳税人年应税销售额超过规定标准的，应在申报期结束后(　　)个工作日按规定办理相关手续。

A. 10　　B. 20

C. 30　　D. 5

【参考答案】 B

【答案解析】 《国家税务总局关于调整增值税一般纳税人管理有关事项的公告》(国家税务总局公告2015年第18号)第四条规定，纳税人年应税销售额超过规定标准的，在申报期结束后20个工作日内按照本公告第二条或第三条的规定办理相关手续;未按规定时限办理的，主管税务机关应当在规定期限结束后10个工作日内制作《税务事项通知书》，告知纳税人应当在10个工作日内向主管税务机关办理相关手续。

3. 本案例发生的原因有(　　)。

A. 纳税人未及时办理一般纳税人登记　　B. 征管信息系统内控功能不足

C. 日常监督流于形式　　D. 税务机关部门间信息流转机制缺失

【参考答案】 BCD

【答案解析】 本案例发生的原因主要有以下三个方面:一是税务机关部门间信息流转机制缺失。税务机关管理部门与代开部门间缺乏业务信息流转机制，业务信息无法及时互通，导致管理部门前期下达通知，代开部门未接收到相关信息，不了解纳税人实际情况，仍为其代开专用发票，造成税收管理失序。二是征管信息系统内控功能不足，在税源管理部门下发《税务事项通知书》后未通过系统及时向代开发票部门发出预警提醒。三是日常监督流于形式，业务主管部门在长达半年多的时间里未采取有效措施发现、制止该问题。

4. 针对本案例出现的问题，可采取的控制方法有（　　）。

A. 加强日常监督控制　　B. 建立业务部门信息流转机制

C. 加大违规处罚力度　　D. 加强过程预警控制

【参考答案】 ABD

【答案解析】 根据内控基本制度和专项制度规定，针对本案例存在的风险，可采取以下控制方法：一是建立业务部门信息流转机制。税源管理部门及时汇总相关业务信息，将发出税务事项通知书后逾期仍不办理一般纳税人认定的纳税人名单汇总整理成册，定期传送至发票代开部门，发票代开部门在办理代开专用发票业务时，应认真审核比对，避免为不符合条件的纳税人代开发票。二是加强过程预警控制。在基层税务机关启动后续认定后，当纳税人在申请办理涉税业务时（如代开专票、纳税申报）可以在办理界面弹出监控提示框，经办人员根据提示及时停办相关业务。税源管理部门发出《税务事项通知书》后纳税人逾期仍不办理登记手续的，要通过系统向经办人员发出提醒，使其能及时采取进一步的措施。三是加强日常监督控制。业务主管部门应充分运用现代信息技术手段，对具体经办人员无法监控到的风险点，通过编写指标、定期筛查疑点数据、下发核查反馈，加强监督管理，有效地防范发票代开风险，提高征管水平。

5. 下列选项中应计入纳税申报销售额的有（　　）。

A. 免税销售额　　B. 税务机关代开发票销售额

C. 稽查查补销售额　　D. 纳税评估调整销售额

【参考答案】 AB

【答案解析】 《国家税务总局关于增值税一般纳税人登记管理若干事项的公告》（国家税务总局公告 2018 年第 6 号）规定，《办法》第二条所称"纳税申报销售额"是指纳税人自行申报的全部应征增值税销售额，其中包括免税销售额和税务机关代开发票销售额。"稽查查补销售额"和"纳税评估调整销售额"计入查补税款申报当月（或当季）的销售额，不计入税款所属期销售额。

（四）

L 省 S 市税务局稽查局税务检查员杨某、陈某接到 L 省 W 市税务局稽查局发来的《增值税抵扣凭证协查函》，涉及由 M 公司为 H 公司开具的增值税专用发票两张。经查，这两张发票上载明的货物、两份销售合同上载明的产品与 M 公司进项货物不符。M 公司魏某因担心涉嫌虚开增值税专用发票败露，而请托他人给杨某打招呼关照。之后，杨某指示陈某依照 M 公司提供的情况说明完成了检查工作。M 公司提供的两份情况说明中，运费承担者存在明显矛盾，杨某、陈某未进行实际的调查核实，仅将第二份情况说明编入《税务协查报告》，未提出拟确认为案源的建议，并作出了"该企业与 H 公司有过业务往来"的协查结论。委托协查方因此不能对 H 公司启动稽查程序，进而无法追缴因 M 公司虚开增值税专用发票而导致的 H 公司增值税专用发票抵扣的税款，给国家造成直接税款损失 479 496.47 元。

1. 本案例中，杨某、陈某涉及的罪名为（　　）。

A. 不征少征税款罪　　B. 玩忽职守罪

C. 虚开增值税发票罪　　D. 协助虚开发票罪

【参考答案】 B

【答案解析】《中华人民共和国刑法》第三百九十七条规定，国家机关工作人员滥用职权或者玩忽职守，致使公共财产、国家和人民利益遭受重大损失的，处三年以下有期徒刑或者拘役；情节特别严重的，处三年以上七年以下有期徒刑。本法另有规定的，依照规定。国家机关工作人员徇私舞弊，犯前款罪的，处五年以下有期徒刑或者拘役；情节特别严重的，处五年以上十年以下有期徒刑。

2. 受托方通过协查信息管理系统收到的协查函，经检查有问题的以及委托方要求寄送取证材料的，应当在回复协查结果后（　　）个工作日内寄送委托方。

A. 3　　B. 5

C. 7　　D. 10

【参考答案】 B

【答案解析】《国家税务总局关于印发〈税收违法案件发票协查管理办法（试行）〉的通知》（税总发〔2013〕66号）规定，受托方通过协查信息管理系统收到的协查函，应当通过协查信息管理系统进行函复。经检查有问题的以及委托方要求寄送取证材料的，应当在回复协查结果后5个工作日内将相关证据材料及文书复制，注明"与原件核对无误"，注明原件存放处，并加盖本单位印章后一并寄送委托方。

3. 根据稽查风险内部控制制度，以下选项是案源环节主要风险点的有（　　）。

A. 税务稽查计划不严密，随意变更稽查对象

B. 证据不符合合法性、真实性、关联性要求

C. 对应下达稽查项目的案源，未下达稽查项目

D. 未按规定实施"双随机、一公开"

【参考答案】 ACD

【答案解析】《国家税务总局关于印发〈税务稽查风险内部控制制度（试行）〉的通知》（税总发〔2017〕29号）第十条规定，案源环节的主要风险点：（一）税务稽查计划不严密，随意变更稽查对象；（二）依法应立案处理的案源未进行立案处理；（三）未按规定实施"双随机、一公开"；（四）违规撤销案源或删除案件；（五）对应下达稽查项目的案源，未下达稽查项目；（六）按规定应督办的案件未及时督办；（七）未按规定受理、处理检举事项。B选项为检查环节的风险点。

4. 本案例中，产生风险的原因有（　　）。

A. 缺乏岗位制约　　B. 税务人员能力不足

C. 痕迹记录缺失　　D. 未控制审理风险

【参考答案】 AC

【答案解析】 本案例中，产生风险的原因：一是缺乏岗位制约。协查报告及回复函等

主要事项均由杨某独自完成，陈某受杨某指示完成检查工作，未进行实际的调查核实。两名检查人员之间没有形成相互制约的关系。二是痕迹记录缺失。发票协查全过程及相关证据材料未电子化，未使用执法记录仪记录检查过程，未利用有效手段保留完整的工作记录、票据、文书和证据资料等，信息化程度低，痕迹、流程难控制。无法运用信息化手段进行监督预警，事中、事后监督难度大，仅凭人工监督成本高、效率低，有违现代化发展趋势。

5. 针对此类税务稽查风险，可采取的防控措施有（　　）。

A. 加强职责分工控制　　B. 强化授权审批控制

C. 完善痕迹记录控制　　D. 加大监督控制力度

【参考答案】 ABCD

【答案解析】 针对此类税务稽查风险，应采取以下防控措施：一是加强职责分工控制。明确两名检查人员之间相互制约的关系，细化两名检查人员在协查工作各环节的责任，对协查结果有异议的，应当在《税务协查报告》中载明。二是强化授权审批控制。稽查局检查部门负责人和局领导严格把关协查回函内容，对检查人员提供的报告、文书、附报资料等进行审核。三是完善痕迹记录控制。利用有效手段保留发票协查工作完整的工作记录、台账、表单、票据、文书和证据资料等，使用执法记录仪记录执法过程，通过痕迹记录进行过程控制，确保工作过程可查询、可追溯、可比较，为发现和纠正错误提供原始记录。四是加大监督控制力度。上级稽查局对下级稽查局及税务人员工作开展情况进行日常监督管理，定期对发票协查工作开展抽查。专门监督部门依据职责分工和管辖权限对稽查局及税务人员遵守和执行发票协查工作的相关制度、流程情况实行复查等专门监督检查。

（五）

2021 年 6 月 13 日，G 省 W 市税务局稽查局（以下简称 W 稽查局）向 Z 公司发出《税务检查通知书》。2021 年 9 月 20 日，W 稽查局作出《税务处理决定书》和《税务行政处罚决定书》，追缴税款 82 457.28 元及滞纳金，罚款 41 228.64 元。因 Z 公司在法定期间既不提起行政复议或行政诉讼，又不履行，遂 W 稽查局于 2022 年 5 月 15 日向法院申请强制执行处罚决定。法院受理申请后依据《中华人民共和国行政强制法》第五十八条对申请执行的《税务行政处罚决定书》进行审查，发现处罚决定书的救济权利告知表述为“你公司如对本决定不服，应自收到本决定书之日起 60 日内依法向 G 省市税务局申请复议。也可在 3 个月内依法向人民法院提起行政诉讼”，起诉期限告知错误，明显违法并损害被执行人合法权益，遂依法驳回强制执行申请。

1. 本案例根据《全国税务系统内部控制基本制度（试行）》的内部控制内容分类，属于（　　）风险。

A. 税款征收风险　　B. 税务管理风险

C. 税务稽查风险　　D. 税收法制风险

【参考答案】 D

【答案解析】 根据《全国税务系统内部控制基本制度（试行）》第十一条，税收执法风险，是指税务机关及其工作人员在税收执法过程中，因故意或过失，损害国家利益或行政管理相对人合法权益的可能性。包括以下内容：(一)税款征收风险，主要指在税款的征收、缴库、退库、调库、追征和办理税收优惠等工作中存在的风险。(二)税务管理风险，主要指在税务登记、发票管理、认定管理、纳税申报、税额确认、行政许可、凭证管理、证明办理、对纳税人备案事项的后续管理等工作中存在的风险。(三)纳税服务风险，主要指在宣传咨询、信用评价、权益维护、中介机构管理等工作中存在的风险。(四)税务稽查风险，主要指在选案、检查、审理、执行等稽查工作中存在的风险。(五)出口退(免)税风险，主要指在出口退(免)税申报受理、审核、核准、办理等工作中存在的风险。(六)税收法制风险，主要指在行政处罚、行政复议、行政诉讼、行政强制、行政赔偿等工作中存在的风险。(七)其他税收执法风险。本案例中，风险发生在行政处罚环节，故选择 D。

2. 本案例，起诉期限应改为应当自知道或者应当知道作出行政行为之日起(　　)个月内依法向人民法院提起行政诉讼。

A. 4　　B. 5

C. 6　　D. 9

【参考答案】 C

【答案解析】《中华人民共和国行政诉讼法》第四十六条规定，公民、法人或者其他组织直接向人民法院提起诉讼的，应当自知道或者应当知道作出行政行为之日起六个月内提出。法律另有规定的除外。

3. 下列选项中属于审理环节的主要风险点有(　　)。

A. 决定性文书不规范

B. 作出的处理、处罚决定事实不清、证据不足、定性不准确、适用法律依据错误

C. 未依法采取税收保全、强制执行

D. 未按规定提请审理重大税收违法案件

【参考答案】 ABD

【答案解析】《国家税务总局关于印发〈税务稽查风险内部控制制度(试行)〉的通知》(税总发〔2017〕29 号)第十二条规定，审理环节的主要风险点：(一)未按规定提请审理重大税收违法案件；(二)作出行政处罚决定之前未按规定履行法定告知义务、听取陈述申辩理由、受理和组织听证；(三)未按规定移送涉嫌犯罪案件；(四)作出的处理、处罚决定事实不清、证据不足、定性不准确、适用法律依据错误；(五)行政处罚不符合行政处罚裁量基准；(六)决定性文书不规范。选项 C 属于执行环节的主要风险点。

4. 本案例发生的原因主要有(　　)。

A. 未及时修订文书模板　　B. 审理部门未发挥作用

C. 检查部门未发挥作用　　D. 执行部门未发挥作用

【参考答案】 AB

【答案解析】 本案例发生的原因主要有：一是未及时修订文书模板。依法向人民法院提起行政诉讼相关文书模板未作相应调整。二是审理部门未发挥作用。审理部门在

制定行政处罚决定书时，未对决定书的内容进行严格审理，救济权利告知条款发生明显错误。

5. 针对本案例出现的问题，可以采取以下控制方法（　　）。

A. 强化授权审批控制　　　　B. 明确职责分工控制

C. 加强监督控制　　　　D. 完善痕迹记录控制

【参考答案】 BC

【答案解析】 一是明确职责分工控制。明确审理实施岗、审理部门领导岗、稽查局分管领导、稽查局局长岗等岗位之间的权限范围、审批程序和相关责任，特别在法律、法规有变化而默认模板尚未更新时，法律文书维护岗应根据法律、法规变化及时修改模板，审理部门在制作文书时也应加强审查。二是加强监督控制。上级稽查部门应对下级稽查部门定期开展案件复查；督察部门应对稽查部门的案件审理工作不定期进行专项督察。

（六）

2022 年，经 X 县税务局管理部门提请，X 县税务局局长决定依据《中华人民共和国税收征收管理法》第四十条对李某实施保全措施。以县税务机关名义作出《税收保全措施决定书》，决定查封李某 80 万元，若纳税期限期满仍未缴纳税款，将依法用查封款项抵缴税款。李某收到保全措施决定书后向 H 市税务局申请行政复议，经审查，H 市税务局作出维持的复议决定。李某不服，遂将 X 县税务局和 H 市税务局一并诉至法院。法院审理认为 X 县税务局依据强制执行措施条款作出税收保全措施决定适用法律错误，判决撤销该《税收保全措施决定书》以及《行政复议决定书》。

1. 本案例根据《全国税务系统内部控制基本制度（试行）》的内部控制内容分类，属于（　　）风险。

A. 税款征收风险　　　　B. 税务管理风险

C. 税收法制风险　　　　D. 税务稽查风险

【参考答案】 C

【答案解析】 根据《全国税务系统内部控制基本制度（试行）》第十一条，税收执法风险，是指税务机关及其工作人员在税收执法过程中，因故意或过失，损害国家利益或行政管理相对人合法权益的可能性。包括以下内容：(一)税款征收风险，主要指在税款的征收、缴库、退库、调库、追征和办理税收优惠等工作中存在的风险。(二)税务管理风险，主要指在税务登记、发票管理、认定管理、纳税申报、税额确认、行政许可、凭证管理、证明办理、对纳税人备案事项的后续管理等工作中存在的风险。（三）纳税服务风险，主要指在宣传咨询、信用评价、权益维护、中介机构管理等工作中存在的风险。（四）税务稽查风险，主要指在选案、检查、审理、执行等稽查工作中存在的风险。（五）出口退（免）税风险，主要指在出口退（免）税申报受理、审核、核准、办理等工作中存在的风险。（六）税收法制风险，主要指在行政处罚、行政复议、行政诉讼、行政强制、行政赔偿等工作中存在的风险。（七）其他税收执法风险。该案例中，风险发生在行政复议环节，故选择 C。

2. 下列选项中属于稽查执行环节的主要风险点有(　　)。

A. 稽查案件执行不及时、不彻底

B. 未依法采取税收保全、强制执行

C. 依法行使或者未按法定权限和程序行使代位权、撤销权、税收优先权

D. 违规中止或终结执行

【参考答案】 ABCD

【答案解析】 《国家税务总局关于印发〈税务稽查风险内部控制制度(试行)〉的通知》(税总发〔2017〕29号)第十三条规定,执行环节的主要风险点:(一)稽查案件执行不及时、不彻底;(二)未依法采取税收保全、强制执行;(三)未依法行使或者未按法定权限和程序行使代位权、撤销权、税收优先权;(四)违规中止或终结执行。

3. 下列选项中,说法正确的有(　　)。

A. 不应该依据《中华人民共和国税收征收管理法》第四十条对李某实施保全措施,而应依据其第三十八条规定书面通知纳税人开户行或者其他金融机构冻结纳税人的金额相当于应纳税款的存款。

B. 复议机关审查该具体行政行为过程中也未发现法律依据错误,作出了维持原处理定的决定

C. 究其原因,县税务局和复议机关工作人员忽视正确适用法律、法规的重要性

D. 工作人员工作不严谨,缺乏依法执法的法治理念和精神,没有养成良好的工作习惯

【参考答案】 ABCD

【答案解析】 以上都对。

4. 针对此类税务法制风险,应采取以下内控措施(　　)。

A. 对于适用了错误法律依据的操作行为设置阻断,进行事后阻断

B. 加强应用软件内控功能内生化

C. 对法律、行政法规、规章制度的选用设置前置条件,对不满足前置条件的行为进行事前预警

D. 行政复议机关要认真审查复议案件,切实发挥复议机关职能作用

【参考答案】 BCD

【答案解析】 加强应用软件内控功能内生化。进一步优化软件系统,对法律、行政法规、规章制度的选用设置前置条件,对不满足前置条件的行为进行事前预警。对于适用了错误法律依据的操作行为设置阻断,进行事中阻断。并且根据风险防控的需要设置事后风险筛查指标,进行事后的风险筛选、核查。行政复议机关要认真审查复议案件,切实发挥复议机关职能作用,在审查复议案件过程中,要发现纠正执法过程中的错误,消除风险,保护行政相对人的合法权益。选项A,应进行事中阻断。

5. 本案例中,对县税务局和市税务局决定不服,管辖的法院为(　　)。

A. X县法院

B. H市法院

C. X 县法院和 H 市税务局所在地区法院

D. H 市税务局所在地区法院

【参考答案】 C

【答案解析】 《中华人民共和国行政诉讼法》第十八条规定，行政案件由最初作出行政行为的行政机关所在地人民法院管辖。经复议的案件，也可以由复议机关所在地人民法院管辖。

（七）

刘某为 Y 市某县税务局党组书记、局长，2017 年至 2022 年年底，曾任该局分管财务管理工作的副局长；熊某，该局财务科原副科长、会计。自 2019 年 5 月起，该局财务科开通网上银行账户，用于发放部分工资、奖金、津贴。按照《国家税务局系统财务管理岗位职责规范》相关规定，用于在网上银行录入和审核事项的两个网银 U 盾，应由会计和出纳岗人员分开保管使用，但该局一直交由会计熊某一人管理、操作。此后的几年里，熊某利用职务便利，采取虚增工资、奖金、津贴等发放额的方式进行虚假记账，分 26 次套取单位公款 58.72 万元据为己有，直至熊某调离财务岗位，该局及上级主管部门都未察觉。后在外部审计中，熊某的行为败露，因涉嫌贪污公款职务犯罪被移送司法机关处理。局长刘某因主体责任履职不到位，且分管财务工作期间管理不力、严重失职，受到了行政警告处分和党内严重警告处分。

1. 根据税务系统财务管理风险内部控制制度，以下选项中属于会计管理主要风险点的有（　　）。

A. 未按规定和要求设置财务岗位

B. 未按会计制度规定实施账务处理

C. 未按规定及时对账

D. 未按规定核对收支和清理往来款项

【参考答案】 ABCD

【答案解析】 《税务系统财务管理风险内部控制制度（试行）》（税总发〔2017〕57 号）第十一条规定，会计管理主要风险点：（一）会计核算管理，未按规定和要求设置财务岗位；未按会计制度规定实施账务处理；未按规定及时对账；未按规定核对收支和清理往来款项。

2. 下列说法，正确的有（　　）。

A. 本案例属于财务管理风险，风险发生在会计管理环节

B. 本案例属于财务管理风险，风险发生在出纳环节

C. 对用于网上银行录入和审核事项的两个网银 U 盾，未落实由会计和出纳岗人员分开保管使用的要求

D. 违反了以事设岗、以岗定责、岗责明晰的财务管理岗位设置原则

【参考答案】 ACD

【答案解析】 本案例中，该局没有严格落实《国家税务局系统财务管理岗位职责规范》，对用于网上银行录入和审核事项的两个网银 U 盾，未落实由会计和出纳岗人员分开保

管使用的要求,违反了以事设岗、以岗定责、岗责明晰的财务管理岗位设置原则,财务管理存在明显漏洞,致使会计熊某利用职务便利贪污公款,既损害了国家利益,又败坏了税务人员形象。

3. 根据国家税务局系统财务管理工作职责需要,财务管理部门应设置(　　)岗位。

A. 预算管理　　B. 基本建设管理

C. 固定资产管理　　D. 内部审计

【参考答案】 ABCD

【答案解析】 《国家税务总局关于印发〈国家税务局系统财务管理岗位职责规范〉的通知》(国税发〔2004〕163 号)第七条规定,根据国家税务局系统财务管理工作职责需要,财务管理部门应设置部门负责人、预算管理、会计、出纳、基本建设管理、固定资产管理、内部审计等岗位。

4. 本案例的发生主要有以下原因(　　)。

A. 税务人员法律意识不强

B. 风险防控意识不强,内控机制不健全

C. 日常监督制约不力,动态预警失效

D. 违反内控制约原则,未分离控制不相容岗位

【参考答案】 BCD

【答案解析】 本案例的发生主要有以下三方面原因:一是风险防控意识不强,内控机制不健全。本案例暴露出该局原分管财务工作的副局长刘某和财务人员的内控意识淡薄,本级财务管理内部控制形同虚设,致使会计熊某心存侥幸,以身试法,屡屡得手。二是日常监督制约不力,动态预警失效。该局上级主管税务机关,没有履行好对下级单位执行财务管理相关制度、流程情况的日常监督管理职责。在熊某作案的时间里,上级机关未能及时通过内部审计、财务数据监控分析,有效进行动态预警和处理。三是违反内控制约原则,未分离控制不相容岗位。

5. 本案例教训惨痛,发人深省,对新时期税务部门进一步深化内控机制建设,防控财务管理风险,具有深刻启示,可采取的内控措施有(　　)。

A. 以内部控制管理为关键,实施权力制衡

B. 以过程预警控制为重点,强化动态管理

C. 以内控内生化为目标,防控重大风险

D. 强化日常监督控制和专门监督控制,及时监控预警

【参考答案】 ABCD

【答案解析】 以内部控制管理为关键,实施权力制衡。建立财务工作内部授权管理体系,采取不相容岗位(职责)分离措施,明确权限范围、审批程序和相关责任,确保各单位及关键岗位人员在授权范围内行使职权、办理业务。单位主要领导及领导班子要聚焦财务管理工作重点领域、关键环节、重要岗位风险,定期听取内控工作情况汇报,及时防范和控制重大问题发生。以过程预警控制为重点,强化动态管理,根据层级管理、岗责配置和业务流

程，在财务管理工作的重要环节、重要节点，常态化运用督查检查、内部审计等手段，强化日常监督控制和专门监督控制，及时监控预警，持续动态改进。以内控内生化为目标，防控重大风险。针对财务管理中遇到的重点风险事项，在财务管理软件内嵌预设的相关监控指标进行信息化检索、比对，对应办事项及时提醒，对错办事项及时干预、强制阻断，防范职务风险，促进廉洁从税。

（八）

2018 年 10 月 8 日，S 市税务局向省税务局申请基建立项，即 S 市税务局直属机构综合业务办公用房新建项目。省局审定批复该项目建筑面积 8 186 平方米，投资概算 2 260 万元。开工后，经 S 市税务局申请，省税务局审批将概算调整为 2 835 万元。此后，S 市税务局未经上级税务主管部门批准，擅自向 S 市发展改革委两次申请增加建筑面积共 5 000 平方米，通过追加建筑面积，建成 S 市一栋地上 17 层，地下两层的“标志性亮点建筑”。2022 年 7 月，经省税务局审核，该办公用房实际建筑面积超规模 6 156.4 平方米，实际投资额超投资概算 1 418 万元。经实地测量，S 市税务局局领导办公室人均使用面积为 54 平方米，其中：局长办公室超标准 34 平方米，副局长办公室超标准 42 平方米。

1. 根据税务系统内部控制基本制度，本案例属于财务管理风险，风险发生在（　　）环节。

A. 基本建设　　　　B. 会计管理

C. 国有资产管理　　　　D. 预算管理

【参考答案】 A

【答案解析】 本案例中，根据《全国税务系统内部控制基本制度（试行）》的内部控制内容分类，属于财务管理风险，风险发生在基本建设环节。

2. 根据党政机关办公楼建设的规定，下列说法正确的有（　　）。

A. 党政机关办公楼不得定位为城市标志性建筑，外立面不得搞豪华装修，内装修要简洁朴素，办公设备的配置要科学实用

B. 对办公用房确有困难的，应首先考虑从现有党政机关办公用房存量中调剂解决

C. 电梯、采暖、空调、供配电、弱电等设备以及各类建筑材料应选用高效、节能、环保的国产或进口产品

D. 党政机关办公楼建设必须符合土地利用和城市规划要求，从严控制用地规模，严禁超标准占地、低效利用土地，不得占用耕地，不得配套建设大型广场、公园等设施

【参考答案】 ABD

【答案解析】《中共中央办公厅 国务院办公厅关于进一步严格控制党政机关办公楼等楼堂馆所建设问题的通知》（中办发〔2007〕11 号）规定，党政机关办公楼不得定位为城市标志性建筑，外立面不得搞豪华装修，内装修要简洁朴素，办公设备的配置要科学实用。电梯、采暖、空调、供配电、弱电等设备以及各类建筑材料均应选用高效、节能、环保的国产产品。凡新建、改扩建的，必须严格执行《公共建筑节能设计标准》，建成后应进行建筑节能测

评，凡达不到建筑节能标准的，不得进行竣工验收备案。党政机关办公楼建设必须符合土地利用和城市规划要求，从严控制用地规模，严禁超标准占地、低效利用土地，不得占用耕地，不得配套建设大型广场、公园等设施。同时，要积极创造条件盘活行政事业单位办公楼存量资源，增加存量供给。对办公用房确有困难的，应首先考虑从现有党政机关办公用房存量中调剂解决；确需新建、改扩建的，应打破系统、部门之间界限，实行集中建设。选项C不应包括进口产品，故选择ABD。

3. 通过对案例的分析，问题产生的主要原因有（　　）。

A. 基建项目的审批权限未得到落实

B. 在基建项目实施的关键环节缺乏预警控制

C. 对基建工程监督检查不力

D. 对基建项目职责分工未落实

【参考答案】 ABC

【答案解析】 问题产生的主要原因有：一是基建项目的审批权限未得到落实。该局在基建项目的实施过程中，未严格按照省、市局基建项目授予的权限范围、审批程序操作，导致出现违规扩建。二是在基建项目实施的关键环节缺乏预警控制。该局先后两次申请超范围、超预算扩建，在违规事项发生时，上级财务部门也未能及时发现基建项目超面积、超预算，造成行政管理风险。三是对基建工程监督检查不力。相关监督部门对基建项目的监督检查应该常态化，该案违规违纪发生时间较长，但非常明显的建筑面积增加75%、投资增加50%和领导干部超面积使用办公用房问题，竟然未能得到及时发现和制止，充分说明了监督检查覆盖面不够，频率较低，力度不够。

4. 地市级税务局新建综合业务办公用房项目新建投资总额超过（　　）万元的综合业务办公用房项目，由省局核报总局审批。

A. 1 000　　B. 2 000

C. 3 000　　D. 4 000

【参考答案】 C

【答案解析】 《国家税务总局关于印发〈国家税务局系统基本建设项目审批管理办法〉的通知》（国税发〔2005〕90号）第十二条规定，综合业务用房项目立项审批权限：三、地市级税务局新建综合业务办公用房项目、县（区）国税局新建投资总额超过3 000万元的综合业务办公用房项目，由省局核报总局审批。

5. 为全面加强和规范基本建设管理，应采取的防控措施有（　　）。

A. 强化对基建项目的授权审批控制

B. 强化对基建项目的职责分工

C. 强化对基建项目的过程预警控制

D. 推进对基建项目监督检查常态化

【参考答案】 ACD

【答案解析】 应采取以下防控措施。一是强化对基建项目的授权审批控制。根据《全国税务系统内部控制基本制度(试行)》第十八条第三项“授权审批控制”的规定,进一步明确各级税务机关的权限范围、审批程序,确保单位负责人及关键岗位人员在授权范围内行使职权、办理业务。二是强化对基建项目的过程预警控制。实施项目全流程监督控制,通过“税务系统网络版财务管理系统应用软件”实现内控内生化,在资金拨付、划转、使用时进行持续的监督、评价,在关键时间节点按照一定的数额分级预警提示,使风险点在流程中得到控制和解决。三是推进对基建项目监督检查常态化。财务管理、纪检监察等监督部门应紧盯税务系统内各类基建项目,依职责分工和管辖权限实行专门的、动态的监督检查,防微杜渐,防患于未然。机关、团体办公用房等楼堂馆所建设,事关党风政风,事关党群干群关系,事关党和政府形象。

(九)

2022 年,A 市税务局在动态筛查比对辖区内企业专用发票开具情况时,发现系统内有个别企业专用发票领购限量频繁往复变动,但无相关发票增量的纸质审批记录。A 市税务局在提醒相关税务干部账号存在风险的同时,也锁定了该局张某盗用别人账号,违规为企业办理增量发票、违规对企业申报表数据进行修改的事实。由于张某的违规操作,最终导致 8 户企业未纳税走逃、3 户企业虚列进项税额 1 119 262.76 元的严重后果。

1. 根据税务系统内部控制基本制度,本案例属于信息系统管理风险,风险发生在(　　)环节。

A. 信息系统建设　　B. 业务流程控制

C. 数据应用管理　　D. 信息安全

【参考答案】 D

【答案解析】 本案例中相关税务人员未妥善保存个人账号密码,导致账号密码被盗取,最终导致国家税款流失。通过分析案情,根据《全国税务系统内部控制基本制度(试行)》的内部控制内容分类,属于行政管理工作中的信息系统管理风险,风险发生在信息安全环节。

2. 本案例发生的原因主要有(　　)。

A. 关键岗位授权管理不到位　　B. 信息系统账号密码管理不严

C. 账号安全管理措施不够　　D. 纳税人税法遵从度偏低

【参考答案】 ABC

【答案解析】 本案例发生的主要原因:一是关键岗位授权管理不到位。单位未对软件中“发票增量审批”权限的授权进行严格的管理,造成大量干部默认具有“发票增量审批”权限,给不法分子盗用他人账号进行非法活动创造了条件。二是信息系统账号密码管理不严。新的信息系统使用后,未及时提醒用户修改初始密码,也未采取其他安全保障措施防止账号被盗用。三是账号安全管理措施不够。对同一地址登录多个用户,或同一台计算机登录的用户名频繁更换、对同一户纳税人反复调整发票限量等疑点,未能设置相应监控指标加强风险防范能力,也未采用 U 盾或 KEY 等物理控制措施加强防控。

3. 税务系统应当严格人员安全管理，按照（　　）原则，加强应用系统人员账户和权限管理，防范弱口令、越权访问、非授权访问、账户盗用和数据泄露。

A. 严格授权范围　　B. 最小授权

C. 非必须不授权　　D. 最大授权

【参考答案】 B

【答案解析】《国家税务总局关于强化税务系统网络安全的意见》(税总发〔2019〕123号)规定，严格人员安全管理。认真执行人员安全管理制度。按照最小授权原则，加强应用系统人员账户和权限管理，防范弱口令、越权访问、非授权访问、账户盗用和数据泄露。

4. 税务系统增值税发票管理内部风险快速反应机制的原则有（　　）。

A. 纵横协同　　B. 精准防控

C. 疑点核查　　D. 快速应对

【参考答案】 ABD

【答案解析】 根据《增值税发票管理内部风险快速反应工作方案》，内部风险快速反应机制应坚持以下三个基本原则。一是纵横协同：横向上，督察内审、货物和劳务税、纳税服务、征管和科技发展、人事、稽查、党建纪检、电税（信息）中心、税收大数据和风险管理等部门间相互协同，组建内部快反工作团队，共同组织开展内部快反工作；纵向上，税务总局、驻各地特派办、省（市）税务局、市税务局、区（县）税务局等各层级间相互协同，共同落实好内部快反工作任务。二是精准防控：指标指向精准，内部快反指标体系要根据政策变化定期更新、持续完善，实现精准定位；下发任务精准，指标扫描出的疑点数据需经过筛选分析和人工专业复评后才能对下推送，实施精准派发，减轻基层核查负担。三是快速应对：任务推送快速，核查任务以5—10个工作日为周期进行推送；疑点核查快速，税收执法问题核查时间原则上不超过15个工作日，发现税务人员涉嫌违纪违法问题线索的，按照干部管理权限3个工作日内移交纪检部门；结果反馈快速，核查结果以月为周期进行反馈；风险处置快速，核查发现重大风险漏洞和重大违规违纪违法嫌疑的，5个工作日内向本级党委汇报，经本级党委研究后，组织相关部门尽快采取针对性防控措施，并对相关人员进行追责。

5. 本案例中，应采取的防控措施有（　　）。

A. 加强系统密码管理的日常监督

B. 加强网络安全教育培训

C. 加强关键岗位的授权审批控制

D. 强化系统密码管理流程控制

【参考答案】 ACD

【答案解析】 应采取的防控措施：一是加强关键岗位的授权审批控制。研究、确定各应用系统管理员、数据库管理员、各技术服务组等高级别用户岗位职责，分析潜在风险；签订包括权限范围、责任后果等内容的税务系统安全保密协议和网络信息安全承诺书；在具体的内部授权管理上，建立逐级审批机制，严格限定数据的知悉使用范围。二是强化系统密码管理流程控制。根据《中华人民共和国网络安全法》，制定本单位的系统密码管理规范，对密码管理实行模块化管理，将系统初始启用强制修改密码、密码连续输入错误自动锁定、重要系统密码设置有效期限等内控措施嵌入密码管理工作流程中，条件成熟的单位可以将以上措施内生化到相应的应用系统中。三是加强系统密码管理的日常监督。上级信息中心通过加强数据审计，定期扫描跨环节或者在流程之外操作、登录 IP 地址不是常用地址数据，同一账户同一时间段不同地址登录数据等异常操作情况，将这些数据形成疑点清册推送到相关部门，发挥内部控制风险提示功能。

（十）

李某在任 H 市税务局稽查局副局长期间（李某在稽查局工作了 16 年，其中任稽查局副局长 8 年），于 2022 年带队对 H 市 F 房地产开发有限公司（以下简称 F 公司）进行税务检查。根据稽查检查结果认定的违法事实，F 公司共需补缴企业所得税 200 万元。李某利用职务便利为 F 公司减少缴纳企业所得税税款提供帮助，在稽查局尚未下达《税务处理决定书》前，私下经与 F 公司进行协商，最后 F 公司仅补缴 110 多万元企业所得税和 20 多万元的滞纳金。稽查结案后，李某收受了 F 公司唐某给予的贿赂共计人民币 4.8 万元。

1. 根据税务系统内部控制基本制度，本案例属于（　　）风险。

A. 税款征收　　B. 税务稽查

C. 廉政　　D. 税收法制

【参考答案】 C

【答案解析】 本案例中，李某在税务稽查工作中利用职务之便为企业减少缴纳税款提供帮助并收受贿赂，按照《全国税务系统内部控制基本制度（试行）》的规定，其利用职权谋取不正当利益等腐败行为属于廉政风险。

2. 关于本案例发生的原因，下列说法正确的有（　　）。

A. 李某一直未按照相关文件要求进行轮岗，给干部以权谋私埋下很大的隐患

B. 未能及时发现处理问题和漏洞，对主要部门、关键岗位、重点环节未形成有效的监督

C. 肆意行使裁量权，随意变更稽查事实及结果，权力未受到有效制约，使执法公信力大打折扣

D. 分管稽查的领导没有认真履行"一岗双责"，党组和纪检组落实主体责任和监督责任不力

【参考答案】 ABCD

【答案解析】 本案例发生的原因主要有以下三个方面：一是制度执行不到位。H 市税务局未严格执行轮岗制度，李某在稽查局已连续工作 16 年而且担任副局长长达 8 年之久，但一直未按照相关文件要求进行轮岗，给干部以权谋私埋下很大的隐患。由于长期在重要执法岗位上工作，李某逐渐放松对自己的要求，忘记了自己肩负的责任，把手中的执法权当成谋取私利的工具。二是权力制约不到位。稽查柔性执法能够弥补刚性执法可能出现的

执法过程简单僵化的不足，但柔性执法的灵活性和自主性必须受到制约，李某在本案例中肆意行使裁量权，随意变更稽查事实及结果，权力未受到有效制约，使执法公信力大打折扣。三是责任落实不到位。分管稽查的领导没有认真履行“一岗双责”，党组和纪检组落实主体责任和监督责任不力，风险隐患排查不够全面细致，未能及时发现处理问题和漏洞，对主要部门、关键岗位、重点环节未形成有效的监督。

3. 税务系统担任内设机构领导职务的干部在同一职位上任职（　　）年以上的，原则上要实行轮岗。

A. 3　　　　B. 5

C. 8　　　　D. 10

【参考答案】 B

【答案解析】《中共国家税务局党组关于印发〈全国税务系统领导班子和领导干部监督管理办法〉的通知》（国税党字〔2010〕73 号）第二十九条规定，严格执行组织人事工作各项规定……（四）担任内设机构领导职务的干部在同一职位上任职 5 年以上的，原则上要实行轮岗；各级税务机关主要负责人在同一地区任职满 10 年的，应当交流。

4. 根据税务系统领导班子和领导干部监督相关规定，下列说法正确的有（　　）。

A. 党组主要负责人对党风廉政建设负总责

B. 领导班子成员履行“一岗双责”，对分管部门党风廉政建设负主要领导责任

C. 直接责任人对本部门党风廉政建设工作负直接责任

D. 坚持干部监督工作联席会议制度，协调解决重大监督问题

【参考答案】 ABD

【答案解析】《中共国家税务局党组关于印发〈全国税务系统领导班子和领导干部监督管理办法〉的通知》（国税党字〔2010〕73 号）第八条规定，党组主要负责人对党风廉政建设负总责：（一）领导本单位、本系统党风廉政建设和反腐败工作。（二）研究解决党风廉政建设方面的重要问题，对同级领导班子成员及下级领导班子主要负责人廉洁从政进行监督。第九条规定，领导班子成员履行“一岗双责”，对分管部门党风廉政建设负主要领导责任，在部署、检查、调研工作时，督促落实党风廉政建设工作。按规定在述职述廉报告中履行“一岗双责”情况并作为落实党风廉政建设责任制的内容。第十条规定，部门负责人对本部门党风廉政建设工作负直接责任，完善内控机制，把廉政要求融入本部门的业务工作中，加强日常管理。第十六条规定，领导干部必须自觉执行《中国共产党党员领导干部廉洁从政若干准则》及总局相关规定，严格规范从政行为。第三十五条规定，纪检监察、人事、巡视、督察内审等部门要各负其责、认真行使监督职能。定期开展执法监察、执法督察、内部审计、巡视检查等工作，建立统一协调、衔接顺畅、主动配合的监督工作机制，形成监督合力。第三十六条规定，完善内控机制，逐步建立内容科学、有效管用、配套完备的领导班子和领导干部监督管理制度体系。坚持干部监督工作联席会议制度，协调解决重大监督问题。充分利用信息化成果，提高监督管理科技水平，加强预警分析。部门负责人对本部门党风廉政建设工作负直接责任，故选项 C 错误。

5. 针对以上存在的问题，可以采取的防控措施有（　　）。

A. 加强优化执法方式培训　　B. 加强干部任免过程预警控制

C. 强化稽查工作流程控制　　D. 加强稽查工作的日常监督

【参考答案】 BCD

【答案解析】 可以采取的防控措施：一是加强干部任免过程预警控制。根据《税务系统领导班子和领导干部监督管理办法》的要求，对领导干部任免工作开展风险排查，全面梳理存在风险，并将风险嵌入干部任免工作全过程，强化过程预警控制。如通过每年初填写《领导干部任职情况表》监控领导干部任职年限，及时对达到轮岗条件的领导干部进行轮岗。二是强化稽查工作流程控制。严格按照《税务稽查工作规程》等相关规定，建立稽查工作流程图，将稽查风险防控措施嵌入整个工作流程，避免稽查工作机外运行，有效约束稽查人员的自由裁量空间，有效防控稽查工作风险。三是加强稽查工作的日常监督。上级稽查局要不定期地对下级稽查案件进行监督和检查，重点对自查补报的合规性进行检查，落实风险防控的主体责任，防控稽查工作风险。

2023年大比武督察内审模拟试卷(一)

(时间:90分钟　满分:100分)

一、单选题(本题型共20小题,每题1.5分,共30分,每题只有一个正确答案,请将正确答案填在括号内)

1. 下列关于督察内审部门代表本级税务机关组织开展执法督察工作职责的表述错误的是(　　)。

A. 督办执法督察所发现问题的整改和责任追究

B. 指导、监督和考核本级税务机关执法督察工作

C. 配合外部监督部门对税务机关开展监督检查工作

D. 组织实施税务系统税收执法责任制工作,牵头推行税收执法责任制考核信息系统,实施执法疑点信息分析监控

2. 下列关于税收执法督察人才库的说法中错误的是(　　)。

A. 实行动态管理

B. 定期组织业务培训

C. 下级税务机关可以向上级税务机关执法督察人才库输送人才

D. 执法督察优先抽调执法督察人才库成员参加

3. 下列关于执法督察的说法中错误的是(　　)。

A. 督察内审部门收到税收执法督察报告和其他证据材料后,应当对执法督察程序是否符合规定进行审理

B. 督察内审部门在审理中发现事实不清、证据不足、资料不全的,应当重新组织人员进行核实、检查

C. 督察内审部门在审理中对适用税收法律、行政法规和税收政策有疑义的问题,以及涉嫌违规的涉税文件,应当书面征求本级税务机关法规部门和业务主管部门意见,也可以提交本级税务机关集体研究,并做好会议记录

D. 执法督察组实施执法督察后,应当将税收执法督察报告、工作底稿、证据材料、陈述申辩资料以及与执法督察情况有关的其他资料进行整理,提交督察内审部门

4. 督察内审部门对违反税收法律、行政法规、规章和上级税收规范性文件的涉税文件,

下列处理原则不正确的是（ ）。

A. 对下级税务机关制定，或者下级税务机关与其他部门联合制定的，责令停止执行，并予以纠正

B. 对本级税务机关制定的，应当停止执行并提出修改建议

C. 对地方政府和其他部门制定的，同级税务机关应当停止执行，向发文单位提出修改建议，并报告上级税务机关

D. 对地方政府和其他部门制定的，同级税务机关应当停止执行，向发文单位提出修改建议，并报告同级政府部门备案

5. 根据国家税务总局文件的规定，税收执法考核、税收执法过错责任追究、税收执法质量评价应当坚持的原则不包括（ ）。

A. 教育为主、惩戒为辅　　B. 依法依规、实事求是

C. 公平公正、权责统一　　D. 过罚相当、奖惩结合

6. 根据国家税务总局文件的规定，税收执法考核应当按（ ）实施。

A. 月　　B. 季

C. 半年　　D. 年

7. 根据《中华人民共和国审计法》，审计机关对财政收支或者财务收支的（ ）依法进行审计监督。

A. 真实、合法和效益　　B. 真实、合法和效率

C. 真实、合法和合理　　D. 真实、合法和关联

8.《中华人民共和国审计法》所称财政收支不包括（ ）。

A. 未纳入预算管理的行政事业性收费

B. 未纳入预算管理的国有资产收入

C. 未纳入预算管理的国有资本经营收益

D. 未纳入预算管理的政府举借债务筹措的资金

9. 根据《税务系统主要领导干部经济责任审计规定》，税务系统领导干部经济责任审计对象不包括（ ）。

A. 各级税务局党委书记、局长

B. 税务总局驻各地特派办主要负责人

C. 上级领导干部兼任下级单位的正职领导职务且不实际履行经济责任时，实际负责本单位工作的副职领导干部

D. 各级税务局、税务总局驻各地特派办的副职领导干部

10. 根据《税务系统主要领导干部经济责任审计规定》，下列不属于税务系统领导干部经济责任审计的主要内容的是（ ）。

A. 贯彻执行党和国家经济方针政策、决策部署情况，贯彻落实上级税务机关有关政策、决策部署情况

B. 对本单位税费管理和财务管理活动的管理、监督情况

C. 重要发展规划和政策措施的制定、执行和效果情况

D. 在经济活动中落实有关党风廉政建设责任和遵守廉洁从政规定情况

11. 根据《中国共产党廉洁自律准则》，不属于党员领导干部廉洁自律规范的是（　　）。

A. 廉洁从政，自觉保持党员干部本色

B. 廉洁用权，自觉维护人民根本利益

C. 廉洁修身，自觉提升思想道德境界

D. 廉洁齐家，自觉带头树立良好家风

12. 根据《关于实行审计全覆盖的实施意见》的规定，坚持问题导向，对问题多、反映大的单位及领导干部要加大审计频次，实现（　　）的全覆盖。

A. 有统筹、有重点、有步骤、有深度、有成效

B. 有重点、有步骤、有深度、有成效

C. 有重点、分步骤、加深度、重成效

D. 总统筹、有重点、分步骤、加深度、重成效

13. 根据《违规发放津贴补贴行为处分规定》，情节严重给予开除处分的情形是（　　）。

A. 以发放津贴补贴的形式，变相将国有资产集体私分给个人的

B. 超标准缴存住房公积金的

C. 违反规定自行新设项目或者继续发放已经明令取消的津贴补贴的

D. 违反规定向关联单位（企业）转移好处，再由关联单位（企业）以各种名目给机关职工发放津贴补贴的

14. 根据《设立“小金库”和使用“小金库”款项违法违纪行为政纪处分暂行规定》，发生下列（　　）情况的，对有关责任人员，给予记过或者记大过处分；情节较重的，给予降级或者撤职处分；情节严重的，给予开除处分。

A. 使用“小金库”款项吃喝、旅游、送礼、进行娱乐活动或者有其他类似行为

B. 使用“小金库”款项新建、改建、扩建、装修办公楼或者培训中心等

C. 使用“小金库”款项提高福利补贴标准或者扩大福利补贴范围、滥发奖金实物或者有类似支出行为

D. 使用“小金库”款项报销应由个人负担的费用

15. 根据《审计署关于内部审计工作的规定》，下列不属于内部审计机构职责的是（　　）。

A. 对本单位及所属单位贯彻落实国家重大政策措施情况进行审计

B. 对本单位及所属单位发展规划、战略决策、重大措施以及年度业务计划执行情况进行审计

C. 督促本单位主要负责人落实审计发现问题的整改工作

D. 对本单位及所属单位内部控制及风险管理情况进行审计

16. 根据国家税务总局文件的规定，对于系统督查工作，办公厅应当组建督查组。会商相关司局和省税务机关，抽调人员组成若干督查组，并确定督查组组长、联络员。要充分发

挥(　　)人员作用。

A. 督查人才库、税务领军人才、专业人才库

B. 督查专员库、税务领军人才、专业人才库

C. 督查人才库、税务专业骨干、专业人才库

D. 督查专员库、税务专业骨干、税务岗位能手

17. 根据国家税务总局文件的规定,下列表述错误的是(　　)。

A. 督查组实行组长负责制

B. 税务总局从省税务机关甄选人员,建立综合素质高、专业能力强、结构合理、数量适度的督查专员库,并根据工作需要不定期进行人员调整

C. 开展系统督查过程中,应当加强保密工作,不允许新闻媒体进行报道

D. 办公厅采取培训交流、跟班学习、交叉督查、督查调研、绩效考评等方式,推动各地税务机关加强督查工作

18. 根据《中华人民共和国监察法》的规定,下列表述中错误的是(　　)。

A. 对可能发生职务违法的监察对象,监察机关按照管理权限,可以直接或者委托有关机关、人员进行谈话或者要求说明情况

B. 在调查过程中,对涉嫌职务违法的被调查人,监察机关可以要求其就涉嫌违法行为作出陈述,必要时向被调查人出具书面通知

C. 对涉嫌贪污贿赂等职务犯罪的被调查人,监察机关可以进行询问,要求其如实供述

D. 对涉嫌失职渎职等职务犯罪的被调查人,监察机关可以进行讯问,要求其如实供述涉嫌犯罪的情况

19. 下列不属于增值税专用发票最高开票限额审批日常管理主要风险点的是(　　)。

A. 未按照规定时限审批增值税专用发票最高开票限额

B. 纳税人最高开票限额申请按规定需要进行实地查验而未实地查验

C. 对于纳税人最高开票限额申请不应批准而批准

D. 对于纳税人最高开票限额申请应批准而未批准

20. 税务督察审计是各级税务机关依照规定权限和程序,对本级及下级单位的(　　)行为的真实性、合法性和效益性进行监督、检查和评价的活动。

A. 税收管理　　B. 财务管理

C. 税收管理和财务管理　　D. 税收管理和财政管理

二、多选题(本题型共 15 小题,每题 2 分,共 30 分,每题均有两个或两个以上正确答案,请将正确答案填在括号内,错选、多选、少选均不得分)

1. 下列属于税务系统内部控制目标的有(　　)。

A. 服务中心工作,提高工作质效,有效履行税收职能,贯彻落实好党中央、国务院决策部署

B. 坚持依法治税,规范税收执法行为,有效维护行政管理相对人合法权益,各项税收业

务活动合法合规

C. 严格内部管理，规范政务运转，提高行政效能，各项行政管理工作安全有序

D. 规范权力运行，筑牢反腐防线，防范职务风险，促进廉洁从税

2. 各级税务机关应当针对不同等级风险，综合运用制约、监督等控制方法，制定具体控制措施，实现对各类风险点的有效控制。下列不属于监督控制方法的有（　　）。

A. 职责分工控制　　B. 日常监督控制

C. 不相容岗位（职责）分离控制　　D. 专门监督控制

3. 政府采购风险内部控制的内容主要包括（　　）。

A. 采购预算管理风险　　B. 采购需求管理风险

C. 采购组织管理风险　　D. 采购验收和资金支付管理风险

4. 各级税务机关督察内审部门（或者承担督察内审职能的部门）是内部控制管理部门，主要职责包括（　　）。

A. 组织制定、完善内部控制制度

B. 应用内部控制监督平台开展任务推送、风险目录管理、监督检查、考核评价等，研究内部控制存在的问题，提出处理意见

C. 组织内部控制宣传和培训工作

D. 开展内部控制自我评估并提出应对和改进措施

5. 一案双查应遵循以下原则（　　）。

A. 依纪依法、全面从严的原则　　B. 统一领导、分级管理的原则

C. 各负其责、协调配合的原则　　D. 纠建并举、标本兼治的原则

6. 稽查部门对已作出税务处理处罚决定的重大税收违法案件，应按规定转交同级督察内审部门并告知一案双查牵头部门。重大税收违法案件包括（　　）。

A. 虚开发票、偷逃税、骗取出口退税达到一定标准的案件

B. 上级税务机关督办的重大税收违法案件

C. 造成重大社会影响的税收违法案件

D. 本级税务机关督办的重大税收违法案件

7. 被审计领导干部遇有被有关部门（　　）或者死亡等特殊情况，以及存在其他不宜继续进行经济责任审计情形的，审计委员会办公室商同级纪检监察机关、组织部门等有关单位提出意见，报审计委员会批准后终止审计。

A. 采取强制措施　　B. 纪律审查

C. 监察调查　　D. 巡视巡察

8. 督察内审，是指各级税务机关依法对本级税务机关及所属机构和下级税务机关及所属机构的税收执法、财政收支和财务收支的（　　）进行独立监督、检查和评价，并提出处理意见的行为。

A. 准确性　　B. 真实性

C. 合法性　　D. 效益性

9. 督察内审部门履行职责具有以下权限（ ）。

A. 要求被督察审计单位和个人按时提供与督察审计事项相关的资料，被督察审计单位主要负责人应当对本单位提供资料的真实性和完整性负责

B. 检查与督察审计事项有关的资料、计算机系统和相关电子数据，现场勘察实物

C. 对督察审计过程中发现的严重违法违规和严重损失浪费行为，报经税务机关负责人批准后，可以做出临时制止决定

D. 参加或列席本级税务机关有关会议，召开督察内审专题会议

10. 税收执法考核内容包括（ ）。

A. 税收执法主体资格是否符合规定

B. 税收执法是否符合执法权限

C. 税收执法程序是否合法

D. 税收执法决定是否合法、完整、适当

11. 有下列情形之一的，可以从轻或者免予追究（ ）。

A. 税收执法过错情节显著轻微，主动发现并及时纠正，未造成危害后果的

B. 税收执法过错情节轻微，尚未被发现的

C. 在国务院，省、自治区、直辖市和计划单列市人民政府，以及国家税务总局批准的探索性、试验性工作中发生税收执法过错并及时纠正、有效避免损失的

D. 其他可以从轻或者免予追究的情形

12. 各级税务机关督察内审部门或者承担税收执法监督检查职责的部门，代表本级税务机关组织开展执法督察工作，履行以下职责（ ）。

A. 依据上级税务机关执法督察工作制度和计划，制定本级税务机关执法督察工作制度和计划

B. 组织实施执法督察，向本级税务机关提交税收执法督察报告，并制作《税收执法督察处理决定书》、《税收执法督察处理意见书》或者《税收执法督察结论书》

C. 督办执法督察所发现问题的整改和责任追究

D. 配合外部监督部门对税务机关开展监督检查工作

13. 执法督察的内容包括（ ）。

A. 税收法律、行政法规、规章和规范性文件的执行情况

B. 国务院和本级税务机关有关税收工作重要决策、部署的贯彻落实情况

C. 税务机关制定或者与其他部门联合制定的涉税文件，以及税务机关以外的单位制定的涉税文件的合法性

D. 内部监督部门依法查处或者督查、督办的税收执法事项

14. 国家税务总局各市（州、盟）税务局及国家税务总局各县（区、旗）税务局负责本系统基本建设管理，主要职责是（ ）。

A. 贯彻执行国家基本建设管理的法律法规和税务总局基本建设管理的有关规定，负责基建项目日常监督管理

B. 负责实施本系统(本单位)基建项目信息化管理,基建项目库项目的审核、申报及日常维护工作

C. 负责本系统(本单位)基建项目建设过程管理、工程结算和竣工财务决算管理

D. 按照规定做好基建项目信息公开工作

15. 税务系统会计报表是反映(　　)等的书面文件,按编制基础分为财务会计报表和预算会计报表,通过网络版财务管理软件从会计账簿中自动提取生成。

A. 各单位财务状况　　B. 资产负债情况

C. 收支情况　　D. 预算执行结果

三、判断题(本题型共 20 小题,每题 1 分,共 20 分,请将你认为正确的画对号,错误的画叉号,不画或错画均不得分)

1. 执法督察可以由督察内审部门人员独立完成,也可以抽调本级和下级税务机关税务人员实施,优先抽调督察内审部门人员参加。(　　)

2. 特派办应当对被督察审计单位或者个人的反馈意见进行研究,并在收到反馈意见之日起 15 个工作日内将督察审计报告和有关资料提交税务总局督察内审司审理。(　　)

3. 督察内审部门对稽查部门转交的重大税收违法案件,应对税务机关或者税务人员的执法行为规范性进行核查分析,认为应开展专案执法督察的,填写《重大税收违法案件专案执法督察审批表》,经审批同意后组织实施,并向一案双查牵头部门备案。(　　)

4. 税收执法考核包括对税务机关的考核和对税收执法人员的考核。对税务机关的考核由上一级税务机关实施;对税收执法人员的考核由督察内审部门实施。(　　)

5. 税收执法过错情节显著轻微,主动发现并及时纠正,未造成危害后果的,可以从轻或者免予追究。(　　)

6. 领导小组下设办公室,由分管内部控制管理部门的局领导任主任,内部控制管理部门主要负责人任副主任,各部门(单位)内部控制管理岗人员为成员。(　　)

7. 内部控制主责部门主要职责包括开展风险识别、风险定级、风险应对,编制和完善风险目录,并向内部控制管理部门报备等。(　　)

8. 内控考核评价内容包括内部控制内生化落实情况、内部控制工作培训情况、内部控制发现问题整改情况。(　　)

9. 在制约控制方法中,对一人履职可能发生错误或舞弊风险,并可能自我掩盖的岗位(职责),采取相应岗位(职责)分离措施,明确细化责任,形成横向、纵向相互制约监督的工作机制是职责分工控制。(　　)

10. 内控监督平台指标编制时,税务总局负责全国通用指标的编制、部署和维护,省以下税务机关负责个性化指标的编制、部署和维护。(　　)

11. 单位领导人的直系亲属不得担任本单位的会计机构负责人、会计主管人员。会计机构负责人、会计主管人员的直系亲属可以在本单位会计机构中担任出纳工作。(　　)

12. 单位进行单位层面的风险评估时,应当重点关注内部控制工作的组织情况,包括是否确定内部控制职能部门或牵头部门;是否建立单位各部门在内部控制中的沟通协调和联

动机制；内部管理制度是否健全；执行是否有效。（　　）

13. 单位进行经济活动业务层面的风险评估时，合同管理情况不属于应当重点关注的方面。（　　）

14. 单位应当加强对政府采购业务的记录控制。妥善保管政府采购预算与计划、各类批复文件、招标文件、投标文件、评标文件、合同文本、验收证明等政府采购业务相关资料。（　　）

15. 禁止任何单位和个人在购买生活用品等物品时，以“办公用品”的名目开具虚假发票用公款报销。（　　）

16. 党政机关会议实行分类管理、分级审批，财政部门应当会同机关事务管理等部门制定本级党政机关会议费管理办法，从严控制会议数量、会期和参会人员规模。（　　）

17. 各部门、各单位应当加强对预算收入和支出的管理，不得截留或者动用应当上缴的预算收入，不得擅自改变预算支出的用途。（　　）

18. 行政事业单位必须严格按照财政票据监管机构核准的使用范围开具资金往来结算票据，不得超范围使用资金往来结算票据。（　　）

19. 行政机关公务员有违规发放津贴补贴行为的，由任免机关或者监察机关按照管理权限依法给予处分。（　　）

20. 出差人员应当严格按规定开支差旅费，费用由所在单位承担，不得向下级单位、企业或其他单位转嫁。（　　）

四、问答题（本题型共两题，每题 5 分，共 10 分，请将正确答案填在试卷上）

1. 内部控制主责部门的主要职责是什么？

2. 内部控制制度体系的主要内容包括什么？

五、案例分析题（本题型 1 题 5 小问，每小问 2 分，共 10 分，每题有一个或多个正确答案，请将正确答案填在括号内）

张某自 2017 年 8 月起在 B 县税务局办税服务厅主要负责二手房交易税款征收。其间，他与房屋中介人员勾结，利用职权违规少征不动产相关税款。为方便获取钱款，张某避开 POS 机缴税的约束，以现金方式收取中介人代缴的税款。先违规拆联开具缴纳人所需的税票第一联(应缴税款,房管部门办证用),交由中介人转交缴纳人。无视发票开具审核流程,不严格比对相关资料,擅自调减数据打印比第一联税额小的第二、第三联(实缴税款,税务部门存根联)。张某将存根联的金额入库,未上缴的税款差额与中介人平分。2017 年至 2023 年,其违规不征、少征税款 48 756.03 元,收受他人贿赂 5 000 元,侵吞税款 87 456.89 元。

1. 本案例中,张某可能涉及的罪名有(　　)。

A. 徇私舞弊不征、少征税款罪　　B. 贪污罪

C. 受贿罪　　D. 行贿罪

2. 本案例中,主要风险发生在(　　)环节。

A. 税款征收　　B. 税款管理

C. 申报　　D. 欠税管理

3. 对于凭证管理风险内部控制措施中,下列说法正确的有(　　)。

A. 按照“因事设岗、分类管事”原则确立岗责体系

B. 合理设置凭证管理岗位,明确相关岗位的职责权限,严格执行凭证管理管监分离

C. 完整保存相关表证单书及信息数据,确保凭证管理操作有痕迹、记录可查询、结果可追溯

D. 形成既相互制衡又协调配合的凭证管理机制

4. 本案例发生的主要原因有(　　)。

A. 内外勾结,目无法纪,故意违反税款征收开票程序

B. 税款征收缺乏制约环节,税额的核算、征收由一人独立完成

C. 事后审核检查缺失,办税服务厅对开票资料没有复查

D. 事前选人用人环节没做好把关,人事部门承担主要责任

5. 针对本案例出现的问题,可采取的控制方法有(　　)。

A. 加强税款征收职责分工控制

B. 加强税款征收不相容岗位分离控制

C. 加强税款征收的痕迹记录控制

D. 加强对税款征收环节监督控制

2023年大比武督察内审模拟试卷(一)答案

一、单选题

1.【参考答案】 B

【答案解析】 根据国家税务总局文件的规定,各级税务机关督察内审部门或者承担税收执法监督检查职责的部门(以下简称督察内审部门),代表本级税务机关组织开展执法督察工作,履行以下职责:

(一)依据上级税务机关执法督察工作制度和计划,制定本级税务机关执法督察工作制度和计划;

(二)组织实施执法督察,向本级税务机关提交税收执法督察报告,并制作《税收执法督察处理决定书》、《税收执法督察处理意见书》或者《税收执法督察结论书》;

(三)组织实施税务系统税收执法责任制工作,牵头推行税收执法责任制考核信息系统,实施执法疑点信息分析监控;

(四)督办执法督察所发现问题的整改和责任追究;

(五)配合外部监督部门对税务机关开展监督检查工作;

(六)向本级和上级税务机关报告执法督察工作情况;

(七)通报执法督察工作情况和执法督察结果;

(八)指导、监督和考核下级税务机关执法督察工作;

(九)其他相关工作。

2.【参考答案】 C

【答案解析】 根据国家税务总局文件的规定,各级税务机关应当建立税收执法督察人才库,为执法督察储备人才。根据执法督察工作需要,确定执法督察人才库人员基数,实行动态管理,定期组织业务培训。下级税务机关应当向上级税务机关执法督察人才库输送人才。

执法督察可以由督察内审部门人员独立完成,也可以抽调本级和下级税务机关税务人员实施,优先抽调执法督察人才库成员参加。相关单位和部门应当予以配合。

3.【参考答案】 B

【答案解析】 根据国家税务总局文件的规定,督察内审部门在审理中发现事实不清、证据不足、资料不全的，应当通知执法督察组对证据予以补正，也可以重新组织人员进行核实、检查。

4.**【参考答案】** D

【答案解析】 根据国家税务总局文件的规定，对违反税收法律、行政法规、规章和上级税收规范性文件的涉税文件，按下列原则作出执法督察决定：

（一）对下级税务机关制定，或者下级税务机关与其他部门联合制定的，责令停止执行，并予以纠正；

（二）对本级税务机关制定的，应当停止执行并提出修改建议；

（三）对地方政府和其他部门制定的，同级税务机关应当停止执行，向发文单位提出修改建议，并报告上级税务机关。

5.**【参考答案】** A

【答案解析】 根据国家税务总局文件的规定，税收执法考核、税收执法过错责任追究、税收执法质量评价应当坚持依法依规、实事求是，公平公正、权责统一，过罚相当、奖惩结合的原则。

6.**【参考答案】** A

【答案解析】 根据国家税务总局文件的规定，税收执法考核应当按月通过以下方式实施：

（一）内部控制监督平台定期扫描税收业务，获取税收执法数据和过错信息；

（二）过错信息推送至税务机关、税收执法人员；

（三）税务机关、税收执法人员对推送的过错信息核实、申辩、确认，并予以反馈；

（四）考核结果告知相关税务机关、税收执法人员。

7.**【参考答案】** A

【答案解析】 《中华人民共和国审计法》第二条规定，国家实行审计监督制度。坚持中国共产党对审计工作的领导，构建集中统一、全面覆盖、权威高效的审计监督体系。

国务院和县级以上地方人民政府设立审计机关。

国务院各部门和地方各级人民政府及其各部门的财政收支，国有的金融机构和企业事业组织的财务收支，以及其他依照本法规定应当接受审计的财政收支、财务收支，依照本法规定接受审计监督。

审计机关对前款所列财政收支或者财务收支的真实、合法和效益，依法进行审计监督。

8.**【参考答案】** C

【答案解析】 《中华人民共和国审计法实施条例》第三条规定，审计法所称财政收支，是指依照《中华人民共和国预算法》和国家其他有关规定，纳入预算管理的收入和支出，以及下列财政资金中未纳入预算管理的收入和支出：

（一）行政事业性收费；

（二）国有资源、国有资产收入；

（三）应当上缴的国有资本经营收益；

（四）政府举借债务筹措的资金；

（五）其他未纳入预算管理的财政资金。

9.【参考答案】 D

【答案解析】《税务系统主要领导干部经济责任审计规定》第四条规定，税务系统领导干部经济责任审计对象包括：（一）各级税务局党委书记、局长，税务总局驻各地特派办主要负责人；（二）各级税务局、税务总局驻各地特派办主持工作1年以上的副职领导干部；（三）各级税务局所属独立核算派出机构和事业单位正职领导干部或者主持工作1年以上的副职领导干部；（四）上级领导干部兼任下级单位的正职领导职务且不实际履行经济责任时，实际负责本单位工作的副职领导干部；（五）其他需要审计的领导干部。

各级税务局非独立核算派出机构和事业单位主要负责人或者主持工作1年以上的副职领导干部是否进行经济责任审计，由各省、自治区、直辖市和计划单列市税务局确定。

10.【参考答案】 B

【答案解析】《税务系统主要领导干部经济责任审计规定》第十九条规定，税务系统领导干部经济责任审计的主要内容：（一）贯彻执行党和国家经济方针政策、决策部署情况，贯彻落实上级税务机关有关政策、决策部署情况；（二）重要发展规划和政策措施的制定、执行和效果情况；（三）重大经济事项的决策、执行和效果情况；（四）税费管理、财务管理和各类风险防范化解情况，内部控制制度的制定和执行情况，以及在预算管理中执行机构编制管理规定情况；（五）对下属单位税费管理和财务管理活动的管理、监督情况；（六）在经济活动中落实有关党风廉政建设责任和遵守廉洁从政规定情况；（七）以往督察审计发现问题的整改情况；（八）其他需要审计的内容。

11.【参考答案】 A

【答案解析】《中国共产党廉洁自律准则》规定，党员领导干部廉洁自律规范包括：廉洁从政，自觉保持人民公仆本色。廉洁用权，自觉维护人民根本利益。廉洁修身，自觉提升思想道德境界。廉洁齐家，自觉带头树立良好家风。

12.【参考答案】 B

【答案解析】《关于实行审计全覆盖的实施意见》规定，对重点部门、单位要每年审计，其他审计对象1个周期内至少审计1次，对重点地区、部门、单位以及关键岗位的领导干部任期内至少审计1次，对重大政策措施、重大投资项目、重点专项资金和重大突发事件开展跟踪审计，坚持问题导向，对问题多、反映大的单位及领导干部要加大审计频次，实现有重点、有步骤、有深度、有成效的全覆盖。

13.【参考答案】 A

【答案解析】《违规发放津贴补贴行为处分规定》第六条规定，以发放津贴补贴的形式，变相将国有资产集体私分给个人的，给予记大过处分；情节较重的，给予降级或者撤职处分；情节严重的，给予开除处分。

14.【参考答案】 D

【答案解析】《设立“小金库”和使用“小金库”款项违法违纪行为政纪处分暂行规定》第八条规定，使用“小金库”款项报销应由个人负担的费用的，对有关责任人员，给予记过或者记大过处分;情节较重的,给予降级或者撤职处分;情节严重的,给予开除处分。

15.**【参考答案】** C

【答案解析】 《审计署关于内部审计工作的规定》第十二条规定,内部审计机构或者履行内部审计职责的内设机构应当按照国家有关规定和本单位的要求,履行下列职责:

(一)对本单位及所属单位贯彻落实国家重大政策措施情况进行审计;

(二)对本单位及所属单位发展规划、战略决策、重大措施以及年度业务计划执行情况进行审计;

(三)对本单位及所属单位财政财务收支进行审计;

(四)对本单位及所属单位固定资产投资项目进行审计;

(五)对本单位及所属单位的自然资源资产管理和生态环境保护责任的履行情况进行审计;

(六)对本单位及所属单位的境外机构、境外资产和境外经济活动进行审计;

(七)对本单位及所属单位经济管理和效益情况进行审计;

(八)对本单位及所属单位内部控制及风险管理情况进行审计;

(九)对本单位内部管理的领导人员履行经济责任情况进行审计;

(十)协助本单位主要负责人督促落实审计发现问题的整改工作;

(十一)对本单位所属单位的内部审计工作进行指导、监督和管理;

(十二)国家有关规定和本单位要求办理的其他事项。

16.**【参考答案】** B

【答案解析】 根据国家税务总局文件的规定,实施准备。办公厅应当组织做好以下准备工作:(一)拟定方案。会同相关司局制定督查方案,一般包括督查事项、依据、标准、方式、对象和时间安排等。(二)组建督查组。会商相关司局和省税务机关,抽调人员组成若干督查组,并确定督查组组长、联络员。要充分发挥督查专员库、税务领军人才、专业人才库人员作用。

17.**【参考答案】** C

【答案解析】 根据国家税务总局文件的规定,开展系统督查过程中,可以邀请税务新闻媒体或其他社会新闻媒体,报道督查工作开展情况,对落实情况好的单位进行宣传,对落实不力的典型情况予以曝光。

18.**【参考答案】** C

【答案解析】 《中华人民共和国监察法》第二十条规定,在调查过程中,对涉嫌职务违法的被调查人,监察机关可以要求其就涉嫌违法行为作出陈述,必要时向被调查人出具书面通知。

对涉嫌贪污贿赂、失职渎职等职务犯罪的被调查人,监察机关可以进行讯问,要求其如实供述涉嫌犯罪的情况。

19.**【参考答案】** D

【答案解析】 发票日常管理主要风险点:(一)增值税专用发票最高开票限额审批。未按照规定时限审批增值税专用发票最高开票限额；纳税人最高开票限额申请按规定需要进行实地查验而未实地查验；对于纳税人最高开票限额申请不应批准而批准。

20.**【参考答案】** C

【答案解析】 税务系统督察审计规范规定，督察审计是各级税务机关依照规定权限和程序，对本级及下级单位的税收管理和财务管理行为的真实性、合法性和效益性进行监督、检查和评价的活动。

二、多选题

1.**【参考答案】** ABCD

【答案解析】 内部控制目标，主要包括：（一）服务中心工作，提高工作质效，有效履行税收职能，贯彻落实好党中央、国务院决策部署。（二）坚持依法治税，规范税收执法行为，有效维护行政管理相对人合法权益，各项税收业务活动合法合规。（三）严格内部管理，规范政务运转，提高行政效能，各项行政管理工作安全有序。（四）规范权力运行，筑牢反腐防线，防范职务风险，促进廉洁从税。

2.**【参考答案】** AC

【答案解析】 监督控制方法包括：（一）日常监督控制。上级税务机关业务主管部门应对下级税务机关及税务人员遵守和执行职责范围内相关制度、流程情况实行日常监督管理。（二）专门监督控制。各级税务机关专门监督部门应依据职责分工和管辖权限对税务机关及税务人员遵守和执行相关制度、流程情况实行专门监督检查。

3.**【参考答案】** ABD

【答案解析】 政府采购风险内部控制的内容主要包括：采购预算管理、采购需求管理、采购计划管理、采购实施管理、采购合同管理、采购验收和资金支付管理、采购档案管理等风险以及由此产生的廉政风险。

4.**【参考答案】** ABC

【答案解析】 各级税务机关督察内审部门（或者承担督察内审职能的部门）是内部控制管理部门，主要职责包括：（一）组织制定、完善内部控制制度；（二）应用内部控制监督平台开展任务推送、风险目录管理、监督检查、考核评价等，研究内部控制存在的问题，提出处理意见；（三）组织内部控制宣传和培训工作；（四）办理内部控制管理工作的其他事项。

5.**【参考答案】** ABCD

【答案解析】 一案双查应遵循以下原则：（一）依纪依法、全面从严的原则；（二）统一领导、分级管理的原则；（三）各负其责、协调配合的原则；（四）纠建并举、标本兼治的原则。

6.**【参考答案】** ABC

【答案解析】 稽查部门对已作出税务处理处罚决定的重大税收违法案件，应按规定转交同级督察内审部门并告知一案双查牵头部门。本实施办法所称重大税收违法案件包括：（一）虚开发票、偷逃税、骗取出口退税达到一定标准的案件；（二）上级税务机关督办的重大税收违法案件；（三）造成重大社会影响的税收违法案件。

7.**【参考答案】** ABC

【答案解析】 被审计领导干部遇有被有关部门采取强制措施、纪律审查、监察调查或者死亡等特殊情况，以及存在其他不宜继续进行经济责任审计情形的，审计委员会办公室商同级纪检监察机关、组织部门等有关单位提出意见，报审计委员会批准后终止审计。

8.**【参考答案】** BCD

【答案解析】 督察内审，是指各级税务机关依法对本级税务机关及所属机构和下级税务机关及所属机构的税收执法、财政收支和财务收支的真实性、合法性和效益性进行独立监督、检查和评价，并提出处理意见的行为。

9.**【参考答案】** ABCD

【答案解析】 督察内审部门履行职责具有以下权限：(一)要求被督察审计单位和个人按时提供与督察审计事项相关的资料，被督察审计单位主要负责人应当对本单位提供资料的真实性和完整性负责；(二)检查与督察审计事项有关的资料、计算机系统和相关电子数据，现场勘察实物；(三)对督察审计事项中的问题，向有关单位和个人开展调查和询问取得相关证明材料；(四)对督察审计过程中发现的严重违法违规和严重损失浪费行为，报经税务机关负责人批准后，可以做出临时制止决定；(五)对发现的违法、违规及管理不规范行为提出纠正、处理意见及改进管理的建议；(六)参加或列席本级税务机关有关会议，召开督察内审专题会议；(七)履行督察内审职责所必需的其他权限。

10.**【参考答案】** ABCD

【答案解析】 税收执法考核内容包括：(一)是否存在不作为情形；(二)税收执法主体资格是否符合规定；(三)税收执法人员是否取得执法资格；(四)税收执法是否符合执法权限；(五)税收执法适用依据是否正确；(六)税收执法程序是否合法；(七)税收执法文书使用是否规范；(八)税收执法认定的事实是否清楚，证据是否充分；(九)税收执法决定是否合法、完整、适当；(十)制定规范性文件是否合法合规；(十一)其他情况。

11.**【参考答案】** ACD

【答案解析】 有下列情形之一的，可以从轻或者免予追究：(一)税收执法过错情节显著轻微，主动发现并及时纠正，未造成危害后果的；(二)在国务院，省、自治区、直辖市和计划单列市人民政府，以及国家税务总局批准的探索性、试验性工作中发生税收执法过错并及时纠正、有效避免损失的；(三)其他可以从轻或者免予追究的情形。

12.**【参考答案】** ABCD

【答案解析】 各级税务机关督察内审部门或者承担税收执法监督检查职责的部门(以下简称督察内审部门)，代表本级税务机关组织开展执法督察工作，履行以下职责：(一)依据上级税务机关执法督察工作制度和计划，制定本级税务机关执法督察工作制度和计划；(二)组织实施执法督察，向本级税务机关提交税收执法督察报告，并制作《税收执法督察处理决定书》、《税收执法督察处理意见书》或者《税收执法督察结论书》；(三)组织实施税务系统税收执法责任制工作，牵头推行税收执法责任制考核信息系统，实施执法疑点信息分析监控；(四)督办执法督察所发现问题的整改和责任追究；(五)配合外部监督部门对税务机关开展监督检查工作；(六)向本级和上级税务机关报告执法督察工作情况；(七)通报执法督察工作情况和执法督察结果；(八)指导、监督和考核下级税务机关执法督察工作；(九)其他相关工作。

13.**【参考答案】**　AC

【答案解析】　执法督察的内容包括：(一)税收法律、行政法规、规章和规范性文件的执行情况；(二)国务院和上级税务机关有关税收工作重要决策、部署的贯彻落实情况；(三)税务机关制定或者与其他部门联合制定的涉税文件，以及税务机关以外的单位制定的涉税文件的合法性；(四)外部监督部门依法查处或者督查、督办的税收执法事项；(五)上级机关交办、有关部门转办的税收执法事项；(六)执法督察所发现问题的整改和责任追究情况；(七)其他需要实施执法督察的税收执法事项。

14.**【参考答案】**　ABCD

【答案解析】　国家税务总局各市(州、盟)税务局及国家税务总局各县(区、旗)税务局负责本系统(本单位)基本建设管理，主要职责是：(一)贯彻执行国家基本建设管理的法律法规和税务总局基本建设管理的有关规定，负责基建项目日常监督管理。(二)负责实施本系统(本单位)基建项目信息化管理，基建项目库项目的审核、申报及日常维护工作。(三)负责本系统(本单位)基建项目建设过程管理、工程结算和竣工财务决算管理。(四)按照规定做好基建项目信息公开工作。

15.**【参考答案】**　ACD

【答案解析】　税务系统会计报表是反映各单位财务状况、收支情况和预算执行结果等的书面文件，按编制基础分为财务会计报表和预算会计报表，通过网络版财务管理软件从会计账簿中自动提取生成。

三、判断题

1.**【参考答案】**　错误

【答案解析】　《税收执法督察规则》第十三条规定，执法督察可以由督察内审部门人员独立完成，也可以抽调本级和下级税务机关税务人员实施，优先抽调执法督察人才库成员参加。相关单位和部门应当予以配合。

2.**【参考答案】**　正确

【答案解析】　根据国家税务总局相关文件的规定，特派办应当对被督察审计单位或者个人的反馈意见进行研究，并在收到反馈意见之日起15个工作日内将督察审计报告和有关资料提交税务总局督察内审司审理。

3.**【参考答案】**　正确

【答案解析】　根据国家税务总局相关文件的规定，督察内审部门对稽查部门转交的重大税收违法案件，应对税务机关或者税务人员的执法行为规范性进行核查分析，认为应开展专案执法督察的，填写《重大税收违法案件专案执法督察审批表》，经审批同意后组织实施，并向一案双查牵头部门备案。

4.**【参考答案】** 错误

【答案解析】 根据国家税务总局相关文件的规定，税收执法考核包括对税务机关的考核和对税收执法人员的考核。对税务机关的考核由上一级税务机关实施；对税收执法人员的考核由具有人事管理权的税务机关实施。

5.**【参考答案】** 正确

【答案解析】 根据国家税务总局相关文件的规定，有下列情形之一的，可以从轻或者免予追究：(一)税收执法过错情节显著轻微，主动发现并及时纠正，未造成危害后果的；(二)在国务院，省、自治区、直辖市和计划单列市人民政府，以及国家税务总局批准的探索性、试验性工作中发生税收执法过错并及时纠正、有效避免损失的；(三)其他可以从轻或者免予追究的情形。

6.**【参考答案】** 正确

【答案解析】 根据国家税务总局相关文件的规定，领导小组下设办公室，由分管内部控制管理部门的局领导任主任，内部控制管理部门主要负责人任副主任，各部门(单位)内部控制管理岗人员为成员。

7.**【参考答案】** 正确

【答案解析】 根据国家税务总局相关文件的规定，各级税务机关所属部门(单位)是内部控制主责部门，主要职责包括：(一)制定和完善内部控制相关制度；(二)开展风险识别、风险定级、风险应对，编制和完善风险目录，并向内部控制管理部门报备；(三)落实内部控制内生化工作，开展风险防控；(四)开展内部控制自我评估并提出应对和改进措施；(五)应用内部控制监督平台开展风险发布、需求响应、建议落实等；(六)指导下级税务机关相关部门的内部控制工作；(七)办理内部控制工作的其他事项。

8.**【参考答案】** 正确

【答案解析】 根据国家税务总局相关文件的规定，考核评价内容主要包括：(一)内部控制组织领导情况；(二)内部控制相关制度的建设和落实情况；(三)内部控制监督平台的运行和应用情况；(四)内部控制内生化落实情况；(五)内部控制工作培训情况；(六)内部控制发现问题整改情况；(七)内部控制工作其他情况。

9.**【参考答案】** 错误

【答案解析】 根据国家税务总局相关文件的规定，不相容岗位(职责)分离控制是对一人履职可能发生错误或舞弊风险，并可能自我掩盖的岗位(职责)，采取相应岗位(职责)分离措施，明确细化责任，形成横向、纵向相互制约监督的工作机制。职责分工控制是优化内设机构设置，合理划分、科学配置内设机构职能，明确不同岗位之间的权限和职责，构建权责一致、边界清晰、协调配合、运转高效的职能体系，强化责任落实。

10.**【参考答案】** 正确

【答案解析】 内控监督平台指标编制时，税务总局负责全国通用指标的编制、部署和维护，省以下税务机关负责个性化指标的编制、部署和维护。

11.**【参考答案】** 错误

【答案解析】《财政部关于印发〈会计基础工作规范〉的通知》(财会字〔1996〕19号)第十六条规定,国家机关、国有企业、事业单位任用会计人员应当实行回避制度。单位领导人的直系亲属不得担任本单位的会计机构负责人、会计主管人员。会计机构负责人、会计主管人员的直系亲属不得在本单位会计机构中担任出纳工作。需要回避的直系亲属:夫妻关系、直系血亲关系、三代以内旁系血亲以及配偶亲关系。

12.**【参考答案】** 错误

【答案解析】《财政部关于印发〈行政事业单位内部控制规范(试行)〉的通知》(财会〔2012〕21号)第十条规定,单位进行单位层面的风险评估时,应当重点关注以下方面:(一)内部控制工作的组织情况。包括是否确定内部控制职能部门或牵头部门;是否建立单位各部门在内部控制中的沟通协调和联动机制。(二)内部控制机制的建设情况。包括经济活动的决策、执行、监督是否实现有效分离;权责是否对等;是否建立健全议事决策机制、岗位责任制、内部监督等机制。(三)内部管理制度的完善情况。包括内部管理制度是否健全;执行是否有效。(四)内部控制关键岗位工作人员的管理情况。包括是否建立工作人员的培训、评价、轮岗等机制;工作人员是否具备相应的资格和能力。(五)财务信息的编报情况。包括是否按照国家统一的会计制度对经济业务事项进行账务处理;是否按照国家统一的会计制度编制财务会计报告。(六)其他情况。题中"内部管理制度是否健全;执行是否有效。"为内部管理制度的完善情况。

13.**【参考答案】** 错误

【答案解析】《财政部关于印发〈行政事业单位内部控制规范(试行)〉的通知》(财会〔2012〕21号)第十一条规定,单位进行经济活动业务层面的风险评估时,应当重点关注以下方面:(一)预算管理情况。包括在预算编制过程中单位内部各部门间沟通协调是否充分,预算编制与资产配置是否相结合、与具体工作是否相对应;是否按照批复的额度和开支范围执行预算,进度是否合理,是否存在无预算、超预算支出等问题;决算编报是否真实、完整、准确、及时。(二)收支管理情况。包括收入是否实现归口管理,是否按照规定及时向财会部门提供收入的有关凭据,是否按照规定保管和使用印章和票据等;发生支出事项时是否按照规定审核各类凭据的真实性、合法性,是否存在使用虚假票据套取资金的情形。(三)政府采购管理情况。包括是否按照预算和计划组织政府采购业务;是否按照规定组织政府采购活动和执行验收程序;是否按照规定保存政府采购业务相关档案。(四)资产管理情况。包括是否实现资产归口管理并明确使用责任;是否定期对资产进行清查盘点,对账实不符的情况及时进行处理;是否按照规定处置资产。(五)建设项目管理情况。包括是否按照概算投资;是否严格履行审核审批程序;是否建立有效的招投标控制机制;是否存在截留、挤占、挪用、套取建设项目资金的情形;是否按照规定保存建设项目相关档案并及时办理移交手续。(六)合同管理情况。包括是否实现合同归口管理;是否明确应签订合同的经济活动范围和条件;是否有效监控合同履行情况,是否建立合同纠纷协调机制。(七)其他情况。

14.**【参考答案】** 正确

【答案解析】《财政部关于印发〈行政事业单位内部控制规范(试行)〉的通知》(财会〔2012〕21 号)第三十八条规定,单位应当加强对政府采购业务的记录控制。妥善保管政府采购预算与计划、各类批复文件、招标文件、投标文件、评标文件、合同文本、验收证明等政府采购业务相关资料。定期对政府采购业务信息进行分类统计,并在内部进行通报。

15.**【参考答案】** 正确

【答案解析】《中共中央纪委关于坚决制止开具虚假发票公款报销行为的通知》(中纪发〔2003〕1 号)规定,坚决杜绝开具虚假发票的行为。禁止任何单位和个人在购买生活用品等物品时,以“办公用品”的名目开具虚假发票用公款报销;禁止通过这种手段滥发钱物,请客送礼,甚至贪污公款。已经发生的,要立即予以纠正。

16.**【参考答案】** 正确

【答案解析】《党政机关厉行节约反对浪费条例》第三十条规定,党政机关应当精简会议,严格执行会议费开支范围和标准。党政机关会议实行分类管理、分级审批。财政部门应当会同机关事务管理等部门制定本级党政机关会议费管理办法,从严控制会议数量、会期和参会人员规模。完善并严格执行严禁党政机关到风景名胜区开会制度规定。

17.**【参考答案】** 正确

【答案解析】《中华人民共和国预算法》(中华人民共和国主席令第 22 号)第六十三条规定,各部门、各单位应当加强对预算收入和支出的管理,不得截留或者动用应当上缴的预算收入,不得擅自改变预算支出的用途。

18.**【参考答案】** 正确

【答案解析】《财政部关于印发〈行政事业单位资金往来结算票据使用管理暂行办法〉的通知》(财综〔2010〕1 号)第十六条规定,行政事业单位必须严格按照财政票据监管机构核准的使用范围开具资金往来结算票据,不得超范围使用资金往来结算票据。

19.**【参考答案】** 正确

【答案解析】《违规发放津贴补贴行为处分规定》第三条规定,有违规发放津贴补贴行为的单位,其负有责任的领导人员和直接责任人员,以及有违规发放津贴补贴行为的个人,应当承担纪律责任。属于下列人员的,由任免机关或者监察机关按照管理权限依法给予处分:(一)行政机关公务员;(二)法律、法规授权的具有公共事务管理职能的事业单位中经批准参照《中华人民共和国公务员法》管理的工作人员。

20.**【参考答案】** 正确

【答案解析】《财政部关于印发〈中央和国家机关差旅费管理办法〉的通知》(财行〔2013〕531 号)第二十二条规定,出差人员应当严格按规定开支差旅费,费用由所在单位承担,不得向下级单位、企业或其他单位转嫁。

四、问答题

1.**【参考答案】** 各级税务机关所属部门(单位)是内部控制主责部门,主要职责包括:(一)制定和完善内部控制相关制度;(二)开展风险识别、风险定级、风险应对,编制和完善风险目录,并向内部控制管理部门报备;(三)落实内部控制内生化工作,开展风险防控;

(四)开展内部控制自我评估并提出应对和改进措施;(五)应用内部控制监督平台开展风险发布、需求响应、建议落实等;(六)指导下级税务机关相关部门的内部控制工作;(七)办理内部控制工作的其他事项。

2.**【参考答案】** 内部控制制度体系的主要内容包括:(一)基本制度,是指国家税务总局制定的,用于指导全国税务系统建立和实施内部控制的基本准则。(二)专项制度,是指国家税务总局依据基本制度制定的,用于指导税务工作特定领域风险防控的专门制度。省税务机关可以结合实际制定本单位(系统)的专项制度。(三)操作规程,是指各级税务机关依据基本制度和专项制度制定的,用于防控税务工作特定领域具体风险的有关职责、措施、流程和程序的集合。(四)管理制度,是指各级税务机关依据基本制度制定的,用于规范内部控制自我评估、监督检查、考核评价、结果运用等工作的制度或办法。

五、案例分析题

1.**【参考答案】** AB

【答案解析】 本案中,张某不征、少征税款行为,应犯徇私舞弊不征、少征税款罪,侵吞税款,应犯贪污罪。受贿数额在三万元以上,构成受贿罪,本案不构成受贿罪。本案未涉及行贿罪行为,故本题选择 AB。

2.**【参考答案】** A

【答案解析】 本案例中,张某在税款征收过程中徇私舞弊,不征、少征、侵吞税款,按照《全国税务系统内部控制基本制度(试行)》的内部控制内容分类,属于税收执法风险中的税款征收风险,风险发生在税款征收环节。

3.**【参考答案】** ABCD

【答案解析】 《税收征管风险内部控制制度》第二十四条规定,凭证管理风险内部控制措施:(一)按照"因事设岗、分类管事"原则确立岗责体系,明确凭证管理各环节、各岗位的工作职责,形成职权与责任对等、环节与岗位匹配、时限与程序协调,既相互制衡又协调配合的凭证管理机制……(四)严格执行凭证管理相关规定,完整保存相关表证单书及信息数据,确保凭证管理操作有痕迹、记录可查询、结果可追溯。(五)各单位应当合理设置凭证管理岗位,明确相关岗位的职责权限,严格执行凭证管理管监分离。

4.**【参考答案】** ABC

【答案解析】 本案例发生的主要原因有三个方面:一是内外勾结,目无法纪,故意违反税款征收开票程序。二是税款征收缺乏制约环节,税额的核算、征收由一人独立完成。三是事后审核检查缺失,办税服务厅对开票资料没有复查,未能甄别出所开票据与审核资料不一致。

5.**【参考答案】** ABCD

【答案解析】 针对本案例出现的问题,可采取以下控制方法:一是加强税款征收职责分工控制。明确税款征收岗、税票开具岗以及凭证管理岗位等权限和职责,做到既边界清晰又协调配合。二是加强税款征收不相容岗位分离控制。将税款征收、税票开具岗以及凭证管理岗分离,形成相互制约、互相监督的工作机制,防止一人多岗发生错误或舞弊风险。

三是加强税款征收的痕迹记录控制。严格执行凭证管理相关规定，完整保存相关表证单书及信息数据，确保凭证管理操作有痕迹、记录可查询、结果可追溯。四是加强对税款征收环节监督控制。上级业务主管部门以及监督部门应依据职责分工和管辖权限加强对税款征收的高风险事项的指导和检查，确保职责分工明确、不相容岗位严格分离以及各项制度落实到位。

2023年大比武督察内审模拟试卷(二)

(时间:90分钟　满分:100分)

一、单选题(本题型共20小题,每题1.5分,共30分,每题只有一个正确答案,请将正确答案填在括号内)

1. 税务督察审计的宗旨是:强化行政监督,防范系统风险,服务税收大局,促进治税管队。围绕组织收入、内部管理和队伍建设,通过税收执法督察和内部审计监督,发现解决问题,规范税收管理,促进履职尽责,防范执法风险、财务风险和廉政风险,为税收工作发挥(　　)作用,为推进税务系统全面从严治党和实现税收治理现代化作出积极贡献。

A. 管理性、服务性和保障性　　B. 支持性、服务性和保障性

C. 支柱性、服务性和保障性　　D. 支持性、服务性和发展性

2. 税务督察审计人员的职责不包括(　　)。

A. 组织实施对税收法律、法规、规章执行情况,税收规范性文件的制发和执行情况,组织收入、税收管理和执法行为的督察,并提出处理意见和整改要求

B. 报告、通报督察审计情况和结果,督促、检查督察审计结果的整改落实

C. 组织实施对财政收支、基本建设项目、政府采购、领导干部经济责任履行等事项的审计,并提出处理意见和整改要求

D. 组织实施对税制改革、税收政策调整、税收管理、财务管理措施等税务总局重大决策部署贯彻落实情况的监督检查,并提出处理意见和整改要求

3. 税务督察审计人员的职业纪律,要求督察审计人员应当严格执行(　　),严格遵守各项廉政、工作纪律。

A. 廉政准则　　B. 中央八项规定精神

C. 党纪党规　　D. 公务员法

4. 下列关于税务系统督察审计组数据采集岗的岗位技能要求表述错误的是(　　)。

A. 熟悉资料收集、整理、汇总等工作,具备较好的综合分析处理能力

B. 熟悉系统应用、数据库、数据应用工作,具备数据敏感度、数据质量意识和数据预处理能力

C. 熟悉内部或外部各种常用系统,掌握正确的采集和审核方法,具备运用相关技术规

范采集各类数据的能力

D. 熟悉金税三期等系统相关模块的操作，具备基本的计算机软硬件和网络知识

5. 税务系统督察审计工作流程规范包括(　　)四个阶段。

A. 准备阶段、执行阶段、报告阶段、整改阶段

B. 准备阶段、实施阶段、执行阶段、报告阶段

C. 计划阶段、实施阶段、报告阶段、整改阶段

D. 准备阶段、实施阶段、报告阶段、整改阶段

6. 税务系统督察审计工作中，对被督察审计单位遵循建立和实施内部控制原则情况进行测评时，主要审查单位是否遵循“全面覆盖、突出重点、权力制衡、融合联动、持续改进”原则。遵循融合联动原则情况，指内部控制与(　　)等工作紧密结合、深度融合、高度契合，形成整体联动效应。

A. 政策执行、税收执法、行政管理和党风廉政建设

B. 政策制定、税收执法、行政管理和巡视巡查

C. 政策制定、税收执法、行政管理和党风廉政建设

D. 政策制定、税收执法、财务管理和党风廉政建设

7. 税务系统督察审计工作中，关于编制督察审计工作底稿表述错误的是(　　)。

A. 督察审计人员应根据《督察审计事实确认单》和督察审计证据，编制《督察审计工作底稿》

B. 督察审计工作底稿应当由督察审计人员根据实施方案确定的项目内容，逐项逐事编制形成，做到一项一稿或一事一稿

C. 底稿应当内容完整、记录清晰、结论明确，客观地反映项目实施方案的执行情况，以及与形成督察审计结论、意见和建议有关的所有重要事项

D. 一份证据材料对应多个督察审计工作底稿时，督察审计人员就当将证据材料复印件附在每一份督察审计工作底稿后面并予以注明

8. 督察审计组将《督察审计报告》《督察审计处理意见书》《督察审计处理决定书》《督察审计结论书》等资料提交督察内审业务部门复核，对督察内审业务部门进行复核的内容表述错误的是(　　)。

A. 报告是否内容完整、事实清楚、结论正确、用词恰当、格式规范

B. 督察审计发现的重要问题是否在报告中反映

C. 被督察审计单位和个人提出的意见是否采纳

D. 督察审计期间被督察审计单位对督察审计发现问题已整改的，督察审计报告是否阐明有关整改情况

9. 下列不属于税收执法督察的内容的是(　　)。

A. 税收法律、行政法规、规章和规范性文件的执行情况

B. 税务机关以外的单位制定的涉税文件的合理性

C. 上级机关交办、有关部门转办的税收执法事项

D. 外部监督部门依法查处或者督查、督办的税收执法事项

10. 下列不属于执法督察工作方式的是（　　）。

A. 听取被督察单位税收执法情况汇报

B. 调阅被督察单位收发文簿、会议纪要、涉税文件、税收执法卷宗和文书，以及其他相关资料

C. 查阅、调取与税收执法活动有关的各类信息系统电子文档和数据

D. 约谈被督察单位有关人员

11. 下列说法中正确的是（　　）。

A. 督察内审部门根据审理结果形成《税收执法督察处理决定书》，送被督察单位征求意见。被督察单位应当在 15 个工作日内提出书面反馈意见。在限期内未提出书面意见的，视同无异议

B. 督察内审部门根据本级税务机关审定的税收执法督察报告制作《税收执法督察处理决定书》、《税收执法督察处理意见书》连同《税收执法督察结论书》，一并经本级税务机关审批后下达被督察单位

C. 由执法督察组组长决定就执法督察结果与被督察单位主要负责人或者有关人员进行谈话

D.《税收执法督察结论书》适用于对未发现违法、违规问题的被督察单位作出评价

12. 根据国家税务总局文件规定，所称税收执法过错，是指税收执法人员因（　　），导致税收执法行为违法或者不履行法定职责的情形。

A. 故意　　　　B. 过失

C. 故意或者过失　　　　D. 故意或者重大过失

13. 根据《中华人民共和国审计法实施条例》的规定，不属于应当回避的情形的是（　　）。

A. 与被审计单位负责人或者有关主管人员有其他利害关系

B. 与被审计单位负责人或者有关主管人员有近姻亲关系

C. 与被审计单位有经济利益关系

D. 与审计事项有经济利益关系

14. 根据《税务系统主要领导干部经济责任审计规定》，在同一单位任职的领导干部距上次经济责任审计不到（　　）时间离任的，可以不再安排经济责任审计。

A. 3 个月　　　　B. 半年

C. 1 年　　　　D. 2 年

15. 根据《税务系统主要领导干部经济责任审计规定》，被审计领导干部及其所在单位，以及其他有关单位应当及时、准确、完整地向审计组提供与被审计领导干部履行经济责任有关的资料，其中不包括（　　）。

A. 机构设置、编制使用以及有关规定的执行情况

B. 制定或执行的税费管理、财务管理等制度和内部控制制度

C. 行政许可、个案批复、税收保全与强制执行等有关文书和业务档案

D. 行政复议和行政诉讼等有关法律文书和档案

16. 根据《关于实行审计全覆盖的实施意见》规定，坚持问题导向，对问题多、反映大的单位及领导干部要加大审计频次，实现（　　）的全覆盖。

A. 有统筹、有重点、有步骤、有深度、有成效

B. 有重点、有步骤、有深度、有成效

C. 有重点、分步骤、加深度、重成效

D. 总统筹、有重点、分步骤、加深度、重成效

17. 根据《审计署关于内部审计工作的规定》，不属于内部审计机构或者履行内部审计职责的内设机构的权限的是（　　）。

A. 对可能转移、隐匿、篡改、毁弃会计凭证、会计账簿、会计报表以及与经济活动有关的资料，紧急作出决定予以封存

B. 就审计事项中的有关问题，向有关单位和个人开展调查和询问，取得相关证明材料

C. 检查有关计算机系统及其电子数据和资料

D. 检查有关财政财务收支、经济活动、内部控制、风险管理的资料、文件和现场勘察实物

18.《中华人民共和国个人信息保护法》规定，个人信息处理者可处理个人信息的情形不包括（　　）。

A. 取得个人的同意

B. 为应对突发公共卫生事件，或者紧急情况下为保护自然人的生命健康和财产安全所必需

C. 为公共利益实施新闻报道、舆论监督等行为，在合理的范围内处理个人信息

D. 在合理的范围内处理个人自行公开或者其他已经公开的个人信息

19. 根据《党政领导干部选拔任用工作条例》规定，下列关于提拔担任党政领导职务应当具备的基本资格的表述错误的是（　　）。

A. 提任县处级领导职务的，应当具有三年以上工龄和两年以上基层工作经历

B. 提任县处级以上领导职务的，一般应当具有在下一级两个以上职位任职的经历

C. 提任县处级以上领导职务，由副职提任正职的，应当在副职岗位工作两年以上；由下级正职提任上级副职的，应当在下级正职岗位工作三年以上

D. 一般应当具有大学专科以上文化程度，其中厅局级以上领导干部一般应当具有大学本科以上文化程度

20.《行政事业单位内部控制规范（试行）》规定，单位建立与实施内部控制，应当遵循的原则不包括（　　）。

A. 合法性原则

B. 全面性原则

C. 制衡性原则

D. 适应性原则

二、多选题(本题型共 15 小题,每题 2 分,共 30 分,每题均有两个或两个以上正确答案,请将正确答案填在括号内,错选、多选、少选均不得分)

1. 下列关于督察内审部门的工作职权的说法中,正确的是(　　)。

A. 要求被督察审计单位按时提供与督察审计事项相关的资料

B. 对督察审计事项中的问题,向有关单位和人员开展调查和询问

C. 对督察审计过程中发现的严重违法违规和严重损失浪费等行为,可直接作出制止决定

D. 对督察审计中发现的违法、违规及管理不规范行为提出纠正、处理意见及改进管理的建议

2. 执法督察中发现税收执法行为存在违法、违规问题的,应当按照有关规定和管理权限,对哪些人予以责任追究(　　)。

A. 主要负责人　　B. 有关责任人

C. 直接责任人　　D. 项目负责人

3. 应建立科学有效的职责分工和制衡机制,确保税务管理的不相容岗、位相互分离、制约和监督。下列属于税务管理的不相容职责的是(　　)。

A. 税务风险事项的识别与应对处置　　B. 税款缴纳划拨凭证的填报与审批

C. 税务风险事项的处置与事后检查　　D. 发票购买、保管与财务印章保管

4. 督察审计应围绕(　　)通过税收执法督察和内部审计监督,发现解决问题,规范税收管理,促进履职尽责。

A. 组织收入　　B. 内部管理

C. 队伍建设　　D. 财务制度

5. 对于诚信原则的具体要求为,督察审计人员在实施督察审计业务时,不应有下列行为(　　)。

A. 歪曲事实　　B. 隐瞒督察审计发现的问题

C. 进行缺少证据支持的判断　　D. 做误导性或者含糊性的陈述

6. 下列属于《督察审计通知书》内容主体的有(　　)。

A. 督察审计项目名称

B. 被督察审计单位名称、依据、范围、起始时间、签发日期和印章等

C. 督察审计组组长及成员名单

D. 领导干部经济责任审计还应包括被审计领导干部姓名

7. 下列对督察审计实施阶段开展座谈、个别谈话和询问工作要求正确的有(　　)。

A. 确定座谈、个别谈话和询问的时间、地点、参加座谈询问人员、谈话提纲等

B. 座谈、个别谈话和询问由被督察审计单位指定人员主持,主持人根据督察审计组要求,明确座谈、个别谈话和询问目的、指向,并提出要求

C. 座谈、个别谈话过程中指定专门人员负责记录,并制作《督察审计谈话记录》

D. 座谈、个别谈话和询问结束后，《督察审计谈话记录》《督察审计询问单》《督察审计询问笔录》作为督察审计证据归入工作底稿

8. 下列属于税务系统内部控制中税收执法风险内容的有（　　）。

A. 对纳税人备案事项后续管理的风险

B. 制定税收政策的过程中，因制定程序违规存在的风险

C. 在进行纳税人信用等级评价中存在的风险

D. 在督察审计中存在的风险

9. 各级税务机关所属部门和单位的内部控制管理职责包括（　　）。

A. 根据有关内部控制制度完善操作规程

B. 组织实施风险识别、风险定级和风险应对

C. 开展内部控制自我评估

D. 组织对本单位的内部控制工作的评价

10. 税收执法风险，是指税务机关及其工作人员在税收执法过程中，因故意或过失，损害国家利益或行政管理相对人合法权益的可能性。下列属于税收执法风险的有（　　）。

A. 税款征收风险　　B. 税务管理风险

C. 出口退（免）税风险　　D. 行政管理风险

11. 税务机关应当针对不同等级风险，综合运用制约、监督等控制方法，制定具体控制措施实现对各类风险点的有效控制。内部控制活动中，其监督控制方法不包含（　　）。

A. 专案监督控制　　B. 专门监督控制

C. 重点监督控制　　D. 风险专项监督控制

12. 下列属于全国税务系统应用软件内控功能内生化工作应当遵循的原则的有（　　）。

A. 全面内生原则　　B. 突出重点原则

C. 持续改进原则　　D. 统筹兼顾原则

13. 各级税务机关应当定期对本级税务机关所属部门（单位）以及下级税务机关的内部控制建立、组织和实施情况开展监督检查。监督检查内容主要包括（　　）。

A. 内部控制相关制度的建设和落实情况

B. 风险识别、定级和应对情况

C. 内部控制监督平台的运行和应用情况

D. 内部控制工作的宣传和培训情况

14. 下列属于健全行政规范性文件备案监督制度要做到的有（　　）。

A. 有件必备　　B. 有备必审

C. 有审必查　　D. 有错必纠

15. 按照“全程防控、全员有责”的要求，将内控与业务工作高度融合，把内控措施融入发票电子化管理全流程，按岗位逐个梳理内部风险点，明确各级各部门各岗位职责，将内控要求嵌入到岗责体系中，对应到岗到人，做到电子发票开到哪里，精准的管理就跟到哪里，

内部风险防范措施也要控到哪里，切实解决（　　）的问题，推动建立“四个有人管”的工作闭环。

A. 管理与内控脱节　　B. 主责部门与内控管理部门脱节

C. 上下层级脱节　　D. 业务与内控脱节

三、判断题（本题型共 20 小题，每题 1 分，共 20 分，请将你认为正确的画对号，错误的画叉号，不画或错画均不得分）

1. 专项执法督察是指税务机关对上级机关交办、有关部门转办的特定税收执法事项，以及通过信访、举报、媒体等途径反映的重大税收执法问题所涉及的本级和下级税务机关的税收执法行为进行的监督检查。（　　）

2. 特派办应当建立督察审计结果分析报告制度，定期归纳整理、综合分析督察审计发现的问题及原因，针对发现的典型性、普遍性、倾向性问题，积极向税务总局督察内审司报送问题分析报告、督察审计风险提示和其他工作建议。（　　）

3. 监督检查工作联席会议由分管督察内审工作的局领导担任召集人，成员单位为办公厅、政策法规司、纳税服务司、征管和科技发展司、财务管理司、督察内审司、人事司、纪检部门、巡视工作办公室。（　　）

4. 税务总局稽查局在受理检举税收违法行为材料时发现税务机关或者税务人员违纪违法行为线索具体的，按照干部管理权限，涉及税务系统司局级和税务总局机关处级及以下税务人员的，移交税务总局纪检机构；涉及其他税务人员的，交由相关省税务局稽查局转省税务局纪检机构协调处理。（　　）

5. 一案双查牵头部门对稽查、督察内审部门移交的问题线索，可征求有关税收业务部门意见，作为是否受理和调查的参考，并可提请有关部门或单位协助收集、审查、判断或者认定证据。（　　）

6. 业务流程或者税收业务相关软件存在疏漏或者发生改变，导致税收执法行为违法或者不履行法定职责的，不予追究。（　　）

7. 情况特殊、重大的税收执法过错责任界定，由税收执法责任制工作领导小组办公室提请本级税务机关税收执法责任制工作领导小组研究。（　　）

8. 税务机关、税收执法人员对过错责任追究决定有异议的，应当自追究结果告知之日起 5 个工作日内，提出申诉。（　　）

9. 内部控制工作领导小组办公室的主要职责包括牵头拟定内部控制工作计划、实施方案并组织落实，初审内部控制制度、风险目录、考核评价结果及结果运用方案。（　　）

10. 内控监督检查内容不包括风险识别、定级和应对情况。（　　）

11. 在制约控制方法中，公开运行控制是利用有效手段保留完整的工作记录、台账、表单、票据和文书等，通过运行痕迹记录对工作事项处理进行过程控制，确保工作过程可查询、可追溯、可比较。（　　）

12. 增值税发票管理风险中的低风险，是指违反相关法律、法规、规章及增值税发票管理工作规定，造成具体行政行为不当，但通过依法纠正，国家利益或纳税人的合法权益未受

损失或损失轻微且能够及时挽回，未造成严重后果的风险。（　）

13. 单位应当建立经济活动风险定期评估机制，对经济活动存在的风险进行全面、系统和客观评估，经济活动风险评估至少每半年进行一次。（　　）

14. 单位进行经济活动业务层面的风险评估时，是否按照预算和计划组织政府采购业务属于需要重点关注的收支管理情况。（　）

15. 单位应当加强对政府采购申请的内部审核，按照规定选择政府采购方式、发布政府采购信息，对政府采购进口产品、变更政府采购方式等事项应当加强内部审核，严格履行审批手续。（　　）

16. 在单位合同控制中，单位应当明确合同的授权审批和签署权限，妥善保管和使用合同专用章，严禁未经授权擅自以单位名义对外签订合同，严禁违规签订担保、投资和借贷合同。（　）

17. 党政机关应当从严配备实行定向化保障的公务用车，不得以特殊用途等理由变相超编制、超标准配备公务用车，可以换用、借用下属单位或者其他单位和个人的车辆。（　　）

18. 违反预算法规定，进行预算调整的，应当责令改正，对负有直接责任的主管人员和其他直接责任人员追究过错责任。（　　）

19. 督察审计工作底稿审核实行逐级负责制，先由项目综合岗审核，再由督察审计组主审审核，最后报督察审计组组长审定。（　　）

20. 会议费由会议召开单位承担，不得向参会人员收取，不得以任何方式向下属机构、企事业单位、地方转嫁或摊派。（　　）

四、问答题（本题型共两题，每题 5 分，共 10 分，请将正确答案填在试卷上）

1. 内部控制主责部门应当向本级税务机关内部控制管理部门进行风险报备，报备内容主要包括什么？

2. 督察审计的职责是什么？

五、案例分析题(本题型 1 题 5 小问,每小问 2 分,共 10 分,每题有一个或多个正确答案,请将正确答案填在括号内)

2022 年,经 X 县税务局管理部门提请,X 县税务局局长决定依据《中华人民共和国税收征收管理法》第四十条对张某实施保全措施。以县税务机关名义作出《税收保全措施决定书》,决定查封张某 80 万元,若纳税期限期满仍未缴纳税款,将依法用查封款项抵缴税款。张某收到保全措施决定书后向 H 市税务局申请行政复议,经审查,H 市税务局作出维持的复议决定。张某不服,遂将 X 县税务局和 H 市税务局一并诉至法院。法院审理认为 X 县税务局依据强制执行措施条款作出税收保全措施决定适用法律错误,判决撤销该《税收保全措施决定书》以及《行政复议决定书》。

1. 本案例根据《全国税务系统内部控制基本制度(试行)》的内部控制内容分类,属于(　　)风险。

A. 税款征收风险　　B. 税务管理风险

C. 税收法制风险　　D. 税务稽查风险

2. 下列选项中属于稽查执行环节的主要风险点有(　　)。

A. 稽查案件执行不及时、不彻底

B. 未依法采取税收保全、强制执行

C. 依法行使或者未按法定权限和程序行使代位权、撤销权、税收优先权

D. 违规中止或终结执行

3. 下列选项中,说法正确的有(　　)。

A. 不应该依据《中华人民共和国税收征收管理法》第四十条对张某实施保全措施,而应依据其第三十八条的规定书面通知纳税人开户行或者其他金融机构冻结纳税人的金额相当于应纳税款的存款。

B. 复议机关审查该具体行政行为过程中也未发现法律依据错误,作出了维持原处理定的决定

C. 究其原因,县税务局和复议机关工作人员忽视正确适用法律、法规的重要性

D. 工作人员工作不严谨,缺乏依法执法的法治理念和精神,没有养成良好的工作习惯

4. 针对此类税务法制风险,应采取以下内控措施(　　)。

A. 对于适用了错误法律依据的操作行为设置阻断,进行事后阻断

B. 加强应用软件内控功能内生化

C. 对法律、行政法规、规章制度的选用设置前置条件,对不满足前置条件的行为进行事前预警

D. 行政复议机关要认真审查复议案件,切实发挥复议机关职能作用

5. 本案例中,对县税务局和市税务局决定不服,管辖的法院为(　　)。

A. X 县法院

B. H 市法院

C. X 县法院和 H 市税务局所在地区法院

D. H 市税务局所在地区法院

2023年大比武督察内审模拟试卷(二)答案

一、单选题

1.【参考答案】 B

【答案解析】 税务系统督察审计规范规定,督察审计的宗旨是:强化行政监督,防范系统风险,服务税收大局,促进治税管队。围绕组织收入、内部管理和队伍建设,通过税收执法督察和内部审计监督,发现解决问题,规范税收管理,促进履职尽责,防范执法风险、财务风险和廉政风险,为税收工作发挥支持性、服务性和保障性作用,为推进税务系统全面从严治党和实现税收治理现代化作出积极贡献。

2.【参考答案】 C

【答案解析】 税务督察审计人员的职责:(1)组织实施对税收法律、法规、规章执行情况,税收规范性文件的制发和执行情况,组织收入、税收管理和执法行为的督察,并提出处理意见和整改要求。

(2)组织实施对财务收支、基本建设项目、政府采购、领导干部经济责任履行等事项的审计,并提出处理意见和整改要求。

(3)组织实施对特定事项的专项(案)督察审计或调查,并提出处理意见和整改要求。

(4)组织实施对税制改革、税收政策调整、税收管理、财务管理措施等税务总局重大决策部署贯彻落实情况的监督检查,并提出处理意见和整改要求。

(5)报告、通报督察审计情况和结果,督促、检查督察审计结果的整改落实。

3.【参考答案】 B

【答案解析】 职业纪律:督察审计人员应当严格执行中央八项规定精神,严格遵守各项廉政、工作纪律。

(1)不准由被督察审计对象报销、支付或补贴应由督察审计人员承担的住宿、餐饮、交通、通讯等费用。

(2)不准接受被督察审计对象赠送的礼品、礼金、纪念品、土特产、消费卡或有价证券。

(3)不准参加被督察审计对象安排的违规宴请、娱乐、旅游等活动。

(4)不准利用督察审计工作知悉的国家秘密、工作秘密、商业秘密和内部信息谋取利益。

(5)不准利用督察审计职权干预被督察审计单位依法管理的资金、资产、资源的审批或分配使用。

(6)不准向被督察审计单位推销商品或介绍业务。

(7)不准接受被督察审计对象的请托,干预督察审计工作。

(8)不准向被督察审计对象提出任何与督察审计工作无关的要求

4.**【参考答案】** A

【答案解析】 税务系统督察审计组数据采集岗的岗位技能要求:(1)熟悉金税三期等系统相关模块的操作,具备基本的计算机软硬件和网络知识。

(2)熟悉内部或外部各种常用系统,掌握正确的采集和审核方法,具备运用相关技术规范采集各类数据的能力。

(3)熟悉系统应用、数据库、数据应用工作,具备数据敏感度、数据质量意识和数据预处理能力。

5.**【参考答案】** D

【答案解析】 税务系统督察审计工作中,通过明确工作方法,细化工作流程,规范工作标准,达到任务目标清晰、实施过程严密、工作标准统一,实现督察审计项目管理规范化、程序化、标准化。流程规范包括准备阶段、实施阶段、报告阶段、整改阶段四个阶段。

6.**【参考答案】** C

【答案解析】 税务系统督察审计工作中,对被督察审计单位遵循建立和实施内部控制原则情况进行测评时,主要审查单位是否遵循"全面覆盖、突出重点、权力制衡、融合联动、持续改进"原则。遵循融合联动原则情况,指内部控制与政策制定、税收执法、行政管理和党风廉政建设等工作紧密结合、深度融合、高度契合,形成整体联动效应。

7.**【参考答案】** D

【答案解析】 证据材料应当作为督察审计工作底稿的附件。一份证据材料对应多个督察审计工作底稿时,督察审计人员可以将证据材料附在与其关系最密切的督察审计工作底稿后面,并在其他督察审计工作底稿中予以注明。

8.**【参考答案】** C

【答案解析】 督察内审业务部门对下列事项进行复核:

(1)报告是否内容完整、事实清楚、结论正确、用词恰当、格式规范。

(2)督察审计期间被督察审计单位对督察审计发现问题已整改的,督察审计报告是否阐明有关整改情况。

(3)经济责任审计报告是否包括被审计人员履行经济责任的基本情况,审计评价是否客观,审计发现问题责任认定是否准确。

(4)项目实施方案明确的督察审计事项和程序是否全部履行,督察审计发现问题是否提出相应整改建议等。

(5)督察审计发现的重要问题是否在报告中反映。

(6)事实是否清楚、数据是否正确;证据是否适当、充分;适用法律法规和标准是否适当;处理处罚意见是否恰当。

(7)被督察审计单位和个人提出的合理意见是否采纳。

(8)需要复核的其他事项。

9.**【参考答案】** B

【答案解析】 根据国家税务总局文件的规定,执法督察的内容包括:

(一)税收法律、行政法规、规章和规范性文件的执行情况;

(二)国务院和上级税务机关有关税收工作重要决策、部署的贯彻落实情况;

(三)税务机关制定或者与其他部门联合制定的涉税文件,以及税务机关以外的单位制定的涉税文件的合法性;

(四)外部监督部门依法查处或者督查、督办的税收执法事项;

(五)上级机关交办、有关部门转办的税收执法事项;

(六)执法督察所发现问题的整改和责任追究情况;

(七)其他需要实施执法督察的税收执法事项。

10.**【参考答案】** D

【答案解析】 根据国家税务总局文件的规定,执法督察可以采取下列工作方式:

(一)听取被督察单位税收执法情况汇报;

(二)调阅被督察单位收发文簿、会议纪要、涉税文件、税收执法卷宗和文书,以及其他相关资料;

(三)查阅、调取与税收执法活动有关的各类信息系统电子文档和数据;

(四)与被督察单位有关人员谈话,了解有关情况;

(五)特殊情况下需要到相关纳税人和有关单位了解情况或者取证时,应当按照法律规定的权限进行,并商请主管税务机关予以配合;

(六)其他方式。

11.**【参考答案】** D

【答案解析】 选项A,根据国家税务总局文件的规定,督察内审部门根据审理结果修订税收执法督察报告,送被督察单位征求意见。被督察单位应当在15个工作日内提出书面反馈意见。在限期内未提出书面意见的,视同无异议。督察内审部门应当对被督察单位提出的意见进行研究,对税收执法督察报告作必要修订,连同被督察单位的书面反馈意见一并报送本级税务机关审定。

选项BC,督察内审部门根据本级税务机关审定的税收执法督察报告制作《税收执法督察处理决定书》、《税收执法督察处理意见书》或者《税收执法督察结论书》,经本级税务机关审批后下达被督察单位。

《税收执法督察处理决定书》适用于对被督察单位违反税收法律、行政法规和税收政策的行为进行处理。

《税收执法督察处理意见书》适用于对被督察单位提出自行纠正的事项和改进工作的建议。

《税收执法督察结论书》适用于对未发现违法、违规问题的被督察单位作出评价。

受本级税务机关委托，执法督察组组长可以就执法督察结果与被督察单位主要负责人或者有关人员进行谈话。

12.**【参考答案】** C

【答案解析】 根据国家税务总局文件的规定，本办法所称税收执法过错，是指税收执法人员因故意或者过失，导致税收执法行为违法或者不履行法定职责的情形。

本办法所称税收执法过错责任追究，是针对税收执法人员的执法过错给予相应的内部行政处理。

13.**【参考答案】** A

【答案解析】 《中华人民共和国审计法实施条例》第十二条规定，审计人员办理审计事项，有下列情形之一的，应当申请回避，被审计单位也有权申请审计人员回避：

（一）与被审计单位负责人或者有关主管人员有夫妻关系、直系血亲关系、三代以内旁系血亲或者近姻亲关系的；

（二）与被审计单位或者审计事项有经济利益关系的；

（三）与被审计单位、审计事项、被审计单位负责人或者有关主管人员有其他利害关系，可能影响公正执行公务的。

审计人员的回避，由审计机关负责人决定；审计机关负责人办理审计事项时的回避，由本级人民政府或者上一级审计机关负责人决定。

14.**【参考答案】** C

【答案解析】 《税务系统主要领导干部经济责任审计规定》第五条规定，经济责任审计可以在领导干部任职期间进行，也可以在领导干部离任后进行，以任职期间审计为主。

领导干部调任、转任、免职、辞职、退休的，原则上应当在离任前对其进行经济责任审计，做到“凡离必审”。特殊情况下，可以在离任后进行。拟提拔且符合经济责任审计对象要求的领导干部，原则上应当在考察环节对其进行经济责任审计，做到“凡提必审”。在同一单位任职的领导干部距上次经济责任审计不到1年时间离任的，可以不再安排经济责任审计。

15.**【参考答案】** D

【答案解析】 《税务系统主要领导干部经济责任审计规定》第三十三条规定，被审计领导干部及其所在单位，以及其他有关单位应当及时、准确、完整地向审计组提供与被审计领导干部履行经济责任有关的下列资料：

（一）被审计领导干部经济责任履行情况报告；（二）机构设置、编制使用以及有关规定的执行情况；（三）制定或执行的税费管理、财务管理等制度和内部控制制度；（四）行政许可、个案批复、税收保全与强制执行、行政处罚、稽查管理和重大税务案件审理等有关文书和业务档案；（五）工作计划、工作总结、工作报告、会议记录、会议纪要、决议决定、请示、批示、目标责任书、经济合同（协议）、考核检查结果等；（六）财务收支相关会计凭证、账簿和报表等资料；（七）税费管理、财务管理、资产管理、政府采购、基建管理、行政管理等信息系统最高查询权限及有关电子数据和必要的技术文档；(八)审计机关、财政监督机关以及上级单位以往审计出具的报告、意见书和处理决定等文书以及审计发现问题整改情况等资料；(九)审计所需的其他资料。

16.**【参考答案】** B

【答案解析】《关于实行审计全覆盖的实施意见》规定，对重点部门、单位要每年审计，其他审计对象 1 个周期内至少审计 1 次，对重点地区、部门、单位以及关键岗位的领导干部任期内至少审计 1 次，对重大政策措施、重大投资项目、重点专项资金和重大突发事件开展跟踪审计，坚持问题导向，对问题多、反映大的单位及领导干部要加大审计频次，实现有重点、有步骤、有深度、有成效的全覆盖。

17.**【参考答案】** A

【答案解析】《审计署关于内部审计工作的规定》第十三条规定，内部审计机构或者履行内部审计职责的内设机构应有下列权限：

(一)要求被审计单位按时报送发展规划、战略决策、重大措施、内部控制、风险管理、财政财务收支等有关资料(含相关电子数据，下同)，以及必要的计算机技术文档；

(二)参加单位有关会议，召开与审计事项有关的会议；

(三)参与研究制定有关的规章制度，提出制定内部审计规章制度的建议；

(四)检查有关财政财务收支、经济活动、内部控制、风险管理的资料、文件和现场勘察实物；

(五)检查有关计算机系统及其电子数据和资料；

(六)就审计事项中的有关问题，向有关单位和个人开展调查和询问，取得相关证明材料；

(七)对正在进行的严重违法违规、严重损失浪费行为及时向单位主要负责人报告，经同意作出临时制止决定；

(八)对可能转移、隐匿、篡改、毁弃会计凭证、会计账簿、会计报表以及与经济活动有关的资料，经批准，有权予以暂时封存；

(九)提出纠正、处理违法违规行为的意见和改进管理、提高绩效的建议；

(十)对违法违规和造成损失浪费的被审计单位和人员，给予通报批评或者提出追究责任的建议；

(十一)对严格遵守财经法规、经济效益显著、贡献突出的被审计单位和个人，可以向单位党组织、董事会(或者主要负责人)提出表彰建议。

18.**【参考答案】** D

【答案解析】《中华人民共和国个人信息保护法》第十三条规定，符合下列情形之一的，个人信息处理者方可处理个人信息：

(一)取得个人的同意；

(二)为订立、履行个人作为一方当事人的合同所必需，或者按照依法制定的劳动规章制度和依法签订的集体合同实施人力资源管理所必需；

(三)为履行法定职责或者法定义务所必需;

(四)为应对突发公共卫生事件,或者紧急情况下为保护自然人的生命健康和财产安全所必需;

(五)为公共利益实施新闻报道、舆论监督等行为,在合理的范围内处理个人信息;

(六)依照本法规定在合理的范围内处理个人自行公开或者其他已经合法公开的个人信息;

(七)法律、行政法规规定的其他情形。

依照本法其他有关规定,处理个人信息应当取得个人同意,但是有前款第二项至第七项规定情形的,不需取得个人同意。

19.**【参考答案】** A

【答案解析】《党政领导干部选拔任用工作条例》第八条规定,提拔担任党政领导职务的,应当具备下列基本资格:

(一)提任县处级领导职务的,应当具有五年以上工龄和两年以上基层工作经历。

(二)提任县处级以上领导职务的,一般应当具有在下一级两个以上职位任职的经历。

(三)提任县处级以上领导职务,由副职提任正职的,应当在副职岗位工作两年以上;由下级正职提任上级副职的,应当在下级正职岗位工作三年以上。

(四)一般应当具有大学专科以上文化程度,其中厅局级以上领导干部一般应当具有大学本科以上文化程度。

(五)应当经过党校(行政学院)、干部学院或者组织(人事)部门认可的其他培训机构的培训,培训时间应当达到干部教育培训的有关规定要求。确因特殊情况在提任前未达到培训要求的,应当在提任后一年内完成培训。

(六)具有正常履行职责的身体条件。

(七)符合有关法律规定的资格要求。提任党的领导职务的,还应当符合《中国共产党章程》等规定的党龄要求。

20.**【参考答案】** A

【答案解析】《行政事业单位内部控制规范(试行)》第五条规定,单位建立与实施内部控制,应当遵循下列原则:

(一)全面性原则。

(二)重要性原则。

(三)制衡性原则。

(四)适应性原则。

二、多选题

1.**【参考答案】** ABD

【答案解析】 对督察审计过程中发现的严重违法违规和严重损失浪费等行为,报经税务机关负责人批准后,可作出临时制止决定。

2.**【参考答案】** BC

【答案解析】 根据《税收执法督察规则》第四十六条的规定，执法督察中发现税收执法行为存在违法、违规问题的，应当按照有关规定和管理权限，对有关责任人和直接责任人予以责任追究。

3.**【参考答案】** BCD

【答案解析】 税务风险事项的识别与应对处置不属于税务管理的不相容职责。

4.**【参考答案】** ABC

【答案解析】 根据国家税务总局相关文件的规定，围绕组织收入、内部管理和队伍建设，通过税收执法督察和内部审计监督，发现解决问题，规范税收管理，促进履职尽责。防范执法风险、财务风险和廉政风险，为税收工作发挥支持性、服务性和保障性作用，为推进税务系统全面从严治党和实现税收治理现代化作出积极贡献。

5.**【参考答案】** ABCD

【答案解析】 根据国家税务总局相关文件的规定，督察审计人员在实施督察审计业务时，不应有下列行为：(1)歪曲事实。(2)隐瞒督察审计发现的问题。(3)进行缺少证据支持的判断。(4)做误导性或者含糊性的陈述。

6.**【参考答案】** ABD

【答案解析】 根据国家税务总局相关文件规定，督察审计组组长及成员名单属于《督察审计通知书》内容附件。

7.**【参考答案】** ACD

【答案解析】 根据国家税务总局相关文件的规定，座谈、个别谈话和询问由督察审计组指定人员主持，主持人根据督察审计组要求，明确座谈、个别谈话和询问目的、指向，并提出要求。

8.**【参考答案】** AC

【答案解析】 税收执法风险，是指税务机关及其工作人员在税收执法过程中，因故意或过失，损害国家利益或行政管理相对人合法权益的可能性。包括以下内容：(一)税款征收风险，主要指在税款的征收、缴库、退库、调库、追征和办理税收优惠等工作中存在的风险。(二)税务管理风险，主要指在税务登记、发票管理、认定管理、纳税申报、税额确认、行政许可、凭证管理、证明办理、对纳税人备案事项的后续管理等工作中存在的风险。(三)纳税服务风险，主要指在宣传咨询、信用评价、权益维护、中介机构管理等工作中存在的风险。(四)税务稽查风险，主要指在选案、检查、审理、执行等稽查工作中存在的风险。(五)出口退(免)税风险，主要指在出口退(免)税申报受理、审核、核准、办理等工作中存在的风险。(六)税收法制风险，主要指在行政处罚、行政复议、行政诉讼、行政强制、行政赔偿等工作中存在的风险。(七)其他税收执法风险。

9.**【参考答案】** ABC

【答案解析】 各级税务机关所属部门和单位的职责包括：(一)根据有关内部控制制度完善操作规程；(二)组织实施风险识别、风险定级和风险应对；(三)开展内部控制自我评估；(四)办理其他相关事项。

10.【参考答案】　ABC

【答案解析】　税收执法风险，是指税务机关及其工作人员在税收执法过程中，因故意或过失，损害国家利益或行政管理相对人合法权益的可能性。包括以下内容：(一)税款征收风险，主要指在税款的征收、缴库、退库、调库、追征和办理税收优惠等工作中存在的风险。(二)税务管理风险，主要指在税务登记、发票管理、认定管理、纳税申报、税额确认、行政许可、凭证管理、证明办理、对纳税人备案事项的后续管理等工作中存在的风险。(三)纳税服务风险，主要指在宣传咨询、信用评价、权益维护、中介机构管理等工作中存在的风险。(四)税务稽查风险，主要指在选案、检查、审理、执行等稽查工作中存在的风险。(五)出口退(免)税风险，主要指在出口退(免)税申报受理、审核、核准、办理等工作中存在的风险。(六)税收法制风险，主要指在行政处罚、行政复议、行政诉讼、行政强制、行政赔偿等工作中存在的风险。(七)其他税收执法风险。

11.【参考答案】　ACD

【答案解析】　监督控制方法，包括：(一)日常监督控制。上级税务机关业务主管部门应对下级税务机关及税务人员遵守和执行职责范围内相关制度、流程情况实行日常监督管理。(二)专门监督控制。各级税务机关专门监督部门应依据职责分工和管辖权限对税务机关及税务人员遵守和执行相关制度、流程情况实行专门监督检查。

12.【参考答案】　ABCD

【答案解析】　内控内生化工作应当遵循以下原则：(一)全面内生。应用软件应当具有内部控制功能，可以嵌入软件的风险防控措施应当尽量嵌入，实现内控内生的最大化。(二)突出重点。重点做好全国税务系统通用的应用软件以及省税务机关组织开发的主要应用软件的内控内生化，且突出对高等级风险的重点防控。(三)持续改进。根据政策调整、业务变化及风险防控需要，适时调整、完善应用软件内部控制与风险防控的措施和功能。(四)统筹兼顾。内控内生化应当统筹应用软件内部控制与业务管理的内容、要求和功能，做到协调统一、有机融合。在确保实现应用软件业务功能、效率的前提下，最大限度实现内控内生化。

13.【参考答案】　ABCD

【答案解析】　监督检查内容主要包括：(一)内部控制组织领导情况；(二)内部控制相关制度的建设和落实情况；(三)风险识别、定级和应对情况；(四)内部控制监督平台的运行和应用情况；(五)内部控制工作的宣传和培训情况；(六)内部控制自我评估情况；(七)内部控制内生化落实情况；(八)内部控制工作其他情况。

14.【参考答案】　AD

【答案解析】　根据《法治政府建设实施纲要(2021—2025 年)》的规定，涉及公民、法人和其他组织权利义务的规范性文件，应当按照法定要求和程序予以公布，未经公布的不得作为行政管理依据。加强备案审查制度和能力建设，把所有规范性文件纳入备案审查范围，健全公民、法人和其他组织对规范性文件的建议审查制度，加大备案审查力度，做到有件必备、有错必纠。

15.**【参考答案】** BCD

【答案解析】 一户式管理机制增值税发票内控工作方案切实解决“业务与内控脱节”“主责部门与内控管理部门脱节”“上下层级脱节”的问题，推动建立“四个有人管”的工作闭环。

三、判断题

1.**【参考答案】** 错误

【答案解析】 《税收执法督察规则》第十八条规定，专项执法督察是指税务机关对本级和下级税务机关某项特定内容涉及的税收执法行为进行的监督检查。第十九条，专案执法督察是指税务机关对上级机关交办、有关部门转办的特定税收执法事项，以及通过信访、举报、媒体等途径反映的重大税收执法问题所涉及的本级和下级税务机关的税收执法行为进行的监督检查。

2.**【参考答案】** 正确

【答案解析】 根据国家税务总局相关文件的规定，特派办应当建立督察审计结果分析报告制度，定期归纳整理、综合分析督察审计发现的问题及原因，针对发现的典型性、普遍性、倾向性问题，积极向税务总局督察内审司报送问题分析报告、督察审计风险提示和其他工作建议。

3.**【参考答案】** 错误

【答案解析】 根据国家税务总局相关文件的规定，联席会议由分管督察内审工作的局领导担任召集人，成员单位为办公厅、政策法规司、纳税服务司、征管和科技发展司、财务管理司、督察内审司和人事司。纪检部门、巡视工作办公室和其他相关单位根据需要列席会议。

4.**【参考答案】** 错误

【答案解析】 根据国家税务总局相关文件的规定，税务总局稽查局在受理检举税收违法行为材料时发现税务机关或者税务人员违纪违法行为线索具体的，按照干部管理权限，涉及税务系统司局级和税务总局机关处级及以下税务人员的，移交税务总局党建办；涉及其他税务人员的，交由相关省税务局稽查局转省税务局纪检机构协调处理。

5.**【参考答案】** 正确

【答案解析】 根据国家税务总局相关文件的规定，一案双查牵头部门对稽查、督察内审部门移交的问题线索，可征求有关税收业务部门意见，作为是否受理和调查的参考，并可提请有关部门或单位协助收集、审查、判断或者认定证据。

6.**【参考答案】** 正确

【答案解析】 根据国家税务总局相关文件的规定，具有下列情形之一，导致税收执法行为违法或者不履行法定职责的，不予追究：(一)法律、法规、规章、税收规范性文件不明确或者有争议的；(二)执行上级税务机关的书面答复、决定、命令；(三)不可抗力或者意外事件；(四)业务流程或者税收业务相关软件存在疏漏或者发生改变的；(五)税务行政相对人提供虚假材料、隐瞒涉税信息等其他不依法诚信履行纳税义务的；(六)有证据证明税收执法人员不存在故意或者过失的其他情形。

7.**【参考答案】** 错误

【答案解析】 根据国家税务总局相关文件的规定，情况复杂、争议较大的税收执法过错责任界定，由税收执法责任制工作领导小组办公室提请本级税务机关税收执法责任制工作领导小组研究；情况特殊、重大的，可以报请上一级税务机关税收执法责任制工作领导小组办公室研究。

8.**【参考答案】** 正确

【答案解析】 根据国家税务总局相关文件的规定，税务机关、税收执法人员对过错责任追究决定有异议的，应当自追究结果告知之日起5个工作日内，提出申诉。

9.**【参考答案】** 正确

【答案解析】 根据国家税务总局相关文件的规定，领导小组办公室的主要职责包括：(一)牵头拟定内部控制工作计划、实施方案并组织落实；(二)初审内部控制制度、风险目录、考核评价结果及结果运用方案；(三)指导、协调、督促内部控制日常工作，定期向领导小组汇报；(四)承办领导小组会议，完成领导小组交办的其他事项。

10.**【参考答案】** 错误

【答案解析】 根据国家税务总局相关文件的规定，监督检查内容主要包括：(一)内部控制组织领导情况；(二)内部控制相关制度的建设和落实情况；(三)风险识别、定级和应对情况；(四)内部控制监督平台的运行和应用情况；(五)内部控制工作的宣传和培训情况；(六)内部控制自我评估情况；(七)内部控制内生化落实情况；(八)内部控制工作其他情况。

11.**【参考答案】** 错误

【答案解析】 根据国家税务总局相关文件的规定，公开运行控制是根据国家有关规定和本单位的实际情况，建立健全信息公开、公示制度，明确公开、公示的内容、范围、方式和程序，为外部监督和内部监督提供保障。痕迹记录控制是利用有效手段保留完整的工作记录、台账、表单、票据和文书等，通过运行痕迹记录对工作事项处理进行过程控制，确保工作过程可查询、可追溯、可比较。

12.**【参考答案】** 错误

【答案解析】 中风险，是指违反相关法律、法规、规章及增值税发票管理工作规定，造成具体行政行为不当，但通过依法纠正，国家利益或纳税人的合法权益未受损失或损失轻微且能够及时挽回，未造成严重后果的风险。

13.**【参考答案】** 错误

【答案解析】 《财政部关于印发〈行政事业单位内部控制规范（试行）〉的通知》（财会〔2012〕21号）第八条规定，单位应当建立经济活动风险定期评估机制，对经济活动存在的风险进行全面、系统和客观评估。经济活动风险评估至少每年进行一次；外部环境、经济活动或管理要求等发生重大变化的，应及时对经济活动风险进行重估。

14.**【参考答案】** 错误

【答案解析】 《财政部关于印发〈行政事业单位内部控制规范（试行）〉的通知》（财会

〔2012〕21号)第十一条规定,单位进行经济活动业务层面的风险评估时,应当重点关注以下方面:(一)预算管理情况。包括在预算编制过程中单位内部各部门间沟通协调是否充分,预算编制与资产配置是否相结合、与具体工作是否相对应;是否按照批复的额度和开支范围执行预算,进度是否合理,是否存在无预算、超预算支出等问题;决算编报是否真实、完整、准确、及时。(二)收支管理情况。包括收入是否实现归口管理,是否按照规定及时向财会部门提供收入的有关凭据,是否按照规定保管和使用印章和票据等;发生支出事项时是否按照规定审核各类凭据的真实性、合法性,是否存在使用虚假票据套取资金的情形。(三)政府采购管理情况。包括是否按照预算和计划组织政府采购业务;是否按照规定组织政府采购活动和执行验收程序;是否按照规定保存政府采购业务相关档案。(四)资产管理情况。包括是否实现资产归口管理并明确使用责任;是否定期对资产进行清查盘点,对账实不符的情况及时进行处理;是否按照规定处置资产。(五)建设项目管理情况。包括是否按照概算投资;是否严格履行审核审批程序;是否建立有效的招投标控制机制;是否存在截留、挤占、挪用、套取建设项目资金的情形;是否按照规定保存建设项目相关档案并及时办理移交手续。(六)合同管理情况。包括是否实现合同归口管理;是否明确应签订合同的经济活动范围和条件;是否有效监控合同履行情况,是否建立合同纠纷协调机制。(七)其他情况。

15.**【参考答案】** 正确

【答案解析】 《财政部关于印发〈行政事业单位内部控制规范(试行)〉的通知》(财会〔2012〕21号)第三十五条规定,单位应当加强对政府采购活动的管理。对政府采购活动实施归口管理,在政府采购活动中建立政府采购、资产管理、财会、内部审计、纪检监察等部门或岗位相互协调、相互制约的机制。单位应当加强对政府采购申请的内部审核,按照规定选择政府采购方式、发布政府采购信息。对政府采购进口产品、变更政府采购方式等事项应当加强内部审核,严格履行审批手续。

16.**【参考答案】** 正确

【答案解析】 《财政部关于印发〈行政事业单位内部控制规范(试行)〉的通知》(财会〔2012〕21号)第五十四条规定,单位应当建立健全合同内部管理制度。单位应当合理设置岗位,明确合同的授权审批和签署权限,妥善保管和使用合同专用章,严禁未经授权擅自以单位名义对外签订合同,严禁违规签订担保、投资和借贷合同。

17.**【参考答案】** 错误

【答案解析】 《党政机关厉行节约反对浪费条例》第二十六条规定,党政机关应当从严配备实行定向化保障的公务用车,不得以特殊用途等理由变相超编制、超标准配备公务用车,不得以任何方式换用、借用、占用下属单位或者其他单位和个人的车辆,不得接受企事业单位和个人赠送的车辆。

18.**【参考答案】** 错误

【答案解析】 《中华人民共和国预算法》(中华人民共和国主席令第22号)第九十二条规定,各级政府及有关部门有下列行为之一的,责令改正,对负有直接责任的主管人员和其他直接责任人员追究行政责任:(一)未依照本法规定,编制、报送预算草案、预算调整方案、决算草案和部门预算、决算以及批复预算、决算的;(二)违反本法规定,进行预算调整的;(三)未依照本法规定对有关预算事项进行公开和说明的;(四)违反规定设立政府性基金项目和其他财政收入项目的;(五)违反法律、法规规定使用预算预备费、预算周转金、预算稳定调节基金、超收收入的;(六)违反本法规定开设财政专户的。

19.**【参考答案】** 错误

【答案解析】 《全国税务系统督察审计规范》规定,督察审计工作底稿审核实行逐级负责制,先由项目主审审核,再由督察审计组副组长审核,最后报督察审计组组长审定。

20.**【参考答案】** 正确

【答案解析】 《税务系统会议费管理办法》第十五条规定,二、三、四类会议费原则上在部门预算公用经费中列支。会议费由会议召开单位承担,不得向参会人员收取,不得以任何方式向下属机构、企事业单位、地方转嫁或摊派。

四、问答题

1.**【参考答案】** 内部控制主责部门应当向本级税务机关内部控制管理部门进行风险报备。报备内容主要包括:(一)风险事项收集识别情况,特别是风险点增加、修改和删除的情况及原因;(二)风险定级的标准、方式和结果,特别是风险定级调整情况及原因;(三)风险事项的控制措施和建议,特别是控制措施的增加、修改和删除的情况及原因;(四)风险目录。

2.**【参考答案】** 督察审计的职责是:(1)组织实施对税收法律、法规、规章执行情况,税收规范性文件的制发和执行情况,组织收入、税收管理和执法行为的督察,并提出处理意见和整改要求。(2)组织实施对财务收支、基本建设项目、政府采购、领导干部经济责任履行等事项的审计,并提出处理意见和整改要求。(3)组织实施对特定事项的专项(案)督察审计或调查,并提出处理意见和整改要求。(4)组织实施对税制改革、税收政策调整、税收管理、财务管理措施等税务总局重大决策部署贯彻落实情况的监督检查,并提出处理意见和整改要求。(5)报告、通报督察审计情况和结果,督促、检查督察审计结果的整改落实。

五、案例分析题

1.**【参考答案】** C

【答案解析】 根据《全国税务系统内部控制基本制度(试行)》第十一条,税收执法风险,是指税务机关及其工作人员在税收执法过程中,因故意或过失,损害国家利益或行政管理相对人合法权益的可能性。包括以下内容:(一)税款征收风险,主要指在税款的征收、缴库、退库、调库、追征和办理税收优惠等工作中存在的风险。(二)税务管理风险,主要指在税务登记、发票管理、认定管理、纳税申报、税额确认、行政许可、凭证管理、证明办理、对纳税人备案事项的后续管理等工作中存在的风险。(三)纳税服务风险,主要指在宣传咨询、信用评价、权益维护、中介机构管理等工作中存在的风险。(四)税务稽查风险,主要指在选案、检查、审理、执行等稽查工作中存在的风险。(五)出口退(免)税风险,主要指在出口退(免)税申报受理、审核、核准、办理等工作中存在的风险。(六)税收法制风险,主要指在行政处罚、行政复议、行政诉讼、行政强制、行政赔偿等工作中存在的风险。(七)其他税收执法风险。该案例中,风险发生在行政复议环节,故选 C。

2.**【参考答案】** ABCD

【答案解析】 《国家税务总局关于印发〈税务稽查风险内部控制制度(试行)〉的通知》(税总发〔2017〕29 号)第十三条规定,执行环节的主要风险点:(一)稽查案件执行不及时、不彻底;(二)未依法采取税收保全、强制执行;(三)未依法行使或者未按法定权限和程序行使代位权、撤销权、税收优先权;(四)违规中止或终结执行。

3.**【参考答案】** ABCD

【答案解析】 不应该依据《中华人民共和国税收征收管理法》第四十条对张某实施保全措施,而应依据其第三十八条的规定书面通知纳税人开户行或者其他金融机构冻结纳税人的金额相当于应纳税款的存款。复议机关审查该具体行政行为过程中也未发现法律依据错误,作出了维持原处理定的决定,体现了税务机关忽视正确适用法律、法规的重要性。问题发生的原因,县税务局和复议机关工作人员忽视正确适用法律、法规的重要性。工作人员工作不严谨,缺乏依法执法的法治理念和精神,没有养成良好的工作习惯,工作能力有待提高。

4.**【参考答案】** BCD

【答案解析】 加强应用软件内控功能内生化。进一步优化软件系统,对法律、行政法规、规章制度的选用设置前置条件,对不满足前置条件的行为进行事前预警。对于适用了错误法律依据的操作行为设置阻断,进行事中阻断。并且根据风险防控的需要设置事后风险筛查指标,进行事后的风险筛选、核查。流程控制。行政复议机关要认真审查复议案件,切实发挥复议机关职能作用,在审查复议案件过程中,要发现纠正执法过程中的错误,消除风险,保护行政相对人的合法权益。选项 A,应进行事中阻断。

5.**【参考答案】** C

【答案解析】 《中华人民共和国行政诉讼法》第十八条规定,行政案件由最初作出行政行为的行政机关所在地人民法院管辖。经复议的案件,也可以由复议机关所在地人民法院管辖。